Outlook 2010

Outlook 2010

Sehen und Können

CAROLINE BUTZ

Markt+Technik

Bibliografische Information der Deutschen Bibliothek
Die Deutsche Bibliothek verzeichnet diese Publikation in der
Deutschen Nationalbibliografie; detaillierte bibliografische Daten
sind im Internet über http://dnb.d-nb.de abrufbar.

10   9   8   7   6   5   4   3   2   1

13   12   11

ISBN 978-3-8272-4575-5

© 2011 by Markt+Technik Verlag,
ein Imprint der Pearson Education Deutschland GmbH,
Martin-Kollar-Straße 10–12, D-81829 München/Germany
Alle Rechte vorbehalten
Umschlaggestaltung: Marco Lindenbeck, webwo GmbH, mlindenbeck@webwo.de
Lektorat: Birgit Ellissen, bellissen@pearson.de
Korrektorat: Claudia Mantel-Rehbach
Herstellung: Martha Kürzl-Harrison, mkuerzl@pearson.de
Satz: Caroline Butz, www.carobutz.de
Druck und Verarbeitung: Firmengruppe APPL, aprinta druck, Wemding
Printed in Germany

Liebe Leserin, lieber Leser,

ständig läuft mir die Zeit davon. Wo bleibt sie nur? Wie kann ich mich besser managen? Und wie behalte ich den Überblick?

Diese Fragen stellt sich vermutlich jeder, der viele Termine wahrnehmen, E-Mails bearbeiten und seine Aufgaben effizient erledigen möchte.

Die wenigsten wissen, dass sie mit Outlook ein hervorragendes Programm für Zeitmanagement besitzen. Sie müssen seine Funktionalität nur voll ausschöpfen.

Deshalb lesen Sie hier, wie Sie eine kostenlose E-Mail-Adresse einrichten, E-Mails versenden und empfangen, Fotos mitschicken, Ihre Abwesenheit automatisch bekannt geben, RSS-Feeds abonnieren, E-Mails ordnen und organisieren, Adressen perfekt verwalten, Termine optimal planen, Aufgaben nach dem Eisenhower-Prinzip anlegen, mit Notizen arbeiten, die Sicherheit Ihres Computers regelmäßig überprüfen und für eine komplette Sicherung Ihrer Arbeit mit Outlook sorgen.

Also dann, packen Sie's an! Ich wünsche Ihnen viel Spaß dabei.

Ihre Autorin
Caroline Butz

Inhaltsverzeichnis

Inhaltsverzeichnis

Inhaltsverzeichnis

Inhaltsverzeichnis

9 Sicherungen, Computerviren, Spam & Co.

Lexikon

Inhaltsverzeichnis

Der erste Start von Outlook

1 ## Checkliste

Welche Voraussetzungen müssen erfüllt sein?

☑ Betriebssystem: Windows Vista oder Windows 7 (Die Bildschirmfotos im Buch wurden mit Windows 7 erstellt.)

☑ Funktionierende Internetverbindung

☑ Programm: Microsoft Outlook 2010

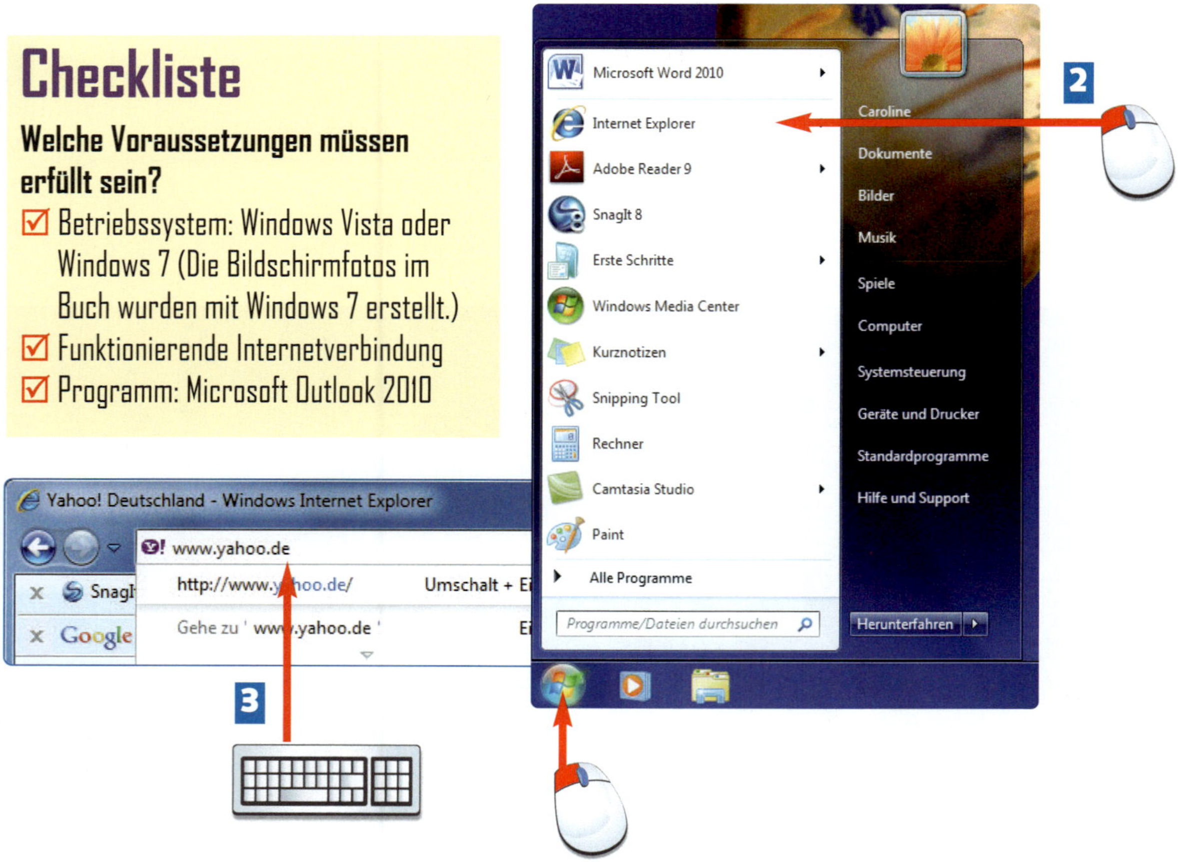

2

Microsoft Word 2010
Internet Explorer
Adobe Reader 9
SnagIt 8
Erste Schritte
Windows Media Center
Kurznotizen
Snipping Tool
Rechner
Camtasia Studio
Paint

▸ Alle Programme

Programme/Dateien durchsuchen   Herunterfahren ▸

Caroline
Dokumente
Bilder
Musik
Spiele
Computer
Systemsteuerung
Geräte und Drucker
Standardprogramme
Hilfe und Support

Yahoo! Deutschland - Windows Internet Explorer

www.yahoo.de
http://www.yahoo.de/   Umschalt + Ei
Gehe zu ' www.yahoo.de '   Ei

3

1 Kontrollieren Sie anhand der Checkliste, ob die Voraussetzungen zum Einrichten einer eigenen E-Mail-Adresse und Abrufen der E-Mails per Outlook erfüllt sind.

2 Stellen Sie eine Internetverbindung zum Beispiel über *Start/Internet Explorer* her. Mit diesem Befehl öffnen Sie den Internet Explorer.

3 Geben Sie in das Adressfeld des Internet Explorers beispielsweise die Adresse von YAHOO ein und drücken Sie die ⏎-Taste: *www.yahoo.de.*

Einige Internetportale bieten dem Anwender kostenlose E-Mail-Adressen an. Diese E-Mail-Adressen unterliegen zwar einigen Einschränkungen, haben aber den entscheidenden Vorteil, dass Sie nicht monatlich zur Kasse gebeten werden. Es reicht also ein Telefonanschluss mit einer Verbindung zum Internet.

WISSEN

4 Auf dem Bildschirm erscheint die Website von YAHOO. Klicken Sie dort auf *Mein Yahoo!*

5 Suchen Sie nach dem Link *Mail* oder *E-Mail*. Klicken Sie anschließend auf *Mail* oder *E-Mail*.

6 Klicken Sie auf *Jetzt registrieren*. Bei anderen Anbietern könnte der Punkt beispielsweise *Registrieren* oder *Anmelden* lauten.

Weitere Anbieter für kostenlose E-Mails sind:

www.lycos.de   www.google.de
www.gmx.de   www.freenet.de
www.web.de   www.aol.de
www.msn.de   www.t-online.de

Die kostenlose E-Mail-Adresse des Anbieters msn bezeichnet Microsoft als Hotmail. Nach der Registrierung können Sie den E-Mail-Dienst nutzen.

HINWEIS   **HINWEIS**

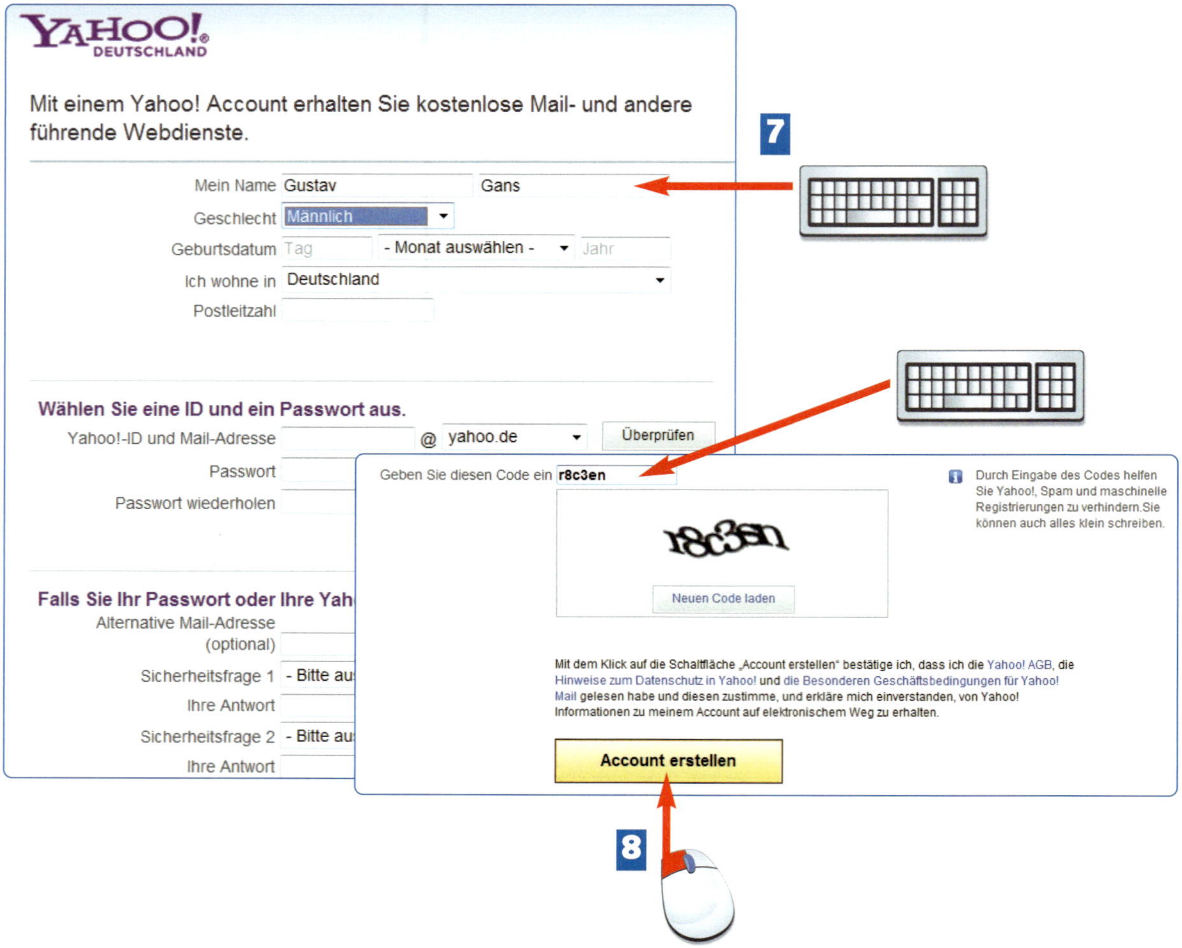

YAHOO! DEUTSCHLAND

Mit einem Yahoo! Account erhalten Sie kostenlose Mail- und andere führende Webdienste.

7

Mein Name	Gustav	Gans
Geschlecht	Männlich ▾	
Geburtsdatum	Tag	- Monat auswählen - ▾ Jahr
Ich wohne in	Deutschland ▾	
Postleitzahl		

Wählen Sie eine ID und ein Passwort aus.

Yahoo!-ID und Mail-Adresse	@ yahoo.de ▾	Überprüfen
Passwort		
Passwort wiederholen		

Geben Sie diesen Code ein r8c3en

Durch Eingabe des Codes helfen Sie Yahoo!, Spam und maschinelle Registrierungen zu verhindern. Sie können auch alles klein schreiben.

r8c3en

Neuen Code laden

Mit dem Klick auf die Schaltfläche „Account erstellen" bestätige ich, dass ich die Yahoo! AGB, die Hinweise zum Datenschutz in Yahoo! und die Besonderen Geschäftsbedingungen für Yahoo! Mail gelesen habe und diesen zustimme, und erkläre mich einverstanden, von Yahoo! Informationen zu meinem Account auf elektronischem Weg zu erhalten.

Account erstellen

Falls Sie Ihr Passwort oder Ihre Yah...

Alternative Mail-Adresse (optional)	
Sicherheitsfrage 1	- Bitte au...
Ihre Antwort	
Sicherheitsfrage 2	- Bitte au...
Ihre Antwort	

8

7 Daraufhin werden Sie aufgefordert, Ihre Daten in drei Schritten einzugeben:
1. Angaben zur Person,
2. ID und Passwort,
3. Sicherheitsfrage.

8 Oft nicht lesbar: der Code. Zur Bestätigung Ihrer Daten müssen Sie in das letzte Feld die Buchstaben und Ziffern eingeben, die im Feld darunter angezeigt werden. Klicken Sie anschließend auf *Account erstellen*.

Bei jedem Anbieter läuft die Registrierung nach eigenen Regeln ab. Das Grundprinzip bleibt aber immer dasselbe. Sie müssen lediglich auf der Website
1. nach einer kostenlosen E-Mail suchen und
2. sich beim Anbieter anmelden bzw. registrieren.

WISSEN

9 YAHOO teilt Ihnen mit, wenn alles geklappt hat. Über *Account-Details drucken* schicken Sie Ihre Zugangsdaten auf den Drucker. Heben Sie diese Informationen gut auf. Mit *Weiter* erstellen Sie endgültig Ihren Account.

10 Sie verlassen Ihren Account über *Abmelden*.

Ende

Eine **ID** oder **UID** (englisch = user identifier) ist eine Benutzerkennung, die den Benutzer eines Kontos mithilfe der persönlichen Zugangsdaten identifiziert.

Ein **Account** ist eine durch Name und Kennwort (Passwort) gesicherte Zugangsberechtigung, in diesem Fall Ihr E-Mail-Konto.

Nachdem Sie Ihre E-Mail-Adresse frisch eingerichtet haben, befindet sich natürlich noch keine Post im Postfach. Es sei denn, der Anbieter legt Ihnen einen Willkommensgruß hinein.

FACHWORT   **FACHWORT**   **HINWEIS**

Start

Microsoft Word 2010

Internet Explorer

Adobe Reader 9

1 Snaglt 8

Microsoft Outlook 2010

Erste Schritte

Windows Media Center

Kurznotizen

Snipping Tool

Rechner

Camtasia Studio

Alle Programme

Programme/Dateien durchsuc

Caroline

Dokumente

Bilder

Musik

Spiele

Computer

Microsoft Outlook 2010-Start

Microsoft Outlook 2010-Start

Willkommen beim Microsoft Outlook 2010-Start-Assistenten, der Sie durch die Konfiguration von Microsoft Outlook 2010 führt.

2 Weiter >

Konto konfigurieren

E-Mail-Konten

Sie können Outlook für Verbindungen mit einem Internet-E-Mail-Server, Microsoft Exchange oder einem anderen E-Mail-Server konfigurieren. Möchten Sie ein E-Mail-Konto konfigurieren?

○ Ja
○ Nein

< Zurück Weiter > **3**

1 Rufen Sie Outlook über *Start/Microsoft Outlook 2010* oder über *Start/Alle Programme/Microsoft Office/Microsoft Outlook 2010* auf.

2 Starten Sie Outlook das allererste Mal, schaltet sich der *Microsoft Outlook 2010-Start*-Assistent ein. Er hilft Ihnen beim Einrichten des Programms.

3 Um den Zugriff auf Ihr E-Mail-Konto einzurichten, lassen Sie die Option *Ja* aktiv und klicken auf *Weiter*.

Um Ihre E-Mails mit Outlook abrufen und bearbeiten zu können, muss der zuvor festgelegte Loginname (Benutzername) und das Passwort (Kennwort) an entsprechender Stelle in Outlook gespeichert werden. Erst dann ist der Zugriff auf Ihre E-Mails „automatisch" möglich.

WISSEN

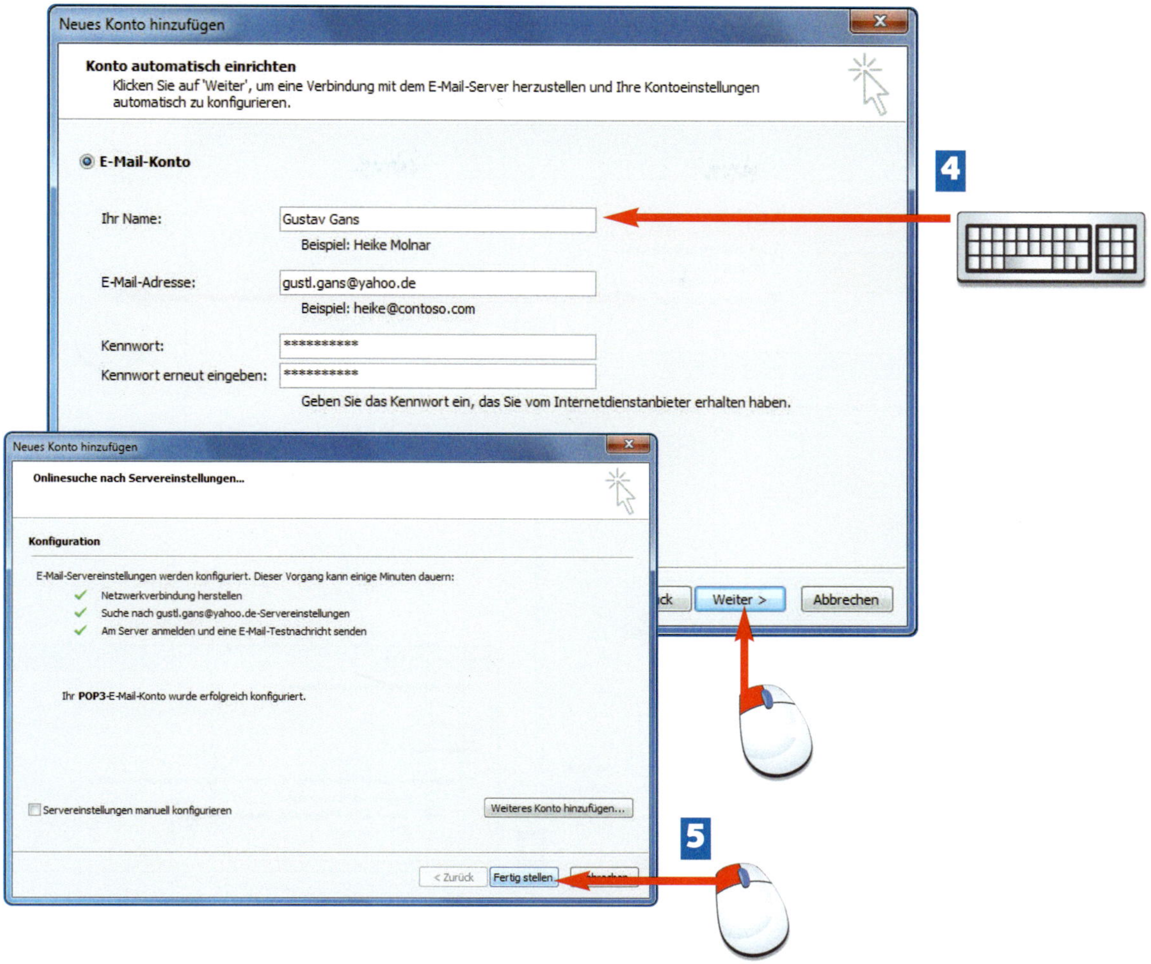

Neues Konto hinzufügen

Konto automatisch einrichten
Klicken Sie auf 'Weiter', um eine Verbindung mit dem E-Mail-Server herzustellen und Ihre Kontoeinstellungen automatisch zu konfigurieren.

4

◉ **E-Mail-Konto**

Ihr Name: Gustav Gans ←
Beispiel: Heike Molnar

E-Mail-Adresse: gustl.gans@yahoo.de
Beispiel: heike@contoso.com

Kennwort: **********
Kennwort erneut eingeben: **********
Geben Sie das Kennwort ein, das Sie vom Internetdienstanbieter erhalten haben.

Neues Konto hinzufügen

Onlinesuche nach Servereinstellungen...

Konfiguration

E-Mail-Servereinstellungen werden konfiguriert. Dieser Vorgang kann einige Minuten dauern:
✓ Netzwerkverbindung herstellen
✓ Suche nach gustl.gans@yahoo.de-Servereinstellungen
✓ Am Server anmelden und eine E-Mail-Testnachricht senden

Ihr **POP3**-E-Mail-Konto wurde erfolgreich konfiguriert.

ck | Weiter > | Abbrechen

☐ Servereinstellungen manuell konfigurieren   Weiteres Konto hinzufügen...

5

< Zurück | Fertig stellen | brechen

4 Geben Sie Ihren Namen und die E-Mail-Adresse ein, die Sie eingerichtet haben (siehe Seite 14). Ganz wichtig ist, dass Sie hier das von Ihnen festgelegte Kennwort (Passwort) richtig eingeben. Bestätigen Sie Ihre Eingaben mit *Weiter.*

5 Outlook sucht selbstständig nach den Einstellungen Ihres Providers. War die Suche und die Konfiguration erfolgreich, klicken Sie auf *Fertig stellen.*

Ende

Der **Provider** ist ein Dienstleister, der den Zugang zum Internet und viele andere Dienste wie zum Beispiel E-Mail bereitstellt.	Mit **Login** wird der Aufbau einer Verbindung zwischen Ihrem Computer und einem Netzwerk bzw. Onlinedienst (Provider) bezeichnet.	Wer einen Vertrag mit einem Provider abschließt und eine monatliche Gebühr entrichtet, dem stehen weit mehr Dienste zur Verfügung als einem Nutzer, der keine Gebühren bezahlt.
FACHWORT	**FACHWORT**	**HINWEIS**

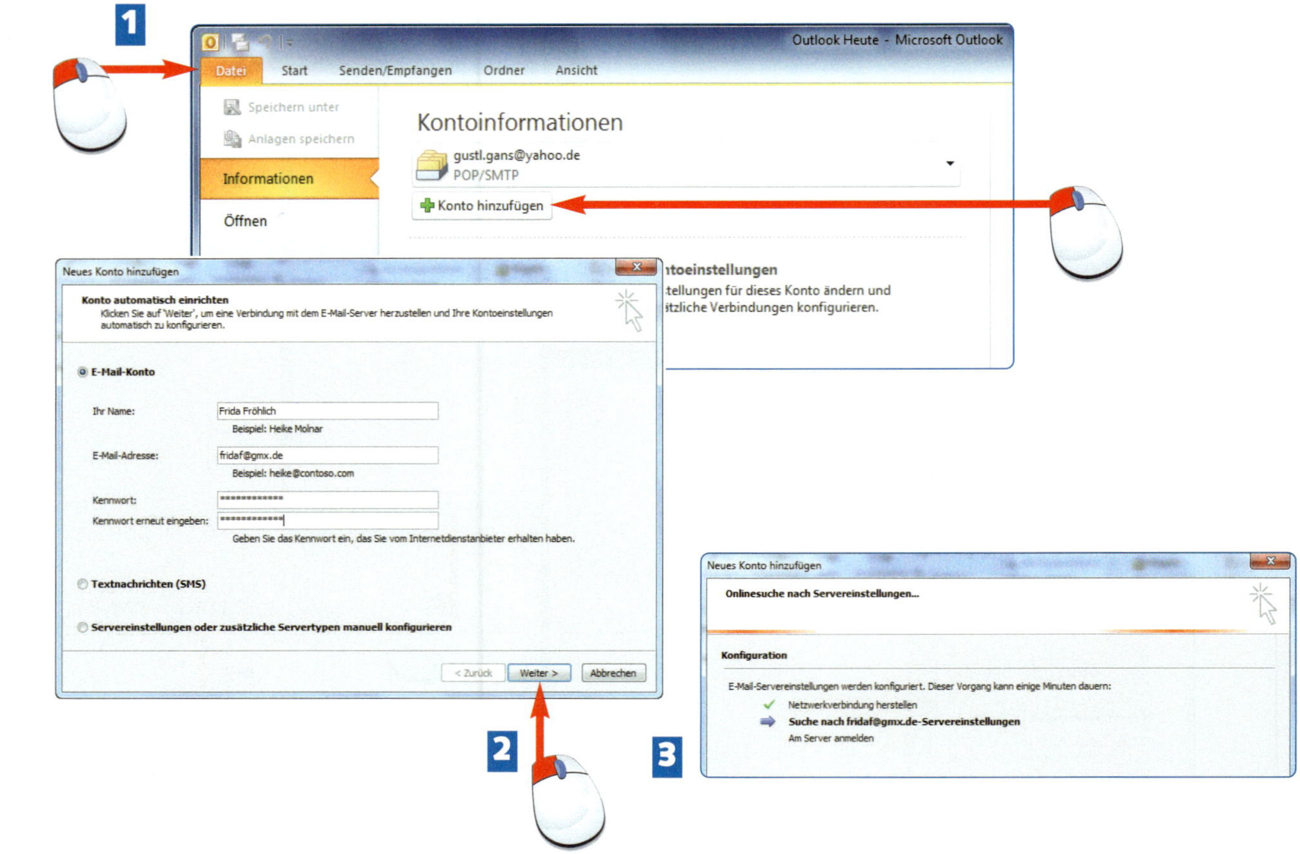

1 Möchten Sie ein zweites E-Mail-Konto in Outlook einrichten, zum Beispiel das Ihrer Frau oder Ihres Mannes, dann klicken Sie auf *Datei/Informationen/Konto hinzufügen*.

2 Erneut öffnet sich das Dialogfeld, in dem Sie Ihren Namen, Ihre E-Mail-Adresse und Ihr Kennwort eintragen. Bestätigen Sie mit *Weiter*.

3 Outlook sucht selbstständig nach den Einstellungen Ihres Providers.

Outlook findet bei der automatischen Suche der Zugangs-daten zu Ihrem E-Mail-Konto nur Onlinedienste, die einen gewissen Bekanntheitsgrad erreicht haben. Die Namen der Posteingangs- und Postausgangsserver müssen Outlook bekannt sein.

WISSEN

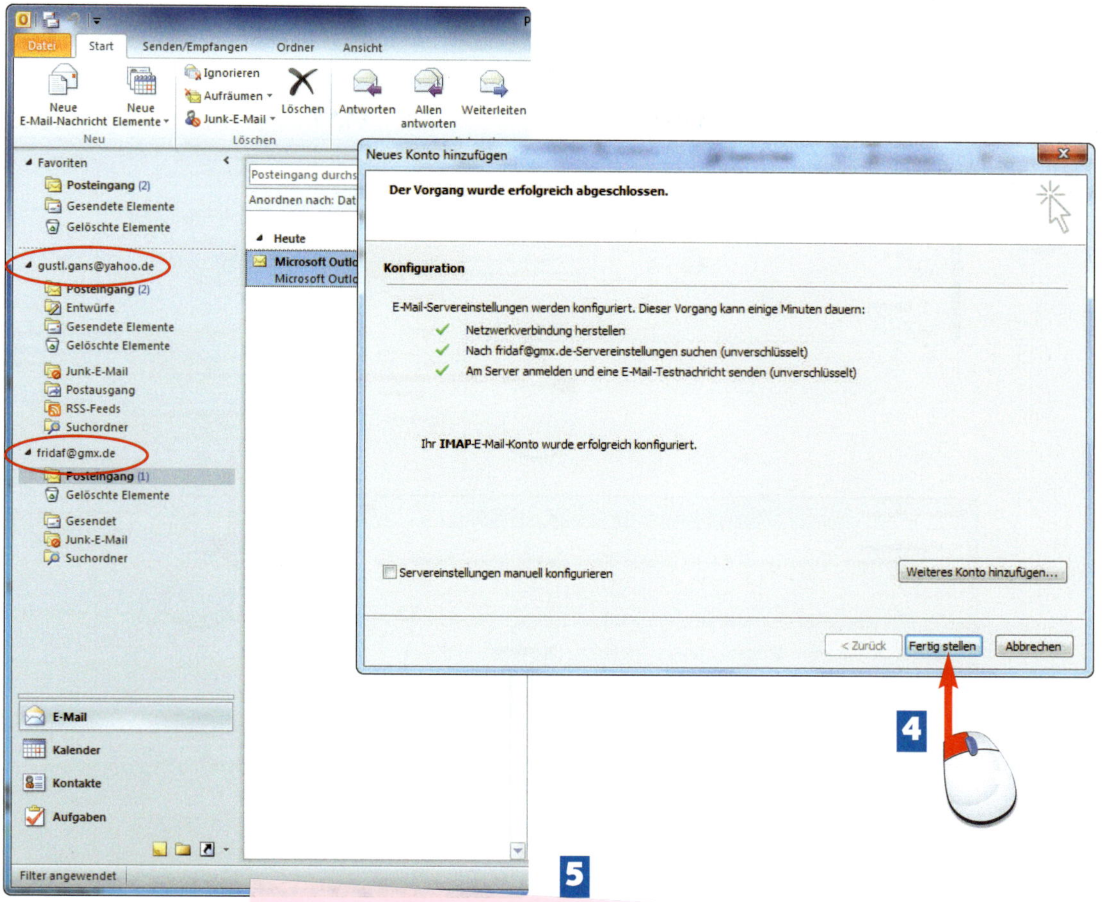

4 War die Suche und Konfiguration erfolgreich, klicken Sie auf *Fertig stellen*.

5 Im Navigationsbereich (lin... ...nen eingerichteten E-Mail-Konten an (hier: g...

[Handschriftliche Notiz auf rosa Zettel:] Kontoeinstellg?

Ende

...nfiguration ist eine ...ung des Programms ...vorhandenen und ...gebenen System-
wunderbar ... ...lungen.
schicken.

FACHWORT   **FACHWORT**

Kontoeinstellungen nachträglich berichtigen

Start

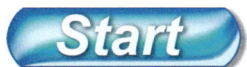

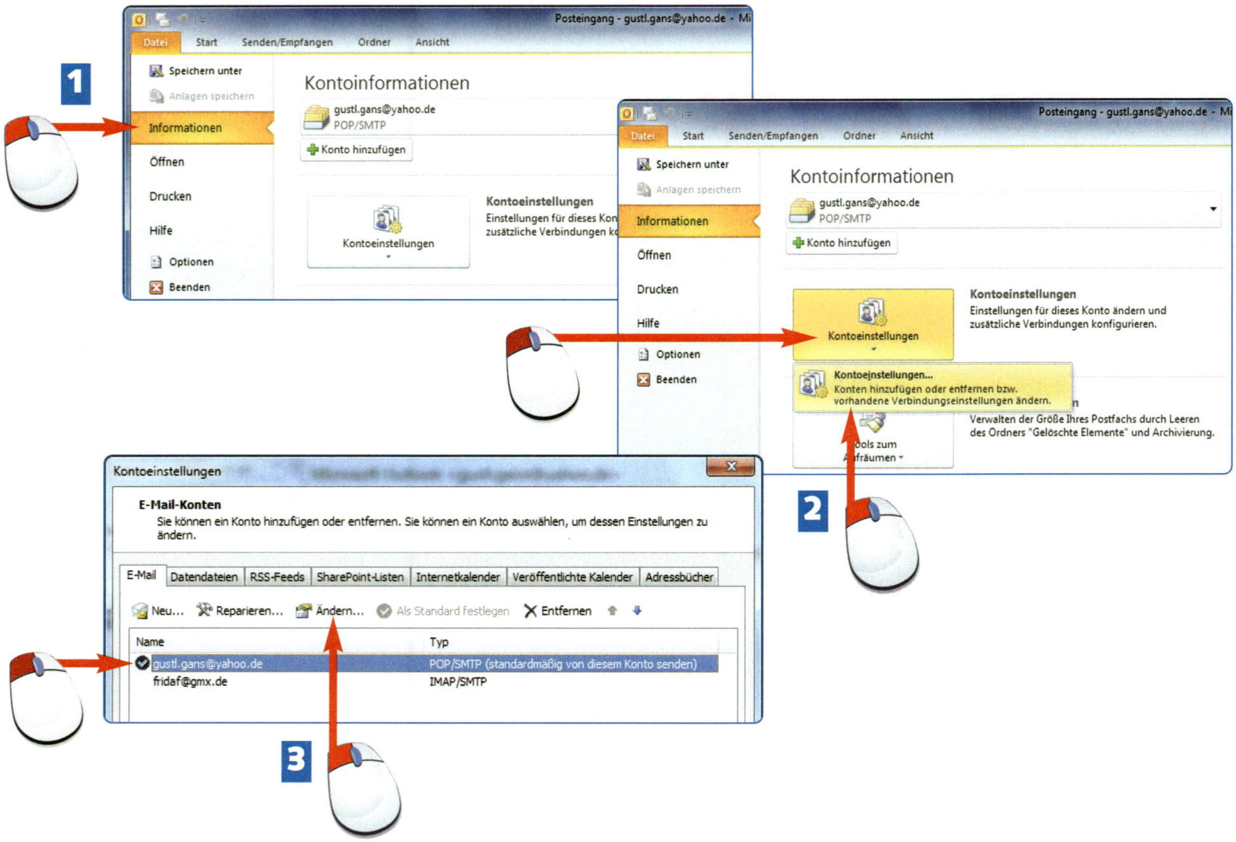

1 Wenn Korrekturen am Posteingangsserver oder -ausgangsserver vorgenommen werden müssen: Klicken Sie auf *Datei/Informationen.*

2 Klicken Sie auf *Kontoeinstellungen/Kontoeinstellungen*.

3 Markieren Sie die E-Mail-Adresse, deren Einstellungen Sie korrigieren möchten, und klicken Sie auf *Ändern*.

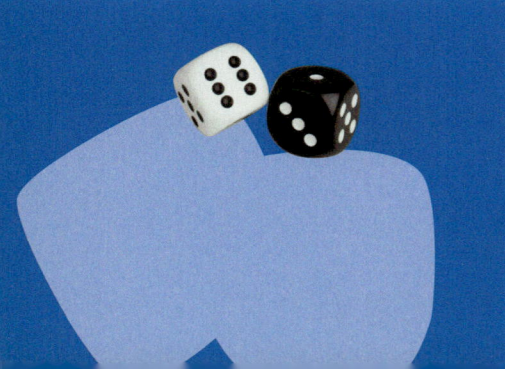

Provider nutzen für ihre Server verschiedene Protokolle, die unterschiedliche Regeln verwenden, um miteinander zu kommunizieren. Deshalb wird der Austausch und die Verwaltung der Nachrichten auch unterschiedlich gehandhabt. Die bekanntesten Protokolle, die für Posteingangsserver eingesetzt werden, sind POP3 und IMAP.

WISSEN

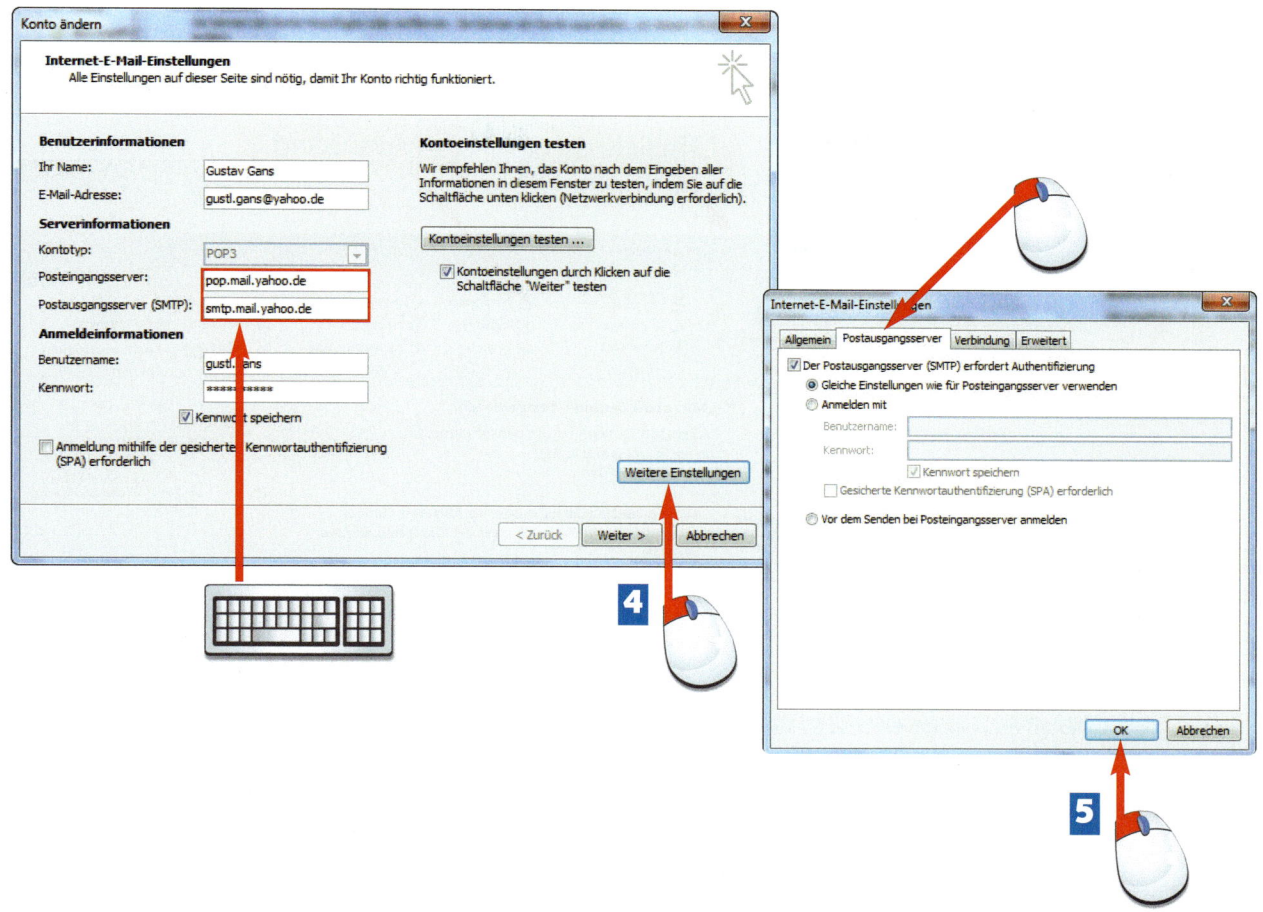

4 Tragen Sie in das Feld *Posteingangsserver* den Namen des Posteingangsservers Ihres Providers ein. Geben Sie in das Feld darunter den Namen des *Postausgangsservers* ein. Klicken Sie auf *Weitere Einstellungen.*

5 Wechseln Sie auf das Register *Postausgangsserver* und aktivieren Sie dort *Der Postausgangsserver (SMTP) erfordert Authentifizierung* und *Gleiche Einstellungen wie für Posteingangsserver verwenden.* Bestätigen Sie mit *OK* und schließen Sie die Dialogfelder mit *Weiter, Schließen* und *Fertig stellen.*

Ende

SMTP steht für Simple Mail Transfer Protocol und wird in der Regel als Protokoll für den Postausgangsserver verwendet.

Ein **Posteingangsserver** sammelt die eingegangenen E-Mails (Briefe). Der Empfänger kann sie dann beispielsweise über Outlook abrufen.

Ein **Postausgangsserver** ist ein Server (Computer), der Ihre ausgehenden E-Mails (Briefe) sammelt und an die entsprechenden Adressen verteilt.

FACHWORT   **FACHWORT**   **FACHWORT**

Register

Titelleiste

Menüband

Schnellzugriffleiste

Navigationsbereich

Hauptfenster

Lesebereich

Aufgabenleiste

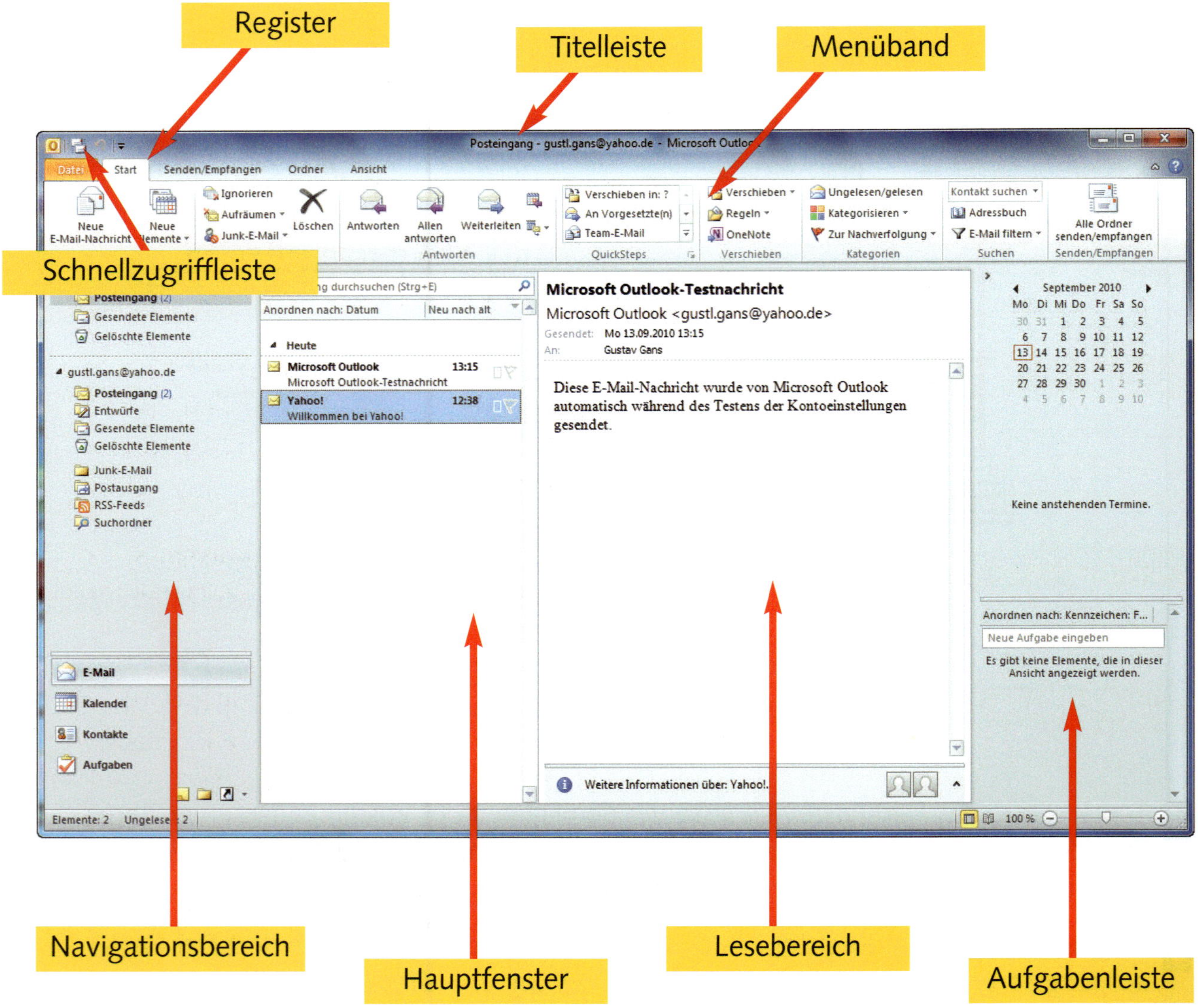

Nach dem ersten Start von Outlook meldet sich normalerweise der Outlook 2010-Start-Assistent. Danach, also nach
dem Einrichten Ihres E-Mail-Kontos, erscheint die Oberfläche von Outlook. Sollten noch keine Veränderungen
vorgenommen worden sein, präsentiert sich Outlook wie in
obiger Abbildung.

WISSEN

Titelleiste

Je nach gewählter Aufgabe (E-Mail, Kalender, Kontakte, Aufgaben) steht dort der jeweilige Titel, also z.B. *Kalender – Microsoft Outlook*.

Register

Über die *Register* wechseln Sie zu den entsprechenden Befehlen von Outlook.

Menüband

Mit einem Klick auf ein Symbol führt Outlook die gewählte Aktion aus.

Navigationsbereich

Über den *Navigationsbereich* wechseln Sie zu den verschiedenen Programmbereichen, die Ihnen Outlook bietet: E-Mail, Kalender, Kontakte, Aufgaben, Notizen usw.

Hauptfenster

Im *Hauptfenster* werden je nach gewähltem Programmbereich die dazugehörigen Daten angezeigt.

Lesebereich

Der *Lesebereich* ist hauptsächlich bei der Arbeit mit E-Mails im Einsatz. Dort können Sie die E-Mails lesen, ohne sie vorher zu öffnen.

Aufgabenleiste

Die *Aufgabenleiste* zeigt zusätzliche Informationen wie den Kalender und die fälligen Aufgaben an. Beim Wechsel auf den Kalender verschwindet sie.

Ende

Die Schnell-  zugriffleiste erlaubt Ihnen, Befehle einzublenden, die Sie häufig verwenden, zum Beispiel das Drucken-Symbol.

Öffnen Sie *Outlook Heute* mit einem Klick auf die eingerichtete E-Mail-Adresse im *Navigationsbereich* bei ausgewählter *E-Mail*. Dort zeigt Ihnen Outlook einen Überblick über die anstehenden Termine und Aufgaben. Außerdem sehen Sie auf einen Blick, wie viele E-Mails sich im Posteingang und Postausgang befinden.

HINWEIS   **HINWEIS**

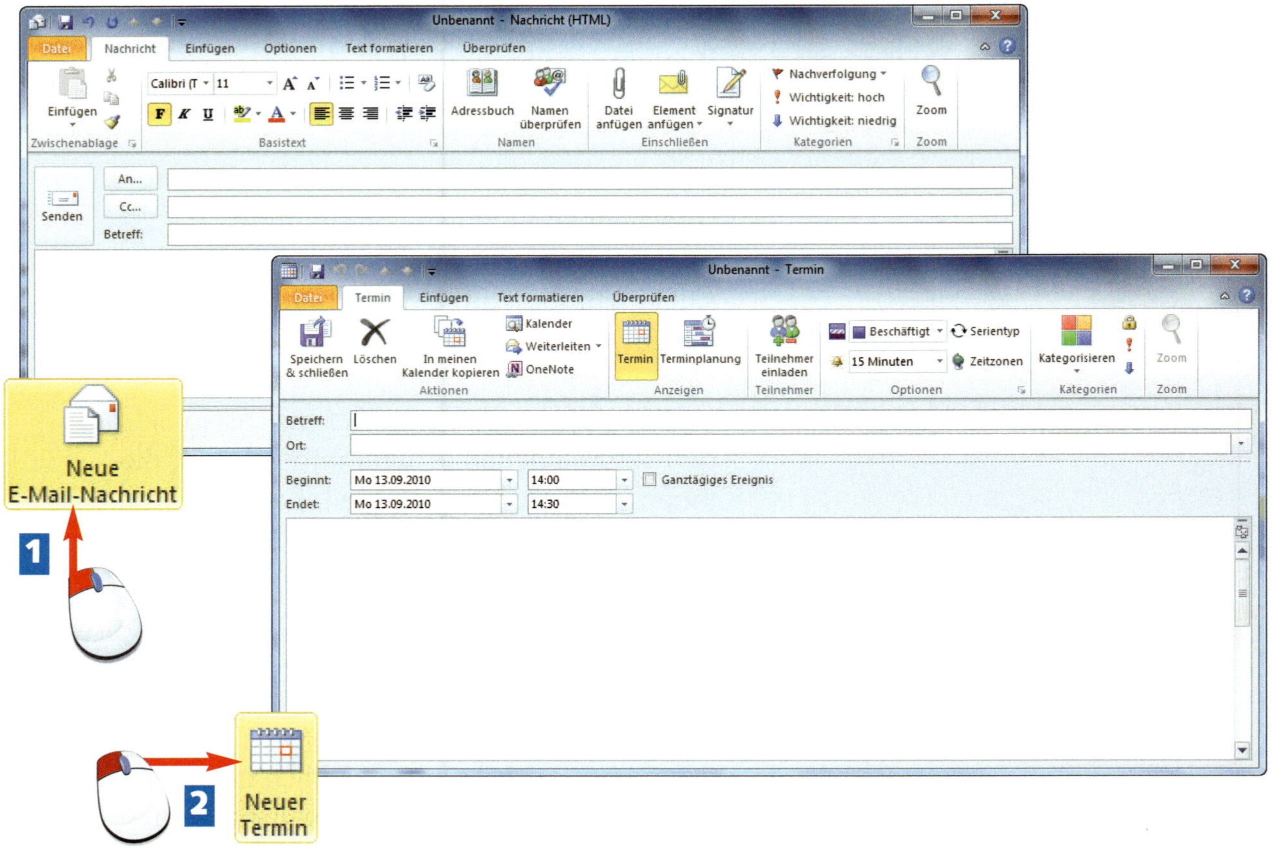

1 Wenn Sie im Navigationsbereich auf *E-Mail* und unter dem Register *Start* im Menüband auf *Neue E-Mail-Nachricht* klicken, öffnet sich ein Fenster, in dem Sie Ihre E-Mail-Nachrichten verfassen. Im Menüband stehen alle dafür notwendigen Befehle zur Verfügung.

2 Klicken Sie im Navigationsbereich auf *Kalender* und unter dem Register *Start* auf *Neuer Termin*, öffnet sich ein Fenster, in dem Sie Ihre Termine eintragen und planen.

Outlook 2010 zieht mit dem neuen Menüband nach, das bei Excel, Word und PowerPoint bereits ab der Version 2007 eingeführt wurde. Der neue „Look" wird nach dem Start sofort erkennbar. Für Umsteiger aus alten Versionen sicherlich gewöhnungsbedürftig.

WISSEN

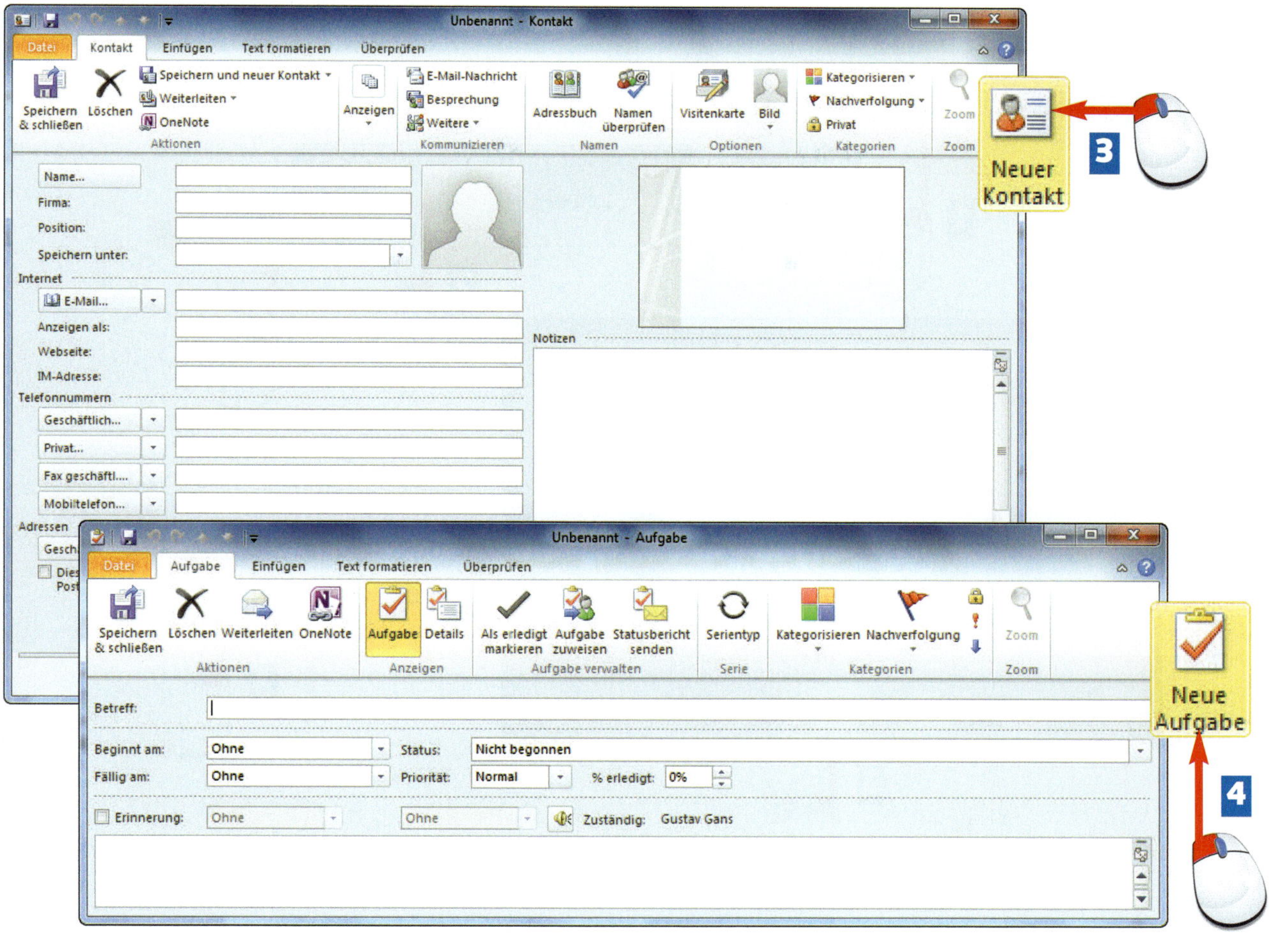

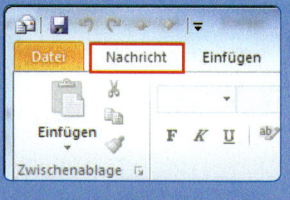

3 Wählen Sie hingegen im Navigationsbereich *Kontakte* und klicken Sie unter dem Register *Start* auf *Neuer Kontakt,* können Sie im folgenden Fenster die Adresse Ihrer Kontaktperson eingeben.

4 Ein Klick auf *Aufgaben* im Navigationsbereich unter dem Register *Start* und anschließender Klick auf *Neue Aufgabe* bringt Sie in das Fenster, in dem Sie Ihre Aufgabe eingeben und speichern.

Ende

Der neue „Look" steuert das Menüband mit *Registern*. Mit einem Klick auf ein Register kommen weitere Befehle zum Vorschein.

Je nach gewähltem Programmbereich stehen im Menüband die entsprechenden Befehle zur Verfügung. Das Menüband einer Aufgabe sieht also anders aus als das einer E-Mail.

HINWEIS   **HINWEIS**

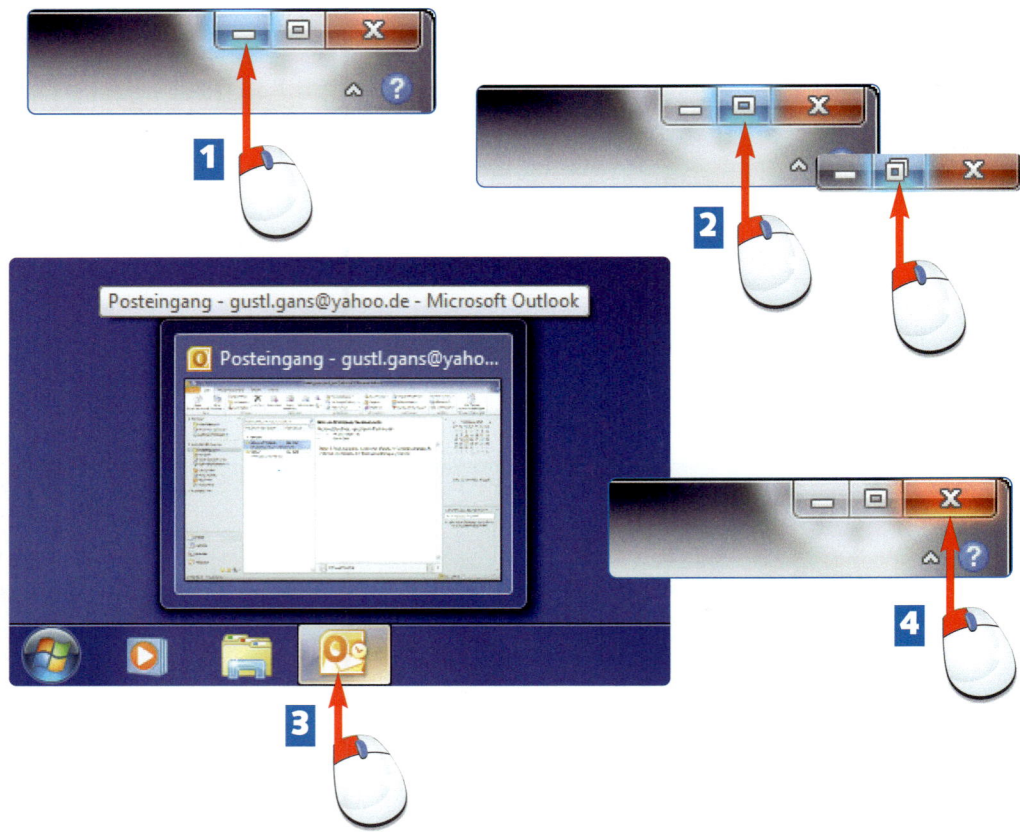

1 Klicken Sie rechts oben im Fenster von Outlook auf *Minimieren*. Outlook bleibt geöffnet und wird in der Taskleiste von Windows abgelegt (siehe Bild 3).

2 Klicken Sie auf *Maximieren*, um das Fenster größtmöglich darzustellen. Ist das Fenster auf maximale Größe „aufgeblasen", erhalten Sie stattdessen das Symbol *Verkleinern*.

3 Mit einem Klick in der Taskleiste auf *Outlook* erscheint das Programm wieder auf dem Bildschirm.

4 Mit *Schließen* beenden Sie Outlook und verbannen es von der Bildschirmoberfläche.

Die Befehle *Minimieren, Maximieren, Verkleinern* und *Schließen* sind eigentlich keine Outlook-Befehle. Diese Befehle betreffen Windows und können mit jedem beliebigen Programm ausgeführt werden. Egal, ob Sie also gerade mit Word, Excel oder einem anderen Programm arbeiten, diese Befehle funktionieren immer.

WISSEN

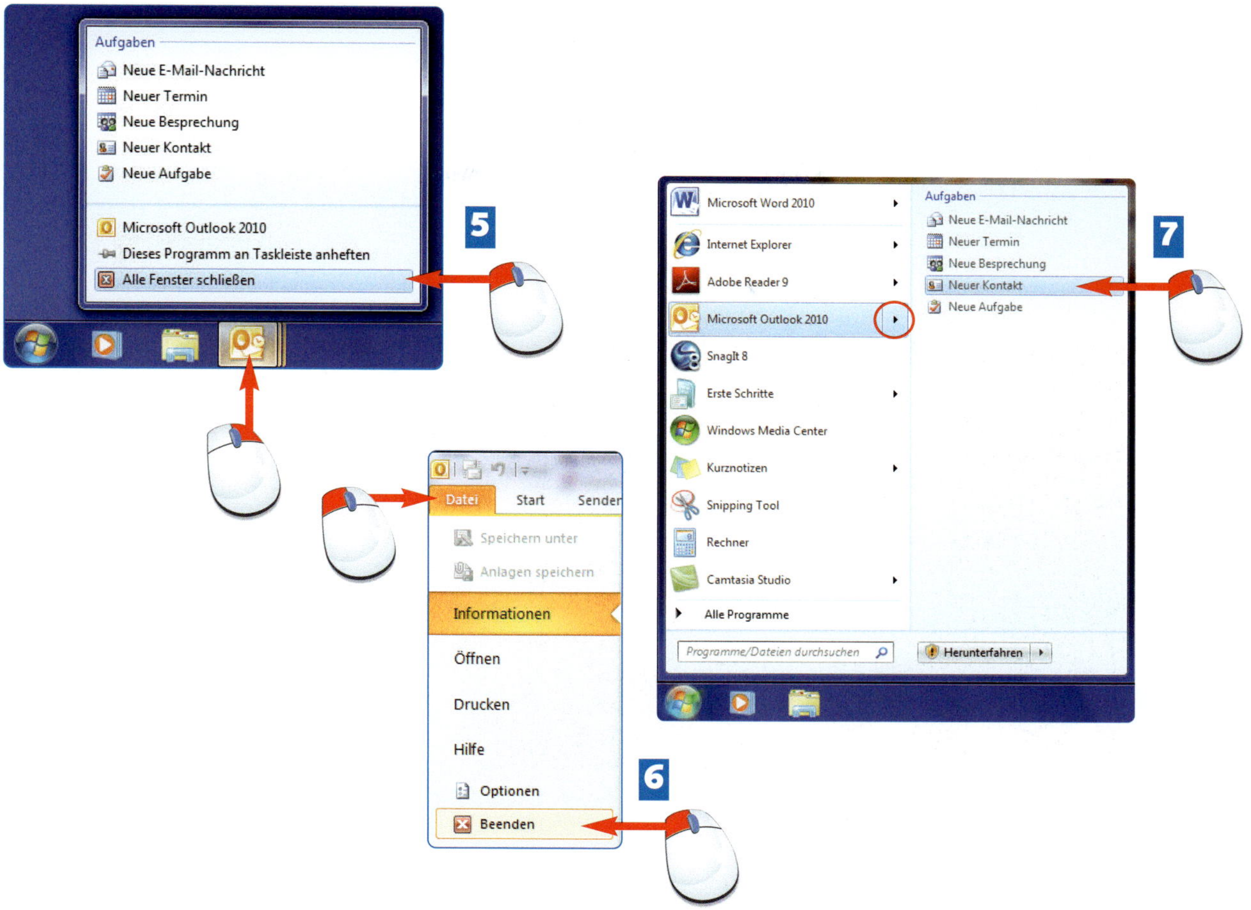

5 Sind aus den verschiedenen Programmbereichen mehrere Fenster geöffnet und Sie möchten sie auf einen Schlag schließen, klicken Sie mit der rechten Maustaste auf das Outlook-Symbol in der Taskleiste und wählen *Alle Fenster schließen*.

6 Alternativ schließen Sie Outlook über *Datei/Beenden*.

7 Sie wissen, welche Aktion Sie nach dem Start von Outlook ausführen möchten. Dazu klicken Sie auf die Start-Schaltfläche und auf das Pfeilchen neben *Microsoft Outlook 2010*. Wählen Sie beispielsweise *Neuer Kontakt*.

Ende

Es spielt übrigens keine Rolle, ob Sie Outlook mit *Schließen* (rotes X) oder mit dem Befehl *Datei/Beenden* schließen, beide Befehle bewirken dasselbe.

Die Taskleiste von Windows 7 ermöglicht Ihnen, zwischen geöffneten Programmen hin und her zu wechseln.

So schreiben Sie gleich eine neue E-Mail: Klicken Sie mit der rechten Maustaste auf das Outlook-Symbol und wählen Sie *Neue E-Mail-Nachricht*.

HINWEIS　　**HINWEIS**　　**HINWEIS**

E-Mail versenden und empfangen

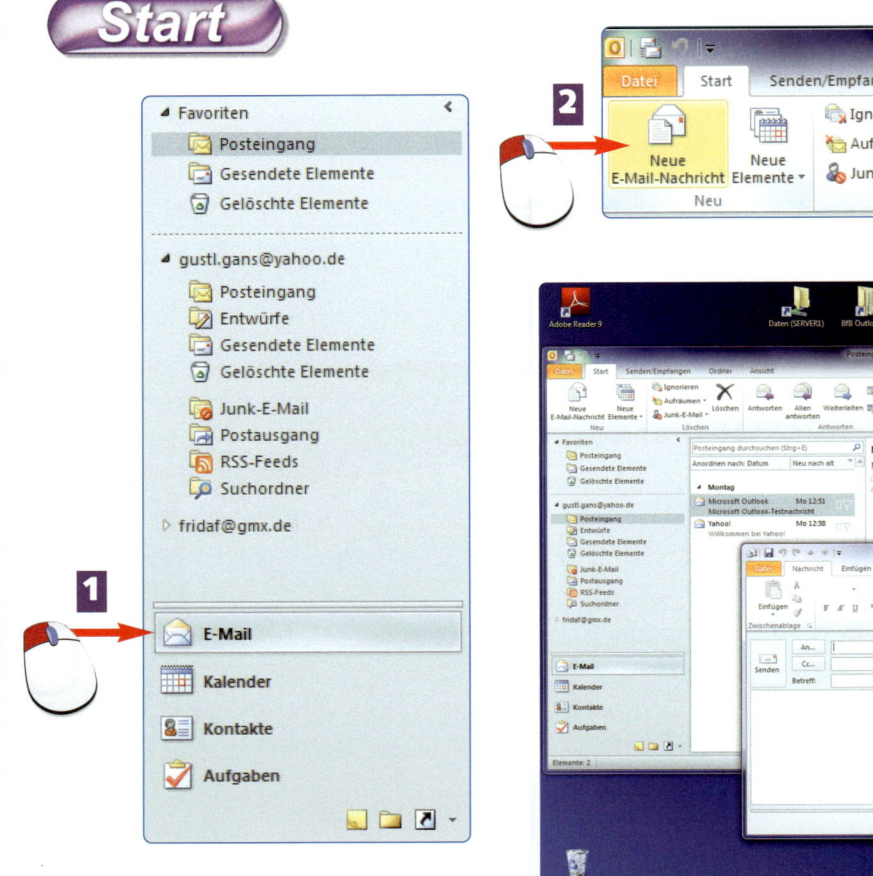

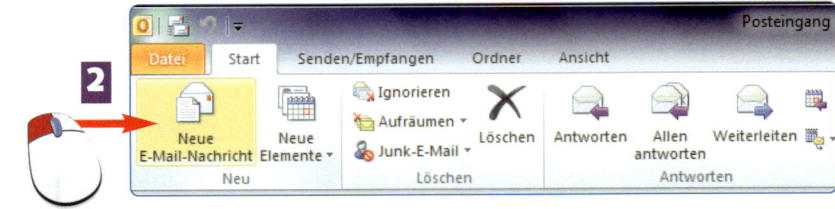

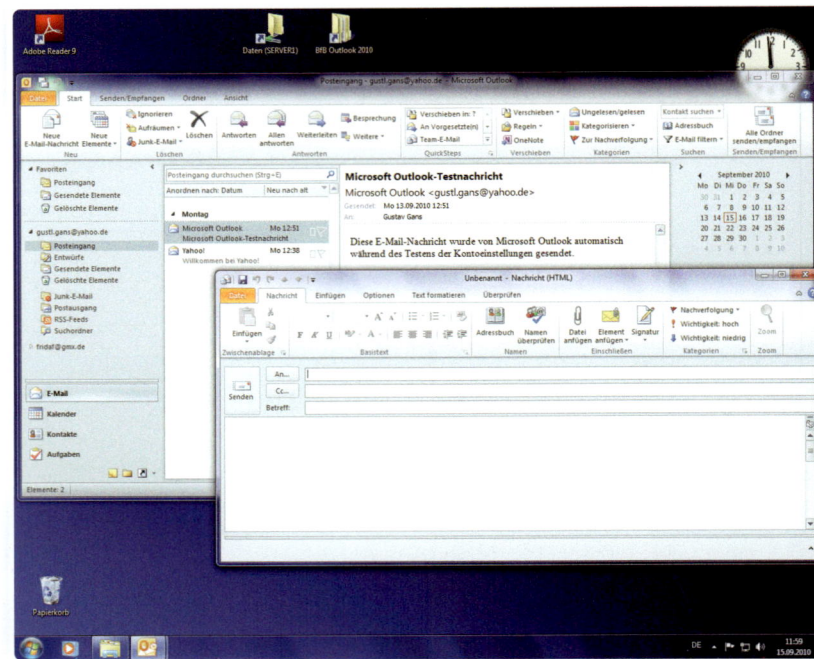

1 Rufen Sie Outlook über *Start/Outlook 2010* oder über *Start/Alle Programme/Microsoft Office/Microsoft Outlook 2010* auf. Klicken Sie im Navigationsbereich auf *E-Mail*.

2 Jetzt unter dem Register *Start* auf *Neue E-Mail-Nachricht* klicken.

3 Es öffnet sich ein neues Fenster, in dem Sie den Empfänger Ihrer E-Mail und den Nachrichtentext eingeben.

Der Programmbereich E-Mail stellt den Kernpunkt von Outlook dar. Die meisten Anwender verwenden Outlook ausschließlich zum Senden und Empfangen von E-Mails. Aber Outlook bietet noch weit mehr als die Organisation des E-Mail-Verkehrs, zum Beispiel professionelle Terminplanung und Verwaltung von Adressen.

WISSEN

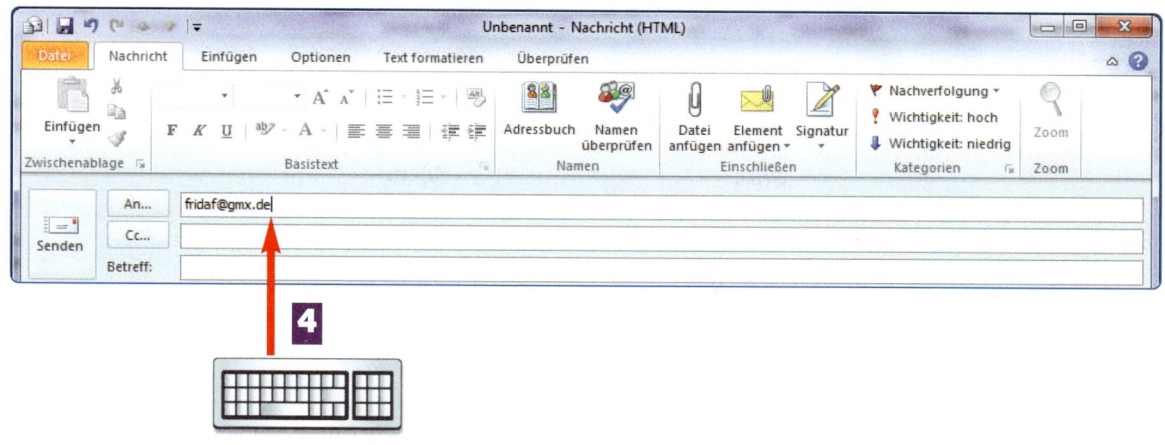

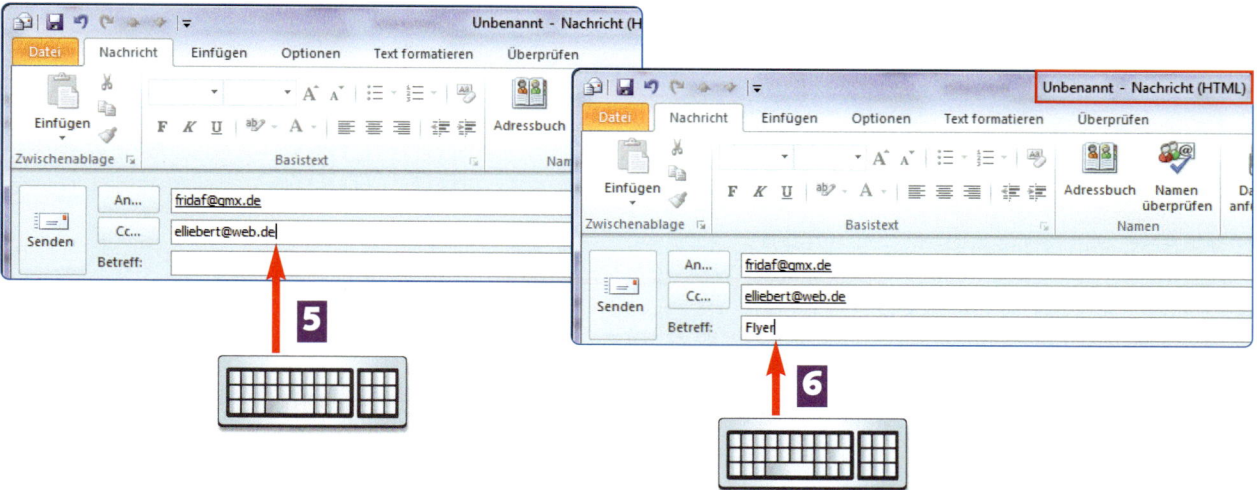

4 Geben Sie im Feld *An* die E-Mail-Adresse des Empfängers ein. Achten Sie darauf, dass Sie sich nicht vertippen. Selbst der kleinste Tippfehler verhindert die Ankunft Ihrer E-Mail beim Empfänger.

5 Im Feld *Cc* können Sie eine weitere E-Mail-Adresse eingeben. Der Empfänger erhält dadurch eine Kopie Ihrer E-Mail.

6 Vergessen Sie nicht den *Betreff* einzugeben, damit der Empfänger weiß, um was es sich handelt.

Ende

TIPP	HINWEIS	FACHWORT
Haben Sie die E-Mail-Adresse schon einmal eingegeben, dann tippen Sie nur den ersten Buchstaben, um die Adresse automatisch zu übernehmen.	Geben Sie für jede E-Mail, die Sie verschicken, einen Betreff ein. Sonst kann es Ihnen passieren, dass die E-Mail beim Empfänger durch ein Antivirenprogramm ausgemustert wird.	**Cc** kommt aus dem Englischen und bedeutet Carbon Copy (Kohlepapierdurchschlag). Der Empfänger einer E-Mail erhält einen Durchschlag, also eine Kopie der E-Mail.

Start

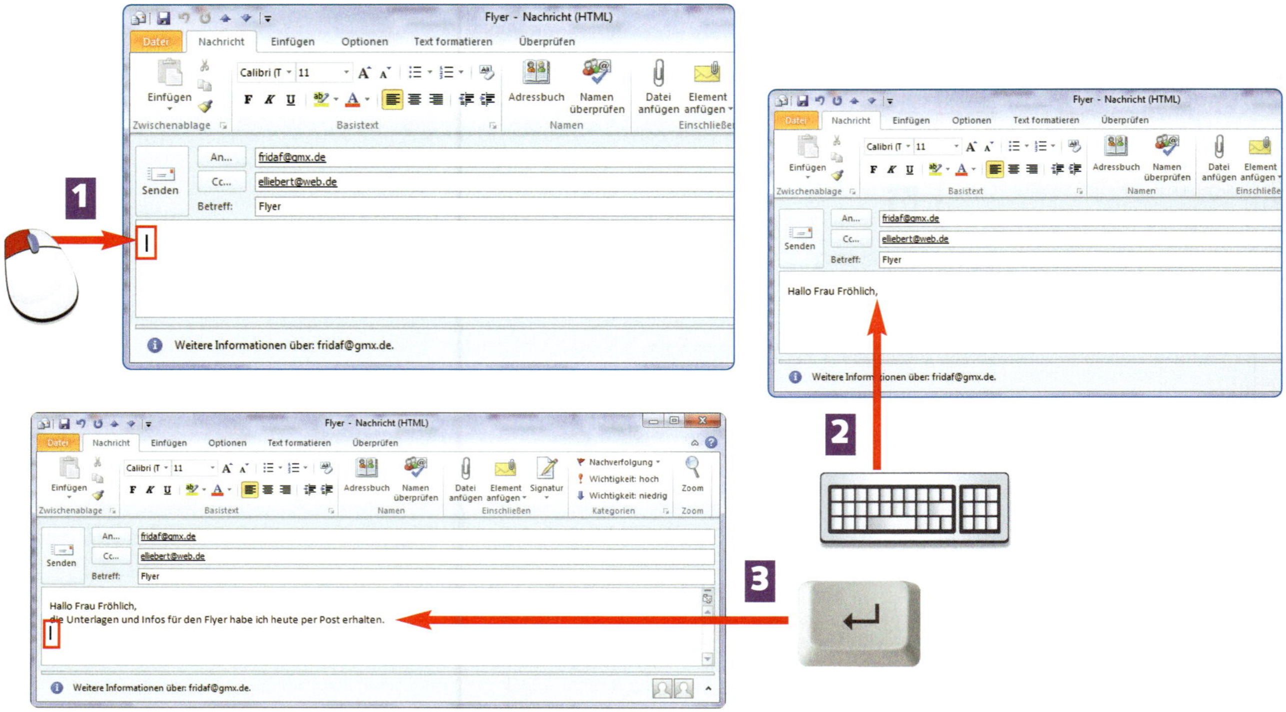

1 Klicken Sie in das Feld unter dem Adressfeld, sodass dort der Cursor blinkt.

2 Beginnen Sie einfach mit dem Schreiben und tippen Sie Ihren Text ein.

3 Möchten Sie in die nächste Zeile „springen", drücken Sie die ⏎-Taste auf der Tastatur. Der Cursor blinkt dann am Beginn der folgenden Zeile.

Solange Sie in den Betreff noch nichts eingegeben haben, wird die Nachricht mit *Unbenannt* betitelt. Erst wenn Sie einen Betreff eingeben, verwendet Outlook ihn als Titel der Nachricht (siehe Bild 3). Übrigens gilt das auch für alle anderen Fenster wie Termine, Kontakte und Aufgaben.

WISSEN

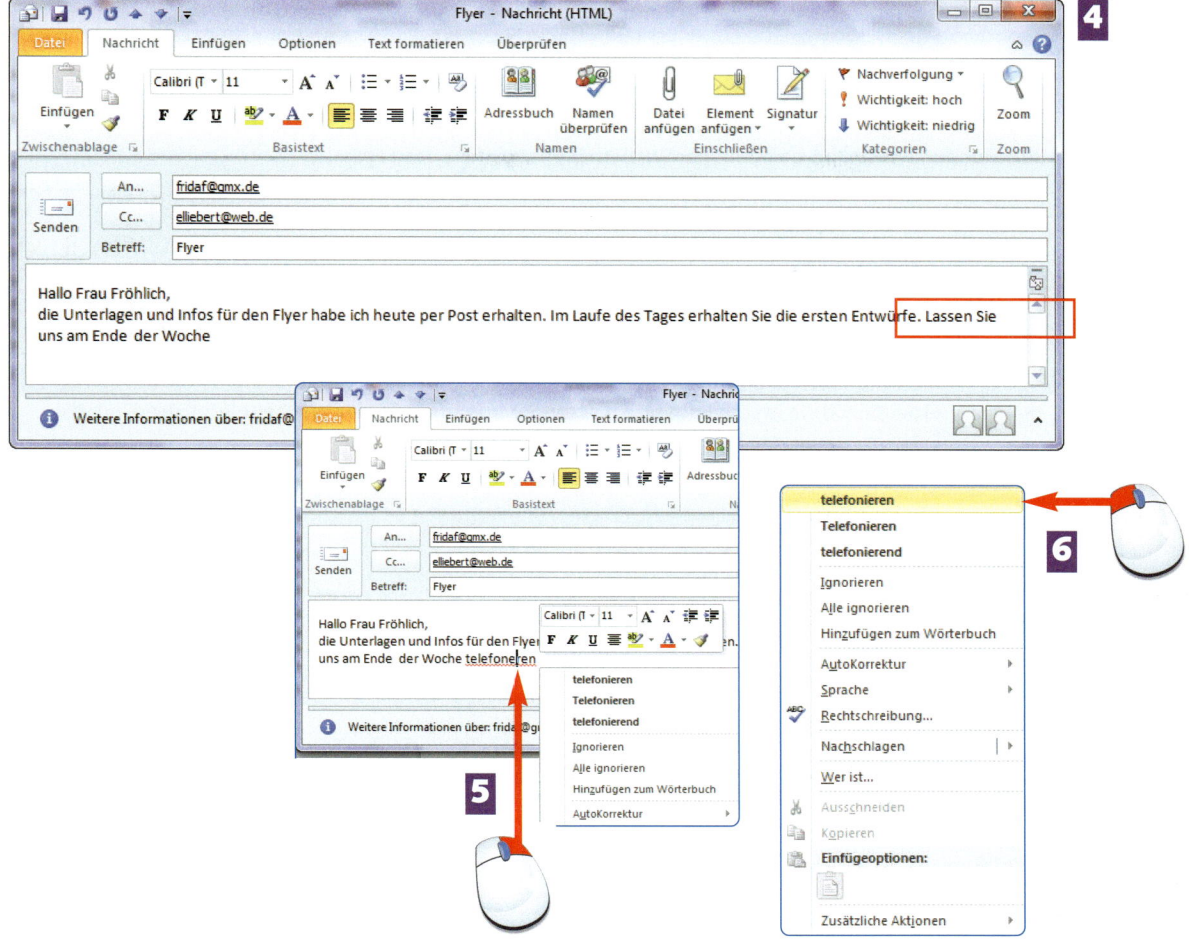

4 Oder schreiben Sie am Ende der Zeile einfach weiter. Outlook umbricht den Text selbstständig in die nächste Zeile.

5 Wenn Sie sich vertippt haben, unterringelt Outlook das falsch geschriebene Wort.
Klicken Sie mit der rechten Maustaste auf die rote Unterringelung.

6 Wählen Sie aus dem Kontextmenü mit einem linken Mausklick die richtige Schreibweise
aus. Outlook korrigiert den Rechtschreibfehler.

Ende

So rufen Sie superschnell das Nachrichtenfenster auf: Drücken Sie dazu die Tastenkombination Strg + ⇧ + M.

Die rote Unterringelung der Rechtschreibprüfung wird erst sichtbar, wenn Sie die ⬚-Taste nach dem getippten Wort drücken.

Wenn Sie mit der rechten Maustaste auf ein Element klicken, erscheint das **Kontextmenü**. Der Inhalt des Kontextmenüs hängt vom angeklickten Element ab.

TIPP   **HINWEIS**   **FACHWORT**

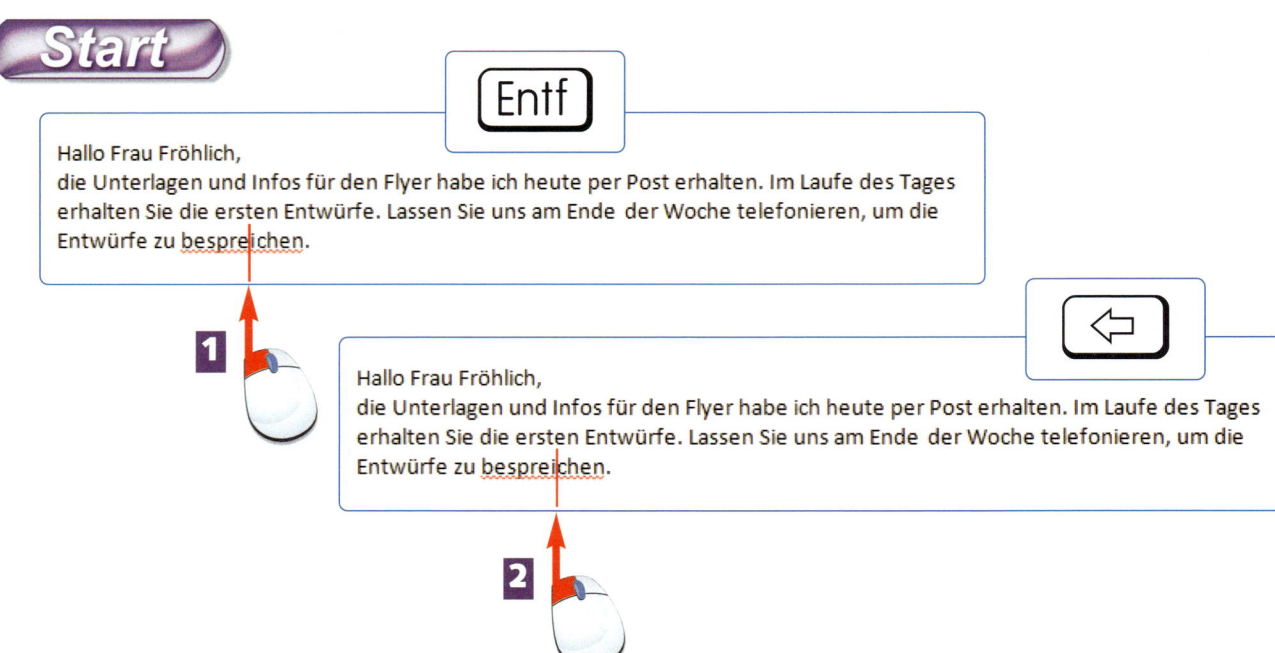

Start

Entf

Hallo Frau Fröhlich,
die Unterlagen und Infos für den Flyer habe ich heute per Post erhalten. Im Laufe des Tages erhalten Sie die ersten Entwürfe. Lassen Sie uns am Ende der Woche telefonieren, um die Entwürfe zu bespreichen.

1

⟵

Hallo Frau Fröhlich,
die Unterlagen und Infos für den Flyer habe ich heute per Post erhalten. Im Laufe des Tages erhalten Sie die ersten Entwürfe. Lassen Sie uns am Ende der Woche telefonieren, um die Entwürfe zu bespreichen.

2

Hallo Frau Fröhlich,
die Unterlagen und Infos für den Flyer habe ich heute per Post erhalten. Im Laufe des Tages erhalten Sie die ersten Entwürfe. Lassen Sie uns am Ende der Woche telefonieren, um die Entwürfe zu besprechen.

Mit freundlichen Grüßen
G. Gans

3

1 Wenn Sie eine Korrektur ohne Kontextmenü vornehmen möchten, klicken Sie vor den „Vertipper" und drücken die Entf-Taste. Das Zeichen rechts neben dem blinkenden Cursor wird gelöscht.

2 Oder Sie klicken hinter den „Vertipper" und drücken die ⟵-Taste, um das Zeichen links neben dem blinkenden Cursor, also in Pfeilrichtung zu löschen.

3 Die rote Unterringelung verschwindet, der Text ist korrigiert.

Hinschauen alleine genügt nicht! Klicken Sie an die Stelle, an der Sie etwas ändern möchten. Nur dann weiß Outlook, wo es etwas zu tun hat. Alle Aktionen, die Sie unternehmen, beziehen sich immer auf die Position des blinkenden Cursors oder auf die Markierung, die Sie zuvor vorgenommen haben.

WISSEN

Hallo Frau Fröhlich,
die Unterlagen und Infos für den Flyer habe ich heute per Post erhalten. Im Laufe des Tages erhalten Sie die ersten Entwürfe. Lassen Sie uns am Ende der Woche telefonieren, um die Entwürfe zu besprechen.

Mit freundlichen Grüßen
G. Gans

Hallo Frau Fröhlich,
die Unterlagen und Infos für den Flyer habe ich heute per Post erhalten. Im Laufe des Tages schicke ich Ihnen die ersten Entwürfe. Lassen Sie uns am Ende der Woche telefonieren, um die Entwürfe zu besprechen.

Mit freundlichen Grüßen
G. Gans

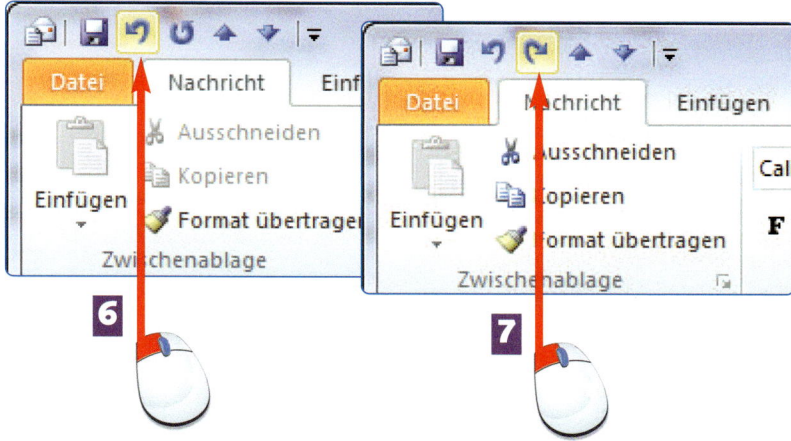

4 Möchten Sie Text ersetzen, markieren Sie ihn mit gedrückter linker Maustaste. An der blauen Hinterlegung erkennen Sie die Markierung (hier: *erhalten Sie*).

5 Tippen Sie einfach den neuen Text ein (hier: *schicke ich Ihnen*). Die Markierung wird sofort durch den neuen Text ersetzt.

6 Sollte einmal alles schiefgehen, klicken Sie in der Symbolleiste für den Schnellzugriff auf *Rückgängig*.

7 Falls Sie zu oft auf *Rückgängig* geklickt haben, stellen Sie den zuletzt rückgängig gemachten Schritt mit dem Befehl *Wiederherstellen* wieder her.

Ende

TIPP	HINWEIS	HINWEIS
Mit Doppelklick markieren Sie ein Wort, mit Dreifachklick einen Absatz.	Die Leiste für den  Schnellzugriff bietet noch viele weitere praktische Befehle. Klicken Sie zum Beispiel auf das kleine Diskettensymbol, so speichern Sie Ihre E-Mail unter den *Entwürfen*.	Sie haben es sicherlich schon bemerkt: Wenn Sie an der Stelle tippen, an der der Curor blinkt, schieben Sie den nebenstehenden Text einfach nach rechts weiter.

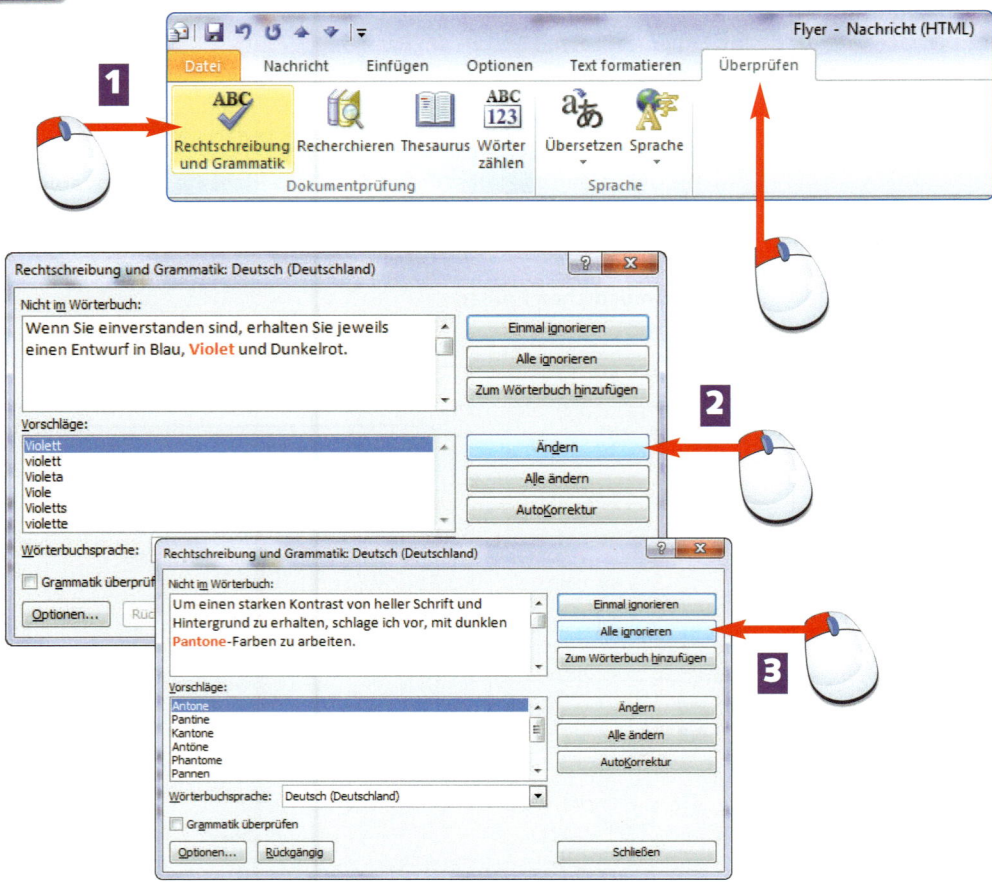

1 Wechseln Sie im Nachrichtenfenster, in dem Sie Ihre E-Mail geschrieben haben, auf das Register *Überprüfen* und klicken Sie auf *Rechtschreibung und Grammatik*.

2 Outlook zeigt das erste falsch geschriebene Wort an (hier: *Violet*). Wählen Sie unter *Vorschläge* die richtige Schreibweise aus und klicken Sie auf *Ändern*.

3 Der nächste zu korrigierende Begriff wird angezeigt (hier: *Pantone*). In diesem Fall ein Eigenname, der von der Rechtschreibprüfung nicht erkannt wird. Klicken Sie auf *Alle ignorieren,* um die Schreibweise für diesen und die folgenden Begriffe beizubehalten.

Eine kurze E-Mail lässt sich schnell mit den herkömmlichen Methoden korrigieren (siehe Seite 36 und 37). Ist die E-Mail aber richtig lang, dann lassen Sie Outlook nach den Rechtschreibfehlern suchen. Die Rechtschreibprüfung bietet dafür die nötigen Befehle und lässt sich genauso bedienen wie in Word.

WISSEN

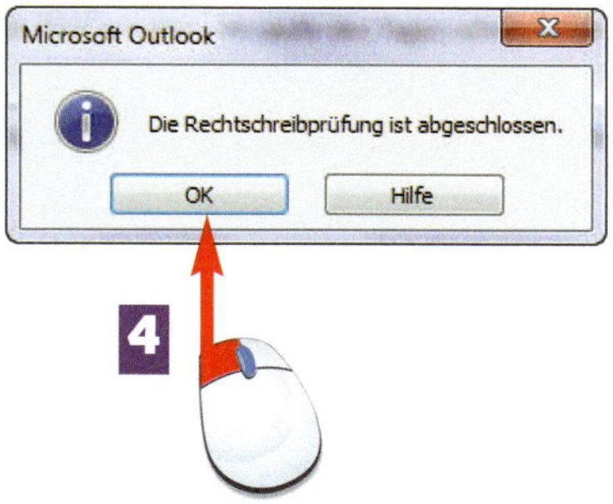

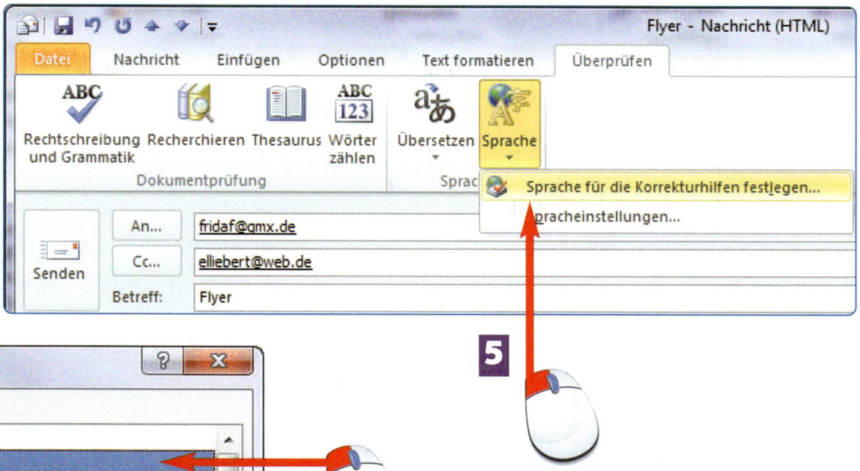

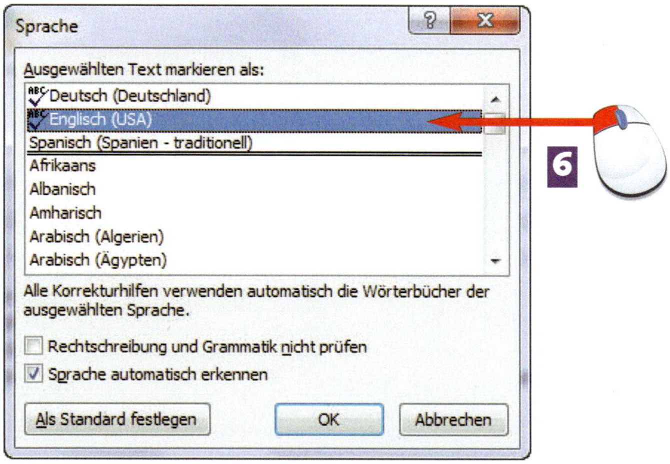

4 Ist die Rechtschreibprüfung abgeschlossen, teilt Ihnen Outlook das mit. Klicken Sie auf *OK*.

5 Schreiben Sie Ihre E-Mails in einer anderen Sprache, sollten Sie vor der Rechtschreibprüfung die Sprache umstellen. Klicken Sie dazu unter dem Register *Überprüfen* auf *Sprache* und wählen Sie *Sprache für die Korrektuhilfen festlegen.*

6 Wählen Sie im folgenden Dialog die Sprache aus, in der Sie Ihre E-Mail-Nachricht schreiben. Bestätigen Sie mit *OK*. **Ende**

Rechts unten in der Taskleiste von Windows finden Sie das Zeichen *DE* für Deutsch. Klicken Sie darauf, um schnell zwischen Deutsch und Englisch zu wechseln.

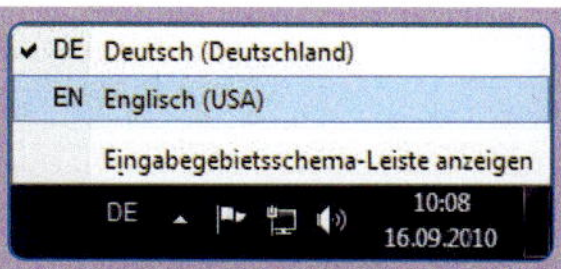

Der Rechtschreibprüfung  liegt ein Wörterbuch zugrunde, in dem Outlook „nachschaut". Sollte ein Begriff, der immer wieder vorkommt, nicht enthalten sein, fügen Sie ihn dem Wörterbuch hinzu (siehe Bild 3).

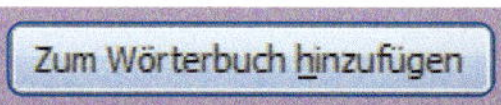

TIPP   **HINWEIS**

Hallo Frau Fröhlich,
die Unterlagen und Infos fi... Post
erhalten. Im Laufe des Tages...
Entwürfe. Lassen Sie uns am ende der Woche telefonie...
die Entwürfe zu besprechen...

1

Hallo Frau Fröhlich,
die Unterlagen und Infos für den Flyer habe ich heute
erhalten. Im Laufe des Tages schicke ich Ihnen die erst...
La... e telefonieren, um ...
be...
W... alten Sie jeweils ein...
Blau, Violett und Dunk...
Um einen starken Kon...
erhalten, schlage ich v...

Mit freundlichen Grüß...

- Automatisch

Designfarben

2

Standardfarben

- Weitere Farben...
- Farbverlauf

Wenn Sie einverstanden sind, erhalten Sie jeweils einen Entwurf in
Blau, Violett und Dunkelrot.
Um einen starken Kontrast von heller Schrift und Hintergrund zu
erhalten... ntone-Farben zu arbeiten.

Mit freundlichen Grüßen
G. Gans

3

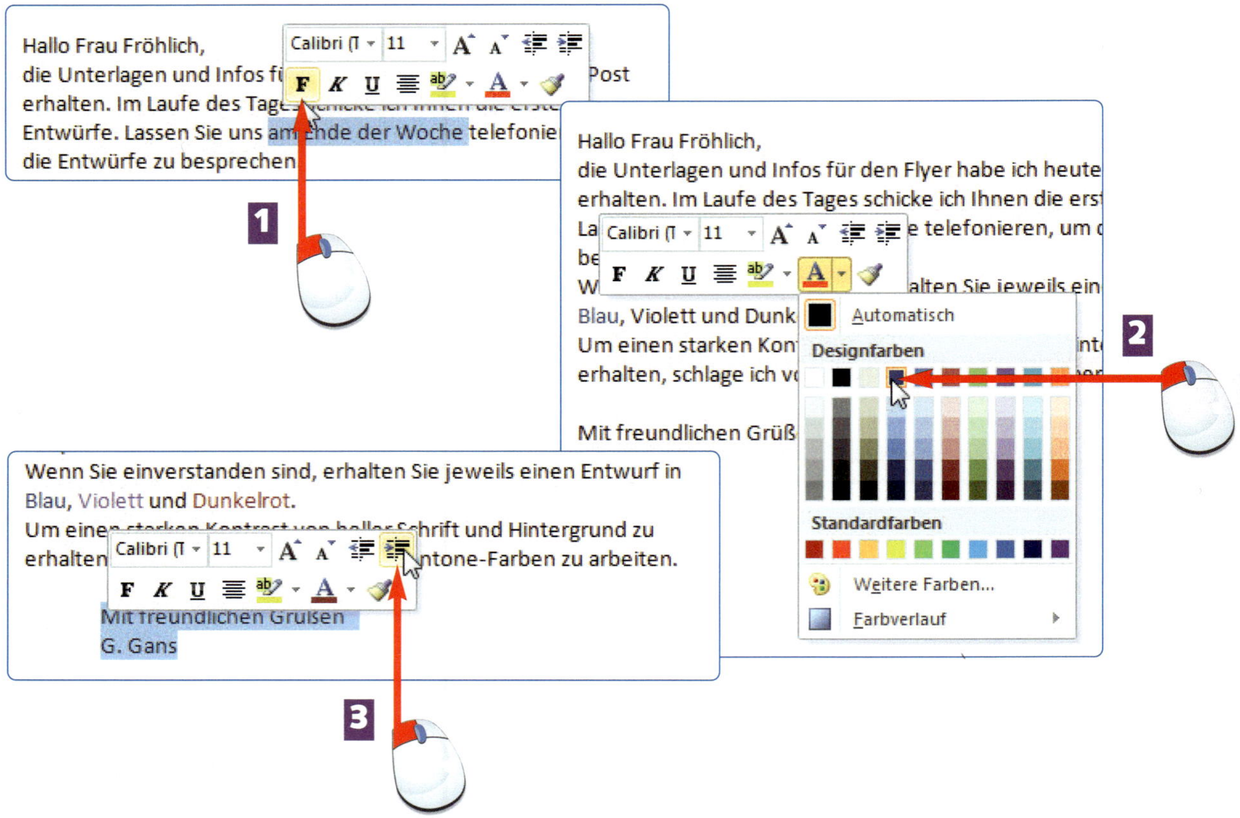

1 Markieren Sie den Text, den Sie fett hervorheben möchten, und bewegen Sie die Maus nach rechts oben. Es erscheint eine kleine Symbolleiste. Klicken Sie auf *Fett*.

2 Färben Sie den Text in einer anderen Farbe ein, indem Sie beispielsweise mit einem Doppelklick ein Wort markieren und anschließend auf den Pfeil von *Schriftfarbe* klicken. Wählen Sie mit einem Klick die passende Farbe aus.

3 Ganz einfach rücken Sie den Text über *Einzug vergrößern* ein.

Praktisch und schnell erreichbar: Kleine Symbolleisten, die sich beim Bearbeiten von Texten und anderen markierten Elementen ganz dezent einblenden. Bewegen Sie die Maus auf die Symbolleiste, um sie stärker hervorzuheben. Mit einem Klick auf ein Symbol führen Sie die entsprechende Aktion aus.

WISSEN

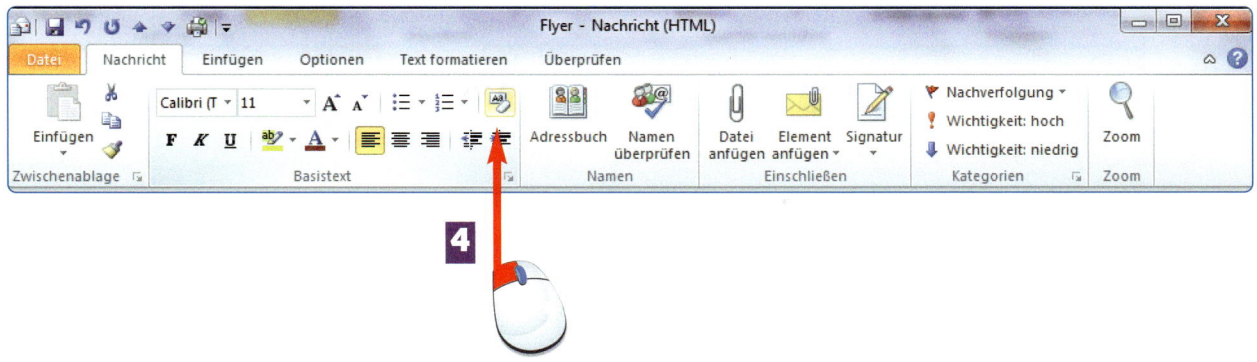

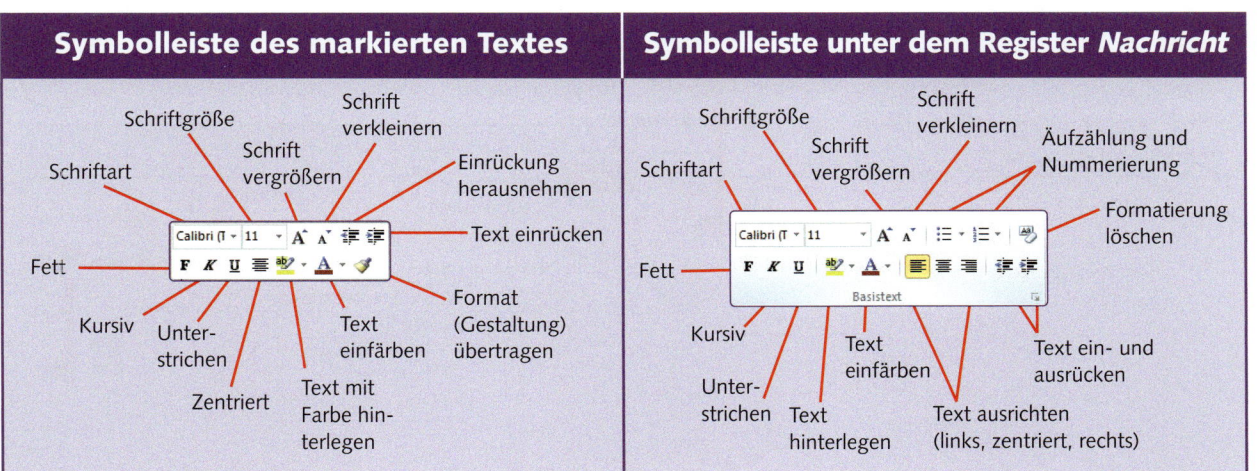

4 Gefällt Ihnen die Formatierung Ihres Textes nicht, markieren Sie ihn und klicken im Menüband unter dem Register *Nachricht* auf *Formatierung löschen.* Die Gestaltungsmerkmale verschwinden wieder.

5 Die Symbolleiste, die erscheint, wenn Sie Text markieren, unterscheidet sich geringfügig von der Symbolleiste, die Sie unter dem Register *Nachricht* finden.

TIPP

Mit dem Symbol *Formatierung löschen* setzen Sie den Text wieder auf seine ursprüngliche Gestaltung zurück. Der Text selbst wird dabei nicht gelöscht.

FACHWORT

Formatieren bedeutet unter Outlook nichts anderes als Gestalten. Wenn Sie also den Text gestalten, formatieren Sie ihn.

HINWEIS

Voraussetzung für die Gestaltung Ihrer E-Mails ist das HTML-Format. Sie aktivieren es unter dem Register *Text formatieren* im Nachrichtenfenster.

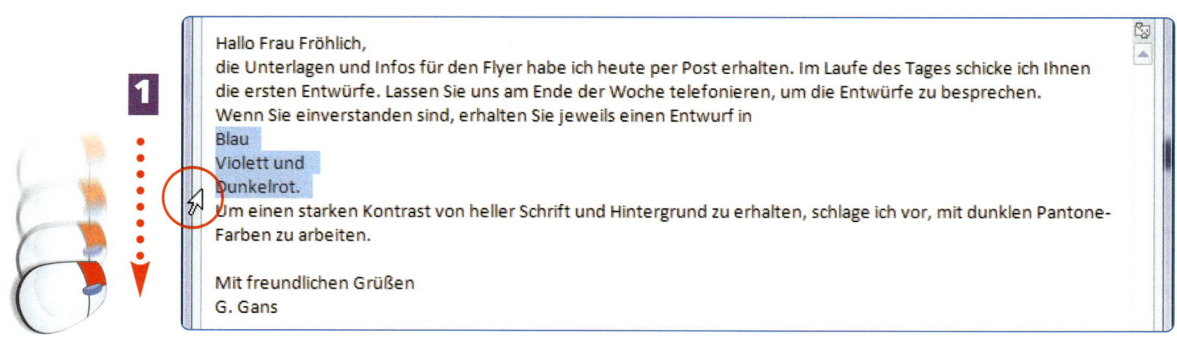

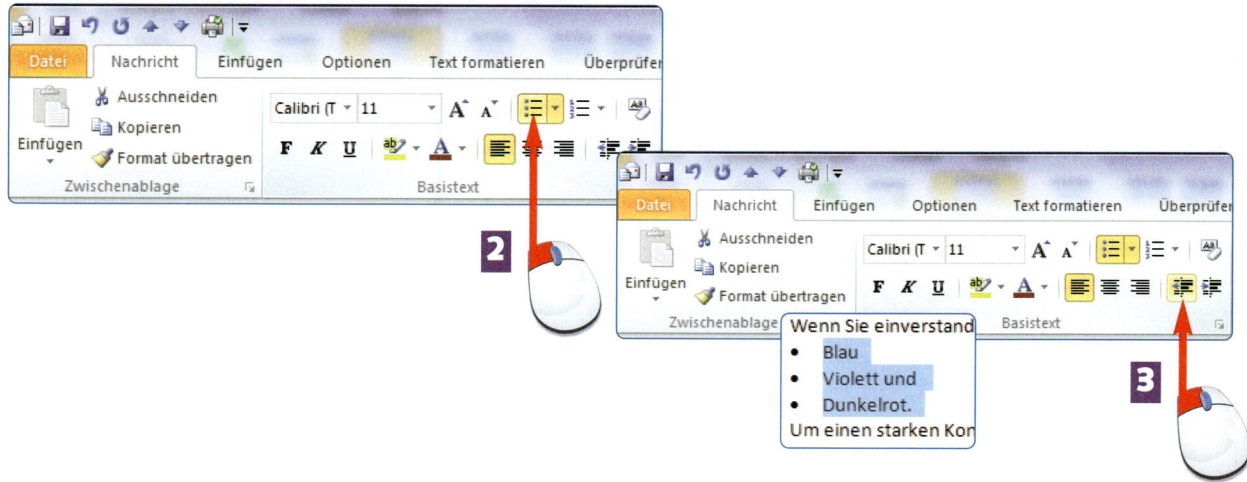

1 Eine Aufzählung erhalten Sie folgendermaßen: Bewegen Sie die Maus links neben den Text und markieren Sie die betreffenden Zeilen mit gedrückter linker Maustaste.

2 Unter dem Register *Nachricht* finden Sie die Aufzählungszeichen. Klicken Sie darauf.

3 Um die Einrückung des Textes zu entfernen, klicken Sie auf *Einzug verkleinern*.

In den Programmen von Office 2010 gibt es die sogenannte Live-Vorschau. Wenn Sie die Maus beispielsweise auf ein Aufzählungszeichen bewegen und dort etwas verweilen, sehen Sie, wie sich der Text verändert. Mit einem Klick übernehmen Sie die Einstellung. Kein Klick verhindert die Formatierung.

WISSEN

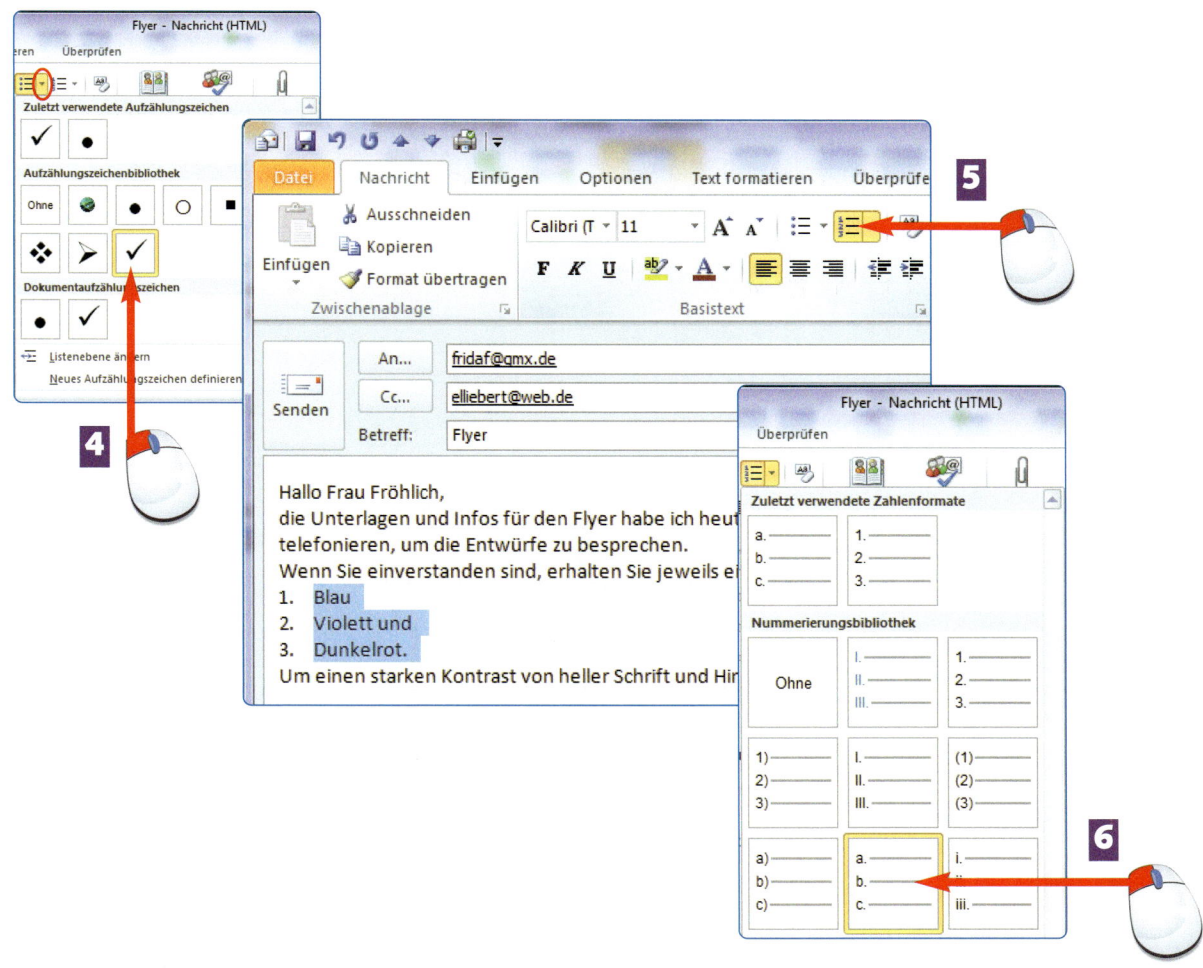

4 Klicken Sie auf das Pfeilchen der *Aufzählungszeichen,* stehen Ihnen noch viele weitere Aufzählungszeichen zur Verfügung.

5 Möchten Sie statt der Aufzählungszeichen eine Nummerierung, klicken Sie auf *Nummerierung*. Achten Sie darauf, dass der zu nummerierende Text zuvor markiert wurde.

6 Die Nummerierung wandeln Sie in eine alphabetische Aufzählung um, indem Sie auf den Pfeil von *Nummerierung* klicken und das Menü aufklappen. Dort wählen Sie mit einem Klick *a. b. c.* aus.

Ende

Mit *Formatierung löschen* aus dem Menüband entfernen Sie die Aufzählung oder Nummerierung wieder.

Hinter dem Symbol *Aufzählungszeichen* steckt der Befehl *Neues Aufzählungszeichen definieren*. Legen Sie damit ein neues Aufzählungszeichen fest, das noch nicht in Ihrer Liste vorhanden ist.

HINWEIS   **HINWEIS**

E-Mail mit Designs optisch aufpeppen

Start

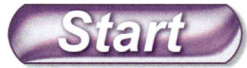

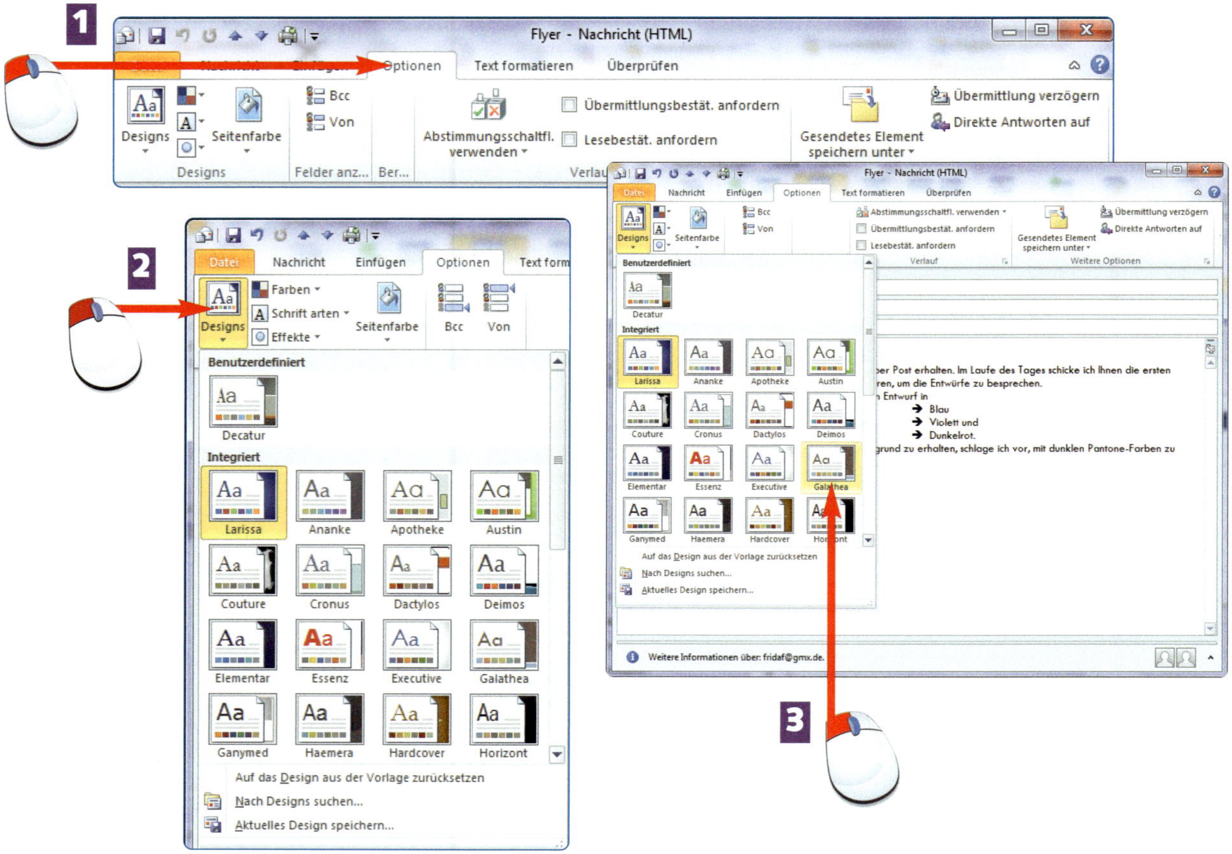

1 Wechseln Sie im Nachrichtenfenster auf das Register *Optionen*, um auf die *Designs* zugreifen zu können. Achten Sie darauf, dass Ihre E-Mail im HTML-Format vorliegt (Register *Text formatieren*).

2 Klicken Sie auf *Designs*.

3 Suchen Sie sich ein ansprechendes Design aus und bestätigen Sie mit Klick auf das Design (hier: *Galathea*).

Die Designs bestimmen die Gestaltung Ihrer gesamten E-Mail. Einem ausgewählten Design liegt eine bestimmte Schriftart, der Zeilenabstand und die Farben zugrunde. Das Erscheinungsbild kann also jederzeit durch ein anderes Design verändert werden.

WISSEN

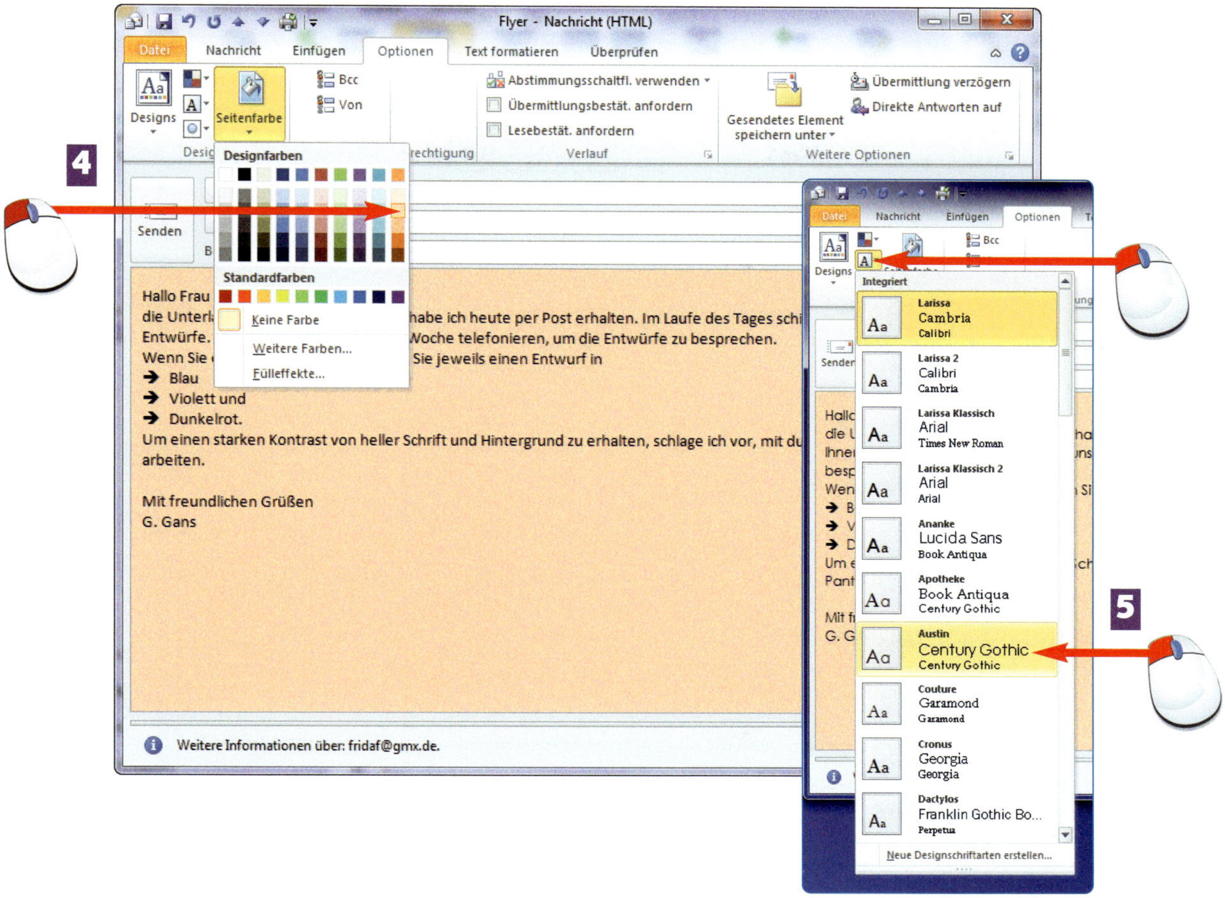

4 Möchten Sie den Hintergrund Ihrer E-Mail einfärben, klicken Sie auf *Seitenfarbe*. Wählen Sie im aufgeklappten Menü eine der Designfarben aus. Je nach gewähltem Design verändert sich auch der Hintergrund.

5 Gefällt Ihnen die Schrift des ausgewählten Designs nicht, klicken Sie auf *Designschriftarten* und wählen eine andere Schriftart für Ihre E-Mail aus.

HINWEIS	FACHWORT	HINWEIS
Sollte der E-Mail-Empfänger kein Outlook verwenden, kann es sein, dass Ihre E-Mail beim Empfänger völlig anders aussieht als in Ihrem Programm.	Mit **Designs** ist die gesamte Gestaltung Ihrer E-Mail gemeint, einschließlich der Schriftarten, Farben und Hintergründe.	Durch die Designs können alle Office-Dokumente (Word, Excel, PowerPoint, Outlook) mit dem gleichen Aussehen gestaltet werden. Übrigens lassen sich auch eigene Designs definieren.

Start

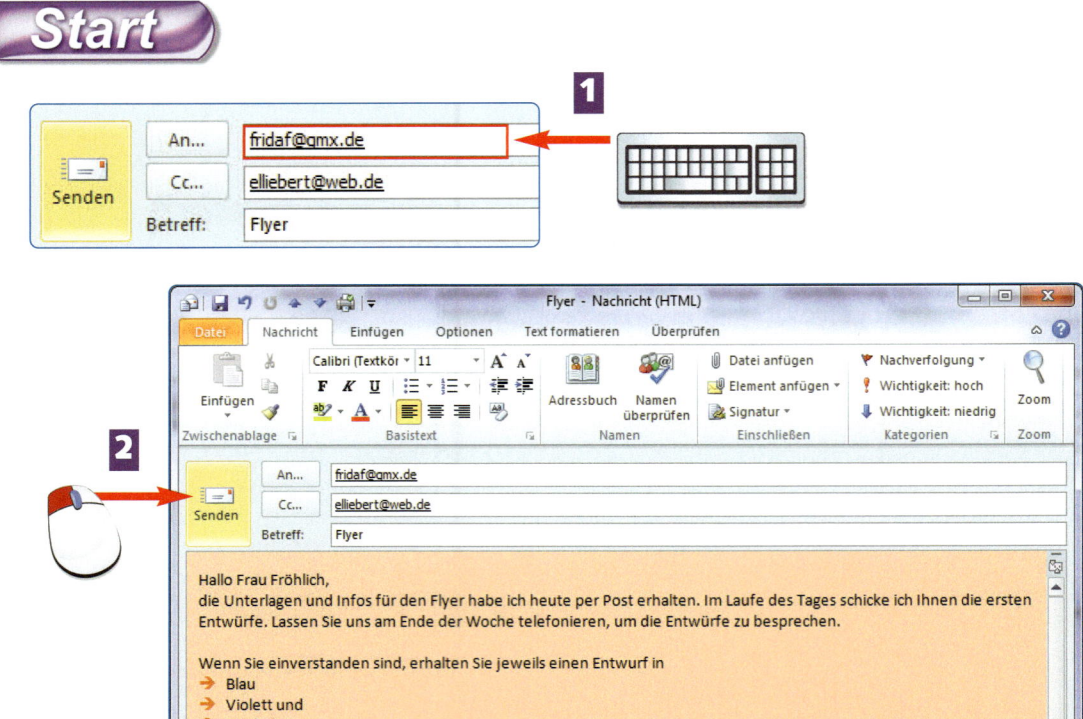

1 Wichtig: Die E-Mail-Adresse des Empfängers muss korrekt im Feld *An* eingegeben sein (siehe Seite 33).

2 Klicken Sie auf *Senden*. Ist die Internetverbindung inaktiv, landet die E-Mail zuerst im *Postausgang* von Outlook. Dort wartet sie auf eine aktive Internetverbindung. Besteht die Internetverbindung, wird die E-Mail verschickt.

Eine E-Mail schicken Sie mit dem Befehl *Senden* an den *Postausgang* von Outlook. Damit ist die E-Mail aber noch nicht unterwegs. Erst wenn die Internetverbindung aktiv ist, schicken Sie die E-Mail auf die Reise. Sie wird im Postausgangsserver Ihres Providers zwischengelagert und von dort weitergeleitet.

WISSEN

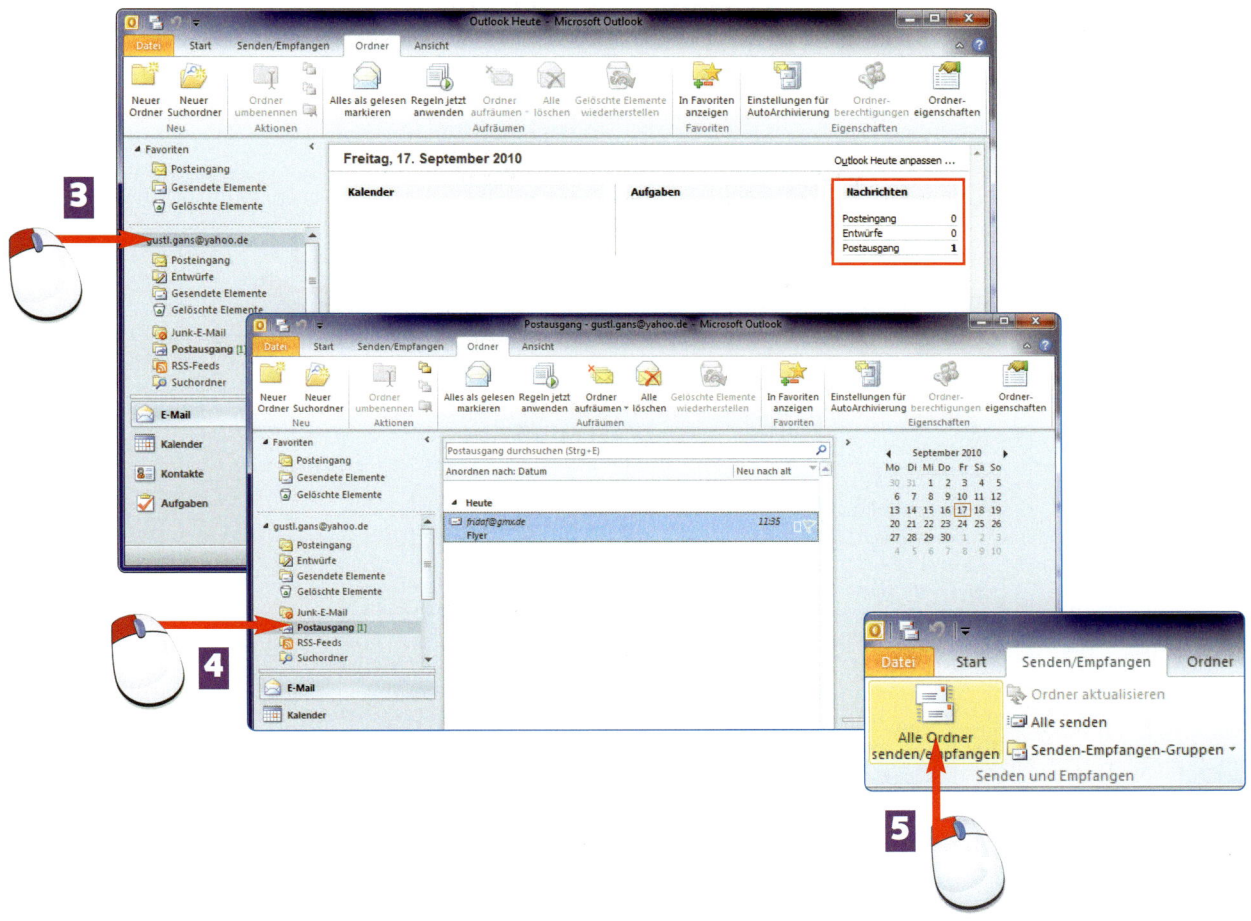

3 Ist *keine* Internetverbindung aufgebaut, sammelt Outlook die E-Mails im *Postausgang*. Klicken Sie auf Ihre E-Mail-Adresse, öffnen Sie *Outlook Heute.* Dort sehen Sie die E-Mail im *Postausgang* liegen.

4 Klicken Sie im Navigationsbereich direkt auf *Postausgang,* zeigt Ihnen Outlook im Hauptfenster die E-Mails des *Postausgangs* an.

5 Ist die Internetverbindung aktiv und der Postausgang noch nicht geleert, klicken Sie im Register *Senden/Empfangen* auf *Alle Ordner senden/empfangen.*

Ende

Noch schneller starten Sie den Senden- und Emp-fangen-Vorgang, indem Sie die F9-Taste drücken.	Mit dem Befehl *Alle Ordner senden/emp-fangen* versenden Sie nicht nur Ihre E-Mails, sondern erhalten gleich-zeitig E-Mails.	Voraussetzung für den Versand einer E-Mail ist eine aktive Internetverbindung. Besteht gerade keine Internetverbindung, wird die E-Mail zunächst im Post-ausgang zwischengelagert.
TIPP	**HINWEIS**	**HINWEIS**

Start

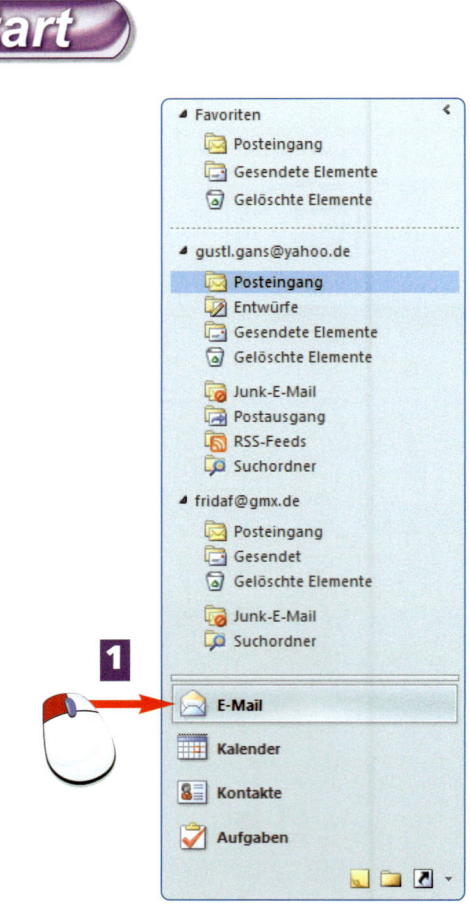
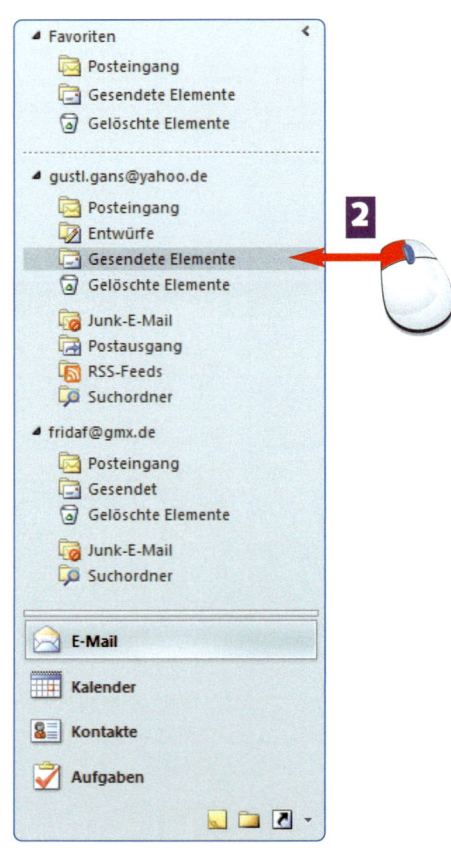

1 Um zu kontrollieren, ob Ihre E-Mail tatsächlich weggeschickt wurde, oder den Inhalt der verschickten E-Mail nochmals nachzulesen, klicken Sie im Navigationsbereich auf *E-Mail*.

2 Wählen Sie mit einem Klick den Ordner *Gesendete Elemente*.

Outlook legt für jede gesendete E-Mail eine Kopie an und hinterlegt sie im Ordner *Gesendete Elemente*. Dort können Sie beispielsweise auch kontrollieren, welche E-Mails letzte Woche oder letzten Monat abgeschickt wurden. Und Sie können den Inhalt der E-Mails noch einmal nachlesen.

WISSEN

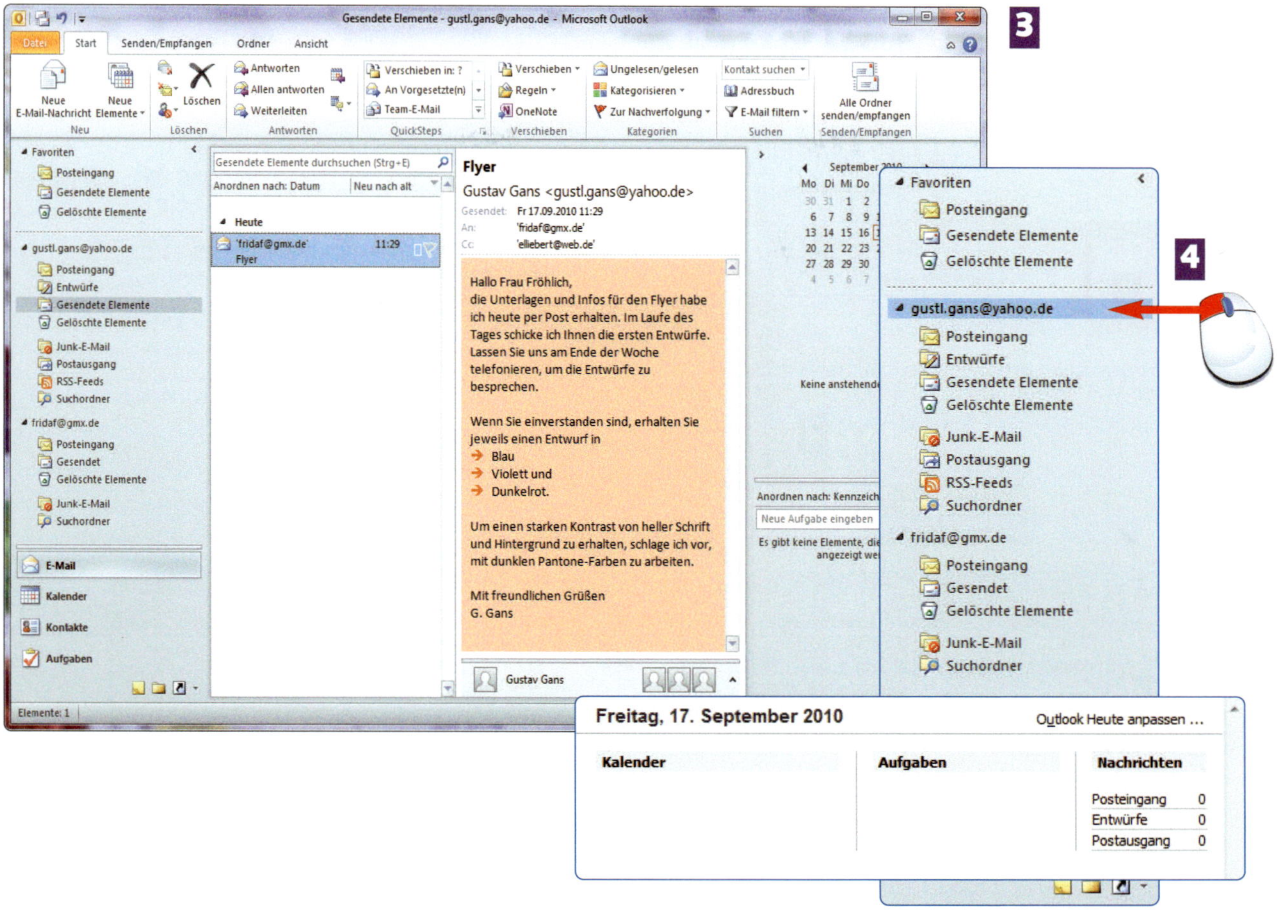

3

4

3 Outlook zeigt Ihnen im Hauptfenster an, dass Sie Ihre E-Mail *Heute* verschickt haben. Der Betreff (hier: *Flyer*) und die Uhrzeit werden ebenfalls angegeben (hier: *11:29* Uhr).

4 Möchten Sie zu *Outlook Heute*, also zur Übersicht von Outlook zurückkehren, dann klicken Sie im Navigationsbereich auf die eigene E-Mail-Adresse (hier: *gustl.gans@yahoo.de*).

Ende

Alle E-Mails gesendet! Hinter dem *Postausgang* von *Outlook Heute* wird eine *Null* angezeigt.

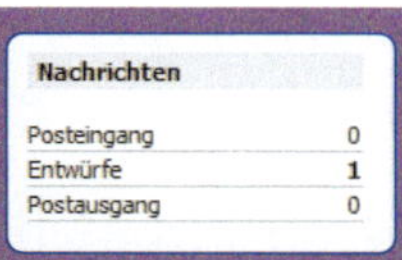

Nachrichten	
Posteingang	0
Entwürfe	1
Postausgang	0

Mit einem Doppelklick auf die E-Mail im Hauptfenster *Gesendete Elemente* öffnen Sie die E-Mail. Dort können Sie die E-Mail aus dem Ordner löschen.

HINWEIS   **HINWEIS**

Neue Urlaubsfotos mit der E-Mail versenden

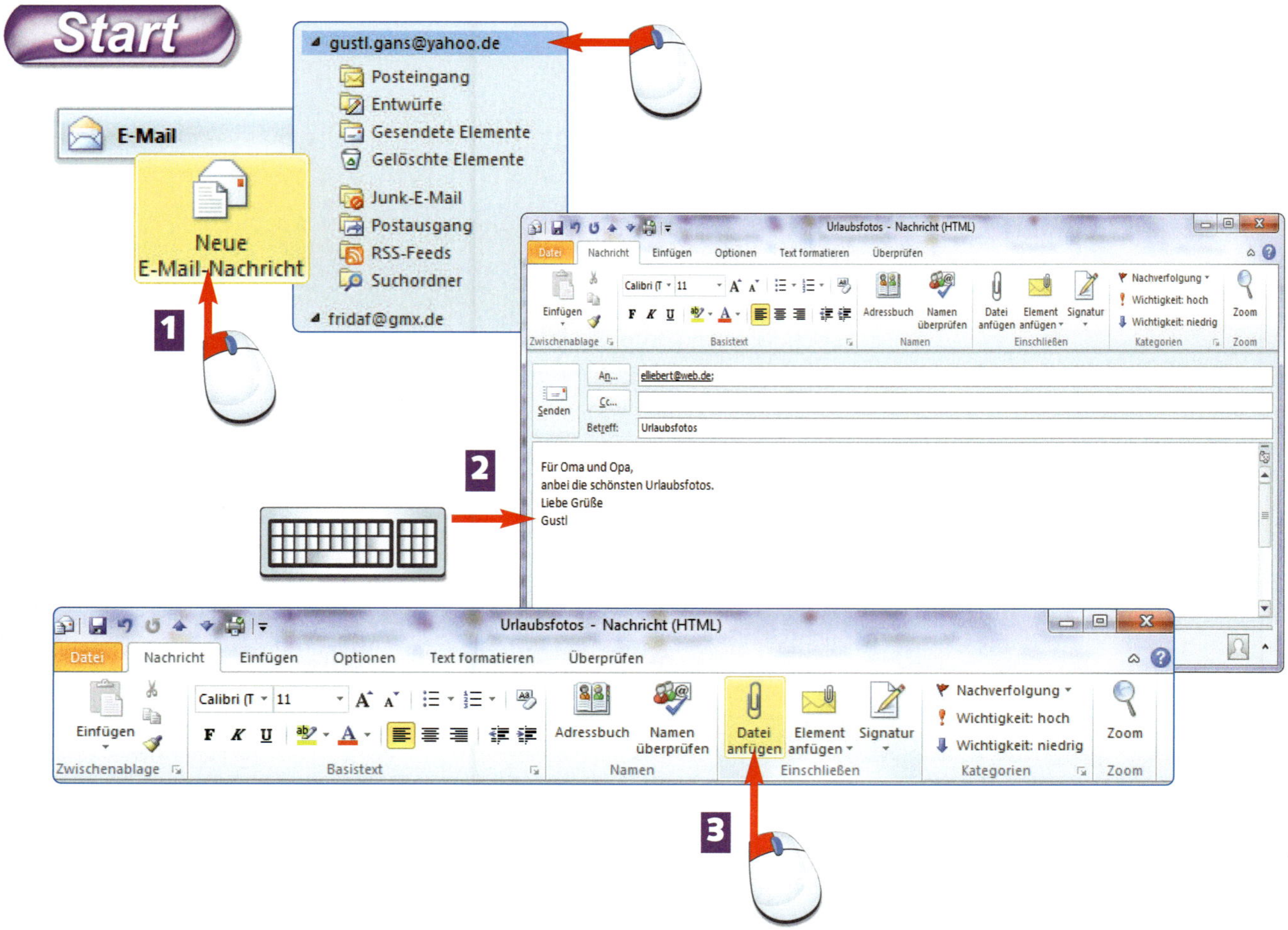
Start
E-Mail
Neue E-Mail-Nachricht
gustl.gans@yahoo.de
Posteingang
Entwürfe
Gesendete Elemente
Gelöschte Elemente
Junk-E-Mail
Postausgang
RSS-Feeds
Suchordner
fridaf@gmx.de
1
Urlaubsfotos - Nachricht (HTML)
Datei
Nachricht
Einfügen
Optionen
Text formatieren
Überprüfen
Einfügen
Zwischenablage
Basistext
Adressbuch
Namen überprüfen
Namen
Datei anfügen
Element anfügen
Signatur
Einschließen
Nachverfolgung
Wichtigkeit: hoch
Wichtigkeit: niedrig
Kategorien
Zoom
Senden
An...
Cc...
Betreff:
elliebert@web.de;
Urlaubsfotos
Für Oma und Opa,
anbei die schönsten Urlaubsfotos.
Liebe Grüße
Gustl
2
3

1 Klicken Sie auf *E-Mail* und markieren Sie die E-Mail-Adresse, von der Sie Ihre E-Mail losschicken möchten (falls mehrere E-Mail-Adressen eingerichtet wurden). Wählen Sie *Neue E-Mail-Nachricht*, um eine E-Mail beispielsweise an Oma und Opa zu schreiben.

2 Geben Sie die korrekte E-Mail-Adresse, den Betreff und den Nachrichtentext ein.

3 Aktivieren Sie das Register *Nachricht* und klicken Sie auf *Datei anfügen*.

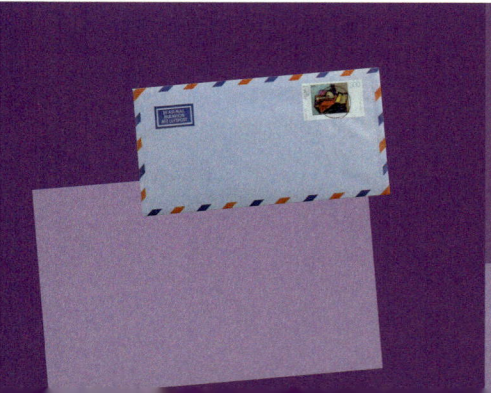

Manche Anhänge akzeptiert Ihr E-Mail-Anbieter nicht und entfernt sie sofort, wenn Virengefahr oder Wurmbefall droht. Mit Bildern, die die Endung *jpg, tif* oder *bmp* haben, dürfte es keine Probleme geben. Ebenso wenig mit normalen Textdateien, die mit der Endung *txt*, *doc* oder *docx* ausgestattet sind.

WISSEN

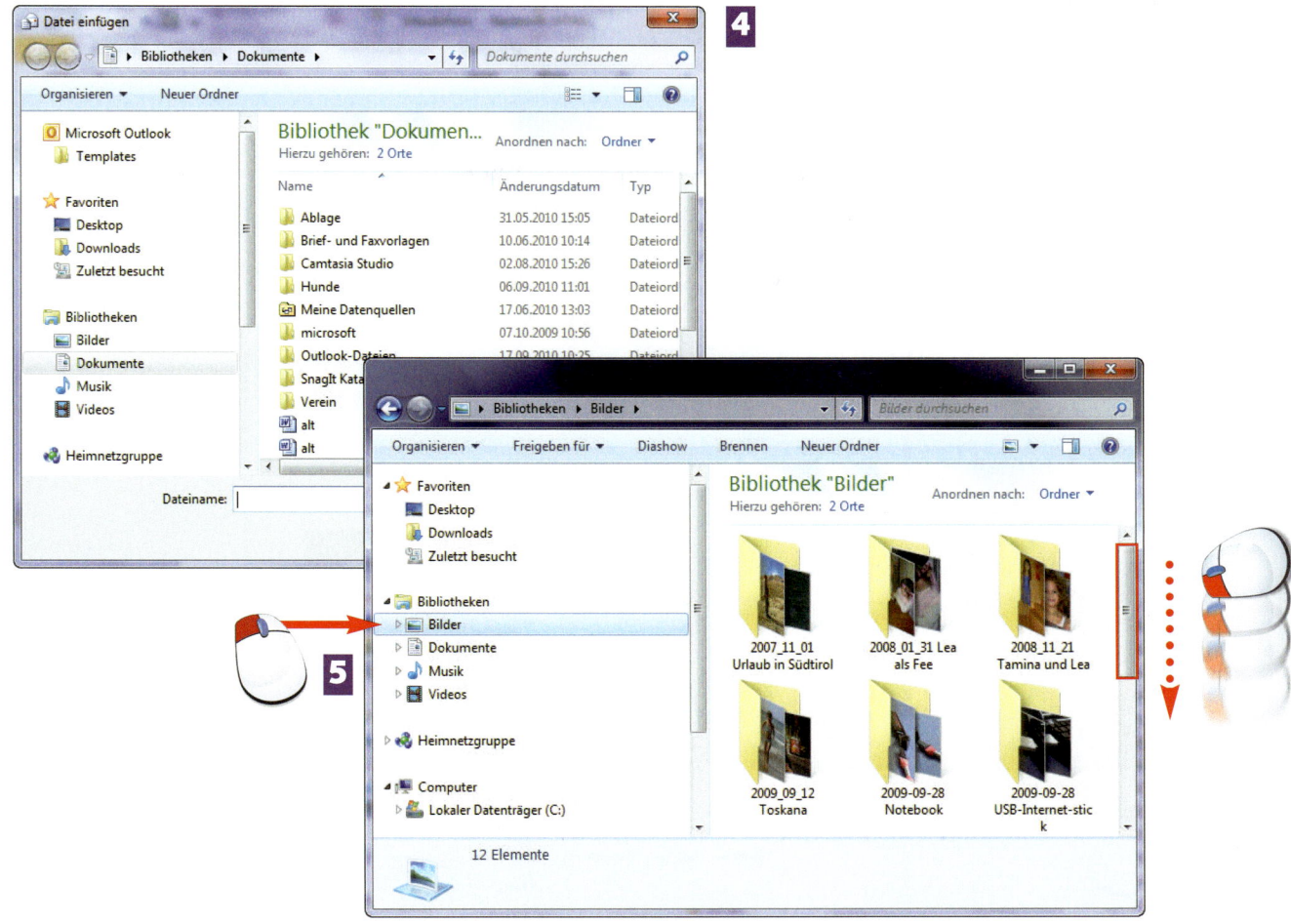

4 Outlook öffnet ein Fenster namens *Datei anfügen.* Hier wählen Sie den Ort aus, an dem Sie Ihre Fotos gespeichert haben.

5 Klicken Sie dazu in der linken Fensterhälfte beispielsweise auf *Bilder*. In der rechten Fensterhälfte werden alle von Ihnen angelegten Ordner und Bilder angezeigt. Finden Sie Ihr Foto oder den Ordner nicht sofort, dann blättern Sie per Bildlaufleiste nach unten.

Fast jeder Provider schränkt die Datenmenge ein, die Sie verschicken können. Bis 10 MByte sollte es keine Probleme geben. Um mehr Bilder zu verschicken, verteilen Sie sie auf separate E-Mails.

Einfach und bequem ist es, die vorgegebene Ordnerstruktur von Windows zu nutzen und die Bilder in den Ordner *Bilder*, die Dokumente (Texte, PDFs) in den Ordner *Dokumente* usw. zu legen. Dadurch erhalten Sie eine gewisse Ordnung und finden leichter Ihre Dateien wieder.

HINWEIS   HINWEIS

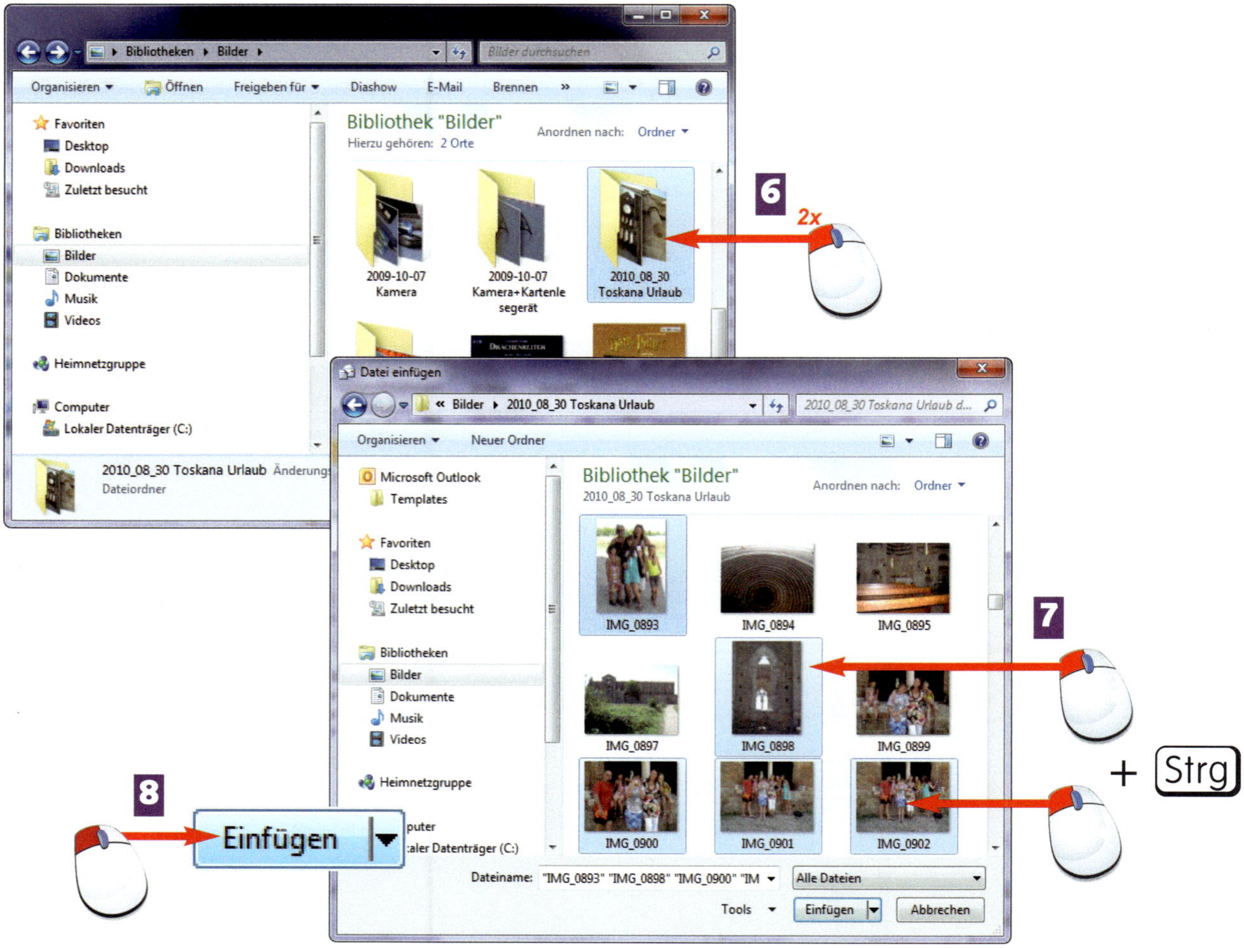

6 Um den Ordner zu öffnen, in dem sich Ihre Fotos befinden, doppelklicken Sie auf den Ordner.

7 Markieren Sie mit einem Klick das Foto, das Sie mitschicken möchten. Weitere Fotos markieren Sie mit gedrückter Strg-Taste + Mausklick auf das nächste Bild. So markieren Sie gleich mehrere Fotos.

8 Nachdem Ihre Fotos markiert sind, bestätigen Sie mit *Einfügen*.

Es ist völlig egal, ob Sie an die E-Mail einen Text, ein Bild oder eine andere Datei anhängen. Lediglich Outlook, Ihr Provider oder ein installiertes Antivirenprogramm schränkt den Versand von bestimmten Dateitypen ein. Beispielsweise verstecken sich in den Dateitypen *com*, *exe*, *pif*, *scr* und *bat* gerne unliebsame Gäste wie Viren und Würmer.

WISSEN

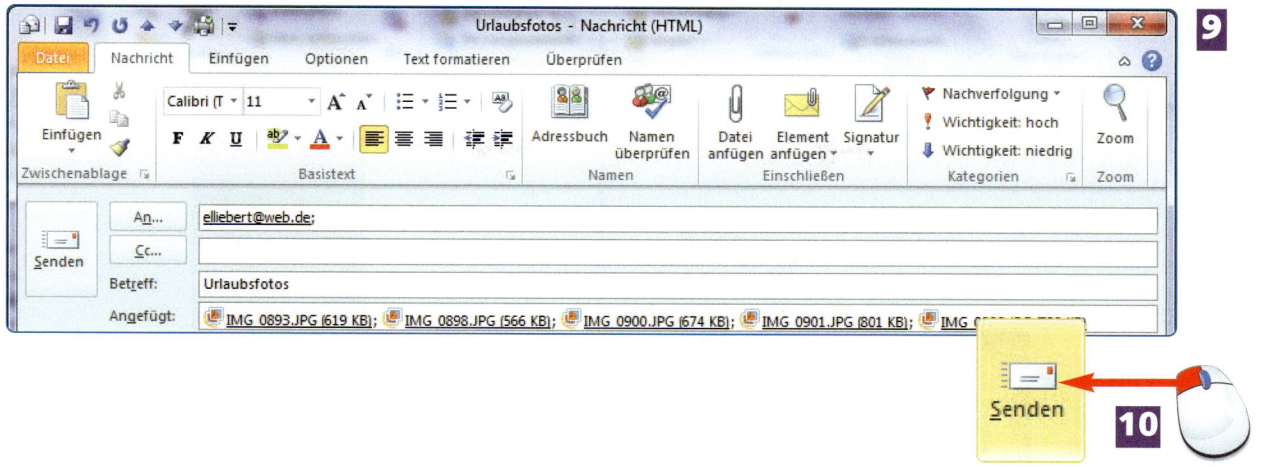

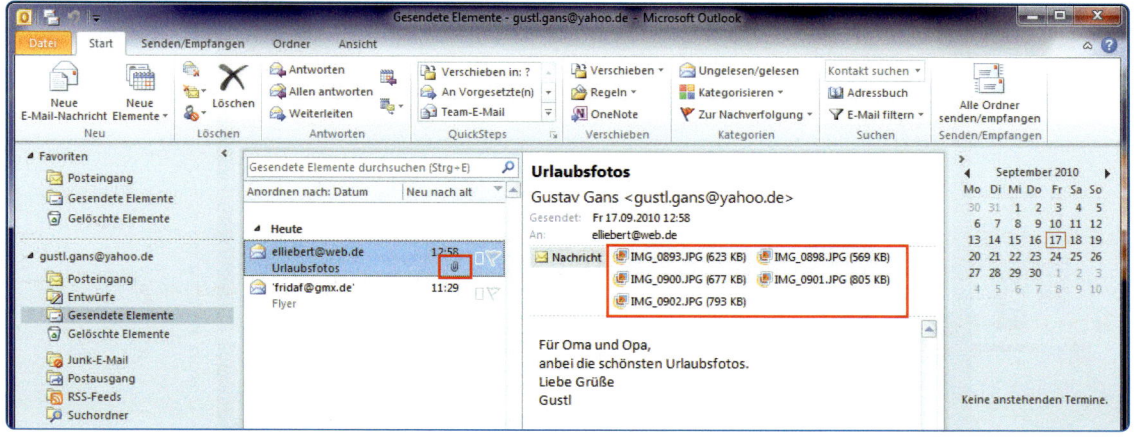

9 Unter dem Feld *Betreff* fügt Outlook ein neues Feld namens *Angefügt* ein. Dort werden alle Fotos angezeigt, die Sie der E-Mail beigefügt haben.

10 Um die E-Mail und die Fotos auf den Weg zu schicken, klicken Sie auf *Senden*.

11 Im Ordner *Gesendete Elemente* können Sie an der kleinen Büroklammer erkennen, dass eine Anlage mitgeschickt wurde. Im Lesebereich zeigt Outlook die Fotos im Nachrichtenkopf der E-Mail.

Ende

hubert.heidi.butz@t-online.de; chris.butz@web.de

Möchten Sie nicht nur Oma und Opa, sondern vielleicht noch einer Freundin die E-Mail schicken, dann geben Sie zwischen den E-Mail-Adressen ein Semikolon ein.

Klicken Sie einfach erneut auf *Datei anfügen*, wenn Sie noch ein Foto mitschicken möchten.

Datei anfügen

HINWEIS   **HINWEIS**

Präsentation als Anlage in die E-Mail kopieren

Start

1

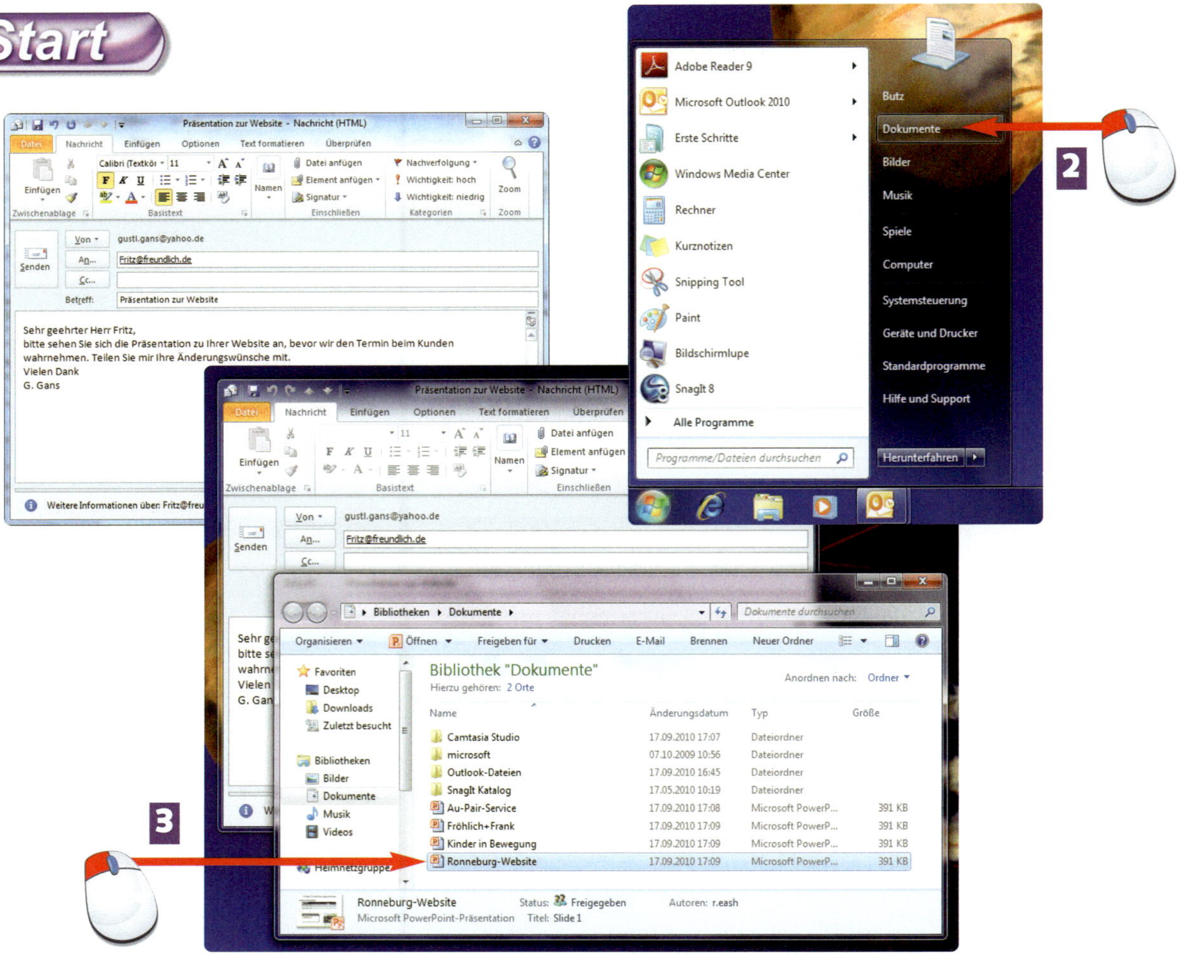

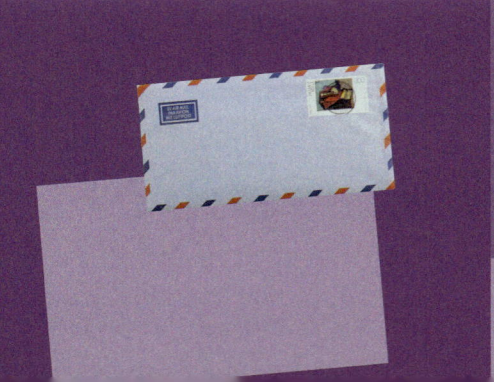

1 Klicken Sie im Programmbereich *E-Mail* von Outlook auf *Neue E-Mail-Nachricht*, um eine neue E-Mail zu schreiben. Geben Sie die korrekte E-Mail-Adresse, den Betreff und den Text ein.

2 Öffnen Sie den Ordner, in dem Ihre Präsentation gespeichert ist, zum Beispiel über die Start-Schaltfläche der Taskleiste und *Dokumente*.

3 Markieren Sie in der rechten Fensterhälfte die Präsentation mit einem Klick.

Sämtliche Dateien können nicht nur über den Befehl *Datei anfügen* als Anlage zur E-Mail hinzugefügt, sondern auch über die Zwischenablage in die E-Mail eingefügt werden. Auch Dateien aus der Zwischenablage unterliegen den Blockaderegeln, welche Dateitypen mit einer E-Mail verschickt werden dürfen und welche nicht.

WISSEN

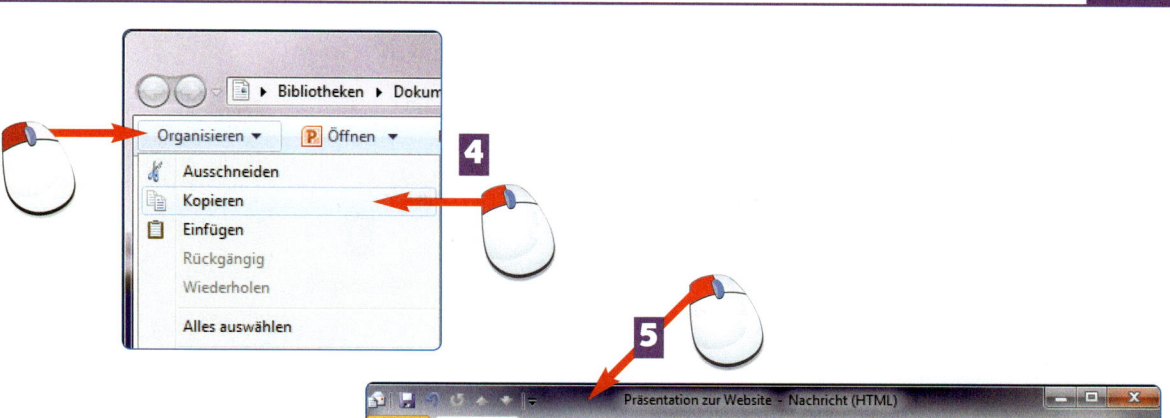

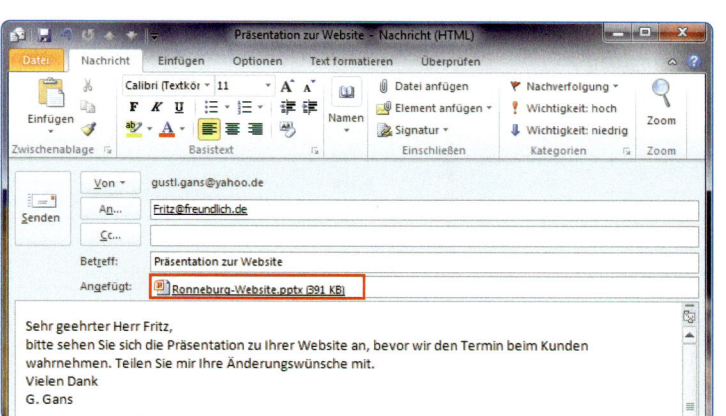

4 Rufen Sie über *Organisieren* den Befehl *Kopieren* auf. Die Präsentation befindet sich anschließend in der Windows-Zwischenablage.

5 Wechseln Sie jetzt wieder zu Ihrer E-Mail, indem Sie einfach irgendwo auf das Fenster der E-Mail klicken. Dadurch „rutscht" sie in den Vordergrund. Klicken Sie auf *Einfügen*.

6 Die Präsentation wird eingefügt. In der Adresszeile zeigt Outlook Ihnen die Präsentation im Feld *Angefügt* an.

HINWEIS	TIPP	HINWEIS
Achtung! Wenn Sie Ihre E-Mail im *Rich-Text*-Format schreiben, sieht es so aus, als ob die Anlage im Nachrichtentext „sitzt".	Mit der Tastenkombination [Strg]+[C] kopieren Sie markierte Dateien in die Zwischenablage und mit [Strg]+[V] fügen Sie sie an anderer Stelle wieder ein.	Wechseln Sie zwischen Ordner und E-Mail über die Taskleiste von Windows mit einem einfachen Klick auf den *Windows Explorer* oder *Outlook*.

Erhaltene E-Mail lesen und beantworten

Start

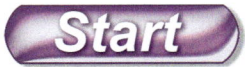

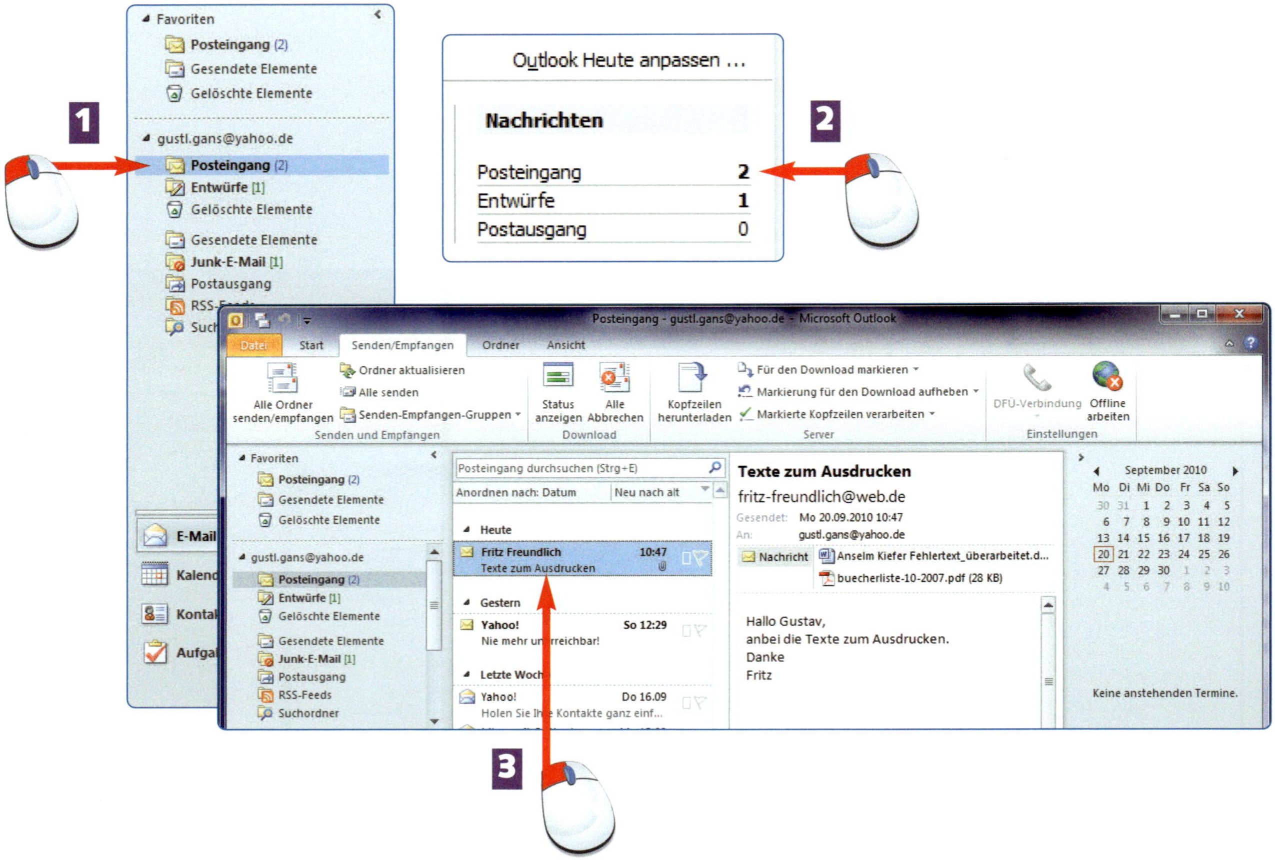

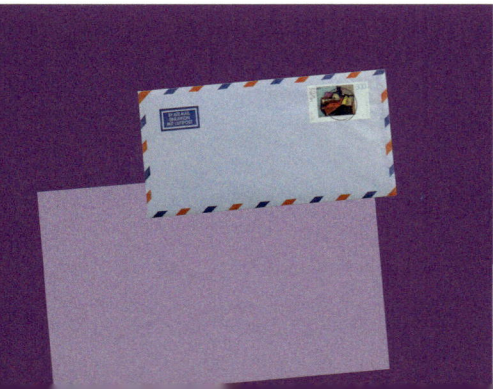

1. Im Programmbereich *E-Mail* zeigt Ihnen Outlook im Ordner *Posteingang* an, dass Sie eine oder mehrere neue E-Mails erhalten haben. Klicken Sie auf *Posteingang*.

2. Unter *Outlook Heute* (eigene E-Mail-Adresse markieren) sehen Sie ebenfalls den Eingang Ihrer E-Mails. Wenn Sie sich dort befinden, dann klicken Sie auf *Posteingang*.

3. Im Hauptfenster wird der Posteingang angezeigt. Klicken Sie auf die eingegangene E-Mail, um sie im Lesebereich anzuzeigen.

Übrigens enthält jede E-Mail Informationen darüber, von wem sie stammt, wann und an wen sie gesendet wurde, und um was es sich bei der E-Mail handelt (Betreff). Wenn Sie Ihre E-Mail über die Antworten-Funktion beantworten, erscheinen diese Informationen gebündelt und durch eine Linie optisch vom Nachrichtentext getrennt.

WISSEN

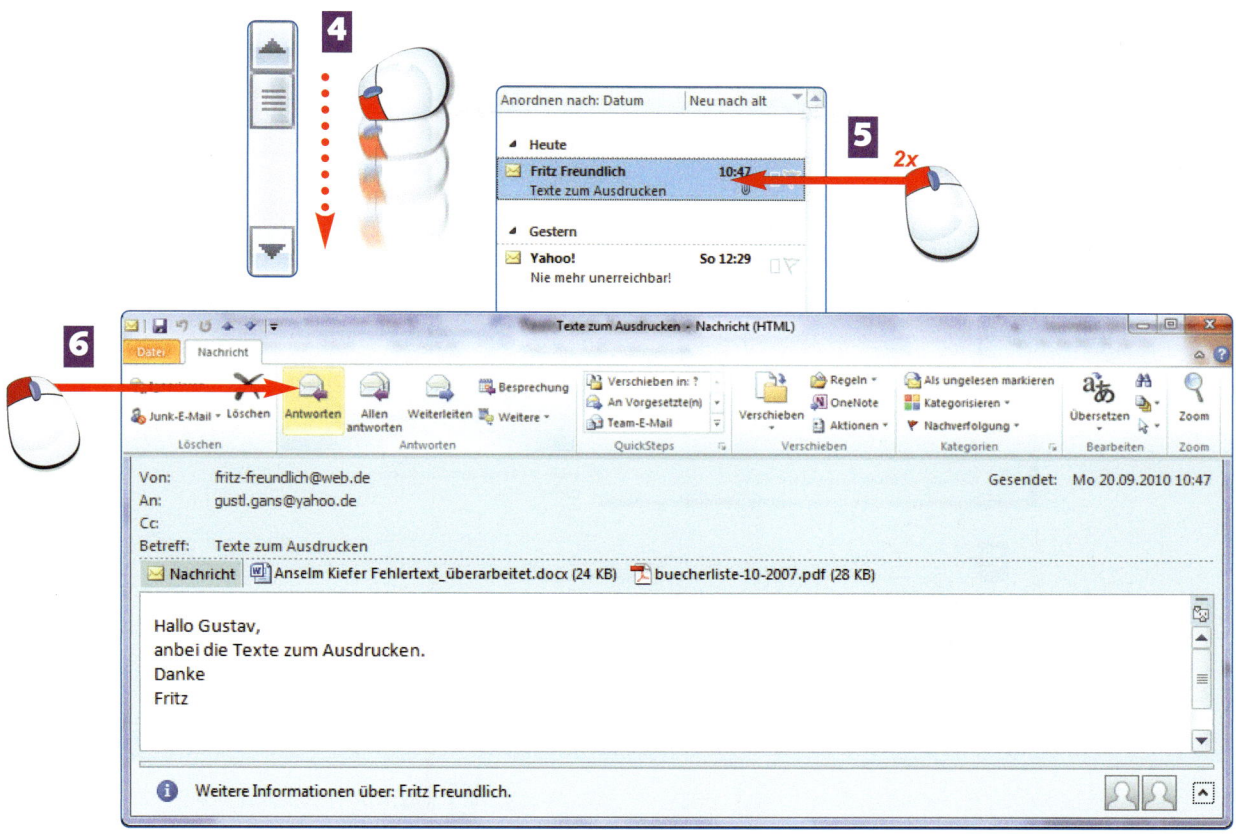

4 Bei langen E-Mails blättern Sie mihilfe der Bildlaufleiste am rechten Rand des Lesebereichs mit gedrückter linker Maustaste nach unten.

5 Mit einem Doppelklick im Posteingang auf die eingegangene E-Mail öffnen Sie das Nachrichtenfenster.

6 Im Nachrichtenfenster stehen Ihnen alle Befehle zur Beantwortung Ihrer E-Mail zur Verfügung. Klicken Sie auf *Antworten*.

Eine ungelesene E-Mail erkennen Sie am Fettdruck und am geschlossenen gelben Briefsymbol, die gelesene E-Mail dagegen am offenen Briefsymbol.	Wurde die E-Mail in Kopie an mehrere Personen geschickt, können Sie allen Beteiligten antworten.	Wer ganz schnell seine E-Mail beantworten möchte, der markiert sie im Hauptfenster und klickt dort unter dem Register *Start* auf *Antworten*.
HINWEIS	**HINWEIS**	**TIPP**

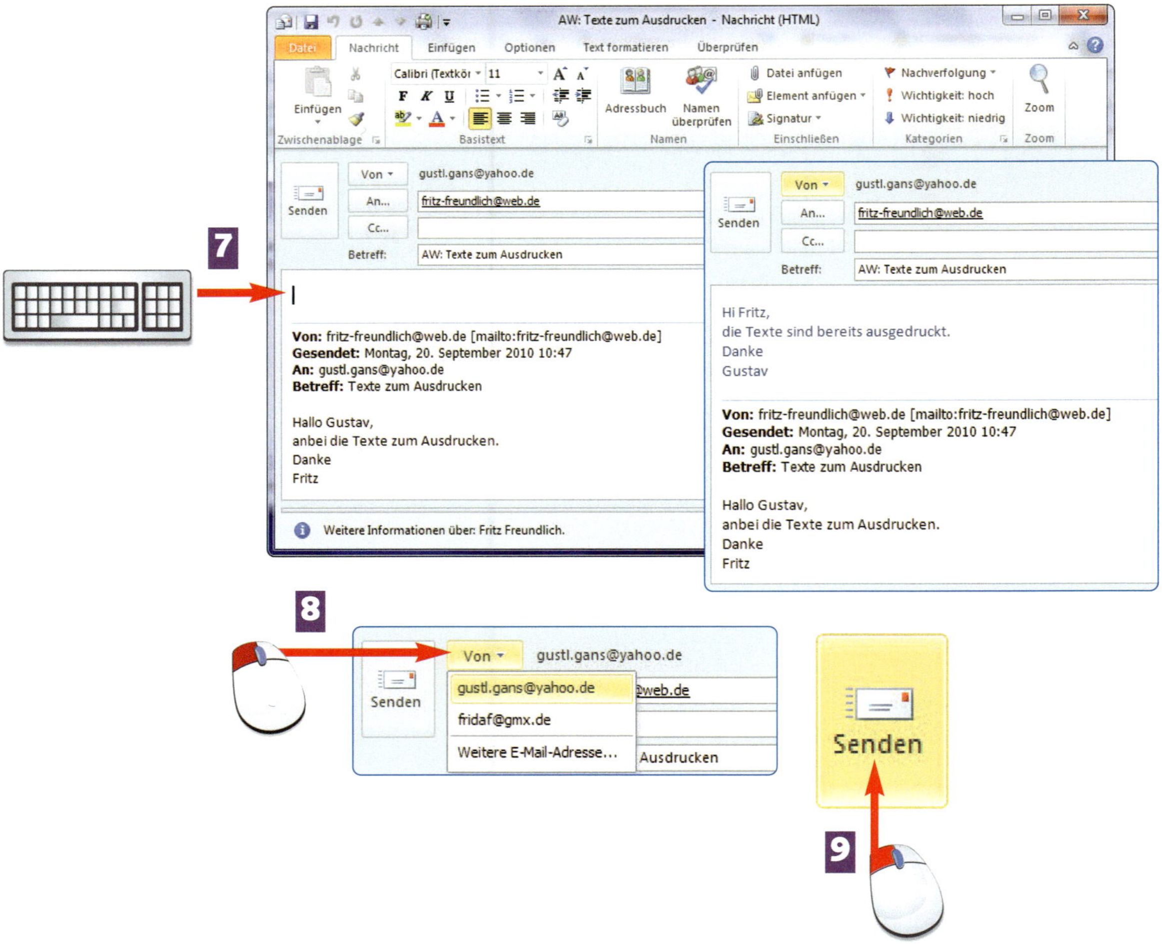

7 E-Mail-Adresse und Betreff (vorangestelltes *AW* bedeutet Answer = Antwort) füllt Outlook automatisch aus. Der Cursor blinkt gleich an der richtigen Stelle. Geben Sie Ihren Antworttext ein.

8 Falls Sie mehrere E-Mail-Adressen eingerichtet haben, könnten Sie zwischen verschiedenen E-Mail-Adressen wählen. Klicken Sie auf *Von*, um die E-Mail-Adresse zu wählen, über die Sie Ihre Antwort-E-Mail versenden möchten.

9 Klicken Sie auf *Senden*.

Eigentlich ist es nicht zu übersehen, wenn Sie Ihre E-Mails bereits beantwortet haben: Im Kopf der E-Mail können Sie genau ablesen, welche Aktionen mit der E-Mail angestellt wurden. Beispielsweise lesen Sie dort unter anderem: *Sie haben am 20.09.2010 11:21 geantwortet* (siehe Bild 10).

WISSEN

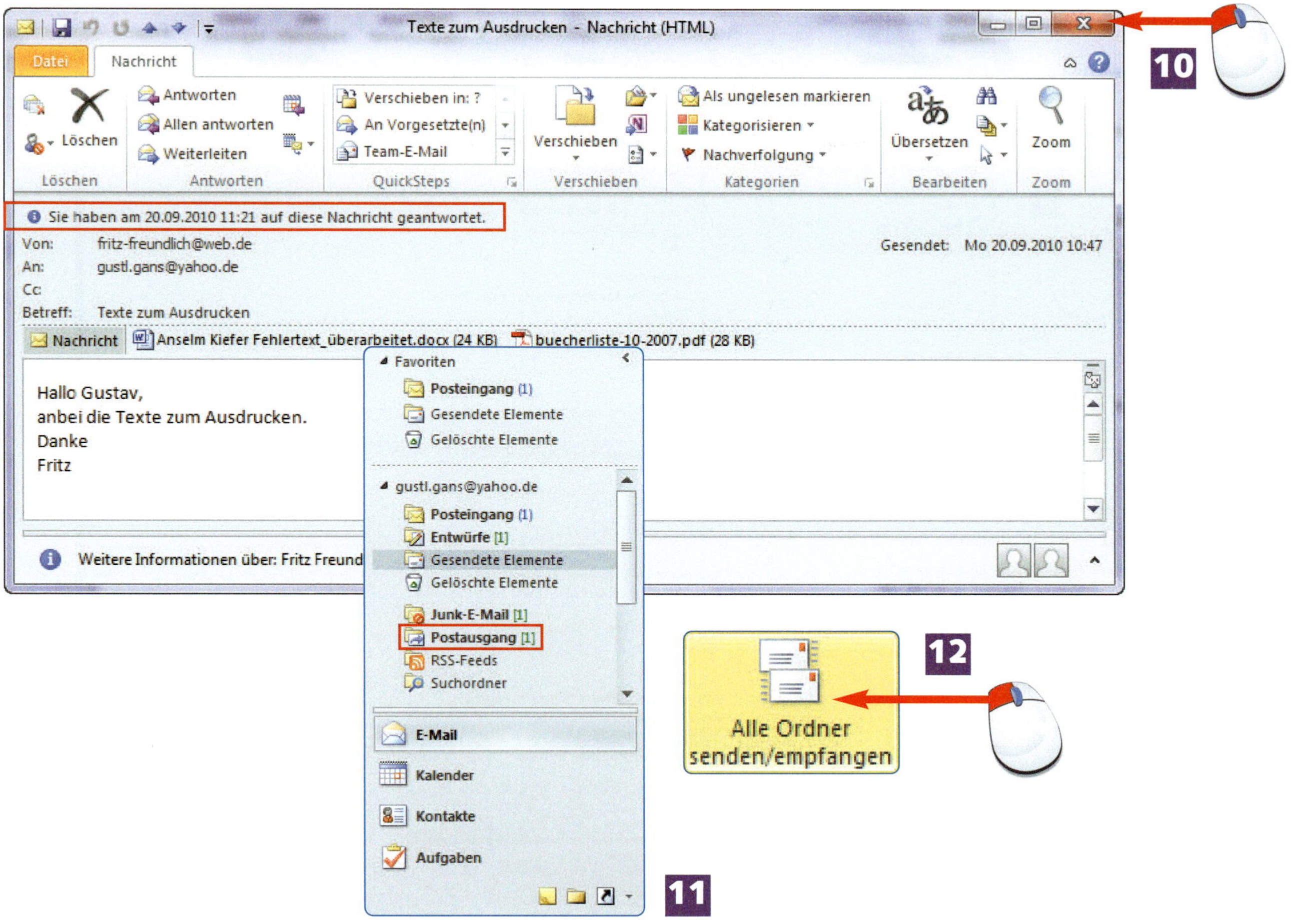

10 Schließen Sie das Nachrichtenfenster der eingegangenen E-Mail mit Klick auf das rote X.

11 Entweder wurde die beantwortete E-Mail schon versandt oder sie liegt noch im Postausgang.

12 Sollte die E-Mail noch im Postausgang liegen, klicken Sie im Register *Senden/Empfangen* auf *Alle Ordner senden/empfangen*.

Ende

TIPP

Möchten Sie eine bereits gelesene E-Mail wieder in eine ungelese umwandeln, klicken Sie mit der rechten Maustaste auf die E-Mail und wählen *Als ungelesen markieren*.

HINWEIS

Im Posteingang zeigt Ihnen Outlook mit dem kleinen lilafarbenen Pfeil an, dass die E-Mail bereits beantwortet wurde.

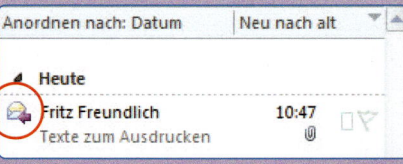

Start

2x

1

2

Posteingang - gustl.gans@yahoo.de - Microsoft Outlook

Ordner Ansicht

Antworten
Allen antworten
Weiterleiten
Antworten

Verschieben in: ?
An Vorgesetzte(n)
Team-E-Mail
QuickSteps

Verschieben
Regeln
OneNote
Verschieben

Ungelesen/gelesen
Kategorisieren
Zur Nachverfolgung
Kategorien

Kontakt suchen
Adressbuch
E-Mail filtern
Suchen

Alle Ordner
senden/empfangen
Senden/Empfangen

Posteingang durchsuchen (Strg+E)

Anordnen nach: Datum   Neu nach alt

⊿ Heute

Fritz Freundlich   09:48
überarbeiteter Text

⊿ Gestern

Fritz Freundlich   Mo 10:47
Texte zum Ausdrucken

⊿ Letzte Woche

Yahoo!   So 12:29
Nie mehr unerreichbar!

Yahoo!   Do 16.09
Holen Sie Ihre Kontakte ganz einf...

überarbeiteter Text
fritz-freundlich@web.de
Gesendet: Di 21.09.2010 09:48
An: gustl.gans@yahoo.de

Nachricht   Seite_4.docx (15 KB)

Hallo Gustav,
anbei die korrigierte Fassung des Textes.
Gruß
Fritz

September 2010
Mo Di Mi Do Fr Sa So
30 31 1 2 3 4 5
 6 7 8 9 10 11 12
13 14 15 16 17 18 19
20 21 22 23 24 25 26
27 28 29 30 1 2 3
 4 5 6 7 8 9 10

Keine anstehenden Termine.

Anordnen nach: Kennzeich...
Neue Aufgabe eingeben
Es gibt keine Elemente, die in
dieser Ansicht angezeigt
werden.

100 %

überarbeiteter Text - Nachricht (HTML)

Datei   Nachricht

Speichern
Speichern unter
Anlagen speichern
Schließen

Informationen

Drucken

Hilfe

Optionen

überarbeiteter Text

Element in einen anderen Ordner verschieben
Dieses Element in einen anderen Ordner verschieben oder
kopieren.
In Ordner
verschieben
  ▪ Aktueller Ordner: Posteingang

Erneute Nachrichtensendung und Rückruf
Diese E-Mail-Nachricht erneut senden oder von den Empfängern
zurückrufen.
Erneut senden
oder zurückrufen

Eigenschaften
Erweiterte Optionen und Eigenschaften für dieses Element
festlegen und anzeigen.
Eigenschaften
  ▪ Größe: 24 KB

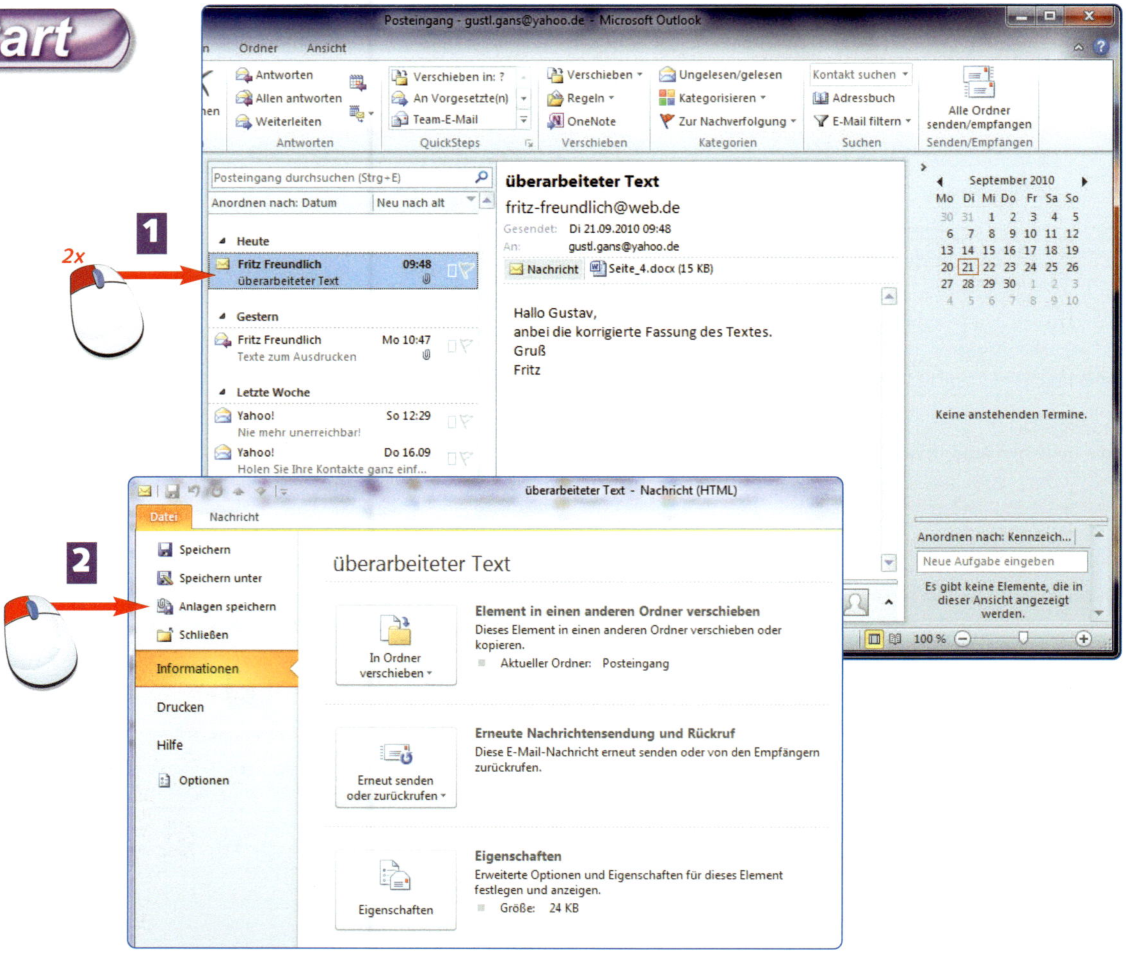

1 Doppelklicken Sie im Posteingang auf die erhaltene E-Mail. An der kleinen
Büroklammer erkennen Sie, dass ein Anhang mitgeschickt wurde.

2 Wechseln Sie im Nachrichtenfenster auf das Register *Datei* und wählen Sie *Anlagen
speichern.*

Für erhaltene E-Mails mit Anhang gelten dieselben Regeln
wie für E-Mails, die Sie verschicken. Auch hier spielt es
keine Rolle, ob an der E-Mail ein Text, ein Bild oder eine
andere Datei hängt. Lediglich Outlook, Ihr Provider oder
ein installiertes Antivirenprogramm schränkt den Empfang
ein und entfernt den Anhang sofort, falls Virenbefall droht.

WISSEN

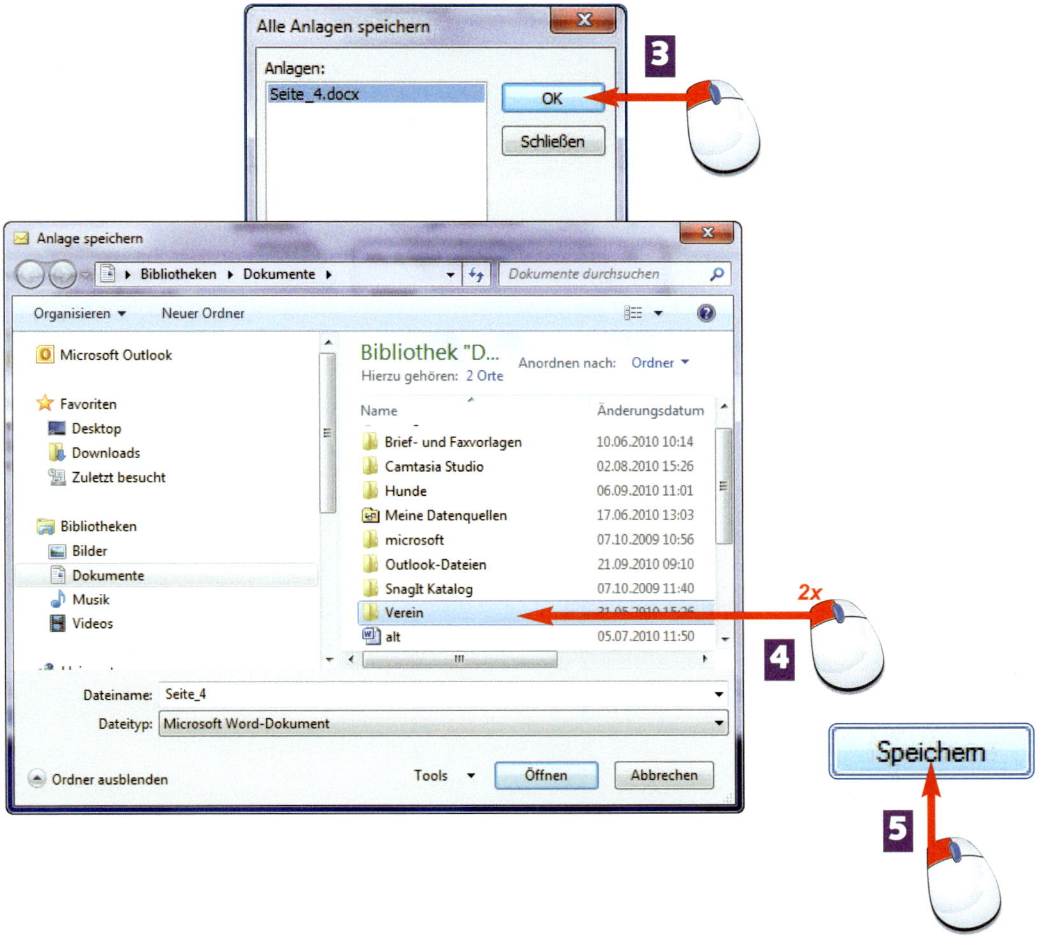

Alle Anlagen speichern

Anlagen:

Seite_4.docx

OK

Schließen

3

Anlage speichern

Bibliotheken ▸ Dokumente ▸

Dokumente durchsuchen

Organisieren ▾ Neuer Ordner

Microsoft Outlook

Favoriten
- Desktop
- Downloads
- Zuletzt besucht

Bibliotheken
- Bilder
- Dokumente
- Musik
- Videos

Bibliothek "D...
Hierzu gehören: 2 Orte   Anordnen nach: Ordner ▾

Name	Änderungsdatum
Brief- und Faxvorlagen	10.06.2010 10:14
Camtasia Studio	02.08.2010 15:26
Hunde	06.09.2010 11:01
Meine Datenquellen	17.06.2010 13:03
microsoft	07.10.2009 10:56
Outlook-Dateien	21.09.2010 09:10
SnagIt Katalog	07.10.2009 11:40
Verein	21.05.2010 15:26
alt	05.07.2010 11:50

Dateiname: Seite_4

Dateityp: Microsoft Word-Dokument

Ordner ausblenden   Tools ▾   Öffnen   Abbrechen

2x

4

Speichern

5

3 Im folgenden Dialogfeld zeigt Outlook alle mitgelieferten Anlagen an. Klicken Sie auf *OK*.

4 Öffnen Sie den Ordner mit einem Doppelklick, in dem Sie Ihre Anlage bzw. Ihre Anlagen speichern möchten.

5 Bestätigen Sie mit *Speichern*.

Ende

Mit dem Befehl *Anlagen speichern* lassen sich alle empfangenen Anlagen auf einen Schlag speichern (siehe Bild 2).

Wer seine Anlage sofort speichern möchte, kann direkt im Posteingang mit der rechten Maustaste auf die Anlage klicken und anschließend *Speichern unter* wählen. Der Befehl lässt sich allerdings nur für eine Anlage ausführen.

Seite_4.docx (15 KB)
Vorschau
Öffnen
Schnelldruck
Speichern unter
Alle Anlagen speichern...
Anlage entfernen
Kopieren
Alle auswählen

HINWEIS   **HINWEIS**

Profitechniken rund um E-Mails

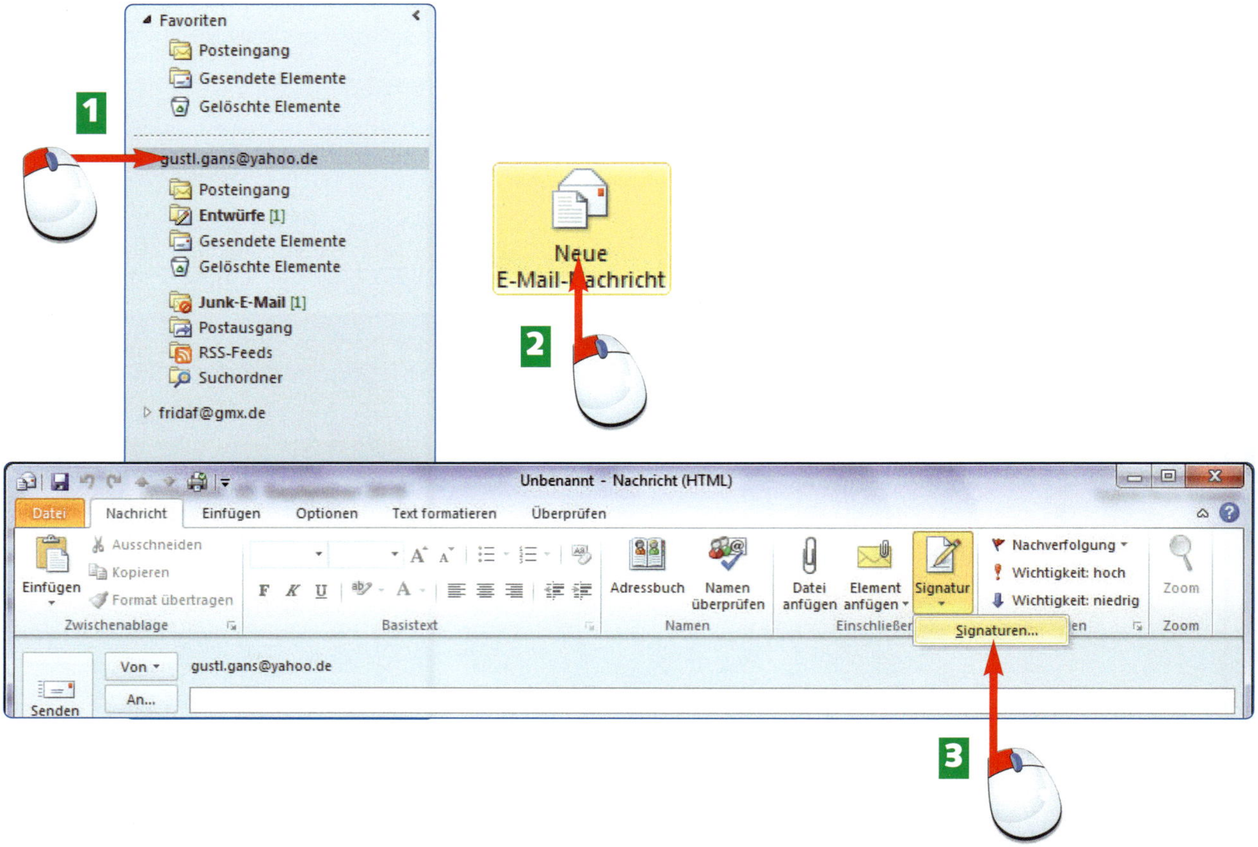

1 Falls Sie mit mehreren E-Mail-Adressen arbeiten, wählen Sie im Navigationsbereich die E-Mail aus, die eine Signatur erhalten soll.

2 Klicken Sie anschließend auf *Neue E-Mail-Nachricht.*

3 Im Register *Nachricht* finden Sie rechts außen die Signatur. Klicken Sie auf *Signatur/ Signatur.*

Gehören Sie zu den Leuten, die jede E-Mail erneut mit Name, Adresse, Telefonnummer usw. unterschreiben? Dann sparen Sie sich in Zukunft sehr viel Zeit, wenn Sie die Outlook-Signatur nutzen. Bei jeder neu geschriebenen E-Mail fügt Outlook automatisch die elektronische Unterschrift ein.

WISSEN

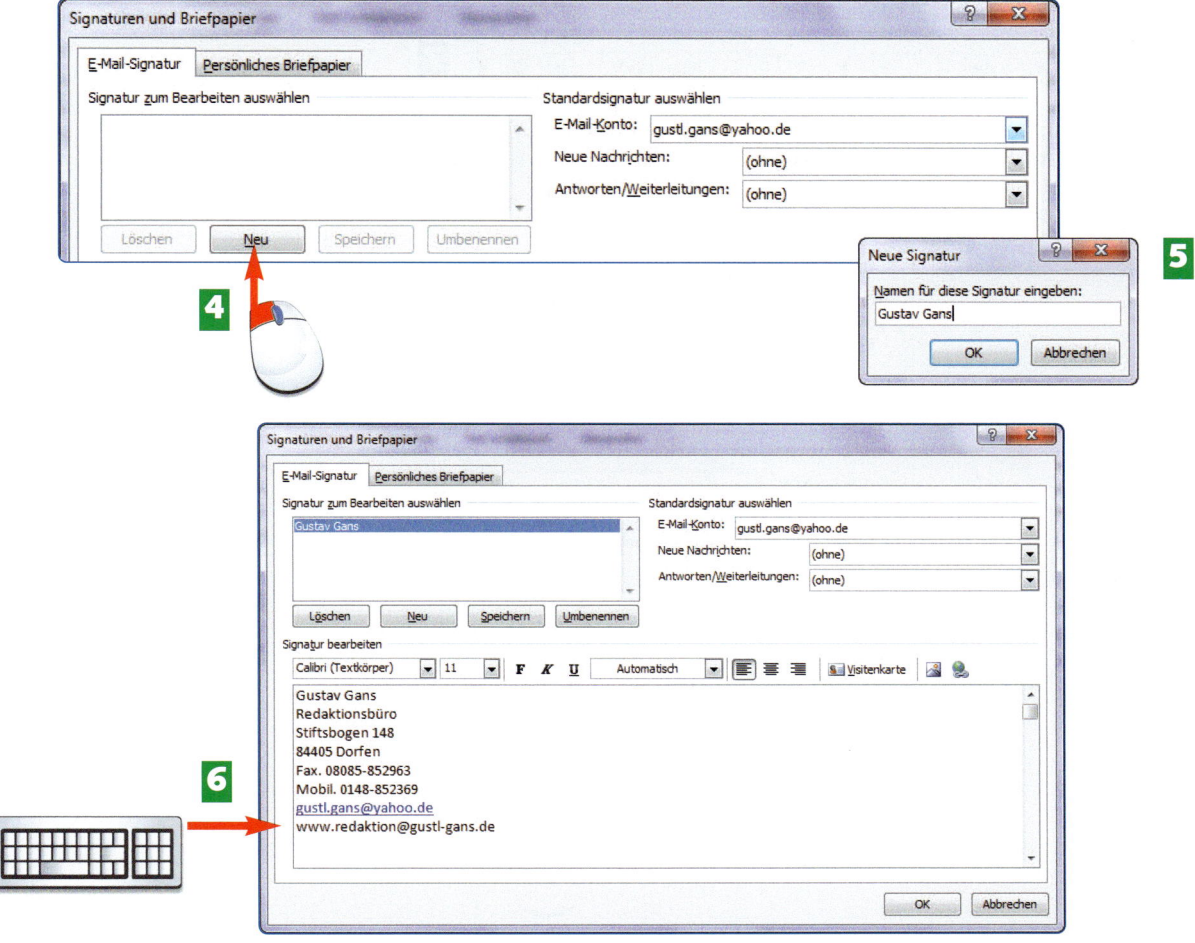

4 Im folgenden Dialogfeld *Signaturen und Briefpapier* legen Sie Ihre eigene Signatur fest. Klicken Sie dazu auf *Neu*.

5 Es öffnet sich ein kleines Dialogfeld, in dem Sie den Namen für die Signatur eingeben, am besten Ihren eigenen Namen, den Abteilungs- oder Firmennamen. Bestätigen Sie mit *OK*.

6 Der Signaturname erscheint im Feld *Signatur zum Bearbeiten auswählen*. Klicken Sie in das untere Feld und geben Sie Ihre Anschrift, Telefonnummer, E-Mail-Adresse ein.

Angenommen, mehrere Personen verwenden Ihren Computer, dann erstellen Sie pro Person und E-Mail-Adresse eine eigene Signatur.

In E-Mails ist eine **Signatur** ein Textabschnitt unter dem Nachrichtentext, der Auskunft über Name, Adresse, Telefonnummer usw. gibt.

Möchten Sie keine neue Nachricht verfassen, rufen Sie das Dialogfeld *Signaturen und Briefpapier* alternativ über *Datei/Optionen/E-Mail/Signaturen* auf.

HINWEIS　　　　**FACHWORT**　　　　**HINWEIS**

Signatur bearbeiten

Calibri (Textkörper) | 11 | **F** *K* U̲ | Automatisch | 7

Automatisch

Designfarben

Gustav Gans
Redaktionsbüro
Stiftsbogen 148
Fax.08085-258963
Mobil.0149-2589369
Gustl.gans@yahoo.de
www.redaktion@gustl-gans

Signaturen und Briefpapier

E-Mail-Signatur | Persönliches Briefpapier

Signatur zum Bearbeiten auswählen

Gustav Gans

Standardsignatur auswählen

E-Mail-Konto: gustl.gans@yahoo.de
Neue Nachrichten: (ohne)
Antworten/Weiterleitungen: (ohne)

8

Neu | Speichern | Umbenennen

Signatur bearbeiten

Calibri (Textkörper)

Microsoft Outlook

Gustav Gans
Redaktionsbüro
Stiftsbogen 148
Fax.08085-25896
Mobil.0149-2589369
Gustl.gans@yahoo.de
www.redaktion@gustl-gans.de

Möchten Sie die Änderungen, die Sie an "Gustav Gans" vorgenommen haben, speichern?

Ja | Nein | Hilfe

OK | Abbrechen

9

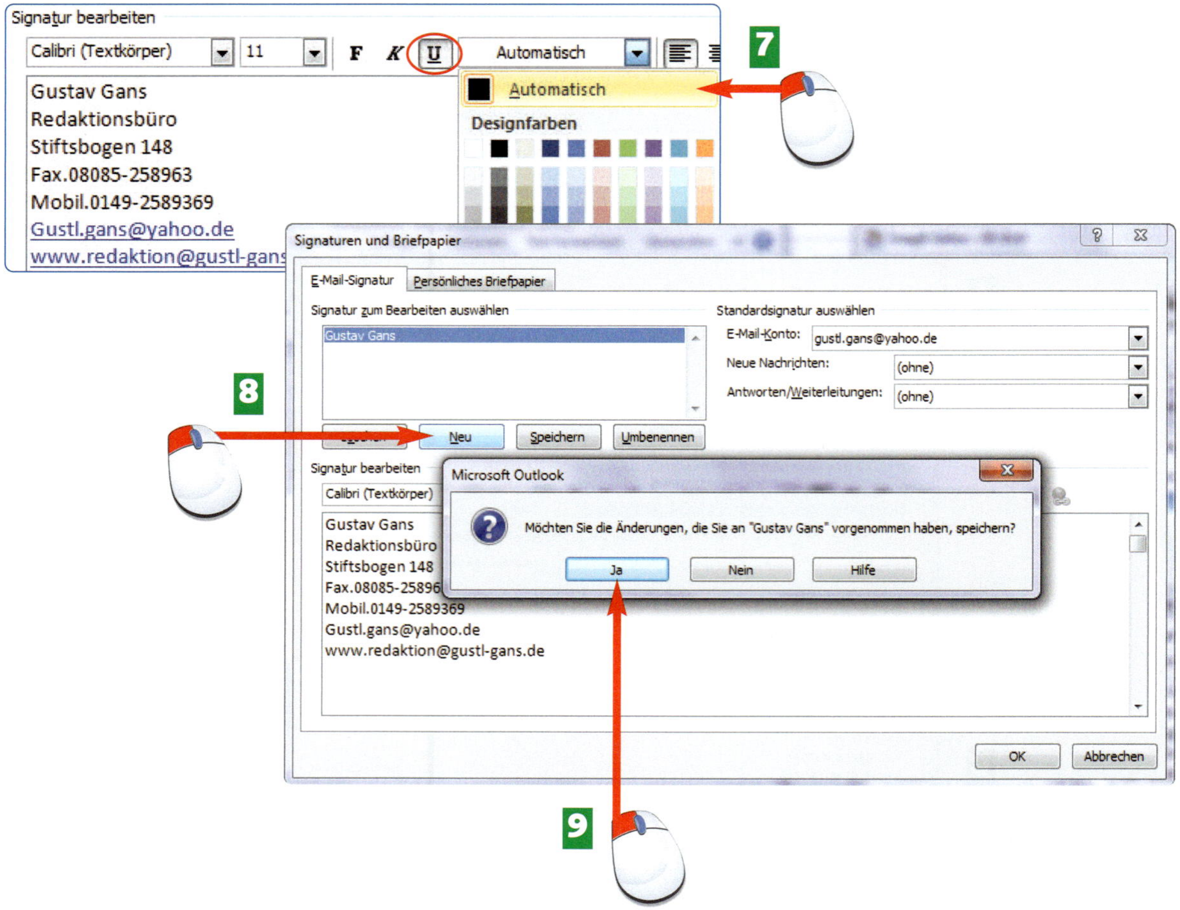

7 Möchten Sie die Unterstreichung und die blaue Farbe der E-Mail- und Internetadresse entfernen, markieren Sie beide und klicken zuerst auf *U* und wählen anschließend für die Farbe *Automatisch*.

8 Falls Sie mit einem zweiten E-Mail-Konto (E-Mail-Adresse) arbeiten, erstellen Sie eine weitere Signatur. Klicken Sie auf *Neu* ...

9 ... und bestätigen Sie die Änderungen der ersten Signatur mit *Ja*. Geben Sie der neuen Signatur einen Namen und tippen Sie den Text dazu ein (Bilder 5 und 6).

Mit Signaturen lässt sich allerhand anstellen. Beispielsweise nutzt sie manch einer für Werbung oder als Hinweis auf eine Aktion oder eine Website. Welchen Inhalt eine Signatur aufweist, hängt ganz von Ihnen ab. Je nach Bedarf rufen Sie also die gewünschte Signatur auf und setzen sie gezielt ein.

WISSEN

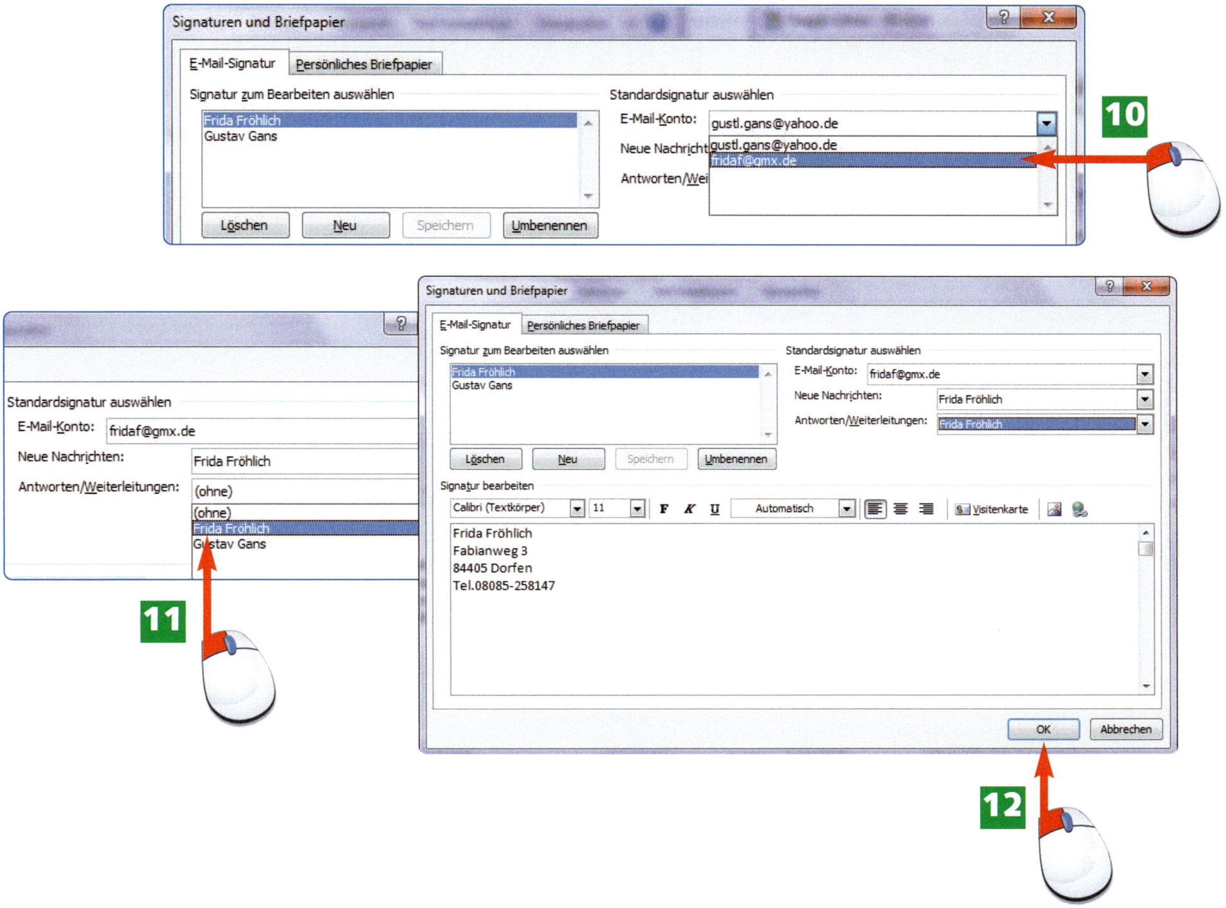

10 Legen Sie für jede neue Nachricht fest, mit welcher Signatur Sie Ihre E-Mail „unterschreiben" möchten.

11 Die Signatur können Sie für beantwortete und weitergeleitete E-Mails ebenfalls auswählen.

12 Bestätigen Sie Ihre Eingaben mit *OK*.

Ende

TIPP

Signaturen lassen sich ohne Weiteres löschen. Markieren Sie sie im Dialogfeld *Signaturen und Briefpapier* und klicken Sie einfach auf *Löschen*.

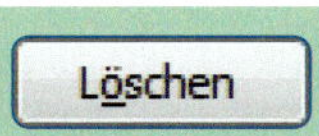

HINWEIS

Je nach Konto erscheint beim Verfassen einer E-Mail die eingerichtete Signatur.

HINWEIS

Gesetz: Firmen sind verpflichtet, in ihrer Signatur folgende Eintragungen vorzunehmen: Firmenbezeichnung, Ort, Handelsregisternummer und -ort, Geschäftsführer und Vorstand.

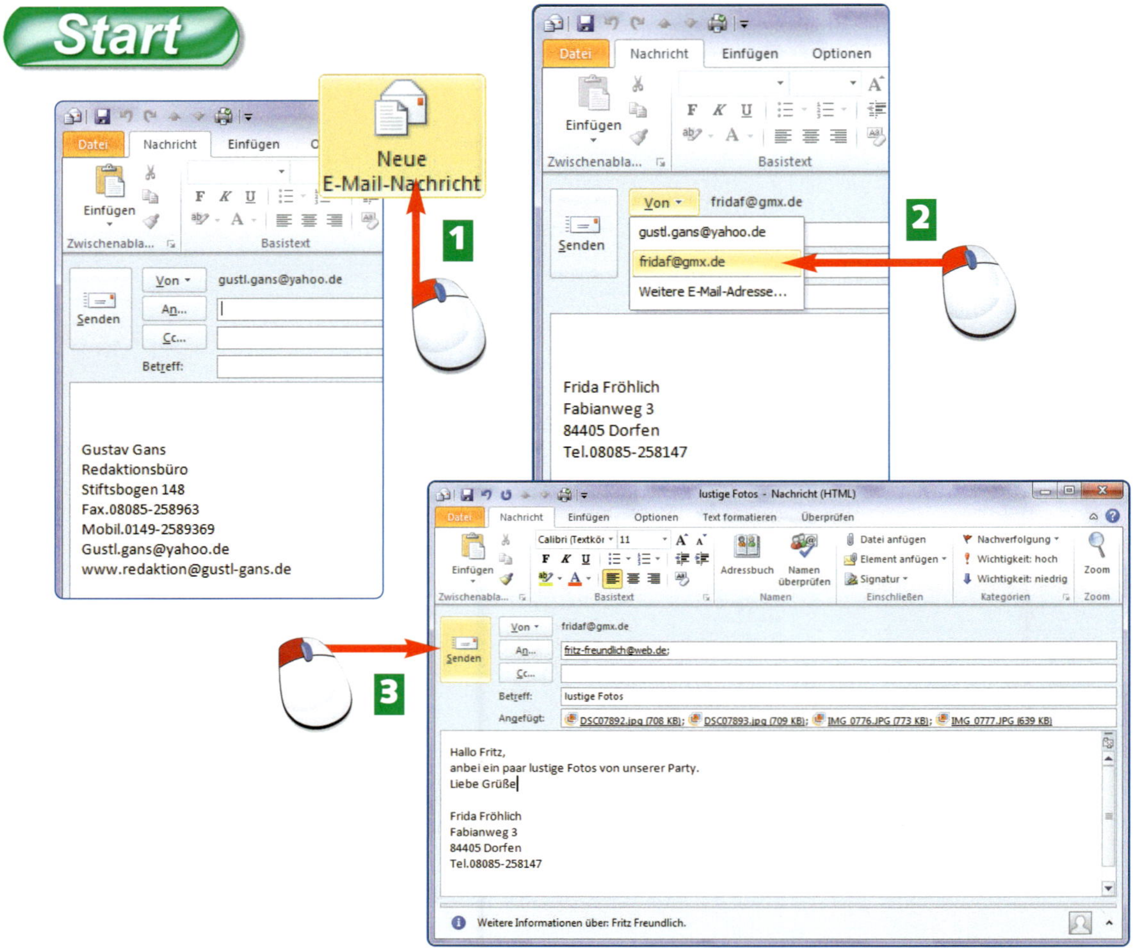

Start

1. Klicken Sie im Navigationsbereich auf *E-Mail* und anschließend auf *Neue E-Mail-Nachricht* um eine neue E-Mail zu schreiben. Outlook fügt die von Ihnen erstellte Signatur automatisch ein.

2. Arbeiten mehrere Personen mit unterschiedlichen E-Mail-Adressen am Computer, wählen Sie über *Konto* die betreffende E-Mail-Adresse aus.

3. Outlook setzt je nach gewähltem E-Mail-Konto die entsprechende Signatur ein. Schreiben Sie Ihre Nachricht und verschicken Sie sie mit *Senden*.

Verwenden nur Sie alleine den Computer und richten lediglich eine E-Mail-Adresse ein (siehe Kapitel 1, *Der erste Start von Outlook*), dann müssen Sie beim Schreiben Ihrer E-Mail nicht auf die richtige Kontoeinstellung achten. Ihre eingerichtete E-Mail-Adresse gilt als Standard und wird automatisch von Outlook eingesetzt.

WISSEN

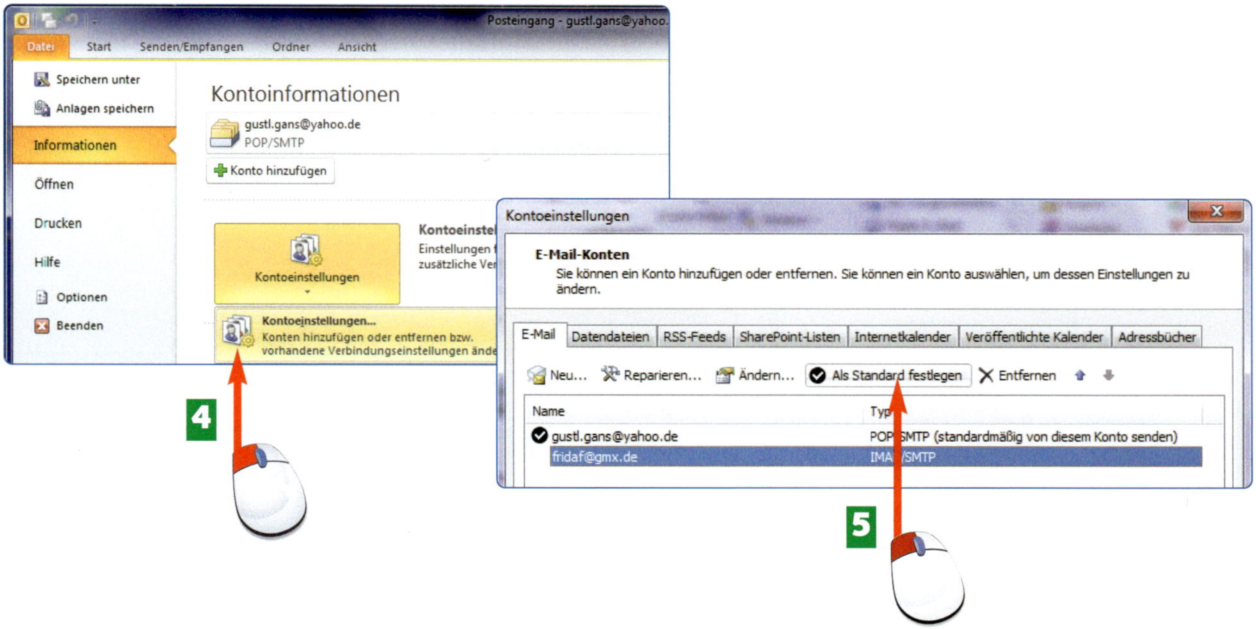

4 Die E-Mail-Adresse, die am häufigsten im Einsatz ist, sollte als Standard-E-Mail-Adresse festgelegt werden. Klicken Sie dazu auf *Datei/Informationen/Kontoeinstellungen/Kontoeinstellungen*.

5 Markieren Sie die E-Mail-Adresse und klicken Sie auf *Als Standard festlegen*.

6 Das Häkchen sitzt nun an der von Ihnen gewählen Standard-E-Mail-Adresse. *Schließen* Sie das Dialogfeld.

Die Standard-E-Mail-Adresse kann jederzeit wieder geändert werden. Einfach das Häkchen an die gewünschte E-Mail-Adresse setzen.

Wie Sie ein E-Mail-Konto einrichten, lesen Sie in Kapitel 1, *Der erste Start von Outlook*.

Wenn Sie mit mehreren E-Mail-Adressen und unterschiedlichen Signaturen arbeiten, wechseln Sie bei der Auswahl einer anderen E-Mail-Adresse automatisch die Signatur.

HINWEIS   **HINWEIS**   **HINWEIS**

Werbung in der Signatur unterbringen

Start

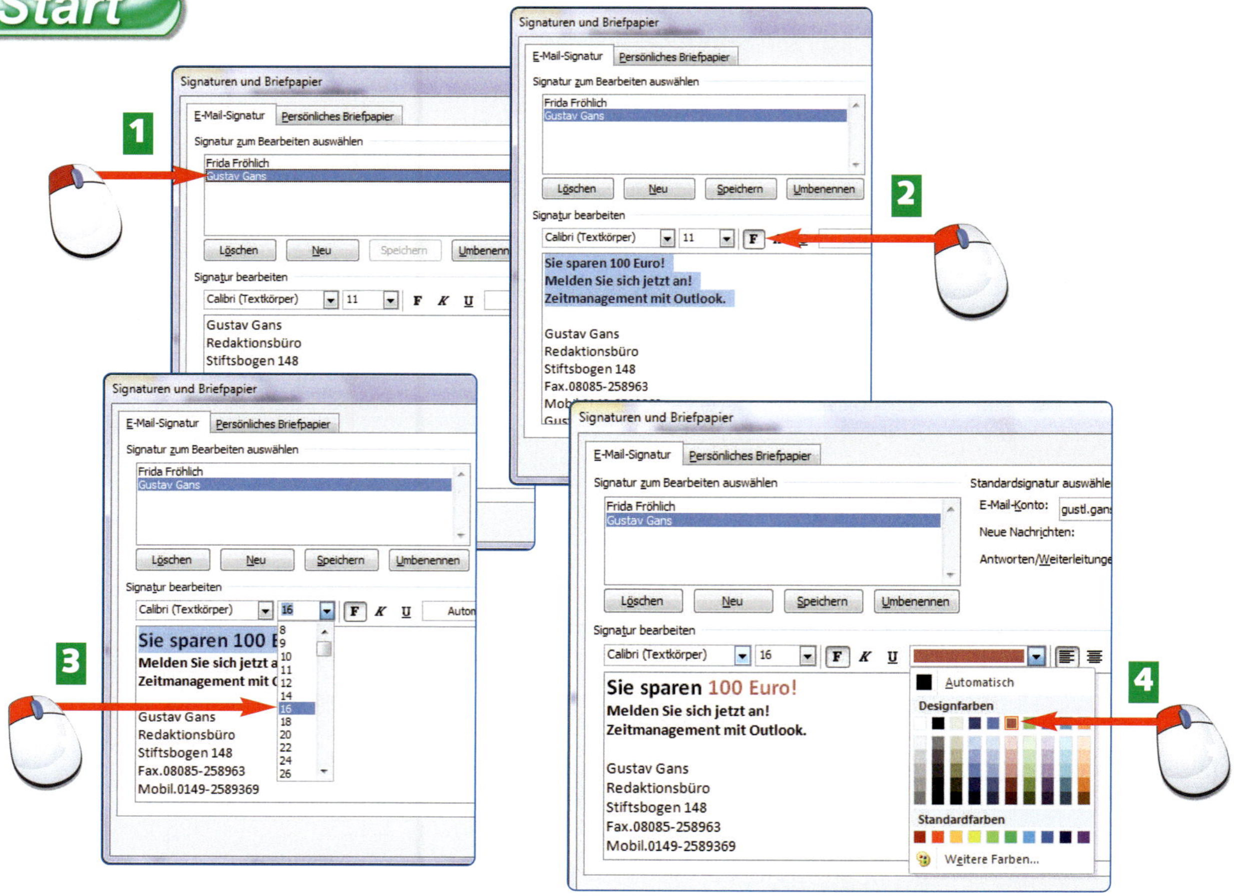

1 Rufen Sie das Dialogfeld *Signaturen und Briefpapier* über *Datei/Optionen/E-Mail/ Signaturen* auf und markieren Sie die Signatur, die Werbetext enthalten soll.

2 Geben Sie Ihren Werbetext ein, markieren Sie ihn und klicken Sie auf *Fett*, um ihn hervorzuheben.

3 Markieren Sie beispielsweise die erste Zeile und erhöhen Sie die Schriftgröße.

4 Markieren Sie den Preis und färben Sie ihn rot ein.

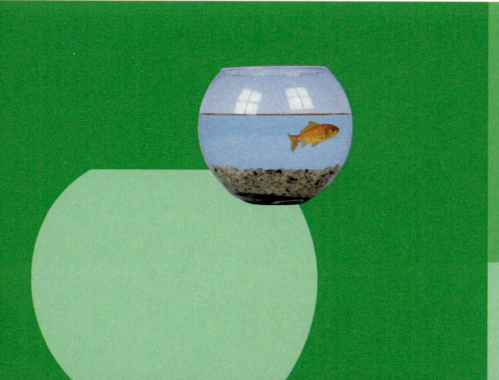

Eine Signatur ist praktisch und kann beispielsweise auch für interessante Hinweise eingesetzt werden. Sehr beliebt ist zum Beispiel, den Empfänger der E-Mail auf die neue Internetadresse aufmerksam zu machen oder gleich eine Werbung in der Signatur unterzubringen.

WISSEN

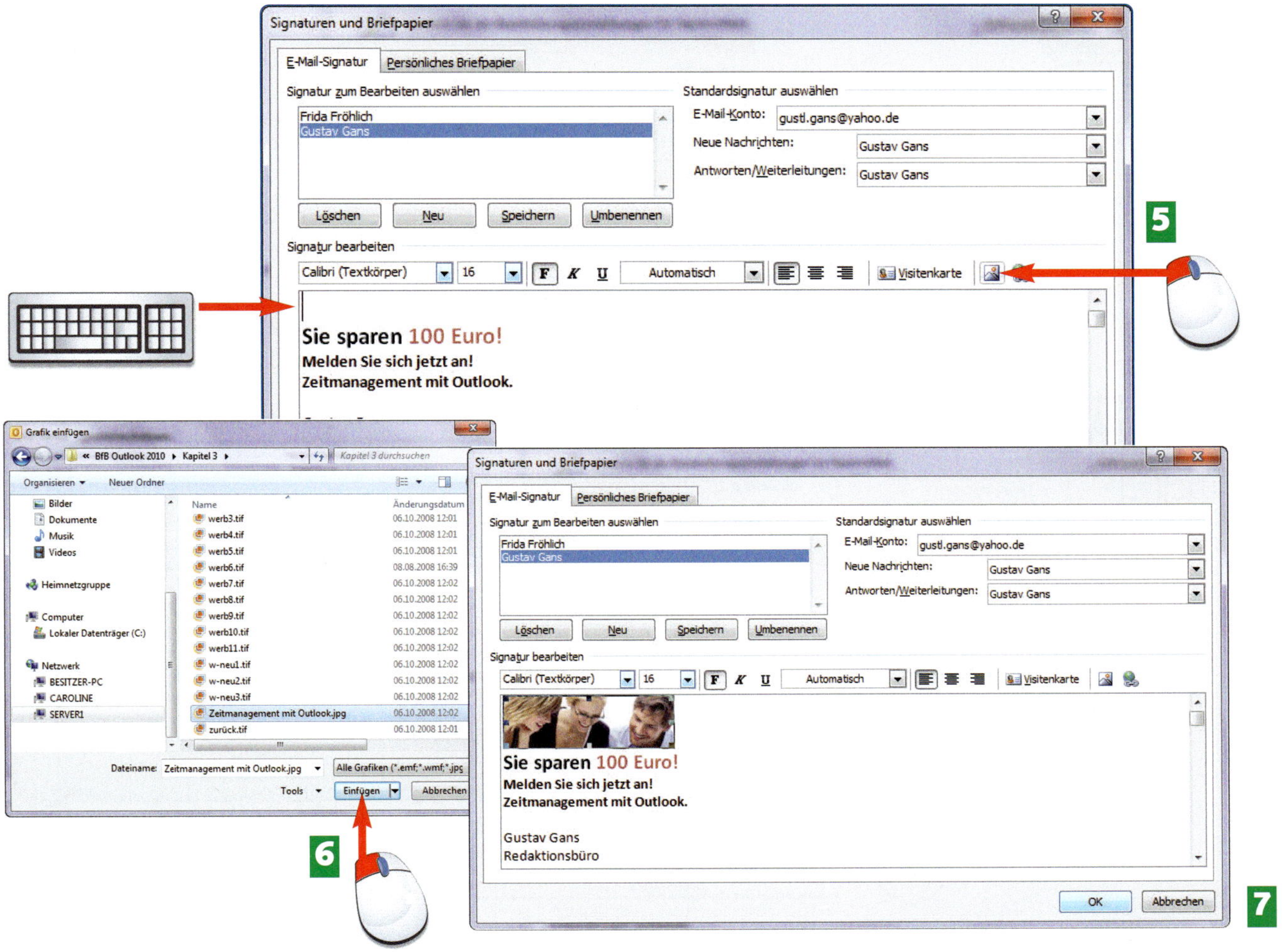

5 Um der Signatur ein Bild, Foto oder Logo hinzuzufügen, positionieren Sie den Cursor in einem leeren Absatz (⏎-Taste drücken) und klicken auf das Symbol *Grafik*.

6 Markieren Sie im folgenden Dialogfeld das gewünschte Bild und bestätigen Sie Ihre Wahl mit *Einfügen*.

7 Wenn Sie mit Ihrer Werbung zufrieden sind, schließen Sie die Dialogfelder mit *OK*.

Outlook setzt immer nur eine Signatur ein. Deshalb können Sie leider nicht mehrere Signaturen gleichzeitig verwenden.

Im Fenster *Signaturen* lässt sich die Bildgröße nicht bearbeiten. Um die Größe zu erhalten, die Sie benötigen, müssen Sie ein Bildbearbeitungsprogramm zu Hilfe nehmen.

HINWEIS   **HINWEIS**

Start

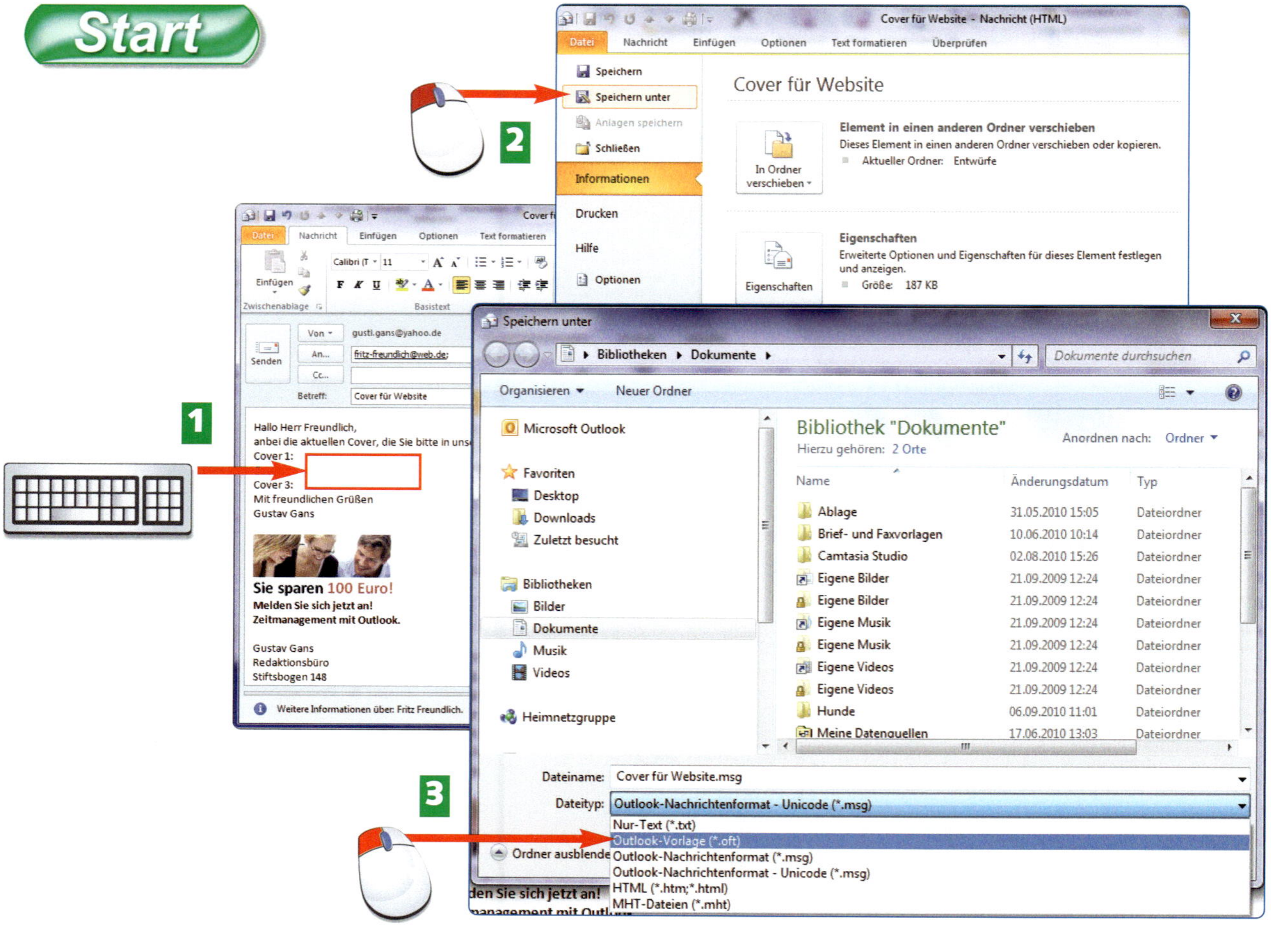

1. Rufen Sie ein neues Nachrichtenfenster mit der Tastenkombination ⌨Strg + ⌨N auf. Geben Sie die E-Mail-Adresse und den Text ein, der immer gleich lauten soll. Lassen Sie für den variierenden Text Platz frei.

2. Wählen Sie *Datei/Speichern unter*.

3. Wählen Sie im folgenden Dialog unter *Dateityp* die Option *Outlook-Vorlage* aus.

Eine Vorlage ist praktisch, wenn Sie beispielsweise einen wöchentlichen oder monatlichen Bericht abliefern müssen. Statt immer wieder denselben Text zu schreiben, verwenden Sie eine Vorlage. Nur die Daten, die variieren, geben Sie neu ein, der Rest bleibt gleich. So ist es möglich, enorm viel Zeit bei der Berichterstattung zu sparen.

WISSEN

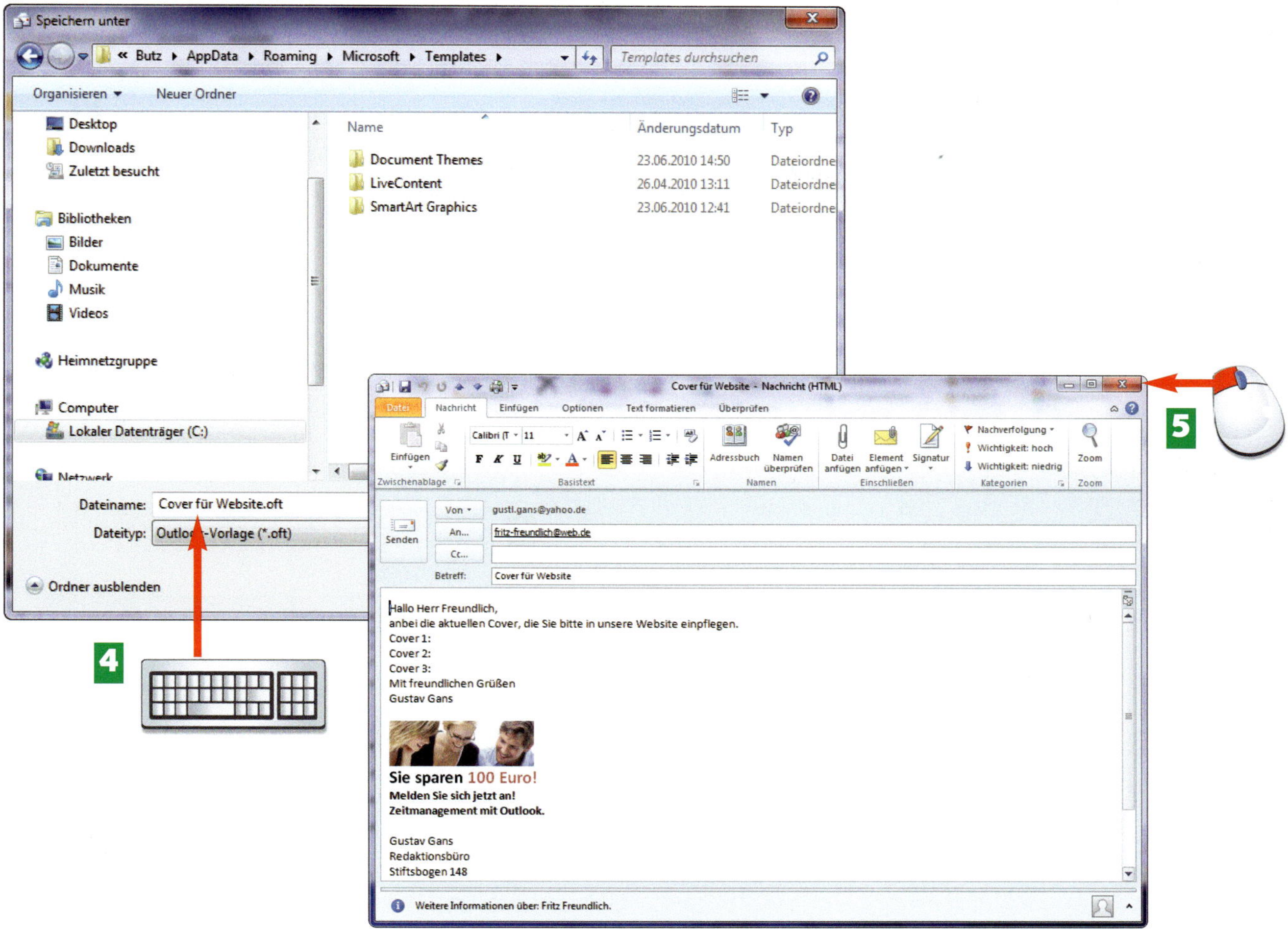

4. Sie landen automatisch im Vorlagenordner *(Templates)* von Outlook. Geben Sie der Vorlage einen aussagekräftigen Namen und bestätigen Sie mit *Speichern*.

5. Verwenden Sie gleich die Vorlage oder schließen Sie das Nachrichtenfenster.

Ende

FACHWORT

Eine **Vorlage** enthält Text und Informationen, die in jeder E-Mail gleich bleiben. Neue, variierende Informationen können jederzeit hinzugefügt werden.

HINWEIS

Unter Windows 7 werden die Vorlagen von Outlook 2010 in der Regel an folgendem Ort gespeichert: *c:\users\Benutzername\appdata\roaming\microsoft\templates*.

Start

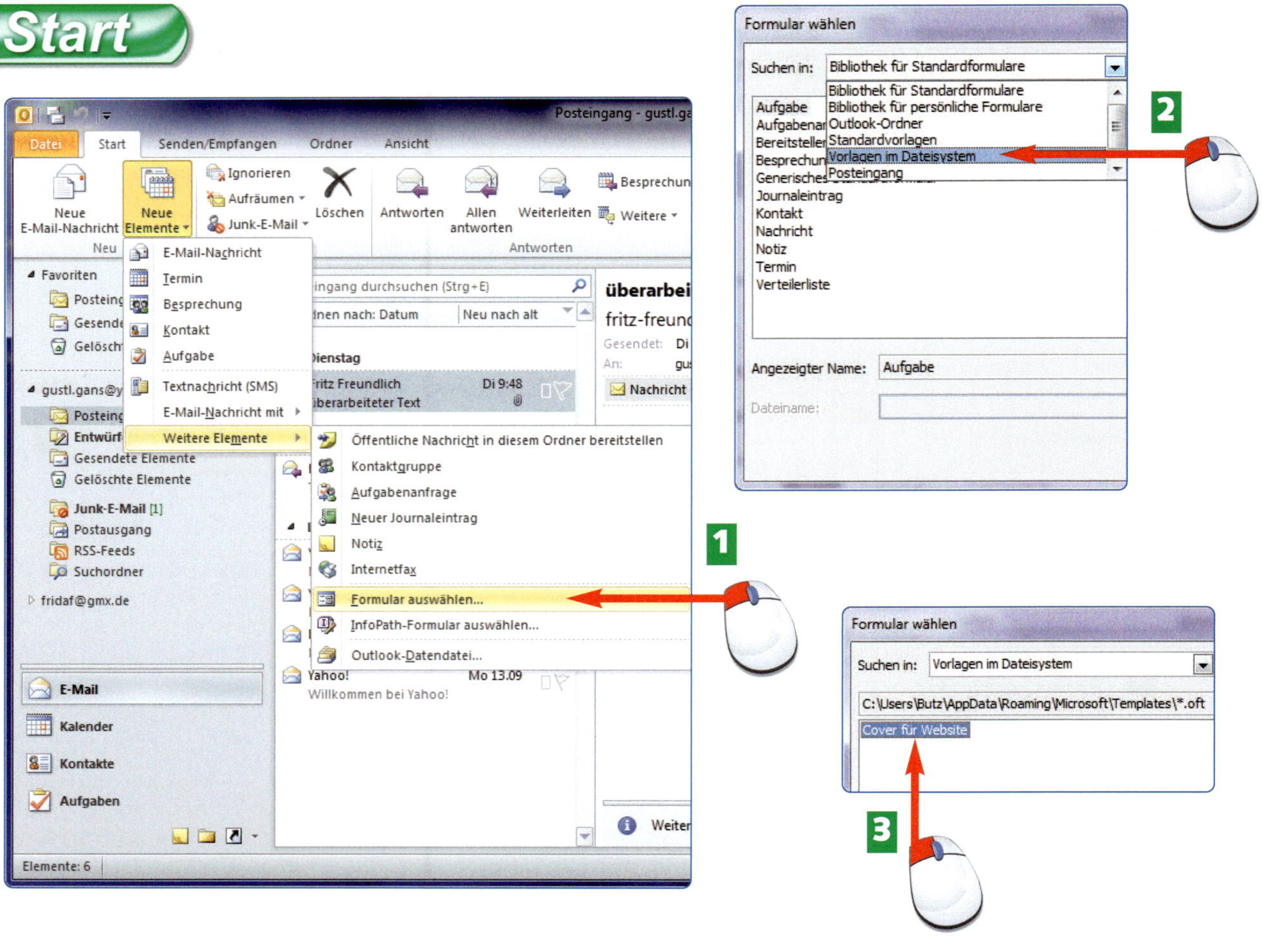

1 Um eine von Ihnen erstellte Vorlage zu verwenden, klicken Sie unter dem Register *Start* auf *Neue Elemente/Weitere Elemente/Formular auswählen*.

2 Im folgenden Dialog aktivieren Sie *Vorlagen im Dateisystem*.

3 Die von Ihnen erstellten Vorlagen werden angezeigt. Markieren Sie die gewünschte Vorlage (hier: *Cover für Website*).

In Outlook finden Sie weitere praktische Vorlagen, um beispielsweise Termine zu koordinieren, Besprechungen zu planen, Aufgaben zu verteilen usw. (siehe Bild 1). Sie werden von Outlook als Standardformulare bezeichnet. Behalten Sie sie im Hinterkopf, um sie bei Bedarf einzusetzen.

WISSEN

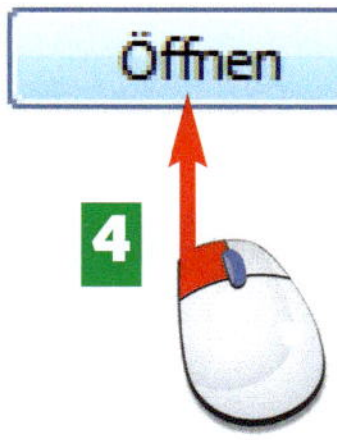

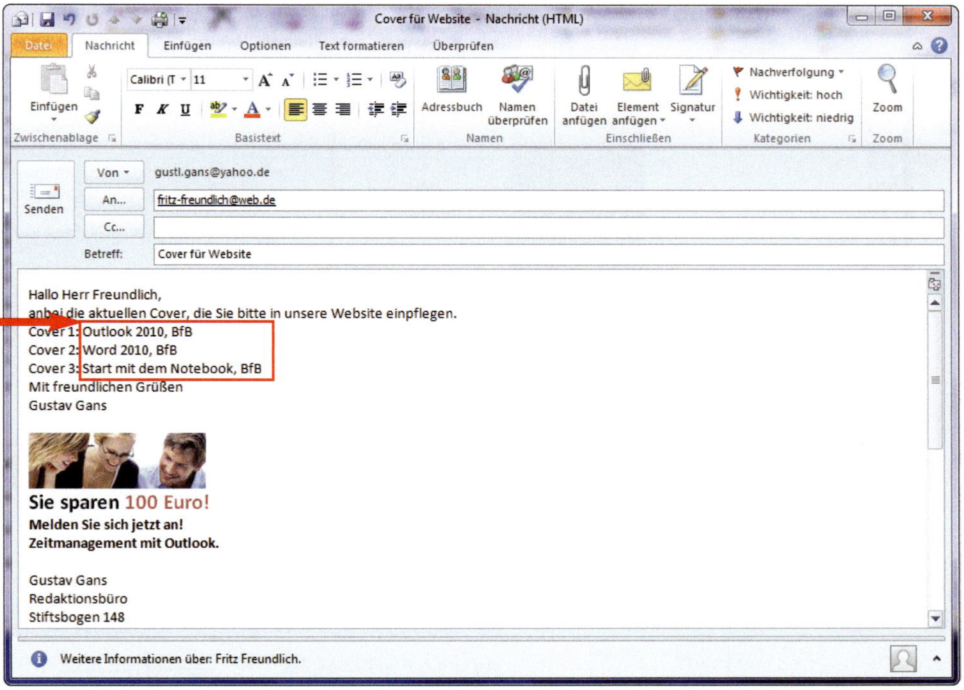

4 Bestätigen Sie mit einem Klick auf *Öffnen*.

5 Füllen Sie die Vorlage fertig aus. Die vorgenommenen Textänderungen betreffen die aktuelle E-Mail, nicht die Vorlage.

6 Klicken Sie auf *Senden*.

Ende

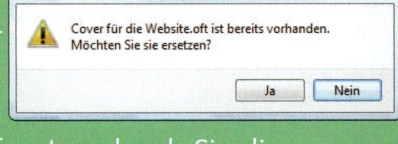

Die E-Mail wird auf Basis der Vorlage erstellt. Die Vorlage ist von den Änderungen im Text nicht betroffen, sofern Sie die Vorlage nicht erneut speichern.

Möchten Sie eine Vorlage ändern, rufen Sie sie über *Neu/Formular auswählen* auf, führen Ihre Änderungen durch und speichern sie unter dem zuvor vergebenen Namen. Outlook fragt nach, ob Sie die vorhandene Vorlage ersetzen möchten. Bestätigen Sie mit *Ja*.

H I N W E I S   **H I N W E I S**

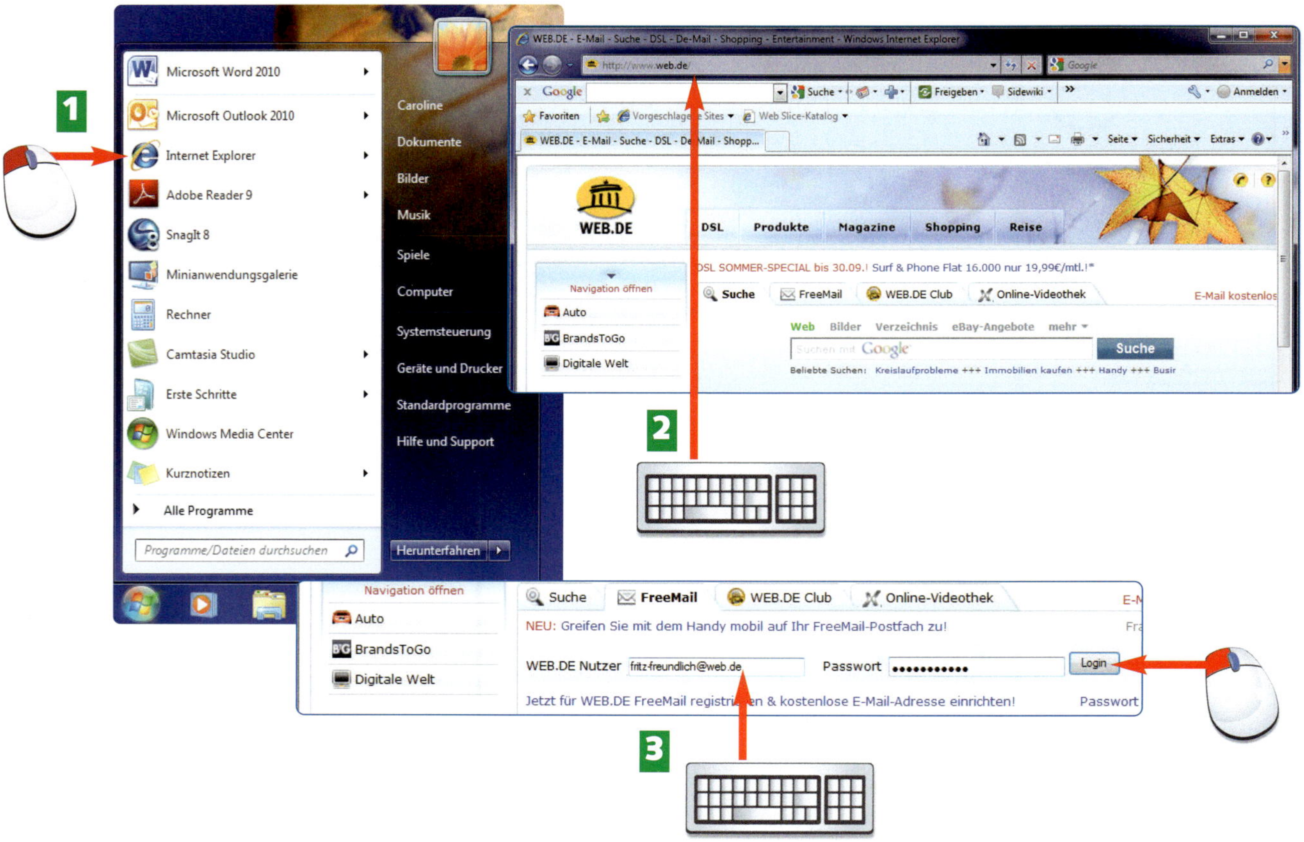

1 Beispiel *web.de:* Klicken Sie auf die Start-Schaltfläche und anschließend auf *Internet Explorer*, um die Verbindung zum Internet aufzubauen.

2 Geben Sie die Internetadresse Ihres Providers ein (hier: *www.web.de*).

3 Loggen Sie sich mit Ihrem *Benutzernamen* (hier: *WEB.DE Nutzer*) und *Passwort* ein. Klicken Sie auf *Login*.

Viele Provider bieten inzwischen automatische Antwortfunktionen an, für den Fall, dass der Inhaber der E-Mail-Adresse im Urlaub ist. Üblich hierbei ist die Bekanntgabe des Zeitraums der Abwesenheit, wie zum Beispiel des Urlaubs, damit der Versender weiß, von wann bis wann Sie per E-Mail nicht erreichbar sind.

WISSEN

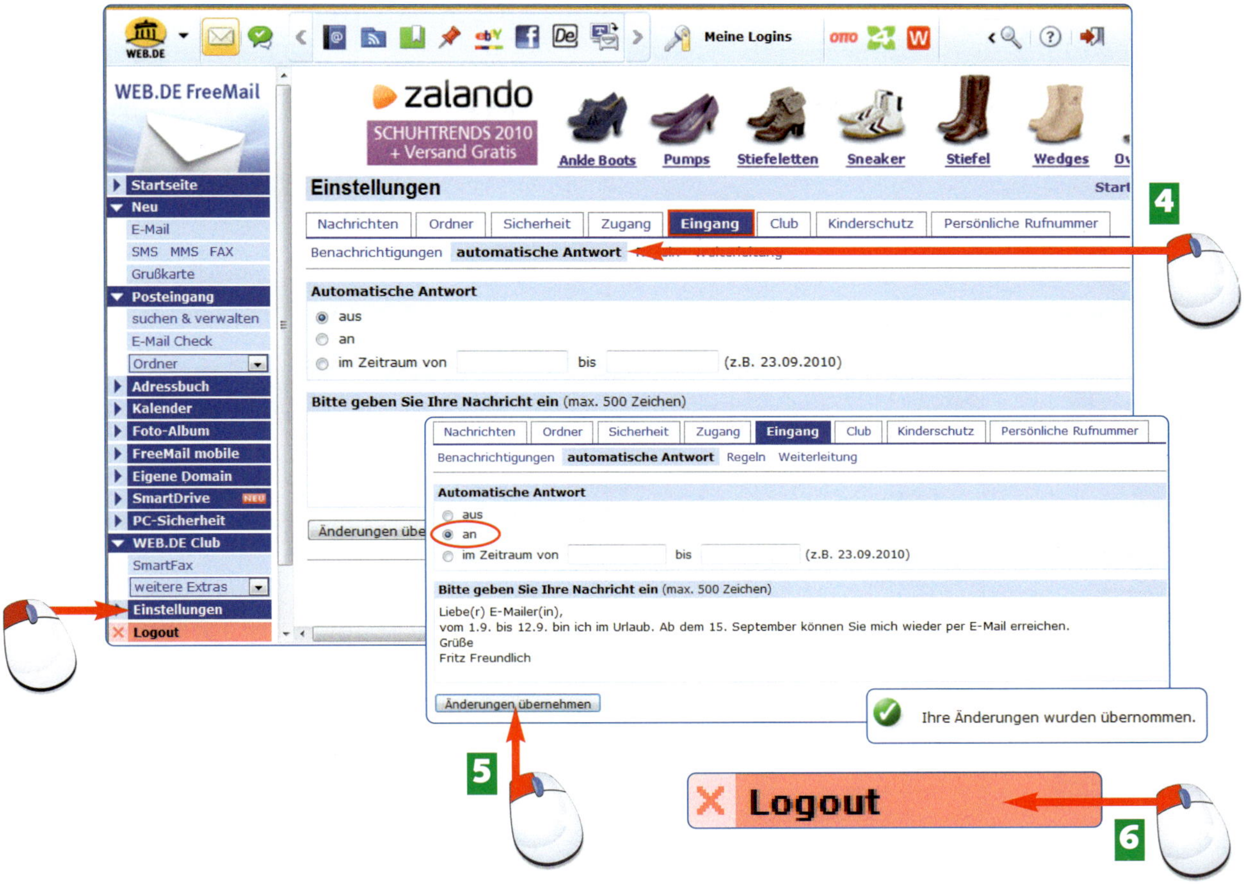

4 Klicken Sie auf *Einstellungen* und wählen Sie anschließend das Register *Eingang*. Dort finden Sie die *automatische Antwort*.

5 Aktivieren Sie die *Automatische Antwort* durch einen Klick auf *an*. Geben Sie darunter Ihren Text ein und bestätigen Sie mit *Änderungen übernehmen*.

6 Nach dieser Aktion loggen Sie sich wieder aus.

TIPP

Vergessen Sie nicht, nach dem Urlaub die Abwesenheitsnotiz auf demselben Weg, wie Sie sie eingerichtet haben, wieder auszuschalten.

HINWEIS

Achtung! Viele Anbieter, die kostenlose E-Mail-Adressen zur Verfügung stellen, bieten den Service der automatischen Antwortfunktion nicht an.

HINWEIS

Versuchen Sie herauszufinden, ob Ihr Provider eine Antwortfunktion anbietet. Suchen Sie diese Funktion am besten unter dem Begriff *Abwesenheit*.

Start

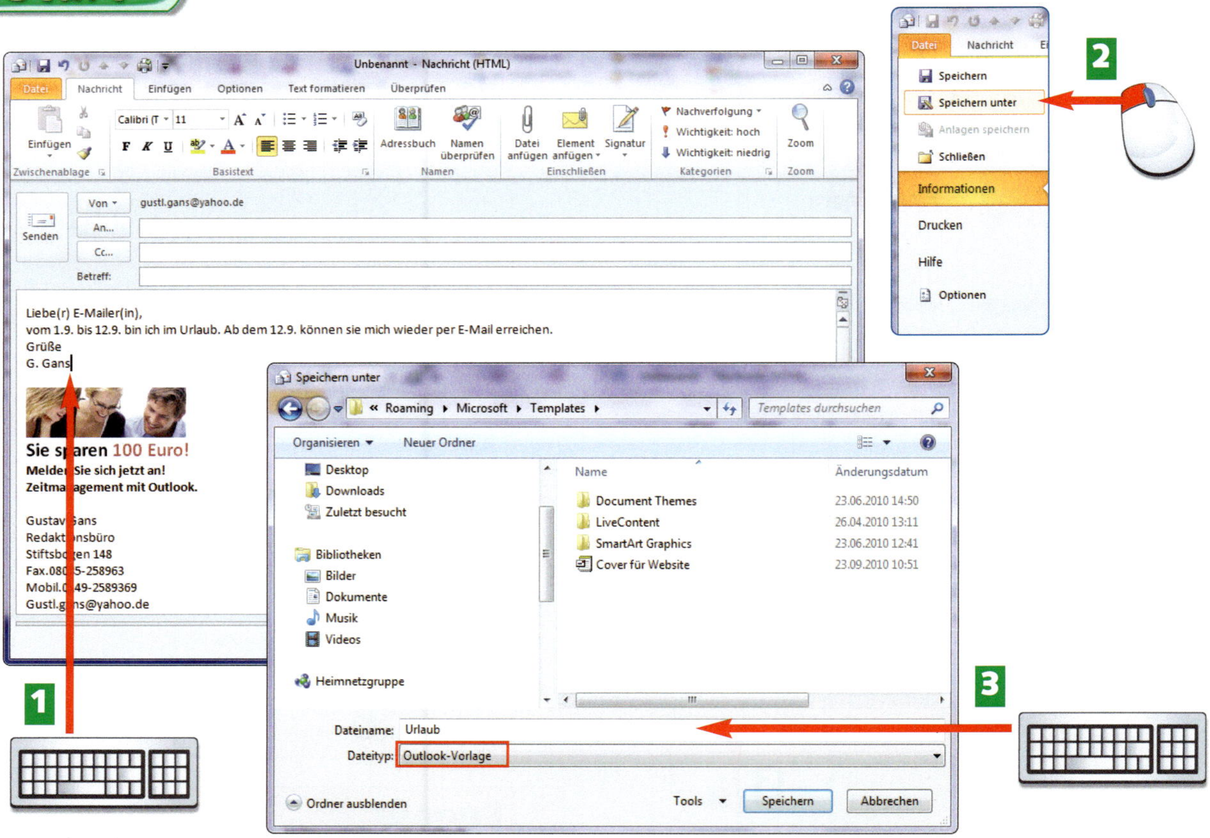

1 Rufen Sie das Nachrichtenfenster über die Tastenkombination ⌨️Strg+N auf. Geben Sie die Benachrichtigung bezüglich Ihres Urlaubs ein.

2 Wählen Sie *Datei/Speichern unter.*

3 Geben Sie einen Namen für Ihre Abwesenheit wie zum Beispiel *Urlaub* ein und wählen Sie unter *Dateityp* die Option *Outlook-Vorlage*. Bestätigen Sie mit *Speichern*.

Sollten Sie als E-Mail-Nutzer mit Outlook an einem Exchange-Server hängen, lässt sich die Abwesenheit relativ schnell mithilfe des Abwesenheits-Assistenten einstellen. Wenn nicht, verfügen Sie über keinen Abwesenheits-Assistenten und müssen einen etwas umständlicheren Weg über die Vorlagen und den Regel-Assistenten einschlagen.

WISSEN

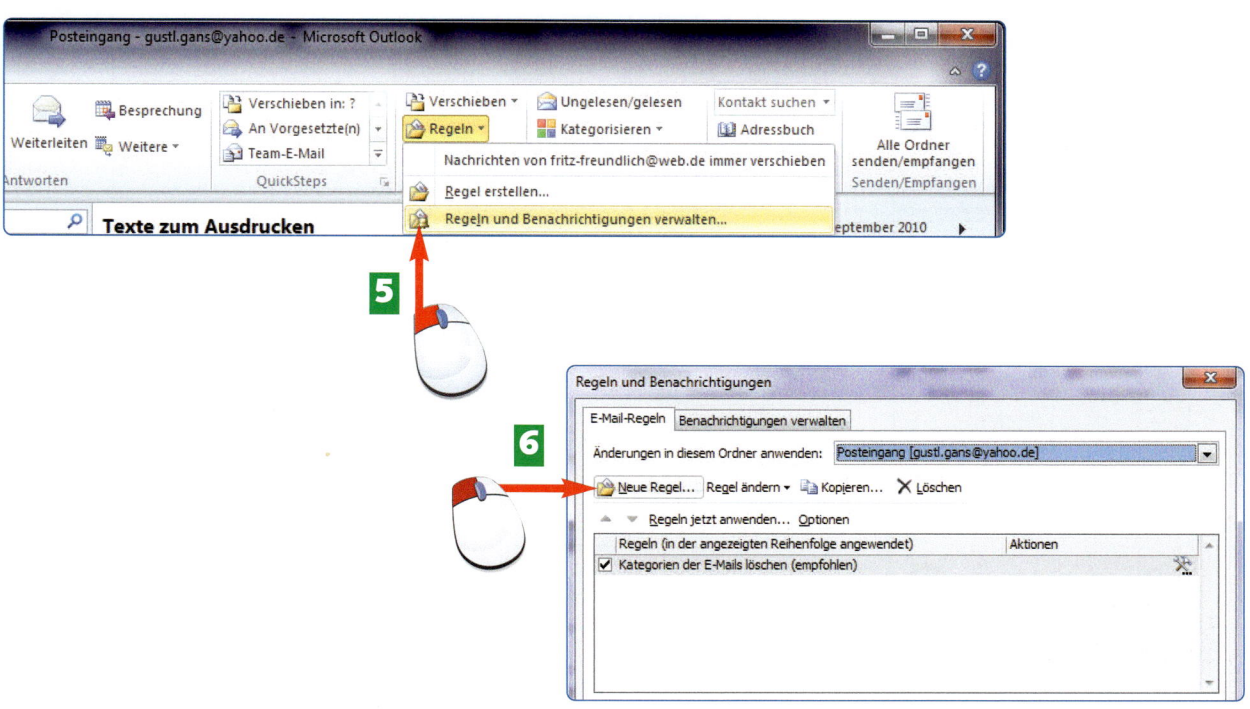

4 Schließen Sie das Nachrichtenfenster mit einem Klick auf *X*. Outlook fragt, ob Sie einen Entwurf behalten möchten. Klicken Sie auf *Nein*.

5 Rufen Sie jetzt den Regel-Assistenten unter dem Register *Start* über *Extras/Regeln und Benachrichtigungen verwalten* auf.

6 Im folgenden Dialog erstellen Sie eine *Neue Regel*.

Exchange oder **Exchange-Server** ist ein Kommunikationsserver, der die geschäftliche Zusammenarbeit unter den Mitarbeitern erleichtert.

In der Regel besitzen private Nutzer kein Exchange-Konto. In den Genuss von Exchange-Konten kommen meistens nur Arbeitnehmer von mittelständischen und großen Firmen.

FACHWORT   **HINWEIS**

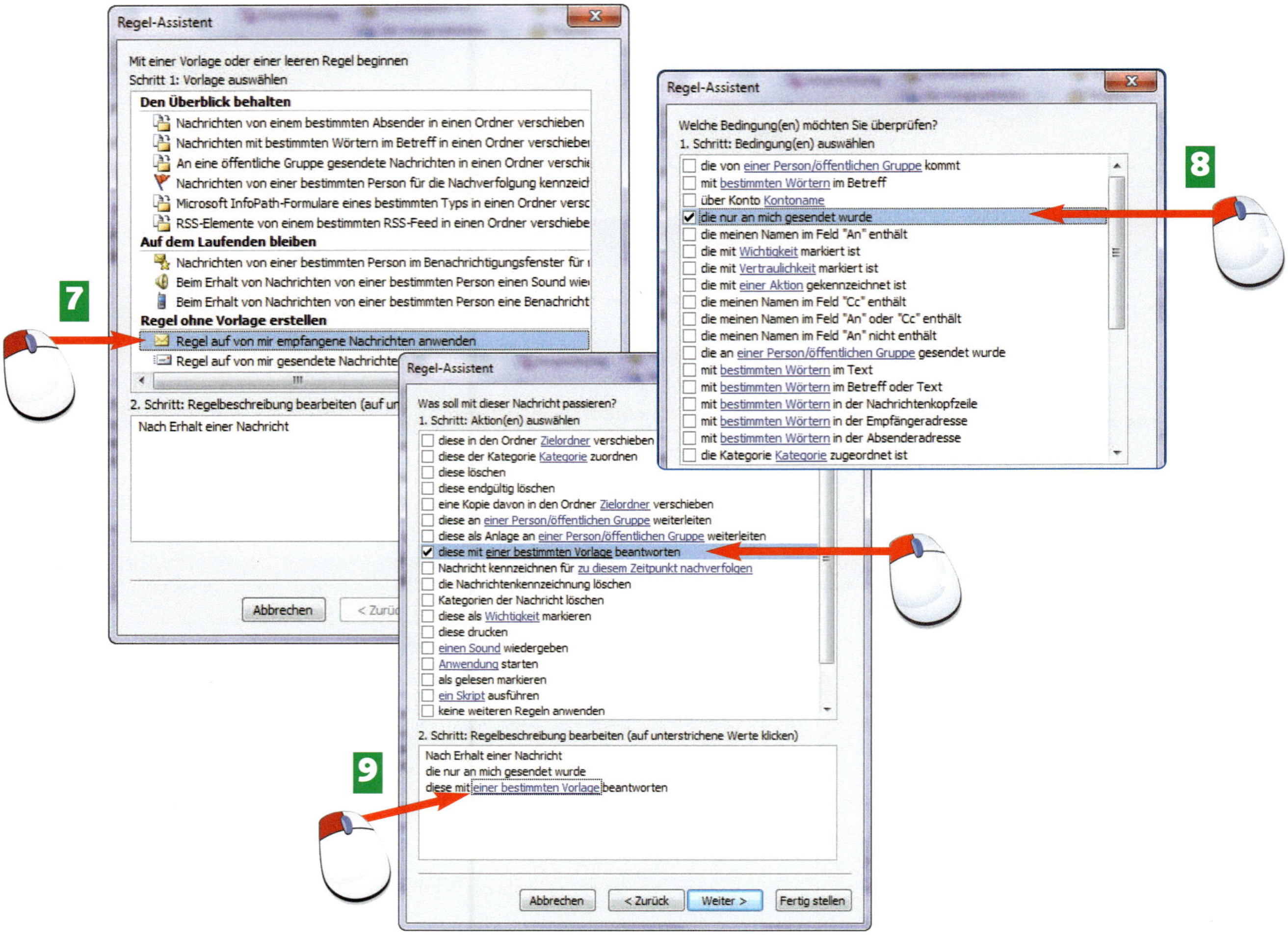

7 Klicken Sie im Regel-Assistenten auf *Regel auf von mir empfangene Nachrichten anwenden* und bestätigen Sie mit *Weiter*.

8 Im nächsten Schritt aktivieren Sie *die nur an mich gesendet wurde* und bestätigen mit *Weiter*.

9 Aktivieren Sie *diese mit einer bestimmten Vorlage beantworten* und klicken Sie unter *2. Schritt* auf den Link *einer bestimmten Vorlage*.

Nachteil der automatischen Antwortfunktion in Outlook ist, dass sowohl Ihr Computer eingeschaltet als auch Outlook über die ganze Abwesenheitszeit hin ausgeführt werden muss. Das ist natürlich nicht sehr stromsparend. Falls Ihr Provider also die automatische Antwortfunktion anbietet, stellen Sie sie dort ein (siehe Seite 76).

WISSEN

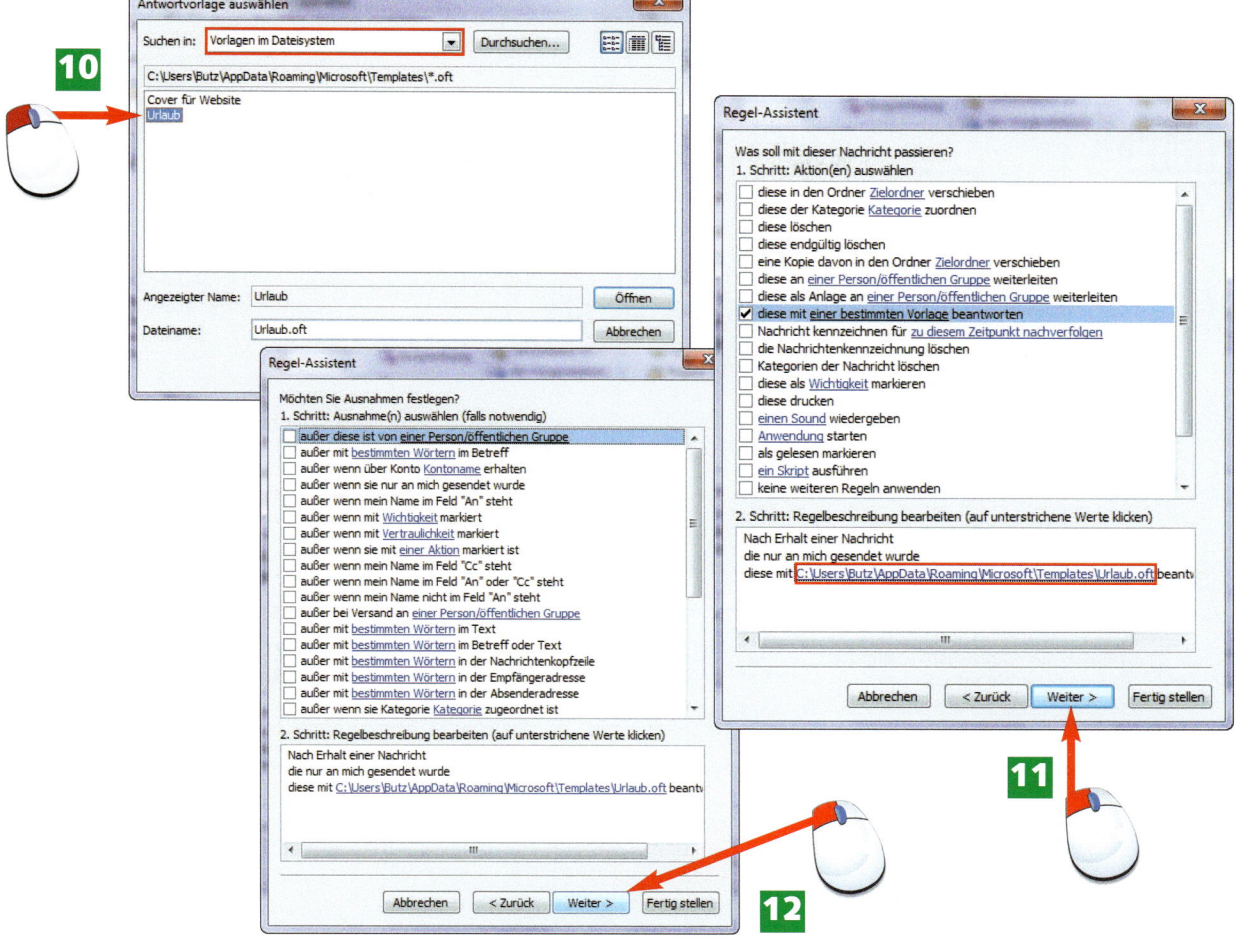

10 Im folgenden Dialog wählen Sie *Vorlagen im Dateisystem* aus und markieren die Vorlage, die Sie für Ihre Abwesenheit erstellt haben. Klicken Sie dann auf *Öffnen*.

11 Der Regel-Assistent zeigt jetzt den Speicherort der Vorlage an, die als automatische Antwort dient. Bestätigen Sie mit *Weiter*.

12 Im folgenden Dialog können Sie noch Ausnahmeregelungen festhalten. Wenn Sie das nicht wollen, klicken Sie einfach auf *Weiter*.

Sofern Sie eine Regel im Regel-Assistenten aktivieren, erscheint sie in der zweiten Fensterhälfte unter *2. Schritt*. Blau unterstrichener Text ist ein Link und führt wiederum zu einer neuen Einstellungsmöglichkeit.

Im Regel-Assistenten | < Zurück | können Sie nicht nur nach vorne mit *Weiter* blättern, sondern auch zurück. Klicken Sie auf *Zurück*, um die Einstellungen nochmals zu prüfen.

HINWEIS　　　**HINWEIS**

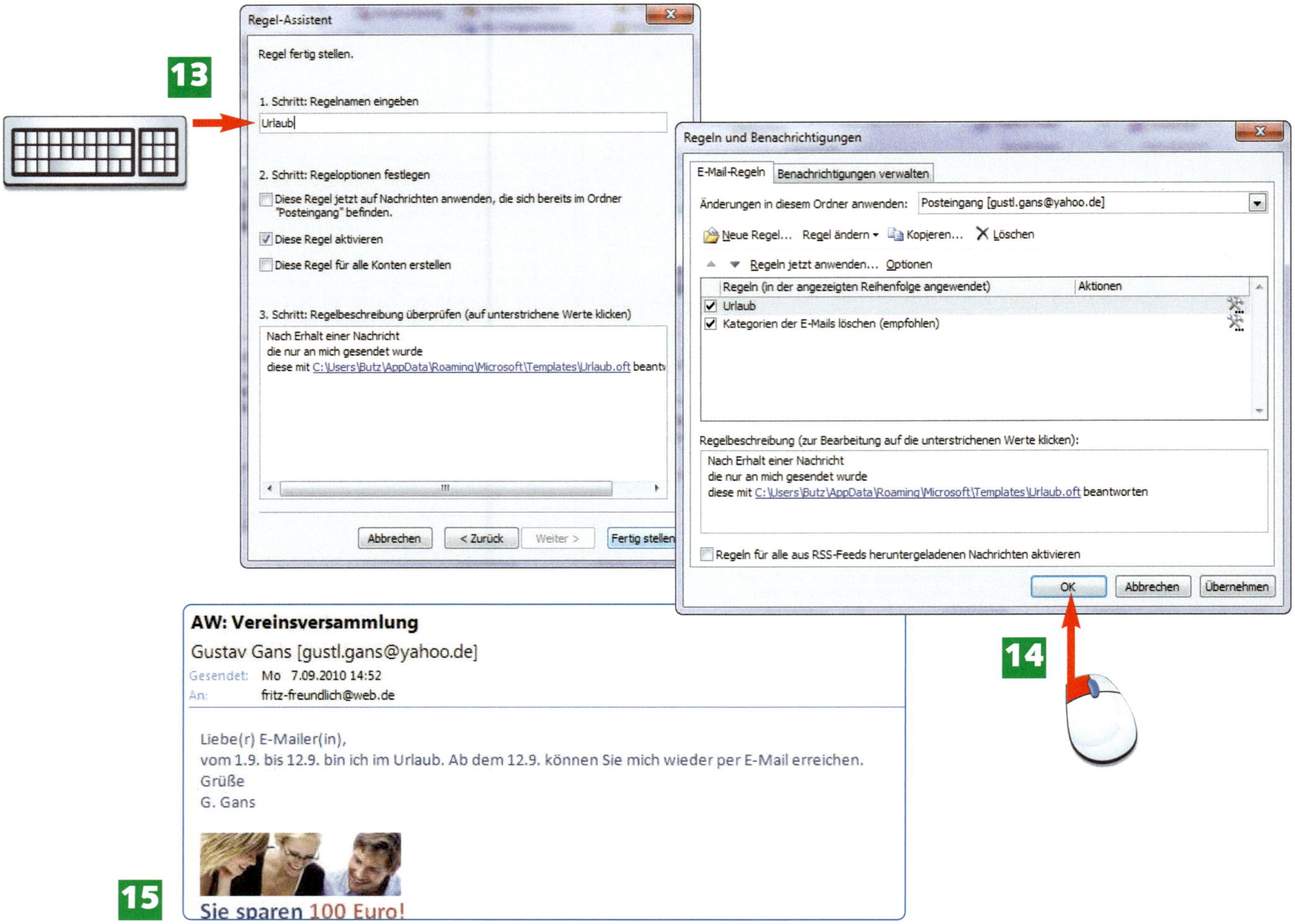

Regel-Assistent

Regel fertig stellen.

13

1. Schritt: Regelnamen eingeben

Urlaub

2. Schritt: Regeloptionen festlegen

☐ Diese Regel jetzt auf Nachrichten anwenden, die sich bereits im Ordner "Posteingang" befinden.

☑ Diese Regel aktivieren

☐ Diese Regel für alle Konten erstellen

3. Schritt: Regelbeschreibung überprüfen (auf unterstrichene Werte klicken)

Nach Erhalt einer Nachricht
die nur an mich gesendet wurde
diese mit C:\Users\Butz\AppData\Roaming\Microsoft\Templates\Urlaub.oft beantw

Abbrechen < Zurück Weiter > Fertig stellen

Regeln und Benachrichtigungen

E-Mail-Regeln | Benachrichtigungen verwalten

Änderungen in diesem Ordner anwenden: Posteingang [gustl.gans@yahoo.de]

📂 Neue Regel... Regel ändern ▾ 📋 Kopieren... ✗ Löschen

▲ ▾ Regeln jetzt anwenden... Optionen

Regeln (in der angezeigten Reihenfolge angewendet)	Aktionen
☑ Urlaub	※
☑ Kategorien der E-Mails löschen (empfohlen)	※

Regelbeschreibung (zur Bearbeitung auf die unterstrichenen Werte klicken):

Nach Erhalt einer Nachricht
die nur an mich gesendet wurde
diese mit C:\Users\Butz\AppData\Roaming\Microsoft\Templates\Urlaub.oft beantworten

☐ Regeln für alle aus RSS-Feeds heruntergeladenen Nachrichten aktivieren

OK Abbrechen Übernehmen

14

AW: Vereinsversammlung

Gustav Gans [gustl.gans@yahoo.de]

Gesendet: Mo 7.09.2010 14:52
An: fritz-freundlich@web.de

Liebe(r) E-Mailer(in),
vom 1.9. bis 12.9. bin ich im Urlaub. Ab dem 12.9. können Sie mich wieder per E-Mail erreichen.
Grüße
G. Gans

15

Sie sparen 100 Euro!

13 Geben Sie der neu erstellten Regel einen Namen, in diesem Fall bietet sich *Urlaub* an, und klicken Sie auf *Fertig stellen.*

14 Die Regel ist automatisch durch das Häkchen vor *Urlaub* aktiv. Bestätigen Sie Ihre Einstellungen mit *OK.*

15 Ab jetzt erhält jeder E-Mailer, der an Sie eine E-Mail schickt, automatisch die Benachrichtigung über Ihren Urlaub.

Sollten Sie die automatische Antwortfunktion genau so eingestellt haben, wie auf den letzten Seiten beschrieben, überstellt Ihr Regel-Assistent nur einmal eine Antwort an den E-Mailer. Outlook verhindert, dass wiederholt Anworten an ein und denselben Absender geschickt werden. Dieser Vorgang wird von Outlook protokolliert.

WISSEN

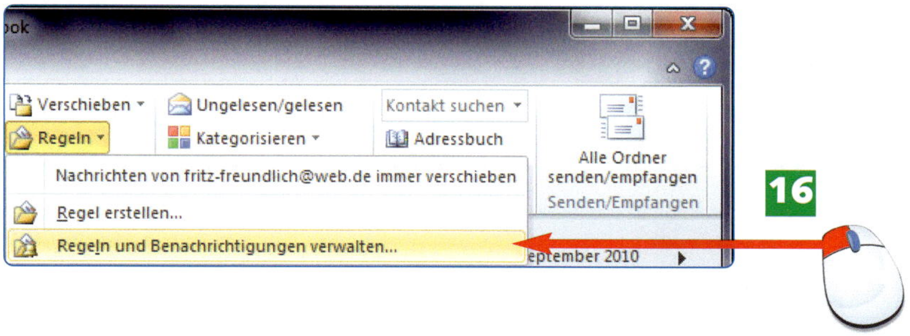

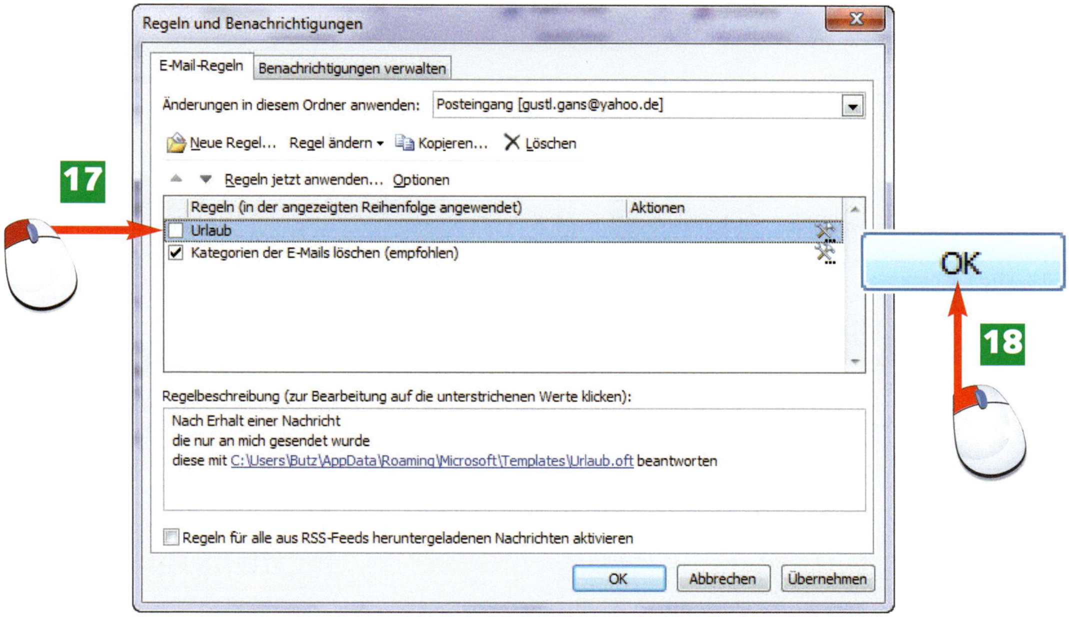

16 Nach Ihrem Urlaub schalten Sie die automatische Antwortfunktion wieder aus. Dazu klicken Sie unter dem Register *Start* auf *Regeln/Regeln und Benachrichtigungen verwalten*.

17 Deaktivieren Sie im folgenden Dialog mit einem Klick den *Urlaub*.

18 Bestätigen Sie Ihre Einstellung mit *OK*.

Ende

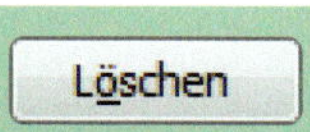

Natürlich lassen sich einmal aufgestellte Regeln auch wieder löschen. Markieren Sie sie und klicken Sie auf *Löschen*.

| Löschen |

Möchten Sie eine Ihrer Regeln bearbeiten, klicken Sie im Dialogfeld *Regeln und Benachrichtigungen* auf *Regel ändern/Regeleinstellungen bearbeiten*.

Trotz der eingeschalteten Antwortfunktion des Regel-Assistenten können Sie nach Ihrem Urlaub die E-Mails ganz normal aufrufen, lesen und beantworten.

TIPP   **HINWEIS**   **HINWEIS**

RSS-Feeds über den Internet Explorer abonnieren

Start

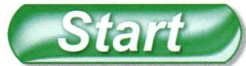

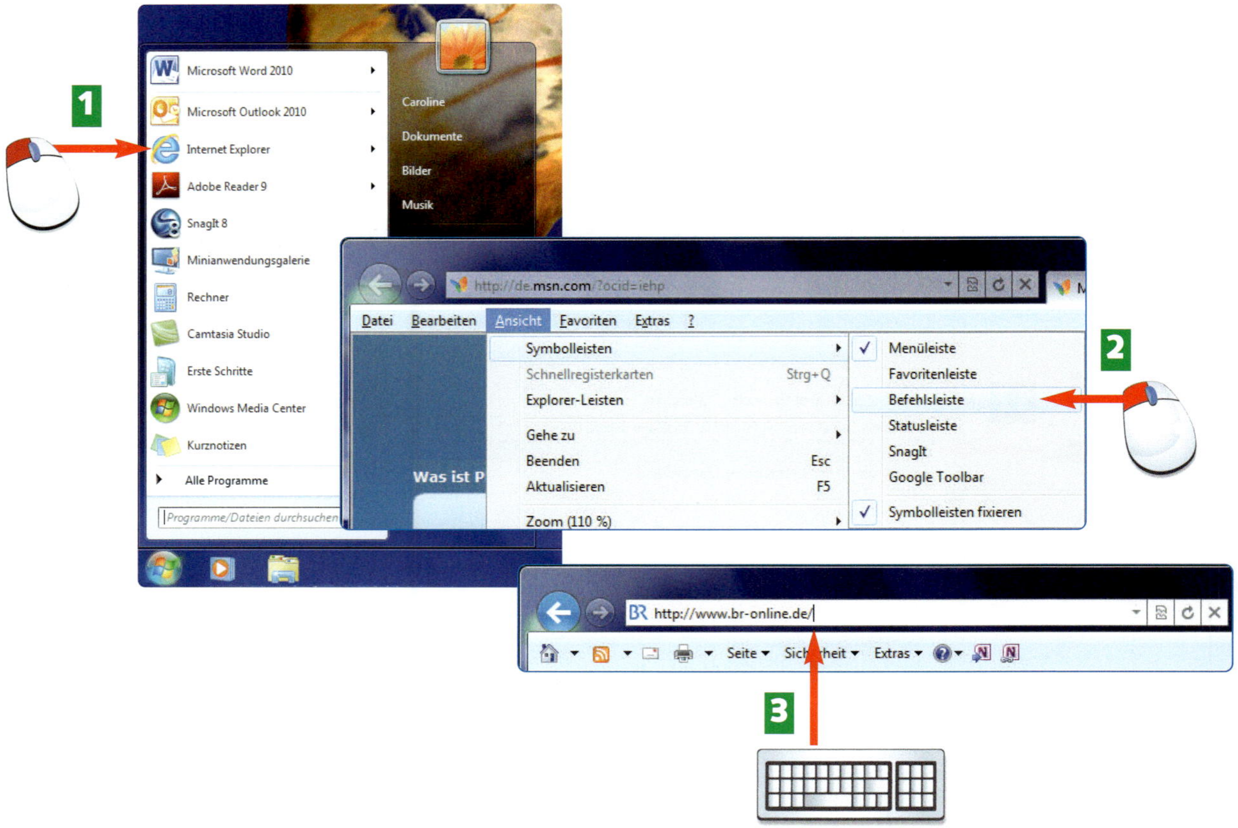

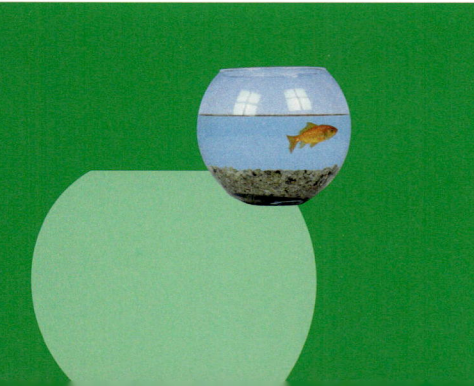

1 Rufen Sie den Internet Explorer über *Start/Internet Explorer* auf.

2 Um die Menüleiste einzublenden, drücken Sie die [Alt]-Taste. Mit *Ansicht/Symbolleisten/Befehlsleiste* fügen Sie das RSS-Feed-Symbol dauerhaft im Internet-Explorer ein.

3 Geben Sie die Internetadresse ein, deren RSS-Feeds Sie abonnieren möchten, und drücken Sie die [↵]-Taste

Immer mehr Herausgeber nutzen RSS-Feeds, um aktuelle Informationen an ihre Abonnenten weiterzugeben, zum Beispiel für Nachrichten oder Urlaubsangebote. Als Abonnent erhalten Sie eine Zusammenfassung der Inhalte und entscheiden mit einem Klick, welchen Artikel Sie lesen möchten.

WISSEN

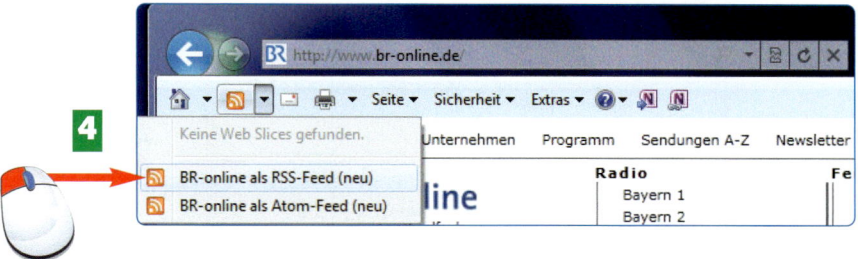

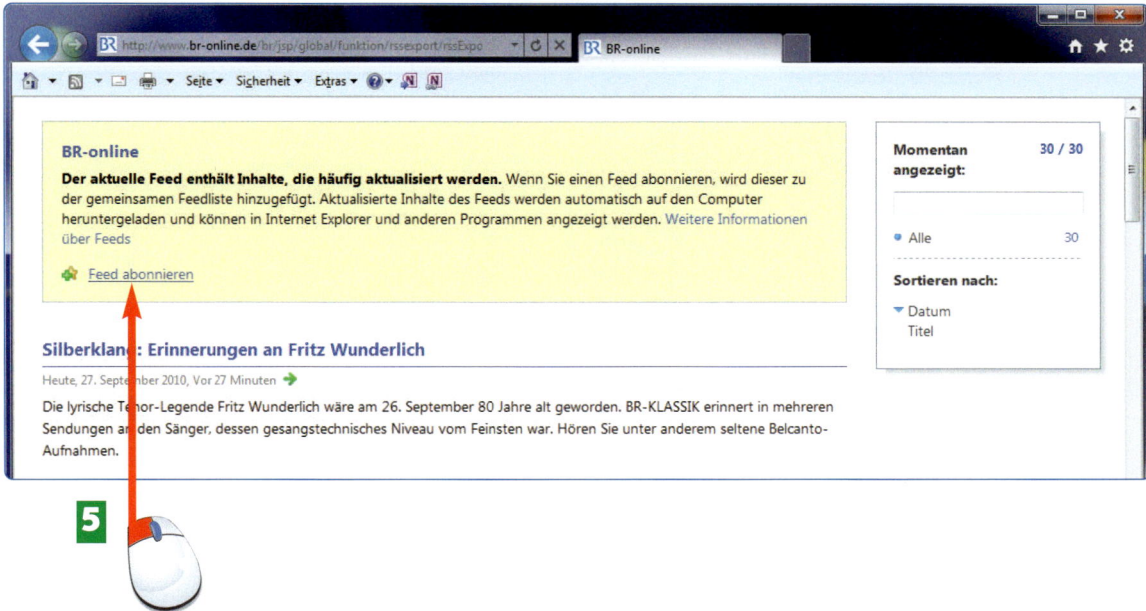

4 Klicken Sie auf das RSS-Feed-Symbol und markieren Sie die RSS-Feeds, die Sie abonnieren möchten (hier: *BR-online als RSS-Feed*).

5 Sie werden auf die entsprechende Website weitergeleitet. Klicken Sie hier auf *Feed abonnieren*.

RSS-Feeds können nicht nur über den Internet Explorer, sondern auch mit Outlook 2010 abonniert werden (siehe Seite 88).

RSS-Feeds (Really Simple Syndication) sind Inhaltszusammenstellungen zu aktuellen Themen. Benutzer können sie abonnieren.

Das automatische Aktualisieren von RSS-Feeds erspart das „Hinterhersurfen" nach Informationen im Internet. Als Abonnent sind Sie immer und automatisch auf dem aktuellsten Informationsstand.

HINWEIS   **FACHWORT**   **HINWEIS**

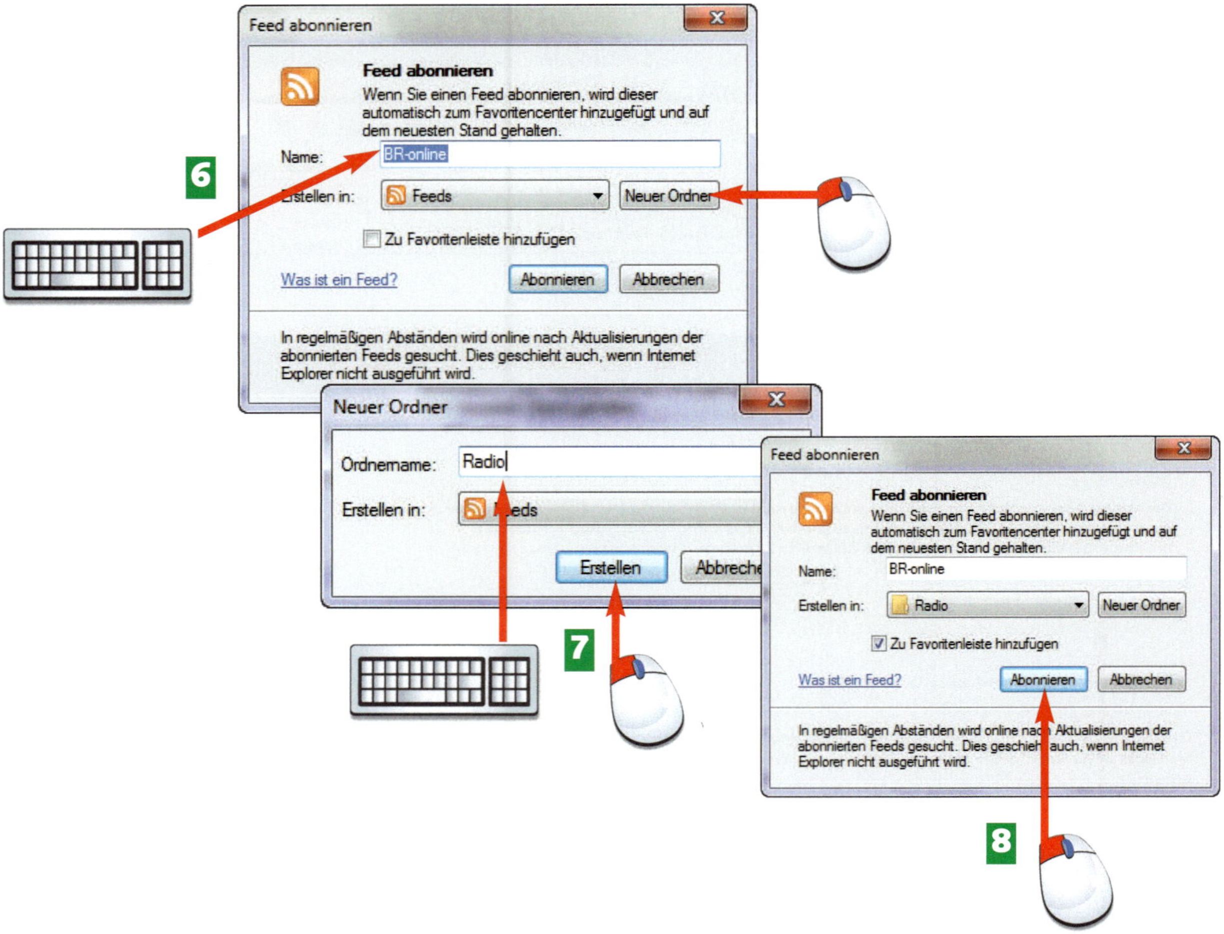

6 Im folgenden Dialogfeld geben Sie den Namen ein, unter dem Sie Ihre RSS-Feeds in Zukunft speichern möchten, oder Sie verwenden den vorgeschlagenen Namen. Klicken Sie auf *Neuer Ordner*.

7 Geben Sie dem Ordner einen aussagekräftigen Namen (hier: *Radio*) und bestätigen Sie mit *Erstellen*. In diesem Ordner können Sie ab jetzt weitere RSS-Feeds, zum Beispiel von verschiedenen Radiosendern sammeln.

8 Bestätigen Sie mit *Abonnieren*.

Einige Herausgeber von RSS-Feeds stellen ihre Informationen kostenlos zur Verfügung. Andere lassen sich die bereitgestellten Informationen vom Abonnenten bezahlen. Letztlich entscheiden Sie als Abonnent, wie wichtig Ihnen die Informationen sind und ob Sie eine Zugriffsgebühr leisten möchten.

WISSEN

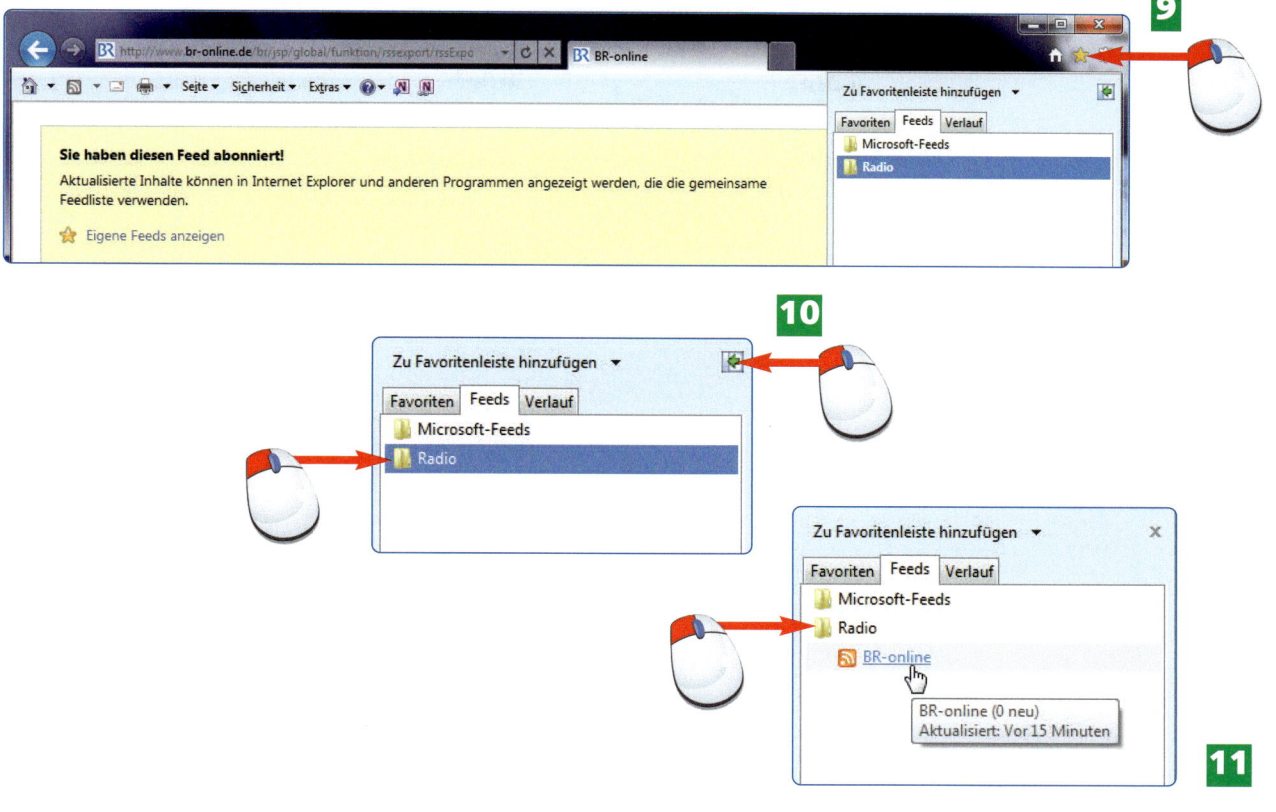

9 Die abonnierten RSS-Feeds werden im Favoritencenter (ein Klick auf den Stern öffnet das Favoritencenter) des Internet Explorers angezeigt.

10 Mit Klick auf *Favoritencenter anheften* bleiben die Favoriten und RSS-Feeds am linken Rand des Internet Explorers geöffnet.

11 Öffnen Sie den übergeordneten Ordner mit einem Klick. Bewegen Sie die Maus auf die eingeordnete Website, sehen Sie die letzte Aktualisierung. Mit Klick auf die Site zeigen Sie die RSS-Feeds im Browserfenster an. **Ende**

Wenn sich RSS-Feeds auf einer Website befinden, dann ist das Feed-Symbol im Browser aktiv, also nicht mehr grau, sondern orange.

Wie finde ich RSS-Feeds? Beispielsweise über folgende Websites: www.rss-verzeichnis.de www.rssfeed24.de www.rss-scout.de

Entscheidender Vorteil eines RSS-Abos gegenüber anderen Formen des Abonnements: Sie hinterlassen beim Herausgeber keinerlei persönliche Daten wie Name, E-Mail-Adresse usw.

HINWEIS   **TIPP**   **HINWEIS**

Start

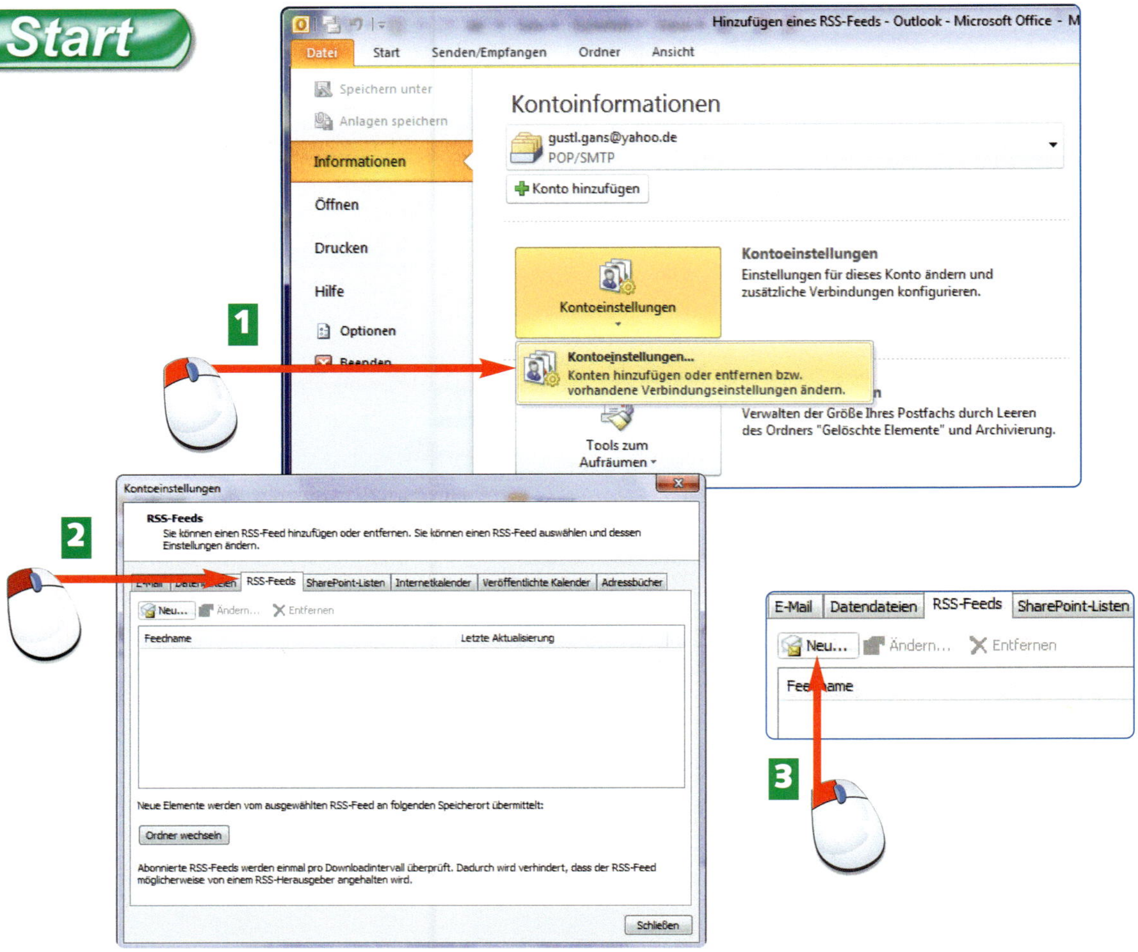

1. Selbstverständlich lassen sich RSS-Feeds auch in Outlook abonnieren. Klicken Sie dazu auf *Datei/Informationen/Kontoeinstellungen/Kontoeinstellungen.*

2. Im folgenden Dialogfeld wechseln Sie auf das Register *RSS-Feeds.*

3. Klicken Sie dort auf *Neu.*

Wer Outlook als sogenannten „Feed-Reader", also zum Lesen und Verwalten der RSS-Feeds nutzen möchte, benötigt Outlook ab der Version 2007 oder wie hier beschrieben Version 2010. Ältere Outlook-Versionen sind nicht in der Lage, RSS-Feeds zu abonnieren und zu verwalten.

WISSEN

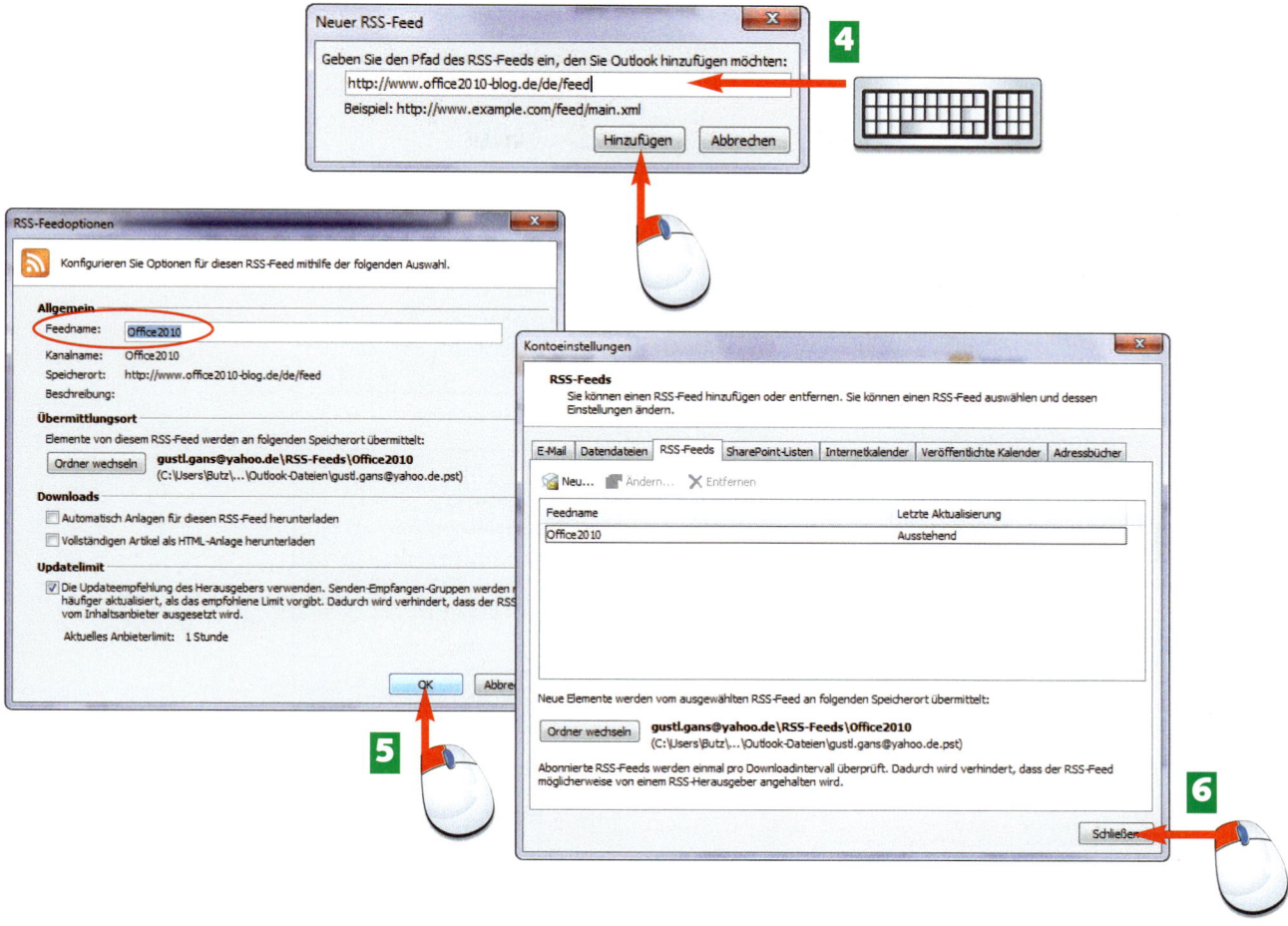

4 Geben Sie die korrekte Internetadresse der bereitgestellten RSS-Feeds ein und klicken Sie auf *Hinzufügen*.

5 Geben Sie den RSS-Feeds einen Namen und bestätigen Sie mit *OK,* oder verwenden Sie den vorgeschlagenen Namen.

6 Für die abonnierten RSS-Feeds haben Sie ein eigenes Konto eingerichtet. Es erscheint ab jetzt im Feld *Feedname*. Klicken Sie auf *Schließen*.

Ende

Oft ist die korrekte Internetadresse für ein RSS-Feed kompliziert und lang, deshalb folgender Tipp: Klicken Sie sich auf die Website, wo die RSS-Feeds zum Abonnieren bereitstehen. Kopieren Sie sich die Webadresse mit Strg + C, wechseln Sie in das Dialogfeld *Neuer RSS-Feed* (siehe Bild 4) und fügen Sie dort die Webadresse wieder mit Strg + V ein.

TIPP

RSS-Feeds in Outlook anzeigen und lesen

Start

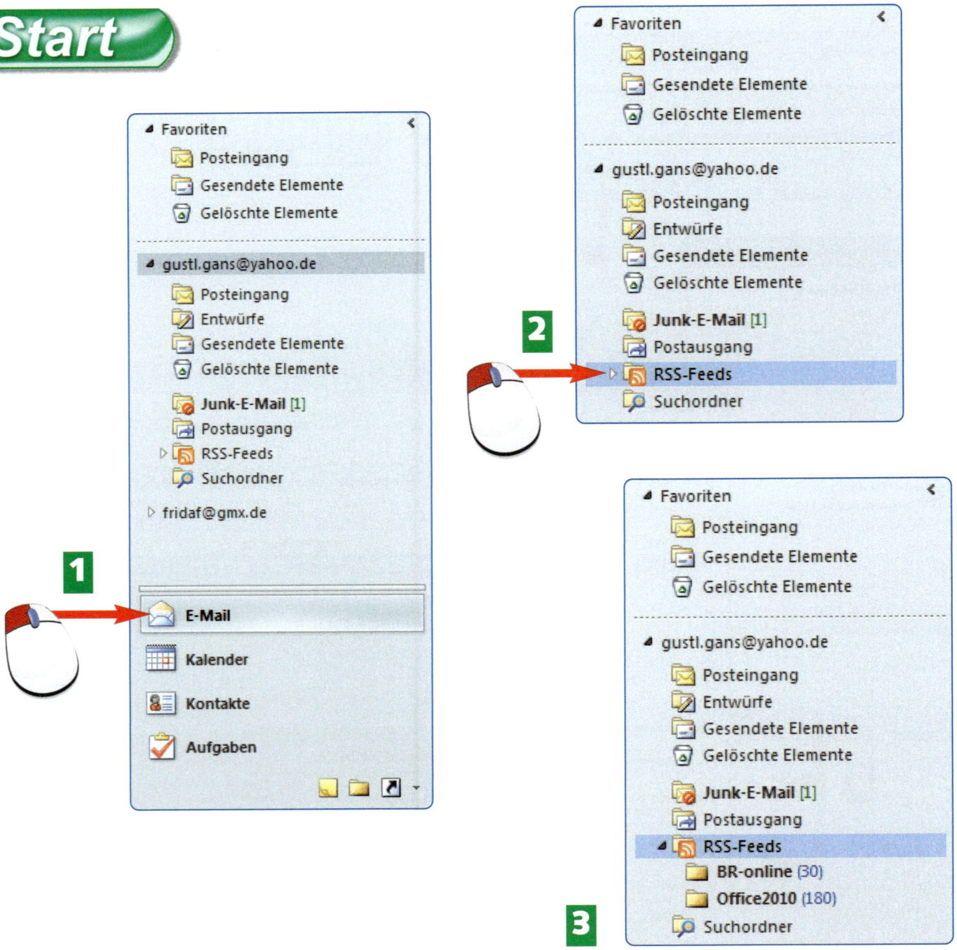
Favoriten
Posteingang
Gesendete Elemente
Gelöschte Elemente
gustl.gans@yahoo.de
Posteingang
Entwürfe
Gesendete Elemente
Gelöschte Elemente
Junk-E-Mail [1]
Postausgang
RSS-Feeds
Suchordner
fridaf@gmx.de
1
E-Mail
Kalender
Kontakte
Aufgaben
2
Favoriten
Posteingang
Gesendete Elemente
Gelöschte Elemente
gustl.gans@yahoo.de
Posteingang
Entwürfe
Gesendete Elemente
Gelöschte Elemente
Junk-E-Mail [1]
Postausgang
RSS-Feeds
Suchordner
Favoriten
Posteingang
Gesendete Elemente
Gelöschte Elemente
gustl.gans@yahoo.de
Posteingang
Entwürfe
Gesendete Elemente
Gelöschte Elemente
Junk-E-Mail [1]
Postausgang
RSS-Feeds
BR-online (30)
Office2010 (180)
Suchordner
3

1 Um sich die RSS-Feeds in Outlook anzeigen zu lassen, klicken Sie im Navigationsbereich auf *E-Mail*.

2 Klicken Sie auf das vorangestellte Pluszeichen, um die abonnierten RSS-Feeds anzuzeigen.

3 Die abonnierten RSS-Feeds werden als Ordner angezeigt. In blauen Klammern stehen die heruntergeladenen und noch nicht gelesenen Artikel.

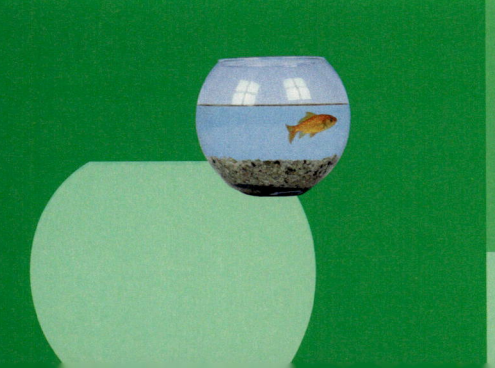

Outlook überprüft regelmäßig die neuen und aktualisierten RSS-Feeds auf dem Server des Herausgebers. Wenn also neue RSS-Feeds vorhanden sind, ruft Outlook sie automatisch ab. Anschließend werden die neuen Artikel im zugeordneten RSS-Feed-Ordner angezeigt und können wie eine E-Mail-Nachricht geöffnet und gelesen werden.

WISSEN

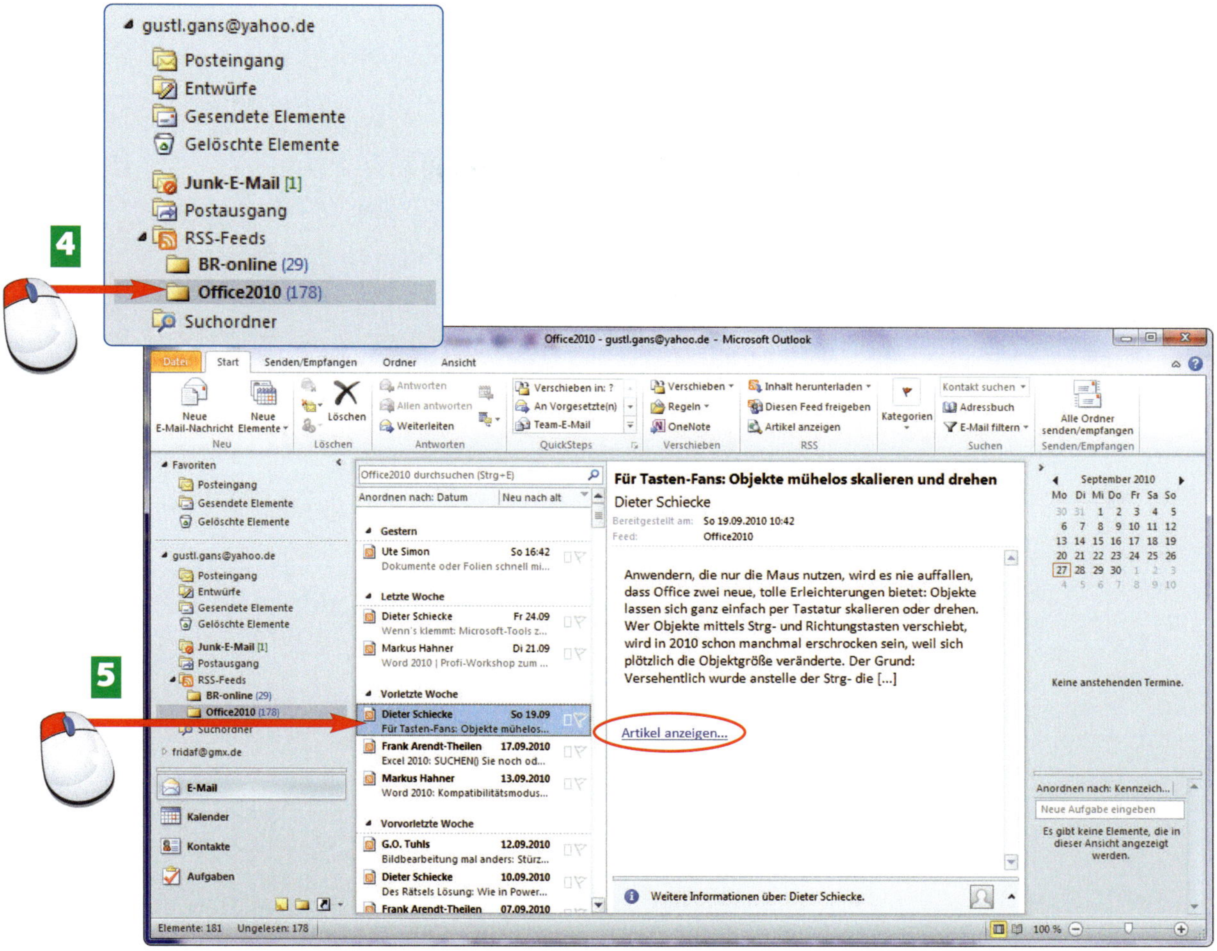

4 Ein Klick auf die abonnierten RSS-Feeds zeigt die Artikel im Hauptfenster und Lesebereich von Outlook an.

5 Im Posteingang der RSS-Feeds klicken Sie auf den Artikel, den Sie lesen möchten. Entscheiden Sie mit einem Klick auf *Artikel anzeigen*, ob Sie den ganzen Artikel lesen möchten. Dazu wird automatisch Ihr Standardbrowser geöffnet.

Ende

Wenn Sie ein Antivirenprogramm installiert haben, kann es sein, dass nicht alle Inhalte der RSS-Feeds angezeigt werden.

Im Hauptfenster von Outlook geben Sie Ihre Suche ein. Sofort zeigt Outlook die gefundenen Artikel an und markiert sie gelb.

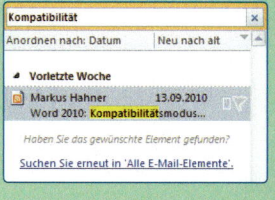

HINWEIS   **TIPP**

E-Mails ordnen und organisieren

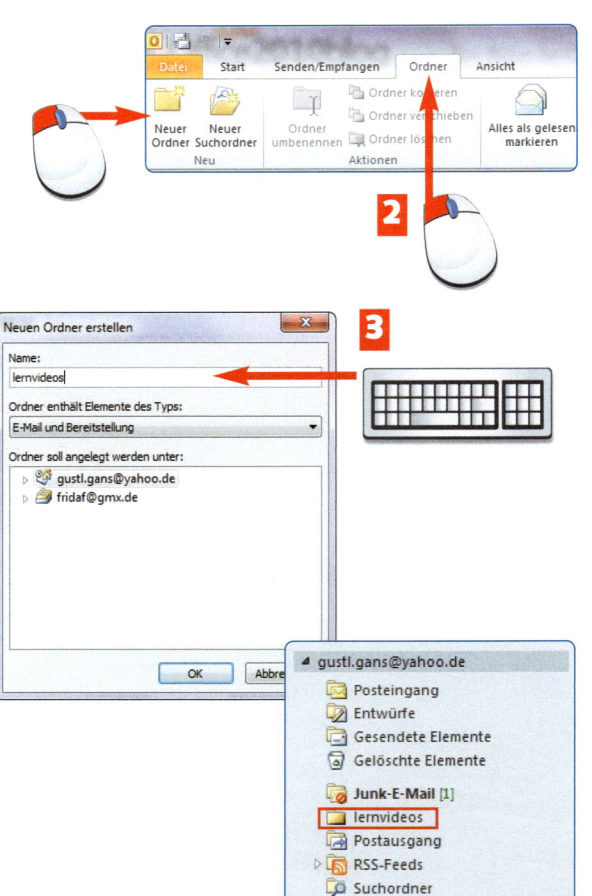

1 Um ein eigenes Ablagesystem für Ihre E-Mails zu schaffen, klicken Sie im Navigations-bereich auf *E-Mail* und markieren das gewünschte E-Mail-Konto.

2 Wechseln Sie auf das Register *Ordner* und klicken Sie dort auf *Neuer Ordner.*

3 Im folgenden Dialogfeld geben Sie den Namen des neuen Ordners ein und bestätigen mit *OK.*

4 Der neue Ordner erscheint in der Liste unter Ihrer E-Mail-Adresse.

Je nach Arbeitsweise müssen Sie herausfinden, welches Ordnersystem für Sie am sinnvollsten ist. Bearbeiten Sie z.B. drei große Projekte, würde sich jeweils ein Hauptordner pro Projekt plus die dazugehörigen Unterordner anbieten. Oder Sie ordnen nach folgendem Prinzip: *zu erledigen, schon erledigt, zu beantworten, schon beantwortet* usw.

WISSEN

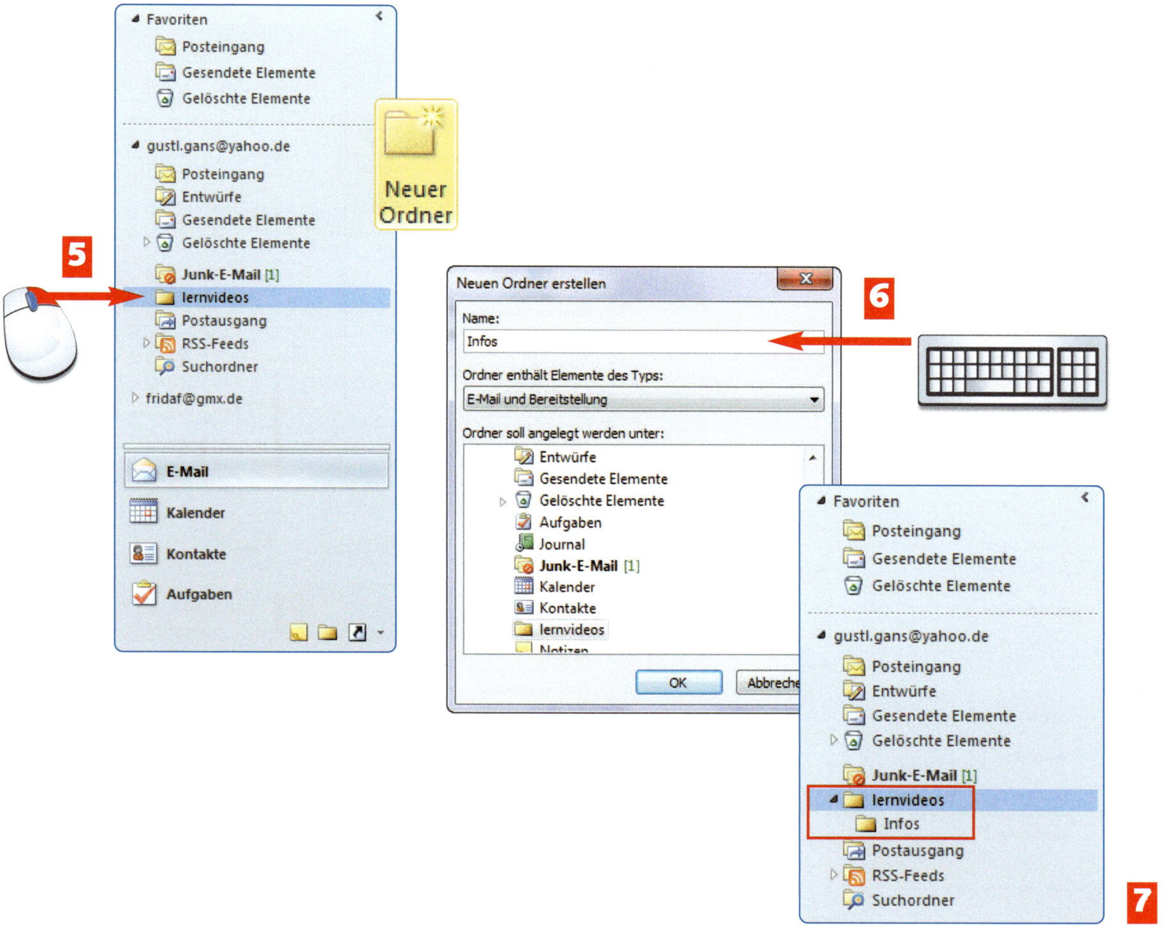

5 Möchten Sie unter dem neu erstellten Ordner einen Unterordner einrichten, dann markieren Sie ihn und klicken unter dem Register *Ordner* auf *Neuer Ordner*.

6 Geben Sie im folgenden Dialogfeld den Namen des Unterordners ein und bestätigen Sie mit *OK*.

7 Der Unterordner (hier: *Infos)* rutscht unter den Hauptordner (hier: *lernvideos)*.

Ende

TIPP

Outlook sortiert die Ordner alphabetisch. Das kann die Übersichtlichkeit stören. Beginnen Sie deshalb Ihre Ordnernamen mit einem Präfix, z.B. so: *a_projekt1, a_projekt2, a_projekt3* usw. Damit stehen die Ordner direkt untereinander.

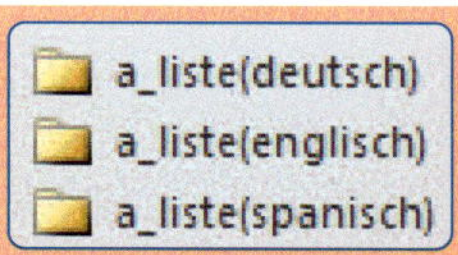

HINWEIS

Mit einem Klick auf ein vorangestelltes Dreieck schließen Sie die Ordnerstruktur. Mit einem erneuten Klick auf das Dreieck öffnen Sie die Ordnerstruktur.

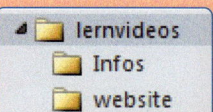

Start

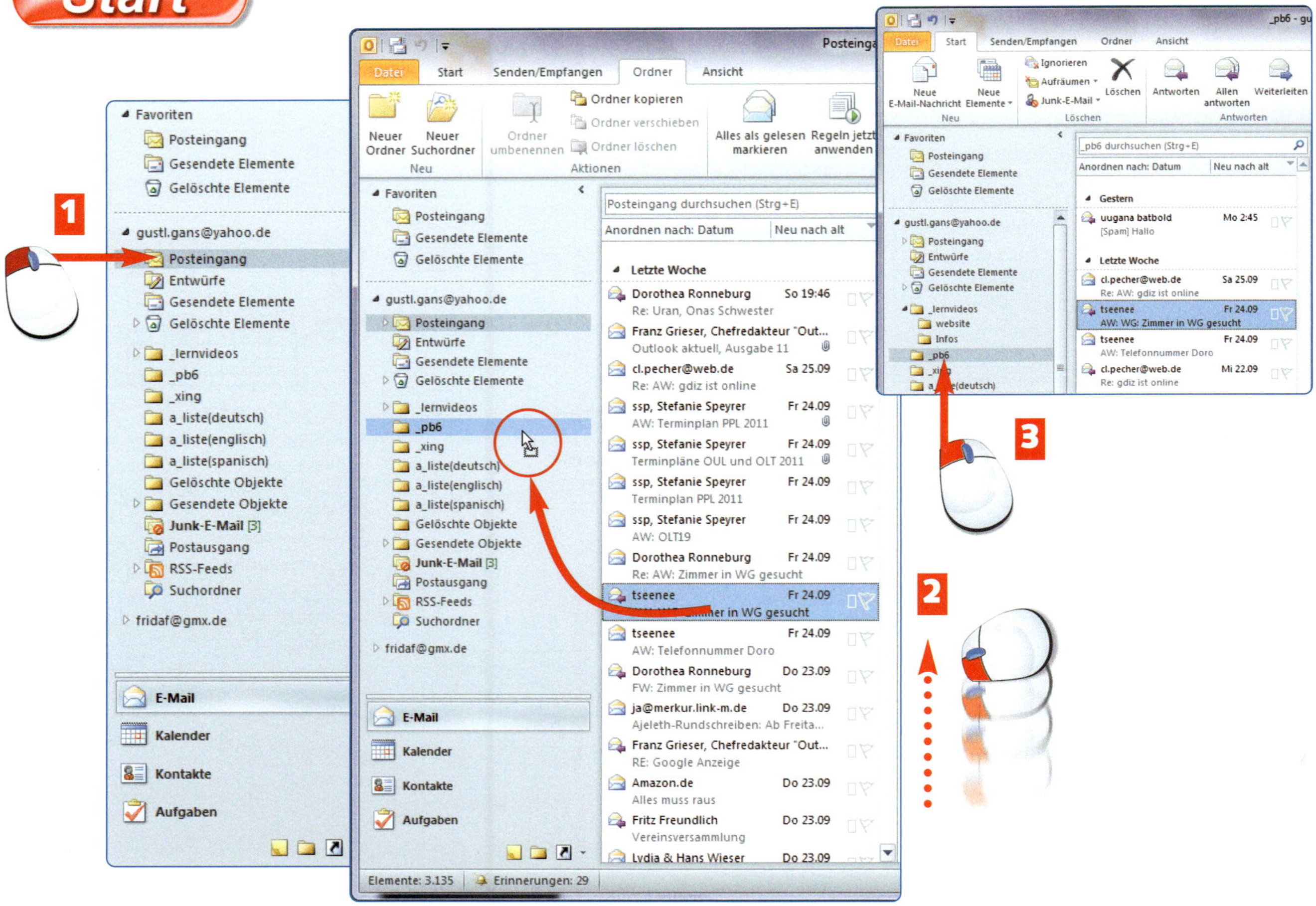

1 Um die E-Mails in den richtigen Ordner zu verschieben, klicken Sie zuerst auf den *Posteingang*, damit Sie alle eingegangenen E-Mails sehen.

2 Ziehen Sie mit gedrückter linker Maustaste die E-Mail vom Hauptfenster auf den selbst eingerichteten Ordner und lassen Sie dann die Maustaste wieder los.

3 Damit verschieben Sie die E-Mail vom Posteingang in den entsprechenden Ordner. Mit einem Klick auf den Ordner können Sie kontrollieren, ob die E-Mail tatsächlich dort gelandet ist.

Leichter gesagt als getan, aber in jedem Fall hilfreich: Am besten wäre es, nach dem Erhalt der E-Mails sie sofort in die richtigen Ordner einzusortieren. Das nimmt vielleicht fünf Minuten Ihrer Zeit in Anspruch, aber erspart Ihnen irgendwann später eine große Aufräumaktion von Stunden.

WISSEN

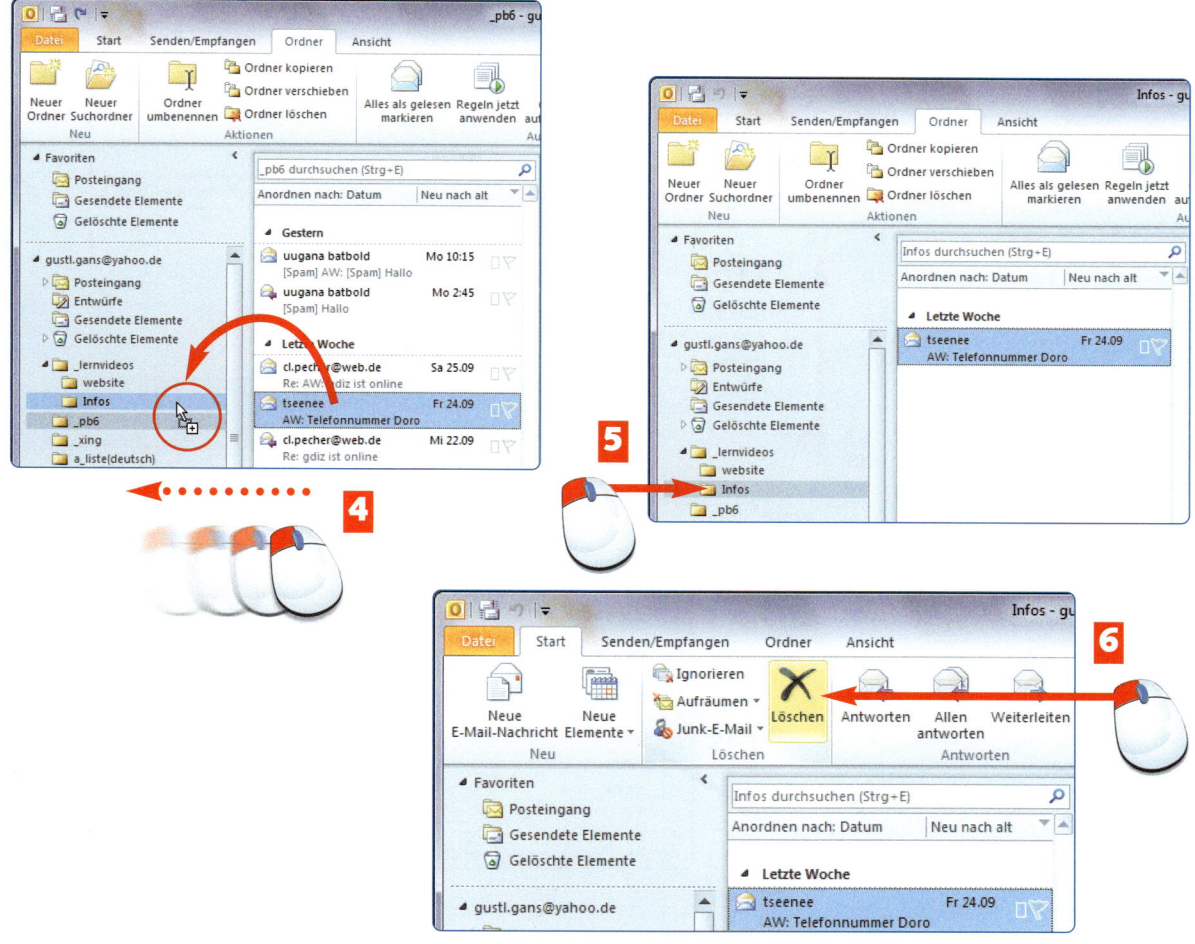

4 Übrigens lässt sich eine E-Mail auch kopieren. Ziehen Sie die E-Mail in den entsprechenden Ordner und halten Sie dabei die [Strg]-Taste gedrückt.

5 Die E-Mail ist jetzt sowohl im *Posteingang* als auch im neuen Ordner (hier: *lernvideos/infos)*, also in beiden Ordnern vorhanden.

6 Möchten Sie eine E-Mail löschen, markieren Sie sie im Hauptfenster und klicken auf *Löschen* unter dem Register *Start.*

Ende

TIPP

📁 **Ordner löschen** Markieren Sie einen Ordner, den Sie löschen möchten, und wählen Sie unter dem Register *Ordner/ Ordner löschen.*

HINWEIS

Untereinander liegende E-Mails markieren: Klicken Sie auf die erste zu markierende E-Mail, halten Sie die [⇧]-Taste gedrückt und klicken Sie auf die letzte zu markierende E-Mail.

HINWEIS

E-Mails markieren: Klicken Sie auf eine E-Mail, halten Sie die [Strg]-Taste gedrückt und klicken Sie auf die nächste zu markierende E-Mail.

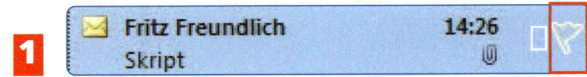

1

✉ Fritz Freundlich	14:26
Skript	🖇

Skript

fritz-freundlich@web.de

ℹ Zur Nachverfolgung. Beginn am Dienstag, 28. September 2010. Fällig am Dienstag, 28. September 2010.

Gesendet: Di 28.09.2010 14:25
An: gustl.gans@yahoo.de

✉ Nachricht 📄 OLT_19.docx (325 KB)

Hallo Gustl,
bitte das Skript durchlesen.
Danke
Fritz

Posteingang durchsuchen (Strg+E) 🔍
Anordnen nach: Datum | Neu nach alt

▲ Heute

Fritz Freundlich	14:26
Skript	🖇
Everglaze	12:37
Ihre Bestellung bei Everglaze	
QuarkXPress	10:02
In QuarkXPress ganz einfach InDe...	
1&1 Internet AG	04:41
Überprüfung der WHOIS-Daten z...	

2

3

✉ Fritz Freundlich	14:26
Skript	🖇 ✓

Fritz Freundlich	14:26
Skript	🖇
Everglaze	12:3
Ihre Bestellung bei Everglaze	
QuarkXPress	10:02
In QuarkXPress ganz einfach InDe...	
1&1 Internet AG	04:41
Überprüfung der WHOIS-Daten z...	

Gestern

GMX Best Price	Mo 16:46
Für jeden die richtige Kreditkarte: ...	
Microsoft	Mo 15:01
Ihr Feedback macht Microsoft bes...	

🚩	Heute
🚩	Morgen
🚩	Diese Woche
🚩	Nächste Woche
🚩	Kein Datum
🚩	Benutzerdefiniert...
⏰	Erinnerung hinzufügen...
✓	Als erledigt markieren
	Kennzeichnung löschen
	Schnellklick festlegen...

4

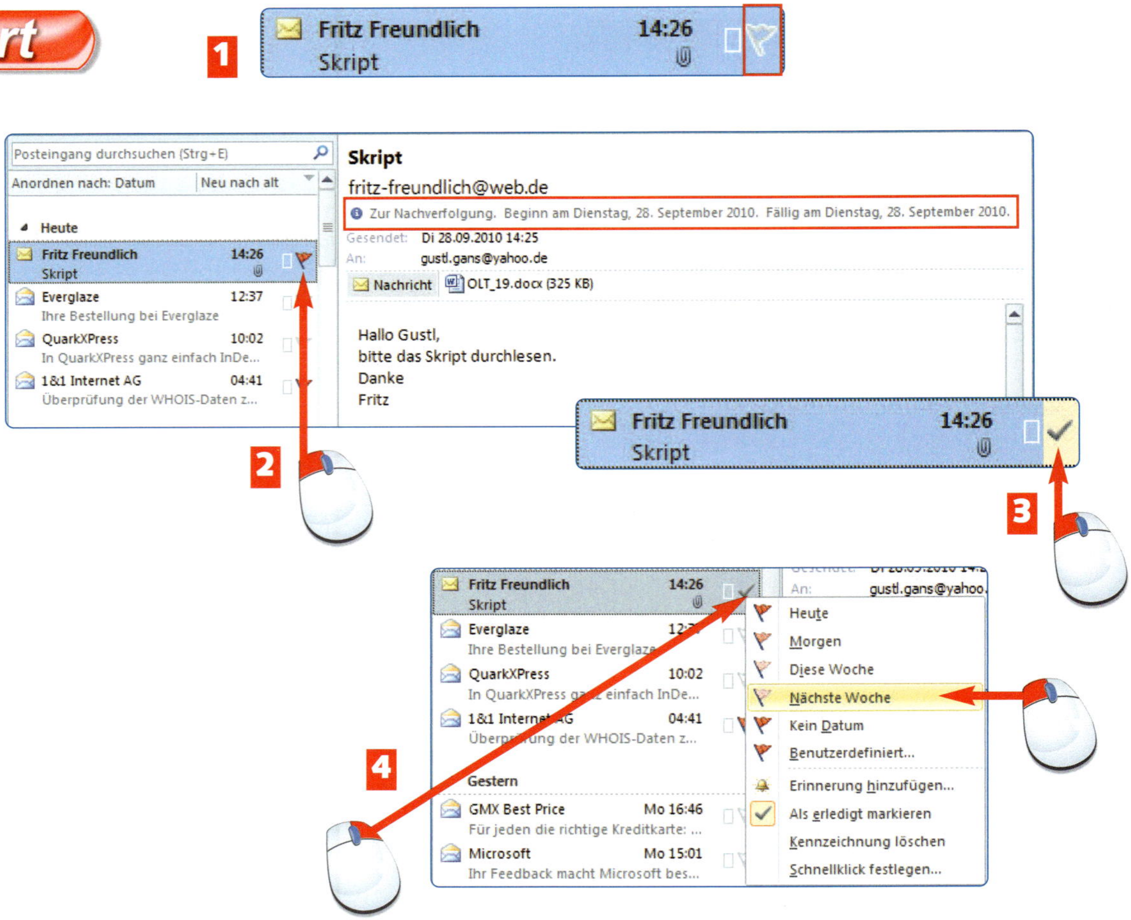

1 Wenn Sie eine E-Mail erhalten, landet sie in Ihrem Posteingang erst einmal ohne jegliche Kennzeichnung. Das Fähnchen ist durchsichtig.

2 Mit einem Klick auf das Fähnchen kennzeichnen Sie die E-Mail als Aufgabe, die *Heute* erledigt werden muss.

3 Mit einem weiteren Klick kennzeichnen Sie die E-Mail als erledigt. Outlook symbolisiert diesen Status durch das Häkchen.

4 Oder Sie legen einen anderen Termin fest. Dazu klicken Sie mit der rechten Maustaste auf das Fähnchen und wählen den Termin aus dem Kontextmenü aus.

Wen täglich eine E-Mail-Flut ereilt, der ist manchmal am Verzweifeln und weiß oft nicht mehr, welche Nachricht als Erstes bearbeitet werden soll. Deshalb bietet Outlook eine sogenannte Kennzeichnung, mit der sich die Fälligkeiten der Termine sehr schnell festhalten lassen.

WISSEN

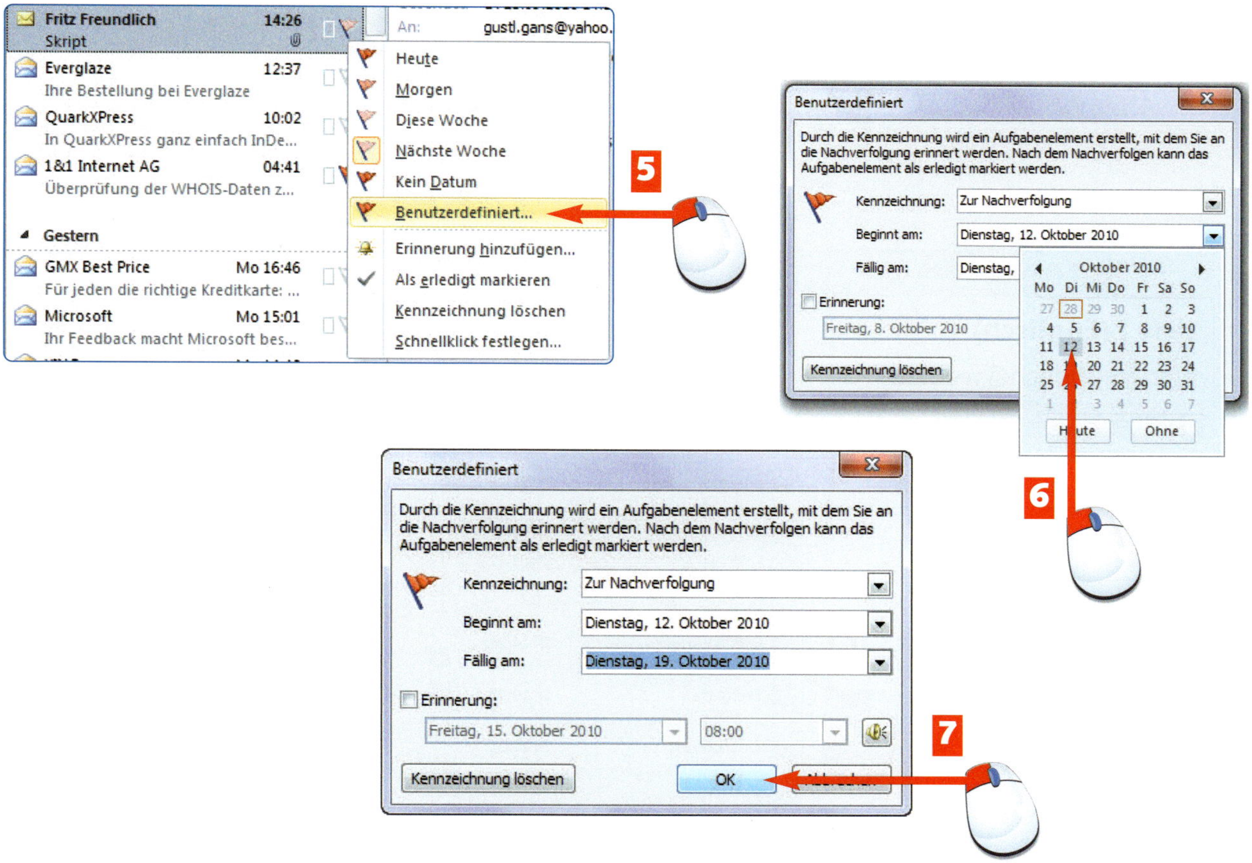

5 Ist der gewünschte Termin nicht dabei, klicken Sie mit der rechten Maustaste auf das Fähnchen und wählen anschließend *Benutzerdefiniert*.

6 Im folgenden Dialogfeld wählen Sie den Zeitpunkt, an dem Sie mit der Aufgabe beginnen möchten, im Feld *Beginnt am* aus.

7 Mit der Einstellung *Fällig am* bestimmen Sie den Zeitpunkt, zu dem die Aufgabe erledigt sein muss. Bestätigen Sie mit *OK*.

Ende

Möchten Sie aus irgendeinem Grund die Kennzeichnung aufheben, klicken Sie mit der rechten Maustaste auf das Fähnchen und wählen dort *Kennzeichnung löschen*.

Mit der Erinnerungsfunktion öffnet Outlook ein Fenster und macht Sie auf den eingegebenen Termin aufmerksam.

HINWEIS   **TIPP**

Start

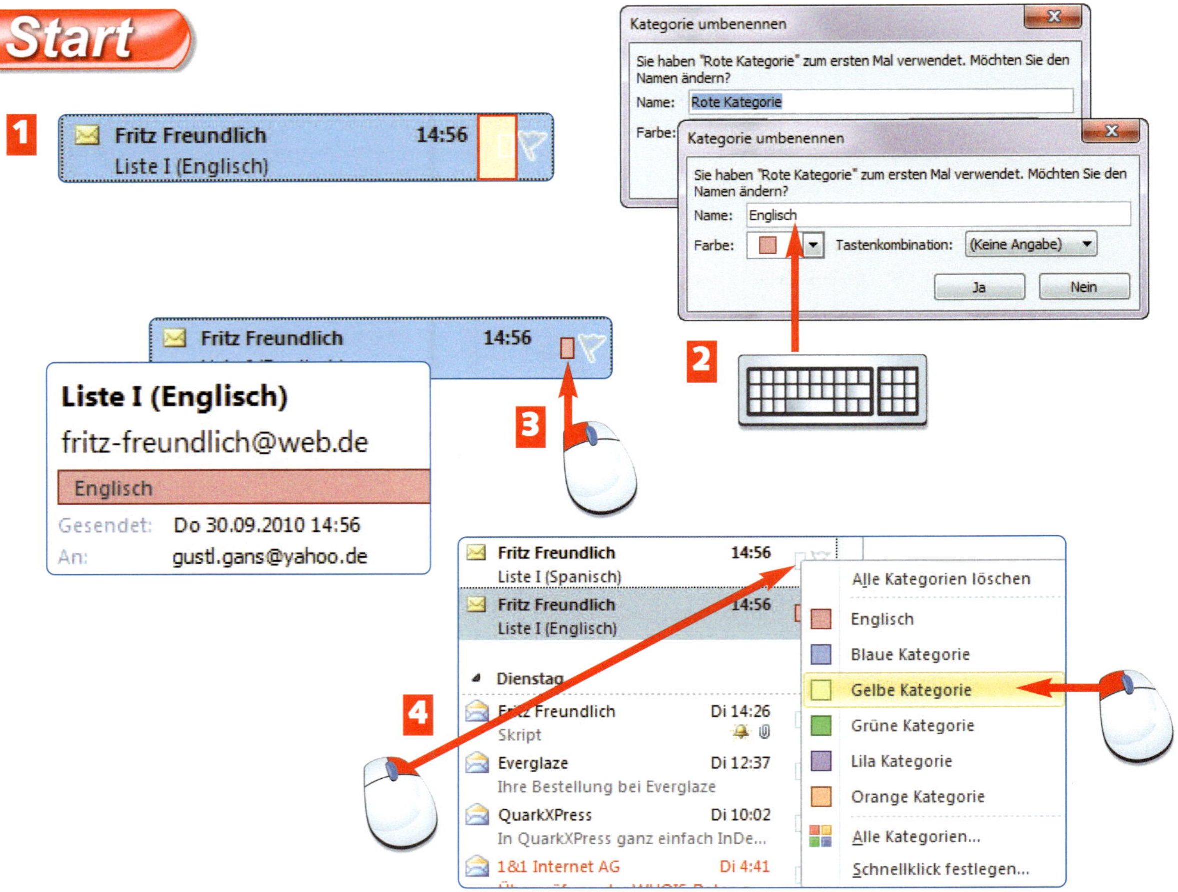

1 Fritz Freundlich 14:56
Liste I (Englisch)

Kategorie umbenennen

Sie haben "Rote Kategorie" zum ersten Mal verwendet. Möchten Sie den Namen ändern?

Name: Rote Kategorie

Farbe:

Kategorie umbenennen

Sie haben "Rote Kategorie" zum ersten Mal verwendet. Möchten Sie den Namen ändern?

Name: Englisch

Farbe: Tastenkombination: (Keine Angabe)

Ja   Nein

Fritz Freundlich 14:56

Liste I (Englisch)

fritz-freundlich@web.de

Englisch

Gesendet: Do 30.09.2010 14:56
An: gustl.gans@yahoo.de

3

2

Fritz Freundlich 14:56
Liste I (Spanisch)

Fritz Freundlich 14:56
Liste I (Englisch)

◢ Dienstag

4

Fritz Freundlich Di 14:26
Skript

Everglaze Di 12:37
Ihre Bestellung bei Everglaze

QuarkXPress Di 10:02
In QuarkXPress ganz einfach InDe...

1&1 Internet AG Di 4:41

Alle Kategorien löschen

Englisch

Blaue Kategorie

Gelbe Kategorie

Grüne Kategorie

Lila Kategorie

Orange Kategorie

Alle Kategorien...

Schnellklick festlegen...

1 Normalerweise ist eine eingehende E-Mail nicht farblich gekennzeichnet. Das Kästchen ist durchsichtig.

2 Mit einem Klick auf das Kästchen, also auf die Kategorie, färben Sie es rot ein. Klicken Sie das erste Mal auf das Kästchen, öffnet sich ein Dialogfeld, in dem Sie die Kategorie gleich benennen können. Bestätigen Sie mit *Ja*.

3 Mit einem erneuten Klick auf die Kategorie heben Sie die Färbung wieder auf.

4 Mit einem rechten Mausklick auf die Kategorie wählen Sie eine andere Farbe.

Nicht nur die Termine lassen sich schwer in den Griff bekommen, auch die Zuordnung zu den einzelnen Themen ist oft nicht einfach. Für diesen Fall hält Outlook farbliche Kennzeichnungen der E-Mails für Sie bereit. Sie werden als Kategorien bezeichnet und helfen bei der schnellen Orientierung.

WISSEN

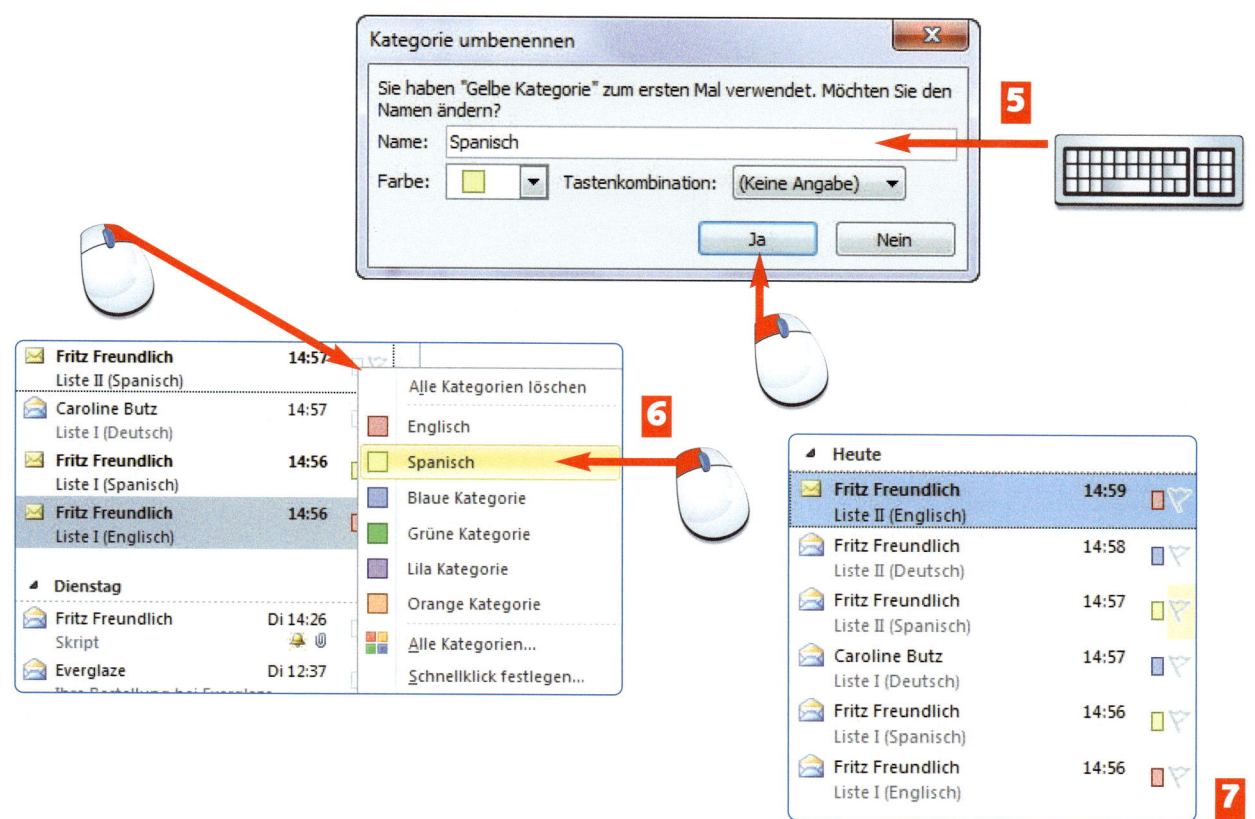

5 Erneut öffnet sich das Dialogfeld *Kategorie umbenennen*. Geben Sie der Kategorie einen Namen und bestätigen Sie mit *Ja*.

6 Kennzeichnen Sie jetzt eine weitere E-Mail mit der festgelegten Kategorie, indem Sie mit der rechten Maustaste auf das Kästchen klicken und die neue Kategorie (hier: *Spanisch)* im Kontextmenü wählen.

7 Durch die farbliche Hervorhebung können Sie auf einen Blick die Themenzugehörigkeit der E-Mails erkennen.

Ende

Damit das Zuweisen einer Farbe noch schneller geht, können Sie im *Farbkategorien*-Dialogfeld Tastenkombinationen festlegen: Rechter Mausklick auf die Kategorie, anschließend *Alle Kategorien* wählen, *Tastenkombination* festlegen.	Unter dem Register *Start* finden Sie den Befehl *Kategorisieren*.	Über den Befehl `Alle Kategorien...` *Alle Kategorien* im Kontextmenü können Sie eigene Kategorien festlegen. Dabei müssen Sie sich nicht auf die vorgegebenen Farben beschränken.
TIPP	**TIPP**	**HINWEIS**

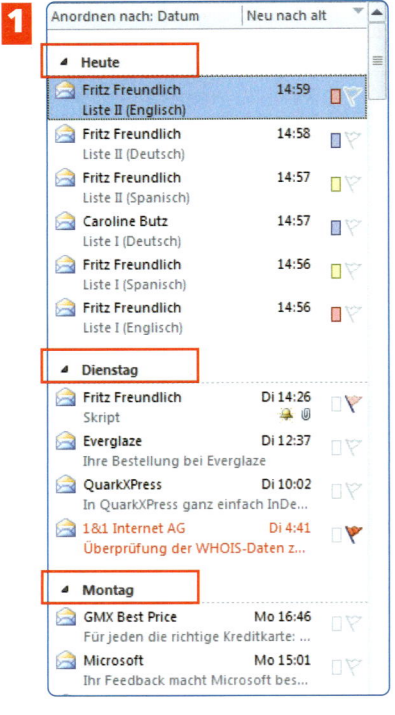

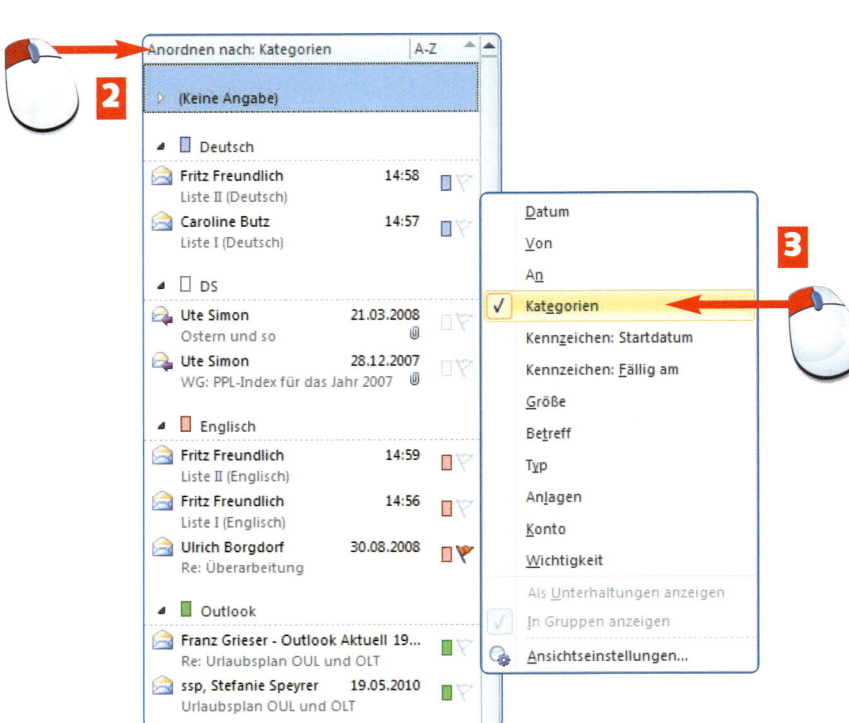

1 Die E-Mails sind in Gruppen zusammengefasst und nach Datum sortiert. Dabei sind die jüngsten E-Mails in der Liste ganz oben aufgeführt.

2 Mit einem Klick auf die Leiste *Angeordnet nach* im Hauptfenster über den E-Mails öffnen Sie ein Menü, in dem Sie eine andere Sortierung auswählen können.

3 Klicken Sie hier beispielsweise auf *Kategorien*, so werden die E-Mails nach den zugewiesenen Farben sortiert.

Standardmäßig werden die E-Mails in Gruppen zusammengefasst und nach Datum geordnet. Diese Sortierung ist aber nicht für jeden Anwender zweckmäßig. Deshalb kann nach den verschiedensten Kriterien sortiert werden. Dabei spielen die Termine und die festgelegten Farben eine große Rolle.

WISSEN

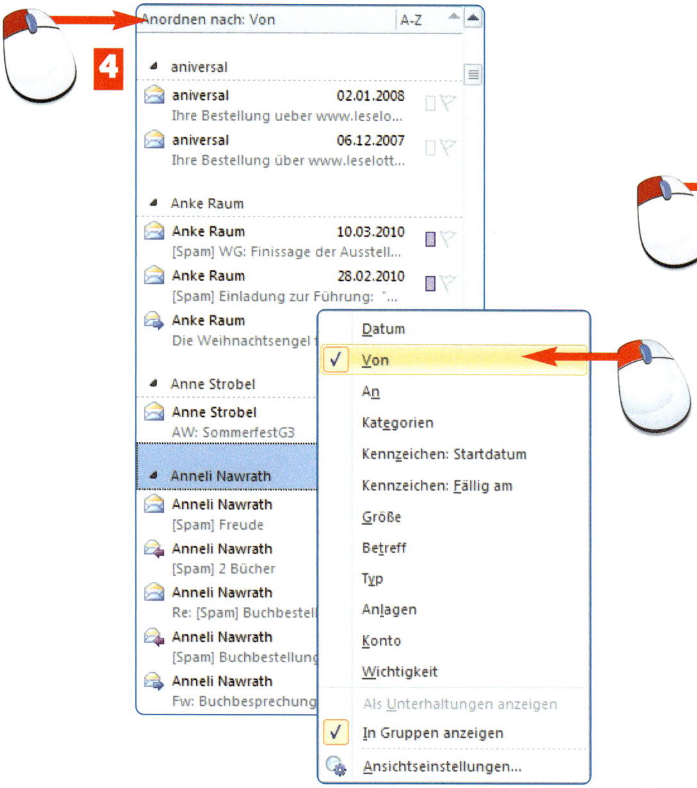

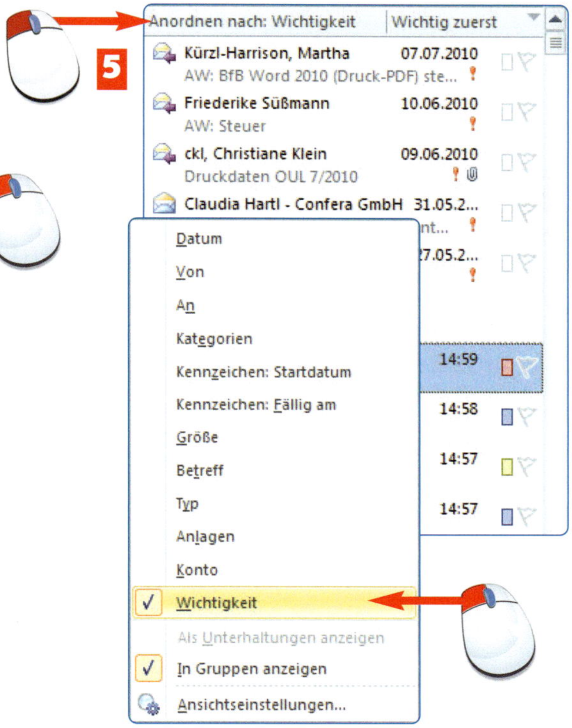

4 Anordnen nach: Von | A-Z

◢ aniversal

✉ aniversal   02.01.2008
    Ihre Bestellung ueber www.leselo...

✉ aniversal   06.12.2007
    Ihre Bestellung über www.leselott...

◢ Anke Raum

✉ Anke Raum   10.03.2010
    [Spam] WG: Finissage der Ausstell...

✉ Anke Raum   28.02.2010
    [Spam] Einladung zur Führung: ˚...

✉ Anke Raum
    Die Weihnachtsengel f

◢ Anne Strobel

✉ Anne Strobel
    AW: SommerfestG3

◢ Anneli Nawrath

✉ Anneli Nawrath
    [Spam] Freude

✉ Anneli Nawrath
    [Spam] 2 Bücher

✉ Anneli Nawrath
    Re: [Spam] Buchbestell

✉ Anneli Nawrath
    [Spam] Buchbestellung

✉ Anneli Nawrath
    Fw: Buchbesprechung

Kontextmenü:

    Datum
✓ Von
    An
    Kategorien
    Kennzeichen: Startdatum
    Kennzeichen: Fällig am
    Größe
    Betreff
    Typ
    Anlagen
    Konto
    Wichtigkeit
    Als Unterhaltungen anzeigen
✓ In Gruppen anzeigen
    Ansichtseinstellungen...

5 Anordnen nach: Wichtigkeit | Wichtig zuerst

✉ Kürzl-Harrison, Martha   07.07.2010
    AW: BfB Word 2010 (Druck-PDF) ste... ❗

✉ Friederike Süßmann   10.06.2010
    AW: Steuer ❗

✉ ckl, Christiane Klein   09.06.2010
    Druckdaten OUL 7/2010 ❗ 📎

✉ Claudia Hartl - Confera GmbH   31.05.2...
    nt... ❗

    27.05.2... ❗

Kontextmenü:

    Datum
    Von
    An
    Kategorien
    Kennzeichen: Startdatum
    Kennzeichen: Fällig am
    Größe
    Betreff
    Typ
    Anlagen
    Konto
✓ Wichtigkeit
    Als Unterhaltungen anzeigen
✓ In Gruppen anzeigen
    Ansichtseinstellungen...

(14:59, 14:58, 14:57, 14:57)

4 Sie können auch nach dem Absender der E-Mail sortieren. Klicken Sie dazu auf *Angeordnet nach,* anschließend wählen Sie die Einstellung *Von.*

5 Manche E-Mails sind besonders wichtig und werden vom Absender als solche mit einem roten Ausrufezeichen gekennzeichnet. Mit einem Klick auf *Angeordnet nach* und der Wahl *Wichtigkeit* filtern Sie die als wichtig eingestuften E-Mails heraus.

TIPP

Angeordnet nach: Datum | Neu nach alt

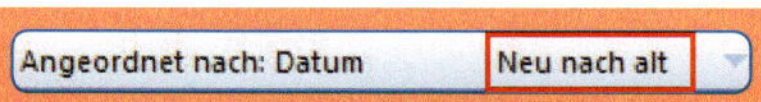

Wenn nach Datum sortiert wurde, lässt sich die Anordnung schnell von *Alt nach neu* oder von *Neu nach alt* umdrehen.

HINWEIS

Angeordnet nach: Kategorien | Z-A

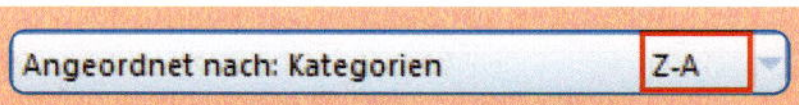

Wer nach Kategorien ordnet, kann sich die Reihenfolge von *A-Z* oder von *Z-A* anzeigen lassen.

Start

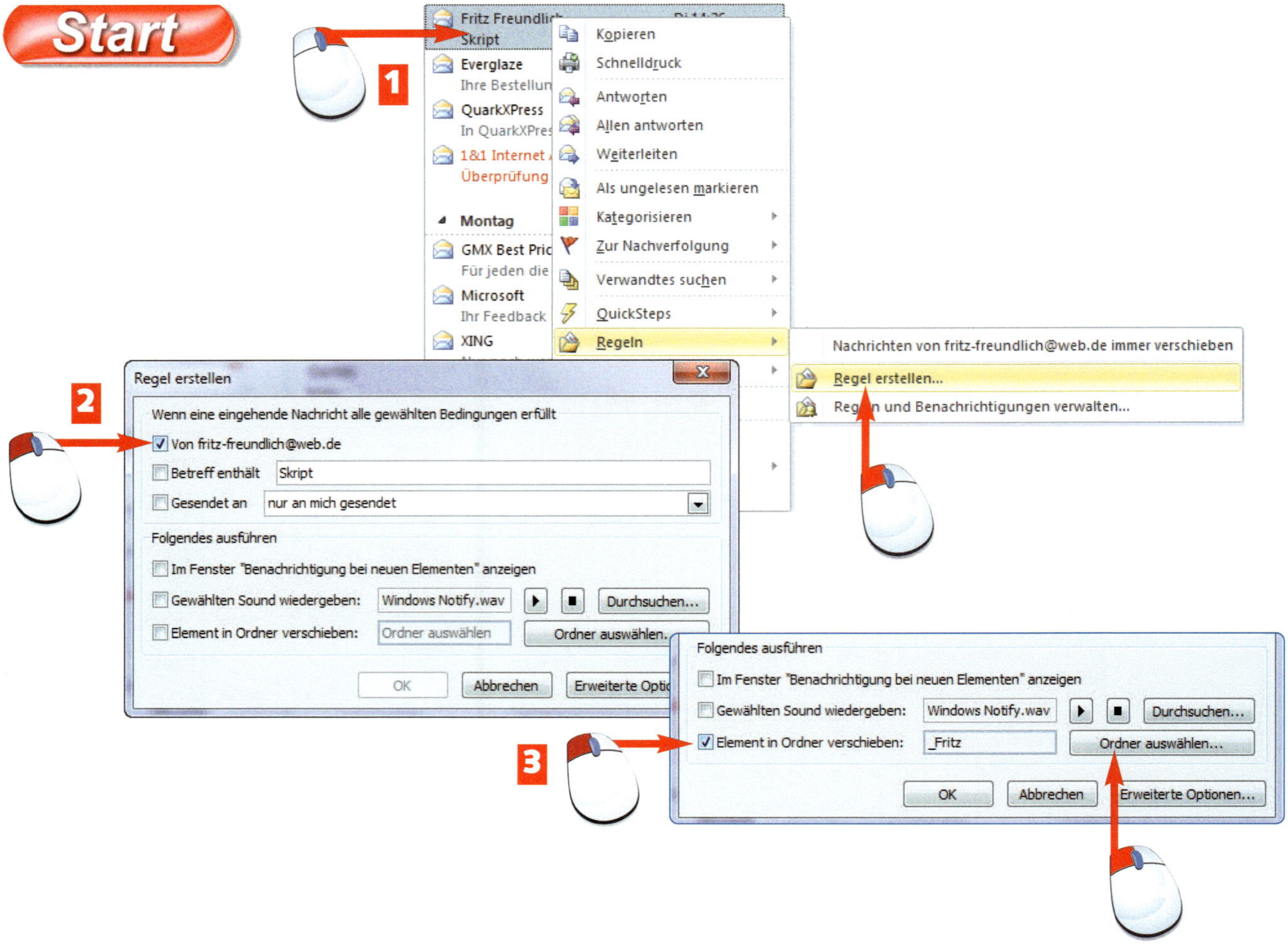

Fritz Freundlich
Skript

Kopieren
Schnelldruck

Everglaze
Ihre Bestellun

Antworten
Allen antworten

QuarkXPress
In QuarkXPres

Weiterleiten

1&1 Internet
Überprüfung

Als ungelesen markieren

Kategorisieren

Montag

Zur Nachverfolgung

GMX Best Pric
Für jeden die

Verwandtes suchen

Microsoft
Ihr Feedback

QuickSteps

XING

Regeln

Nachrichten von fritz-freundlich@web.de immer verschieben

Regel erstellen...

Regeln und Benachrichtigungen verwalten...

Regel erstellen

Wenn eine eingehende Nachricht alle gewählten Bedingungen erfüllt

☑ Von fritz-freundlich@web.de
☐ Betreff enthält   Skript
☐ Gesendet an   nur an mich gesendet

Folgendes ausführen

☐ Im Fenster "Benachrichtigung bei neuen Elementen" anzeigen
☐ Gewählten Sound wiedergeben: Windows Notify.wav   ▶ ■   Durchsuchen...
☐ Element in Ordner verschieben: Ordner auswählen   Ordner auswählen.

OK   Abbrechen   Erweiterte Optio

Folgendes ausführen

☐ Im Fenster "Benachrichtigung bei neuen Elementen" anzeigen
☐ Gewählten Sound wiedergeben: Windows Notify.wav   ▶ ■   Durchsuchen...
☑ Element in Ordner verschieben: _Fritz   Ordner auswählen...

OK   Abbrechen   Erweiterte Optionen...

1 Klicken Sie mit der rechten Maustaste auf die E-Mail im Posteingang, auf deren Grundlage Sie eine automatische Filterfunktion erstellen möchten. Wählen Sie *Regeln/Regel erstellen*.

2 Aktivieren Sie im folgenden Dialog mit einem Klick die Absenderadresse (hier: Von *Fritz Freundlich*).

3 Um für den Absender den passenden Ordner beim Erhalt der E-Mail auszuwählen, aktivieren Sie *Element in Ordner verschieben*. Öffnet sich der folgende Dialog nicht von selbst, klicken Sie auf *Ordner auswählen*.

Wer mit einem „Riesenverhau" in seinem Posteingang kämpft, kann die Post von Outlook automatisch einsortieren lassen. Das betrifft sowohl die bereits empfangenen E-Mails als auch die ankommenden E-Mails. Mit dem sogenannten Regel-Assistenten sortieren Sie die E-Mails viel schneller ein als durch manuelles Verschieben.

WISSEN

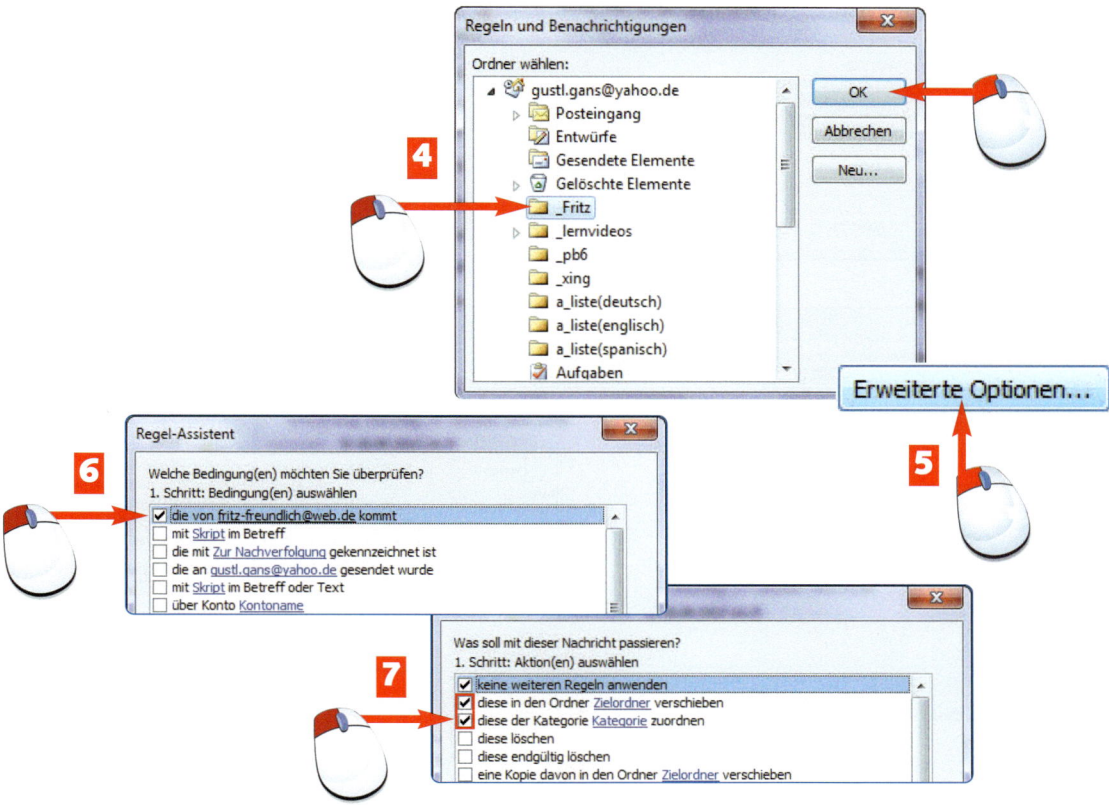

4 Markieren Sie den Ordner in Ihrem Ablagesystem, in den künftig die E-Mails des gewählten Absenders eingeordnet werden. Bestätigen Sie mit *OK*.

5 Zurück im vorigen Dialogfeld, klicken Sie auf *Erweiterte Optionen,* um den Regel-Assistenten zu starten.

6 Aktivieren Sie jetzt *die von Absender (hier: Fritz Freundlich) kommt.* Klicken Sie auf *Weiter*.

7 Im folgenden Schritt aktivieren Sie *diese der Kategorie Kategorie zuordnen* und *diese in den Ordner Zielordner verschieben.*

Unter Umständen kann es sein, dass die Dialogfelder des Regel-Assistenten sich geringfügig von den Abbildungen in diesem Buch unterscheiden.

Wenn Sie die Option *diese der Kategorie Kategorie zuordnen* aktivieren, färben Sie Ihre E-Mails gleich in der richtigen Farbe ein.

HINWEIS   **HINWEIS**

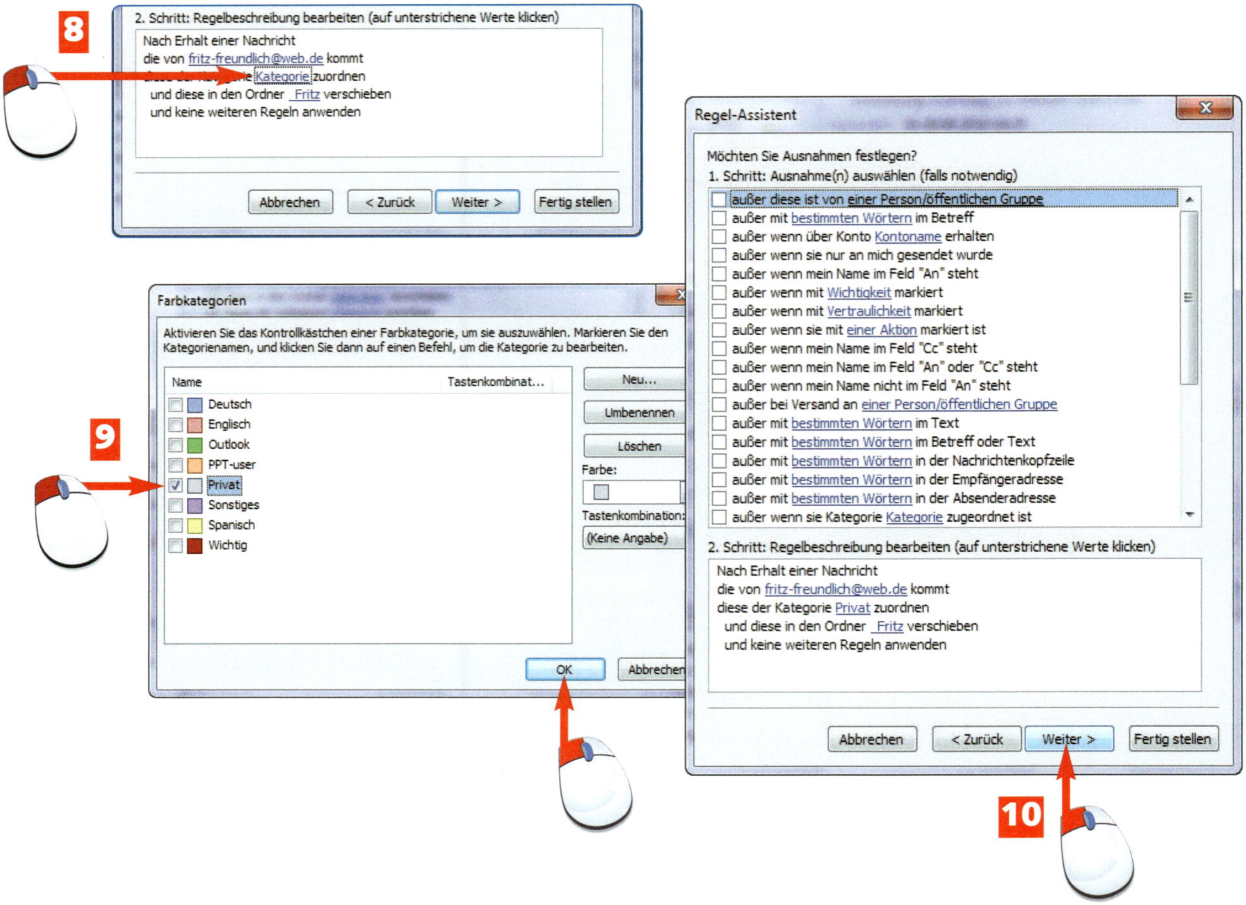

8 2. Schritt: Regelbeschreibung bearbeiten (auf unterstrichene Werte klicken)

Nach Erhalt einer Nachricht
die von fritz-freundlich@web.de kommt
diese der Kategorie Kategorie zuordnen
und diese in den Ordner _Fritz verschieben
und keine weiteren Regeln anwenden

Abbrechen | < Zurück | Weiter > | Fertig stellen

Regel-Assistent

Möchten Sie Ausnahmen festlegen?
1. Schritt: Ausnahme(n) auswählen (falls notwendig)

- außer diese ist von einer Person/öffentlichen Gruppe
- außer mit bestimmten Wörtern im Betreff
- außer wenn über Konto Kontoname erhalten
- außer wenn sie nur an mich gesendet wurde
- außer wenn mein Name im Feld "An" steht
- außer wenn mit Wichtigkeit markiert
- außer wenn mit Vertraulichkeit markiert
- außer wenn sie mit einer Aktion markiert ist
- außer wenn mein Name im Feld "Cc" steht
- außer wenn mein Name im Feld "An" oder "Cc" steht
- außer wenn mein Name nicht im Feld "An" steht
- außer bei Versand an einer Person/öffentlichen Gruppe
- außer mit bestimmten Wörtern im Text
- außer mit bestimmten Wörtern im Betreff oder Text
- außer mit bestimmten Wörtern in der Nachrichtenkopfzeile
- außer mit bestimmten Wörtern in der Empfängeradresse
- außer mit bestimmten Wörtern in der Absenderadresse
- außer wenn sie Kategorie Kategorie zugeordnet ist

2. Schritt: Regelbeschreibung bearbeiten (auf unterstrichene Werte klicken)

Nach Erhalt einer Nachricht
die von fritz-freundlich@web.de kommt
diese der Kategorie Privat zuordnen
und diese in den Ordner _Fritz verschieben
und keine weiteren Regeln anwenden

Abbrechen | < Zurück | Weiter > | Fertig stellen

10

Farbkategorien

Aktivieren Sie das Kontrollkästchen einer Farbkategorie, um sie auszuwählen. Markieren Sie den Kategorienamen, und klicken Sie dann auf einen Befehl, um die Kategorie zu bearbeiten.

Name	Tastenkombinat...
Deutsch	
Englisch	
Outlook	
PPT-user	
9 ☑ Privat	
Sonstiges	
Spanisch	
Wichtig	

Neu...
Umbenennen
Löschen

Farbe:

Tastenkombination:
(Keine Angabe)

OK | Abbrechen

8 Der Zielordner ist bereits zugewiesen, jetzt muss nur noch die Kategorie, also die Farbe, bestimmt werden. Klicken Sie in der unteren Hälfte des Dialogfeldes auf *Kategorie.*

9 Bestimmen Sie mit einem Klick die Farbe bzw. Kategorie, die Sie der E-Mail zuweisen möchten. Bestätigen Sie mit *OK* und klicken Sie dann auf *Weiter*.

10 Wenn Sie eine Ausnahmeregelung festlegen möchten, aktivieren Sie sie hier, andernfalls klicken Sie auf *Weiter*.

Der Regel-Assistent lässt alle möglichen Kombinationen von Filterfunktionen zu. Vorsicht ist geboten beim automatischen Löschen der E-Mails. Hier sollte genau überlegt werden, ob diese Regel zum Einsatz kommt. Unter Umständen verschwindet sonst eine wichtige und ungelesene E-Mail im Nirwana.

WISSEN

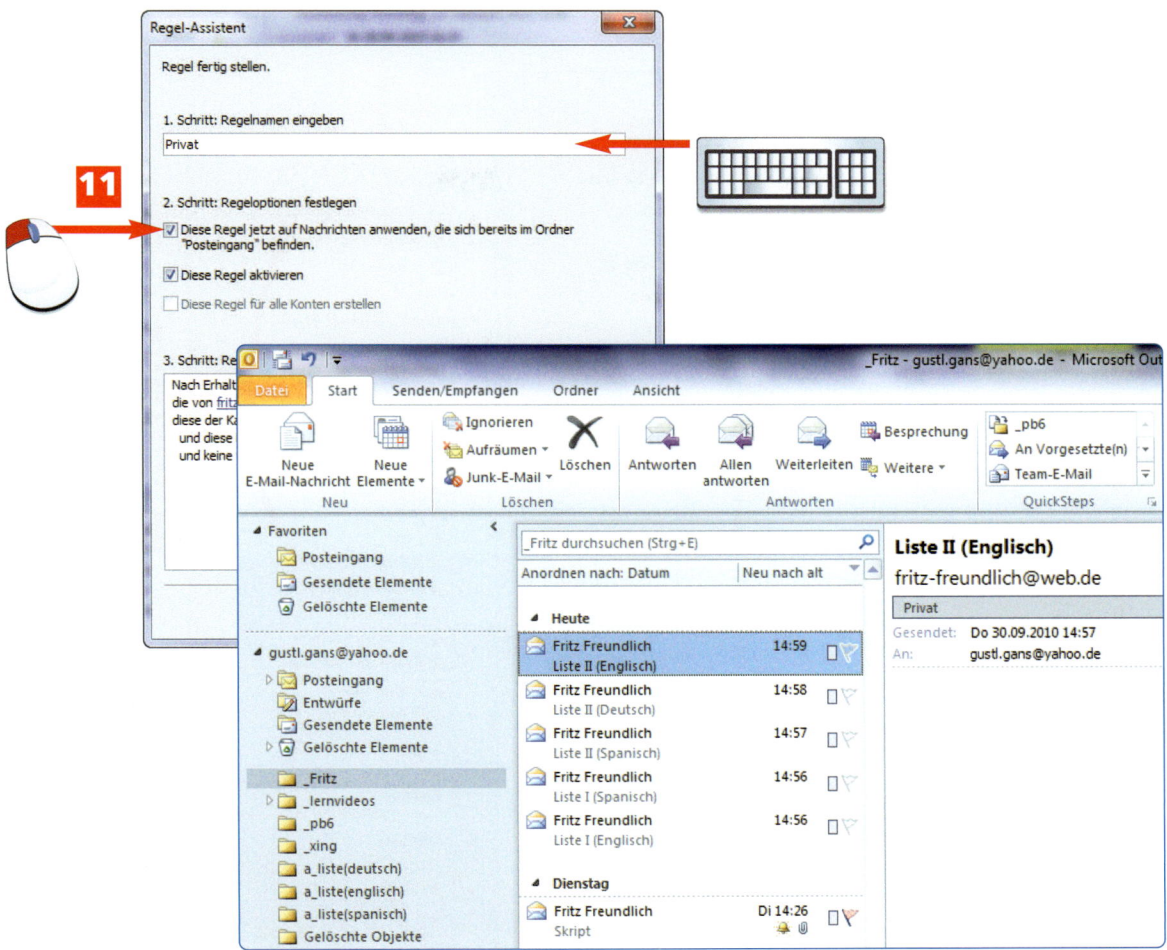

11 Geben Sie der Regel einen Namen (hier: *Privat*). Um sich enorm viel Sortierarbeit zu sparen, aktivieren Sie *Diese Regel jetzt auf Nachrichten anwenden, die sich bereits im Ordner „Posteingang" befinden.* Außerdem aktivieren Sie *Diese Regel aktivieren*. Klicken Sie auf *Fertig stellen*.

12 In Zukunft werden alle eingehenden E-Mails dieses Absenders sofort in den angegebenen Ordner einsortiert und farblich gekennzeichnet.

Ende

Eine bereits bestehende Regel lässt sich nachbearbeiten. Rufen Sie dazu unter dem Register *Start/Regeln* das Dialogfeld *Regeln und Benachrichtigungen* auf. Wählen Sie die Regel aus und klicken Sie auf *Regel ändern/Regeleinstellungen bearbeiten*.

Wer seine E-Mails nicht nach Absender sortieren möchte, kann beispielsweise einem bestimmten Betreff eine Farbe zuordnen. Auch das erledigen Sie mit dem Regel-Assistenten.

HINWEIS　　　　　　**HINWEIS**

Aktuelles Projekt als Favoritenordner anlegen

Start

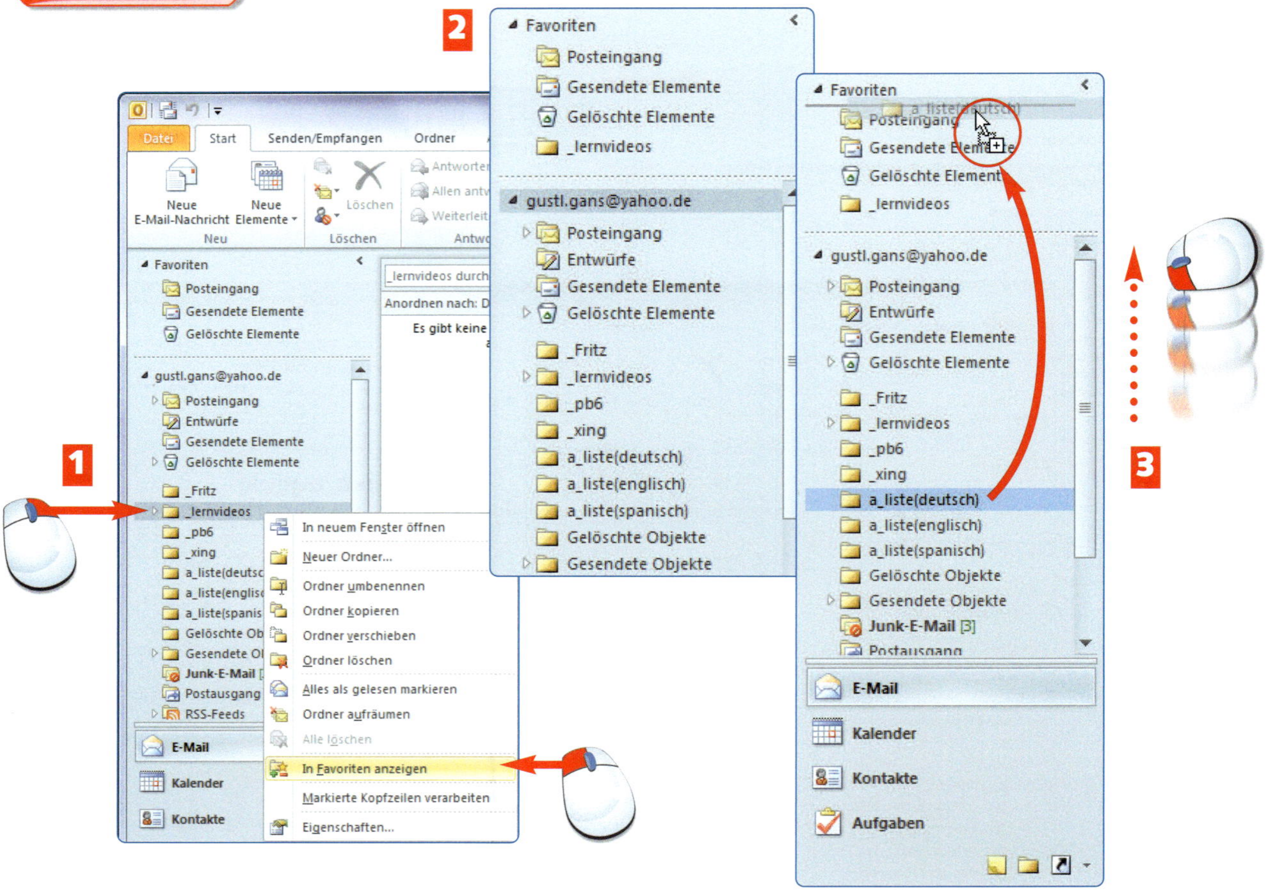

1 Klicken Sie mit der rechten Maustaste auf den Ordner, den Sie als Favorit speichern möchten. Wählen Sie anschließend *In Favoriten anzeigen*.

2 Der Ordner wird sowohl unter Ihrer E-Mail-Adresse (hier: *gustl.gans@yahoo.de*) als auch unter den Favoriten angezeigt.

3 Sie können auch den Ordner direkt mit der Maus zu den Favoriten ziehen. Dabei lässt sich gleich die richtige Position bestimmen.

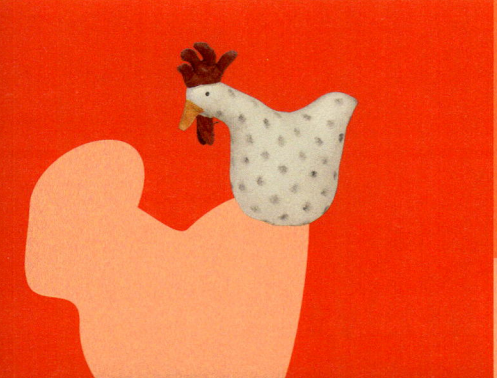

Ein großes Projekt ist am Laufen, zu dem Sie ständig neue Informationen und Nachrichten erhalten. Immer wieder muss auf den Projekt-Ordner zugegriffen werden. Um den permanenten Zugriff ohne große Klickerei durch die Ordnerebenen zu realisieren, ist es am geschicktesten, diesen Ordner als Favorit zu speichern.

WISSEN

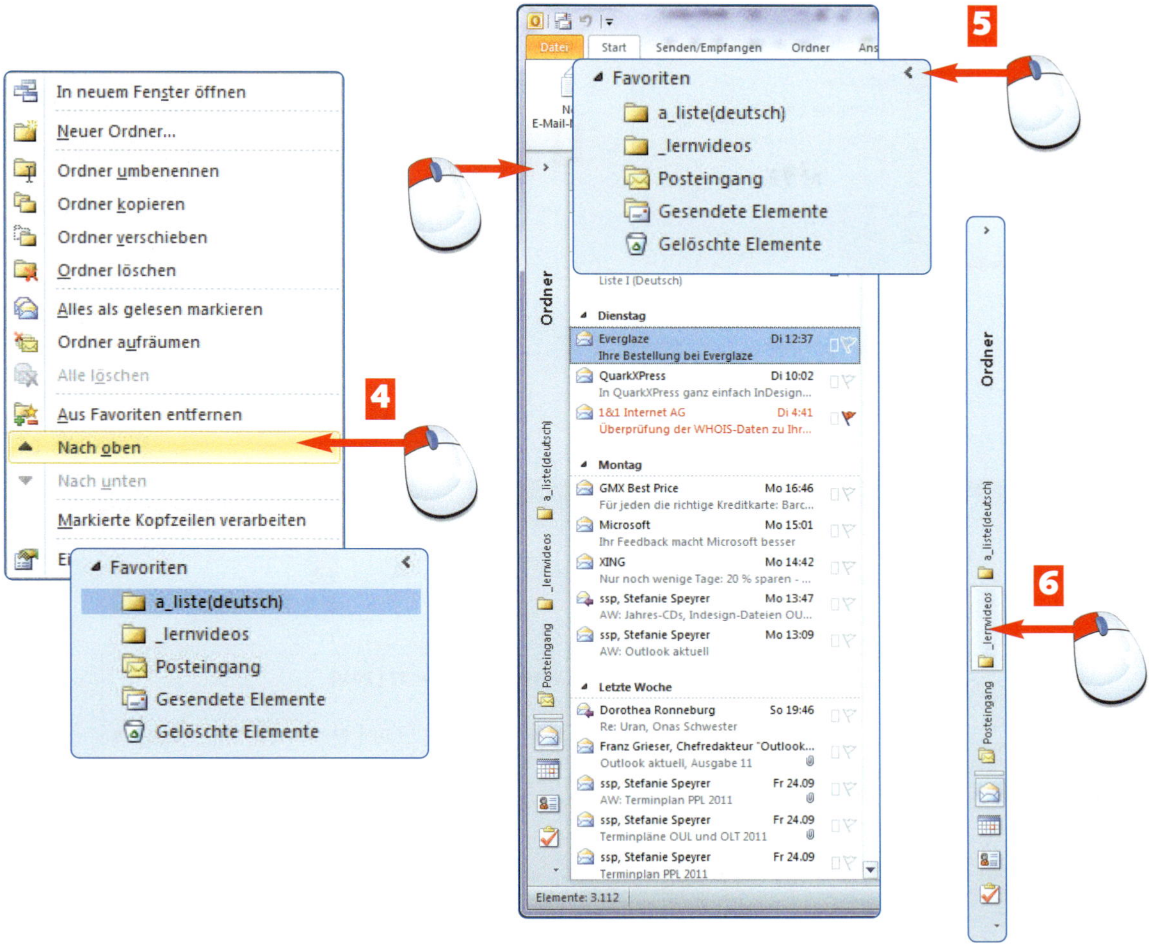

4 Klicken Sie mit der rechten Maustaste auf den Favoritenordner und bestimmen Sie die Position mit *Nach oben* oder *Nach unten*.

5 Mit Klick auf den Pfeil verkleinern Sie den Navigationsbereich zu einer Symbolleiste am linken Fensterrand von Outlook. Mit Klick auf den Pfeil der Symbolleiste öffnen Sie den Navigationsbereich wieder.

6 Dort sind beispielsweise die Favoritenordner sichtbar und mit einem Klick zu öffnen.

Im Bereich *Favoritenordner* werden keine Unterordner angezeigt.

HINWEIS

Sollte der Bereich der Favoritenordner nicht sichtbar sein, klicken Sie auf den vorangestellten Pfeil.

HINWEIS

Mit der Maus: Die Favoritenordner sind nicht an die alphabetische Sortierung gebunden und können deshalb von Ihnen in der gewünschten Reihenfolge angeordnet werden.

HINWEIS

Start

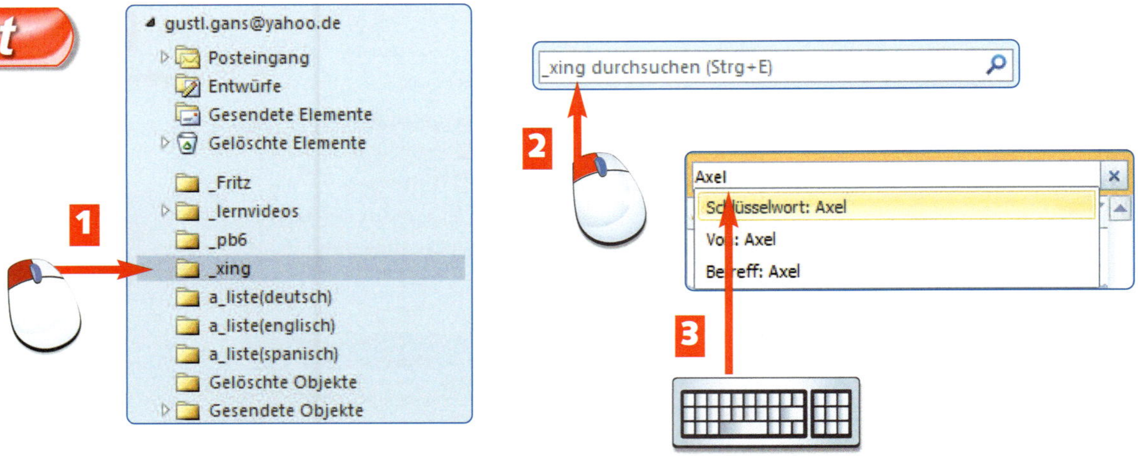

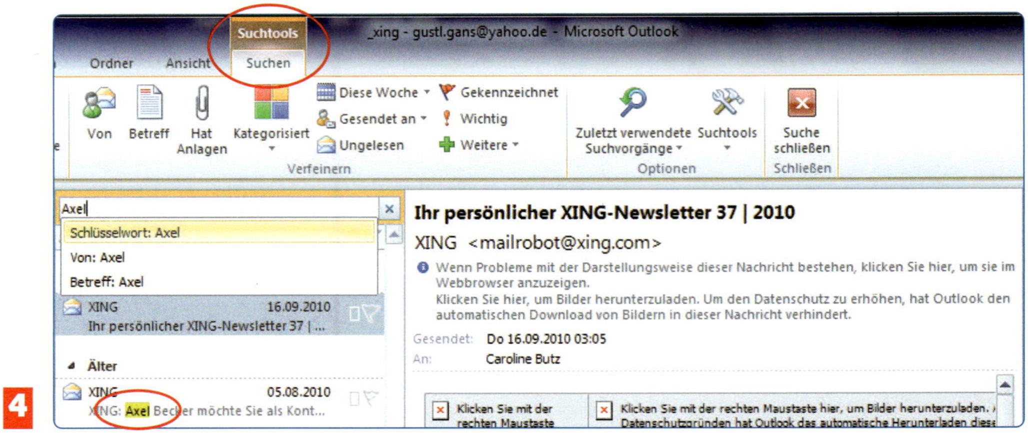

- ▲ gustl.gans@yahoo.de
  - ▷ 📥 Posteingang
  - 📝 Entwürfe
  - 📋 Gesendete Elemente
  - ▷ 🗑 Gelöschte Elemente

  - 📁 _Fritz
  - ▷ 📁 _lernvideos
  - 📁 _pb6
  - 📁 _xing **1**
  - 📁 a_liste(deutsch)
  - 📁 a_liste(englisch)
  - 📁 a_liste(spanisch)
  - 📁 Gelöschte Objekte
  - ▷ 📁 Gesendete Objekte

_xing durchsuchen (Strg+E)   🔍 **2**

3

Axel   ✕
Schlüsselwort: Axel
Von: Axel
Betreff: Axel

_xing - gustl.gans@yahoo.de - Microsoft Outlook

Suchtools

Ordner   Ansicht   Suchen

Von Betreff Hat Anlagen Kategorisiert | Diese Woche ▾ 🚩 Gekennzeichnet | Zuletzt verwendete Suchvorgänge ▾ Suchtools ▾ Suche schließen
| 🔗 Gesendet an ▾ Wichtig
| Ungelesen ➕ Weitere ▾
Verfeinern   Optionen   Schließen

Axel   ✕
Schlüsselwort: Axel
Von: Axel
Betreff: Axel

✉ XING   16.09.2010
Ihr persönlicher XING-Newsletter 37 | ...

▲ Älter

4 ✉ XING   05.08.2010
XING: **Axel** Becker möchte Sie als Kont...

Ihr persönlicher XING-Newsletter 37 | 2010

XING <mailrobot@xing.com>

ⓘ Wenn Probleme mit der Darstellungsweise dieser Nachricht bestehen, klicken Sie hier, um sie im Webbrowser anzuzeigen.
Klicken Sie hier, um Bilder herunterzuladen. Um den Datenschutz zu erhöhen, hat Outlook den automatischen Download von Bildern in dieser Nachricht verhindert.

Gesendet: Do 16.09.2010 03:05
An: Caroline Butz

| ✕ Klicken Sie mit der rechten Maustaste | ✕ Klicken Sie mit der rechten Maustaste hier, um Bilder herunterzuladen. Aus Datenschutzgründen hat Outlook das automatische Herunterladen diese... |

1 Klicken Sie im Navigationsbereich oder gleich unter den Favoritenordnern auf den Ordner, den Sie durchsuchen möchten (hier: _xing).

2 Oben im Hauptfenster über den E-Mails trägt Outlook den angeklickten *Ordnername* plus *durchsuchen,* also zum Beispiel *_xing durchsuchen* ein. Klicken Sie darauf.

3 Sofort ändert sich das Menüband (siehe Bild 4) und hält die wichtigsten Suchfunktionen für Sie bereit. Geben Sie den Begriff ein, nach dem Sie suchen.

4 Es erscheint eine Liste der E-Mails, die diesen Begriff enthalten. Der gefundene Begriff wird gelb hervorgehoben.

Je geringer das Aufkommen Ihrer E-Mails, umso weniger werden Sie in die Verlegenheit kommen, nach E-Mails zu suchen. Wer aber täglich E-Mails erhält und versendet, steht sehr schnell vor einer Unmenge Post. Da ist eine vernünftige Suchfunktion natürlich Gold wert.

WISSEN

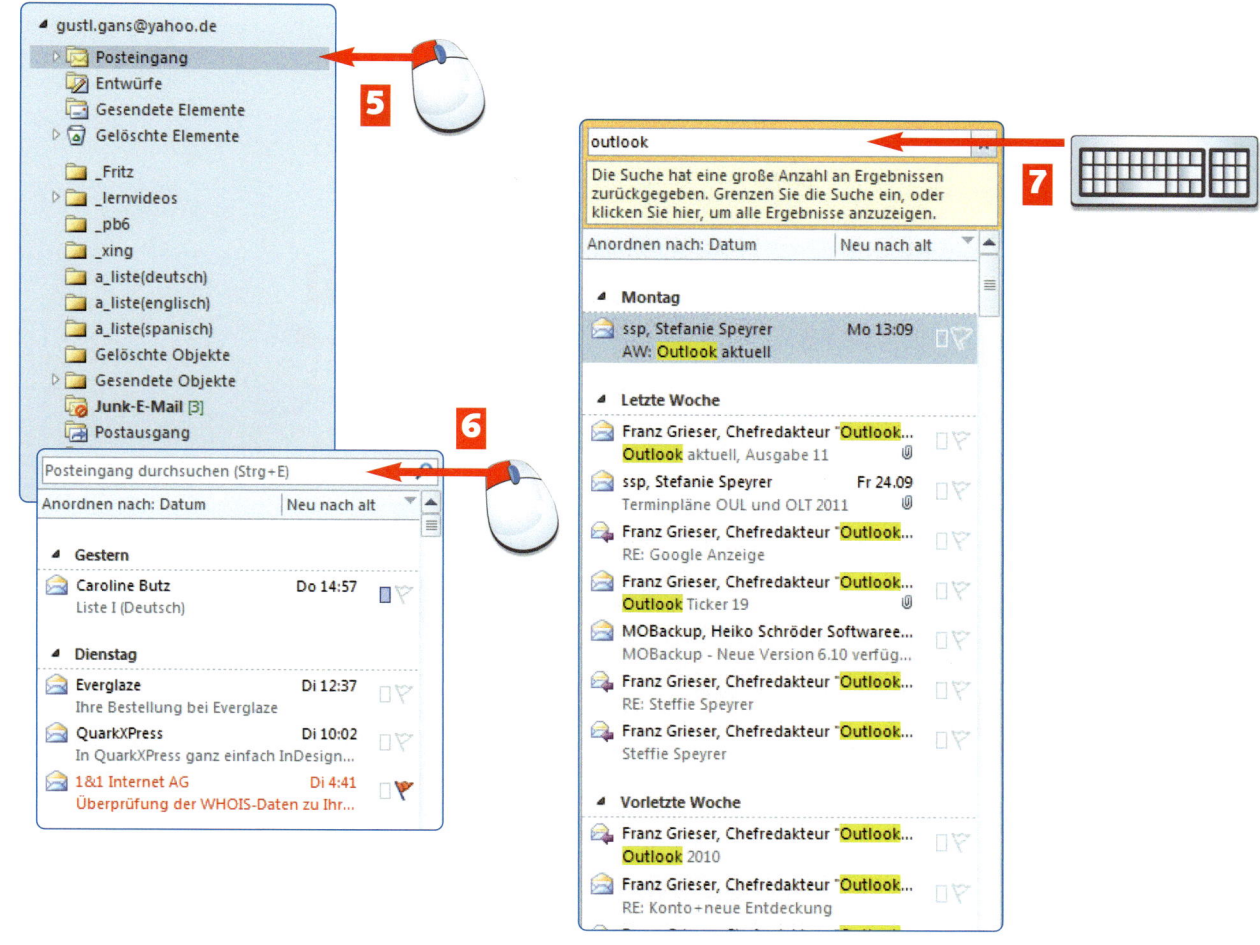

5 Haben Sie die gesuchte E-Mail nicht gefunden, müssen Sie ordnerübergreifend suchen. Klicken Sie dazu im Navigationsbereich auf *Posteingang.*

6 Jetzt erscheint im Suchen-Feld der Eintrag *Posteingang durchsuchen.* Klicken Sie darauf.

7 Geben Sie den Begriff ein, nach dem Sie suchen möchten. Aus allen vorhandenen Ordnern werden die E-Mails angezeigt, die den Begriff enthalten.

Ende

Outlook **Alle Outlook-Elemente** kann nicht nur nach E-Mails, sondern auch nach *Allen Outlook-Elementen* suchen, wie z.B. nach *Aufgaben* oder *Notizen.*

Mit einem Klick auf *Alle E-Mail-Elemente* durchsuchen Sie den gesamten Posteingang, egal, welcher Ordner gerade markiert ist.

Alle E-Mail-Elemente

Eine bereits durchgeführte Suche löschen Sie mit einem Klick auf *Suche schließen* im Menüband. Oder Sie überschreiben den alten Suchbegriff mit dem neuen.

Suche schließen

TIPP   **HINWEIS**   **HINWEIS**

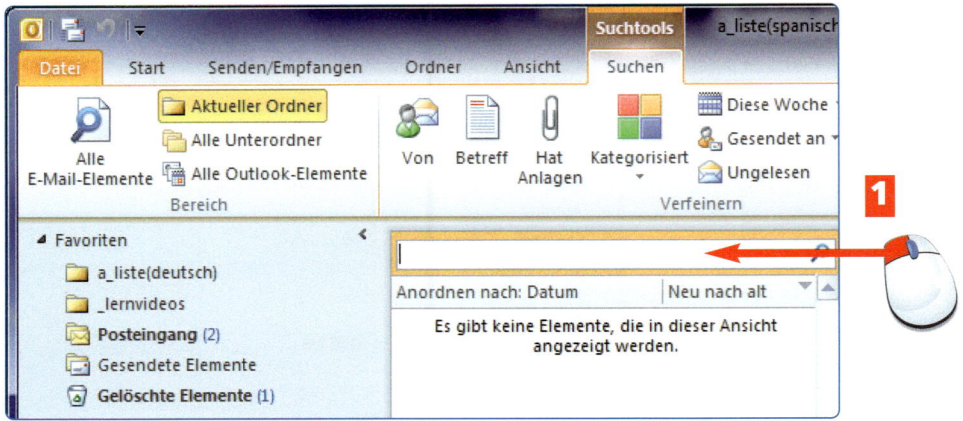

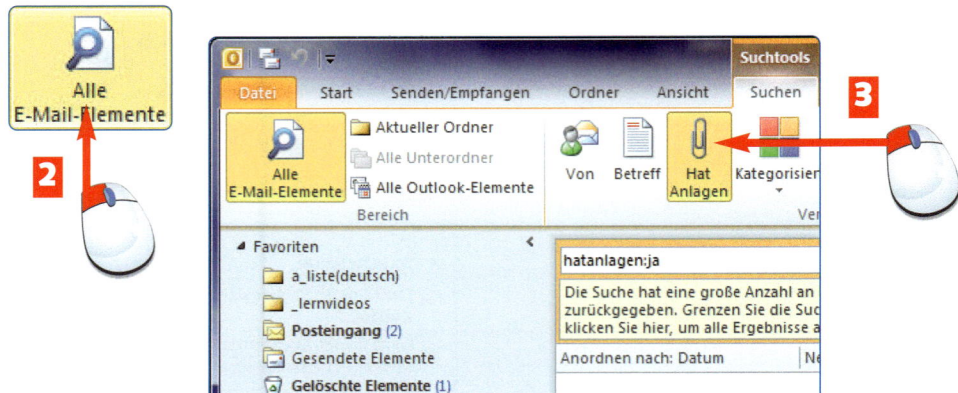

1 Klicken Sie in das Suchen-Feld, um im Menüband das Register *Suchen* einzublenden.

2 Möchten Sie E-Mails ordnerübergreifend suchen, aktivieren Sie *Alle E-Mail-Elemente.*

3 Suchen Sie beispielsweise nach einer E-Mail, die Anlagen enthält, zum Beispiel Fotos, klicken Sie auf *Hat Anlagen*.

Nach allen möglichen Informationen, wie zum Beispiel Absender, Betreff, Kategorien und Kennzeichen, kann gesucht werden. Eine Kombination dieser Einstellungen ermöglicht Ihnen eine detaillierte Suche. Beispielsweise können Sie nach einer wichtigen E-Mail mit Anhang suchen, die Sie letzten Monat erhalten haben.

WISSEN

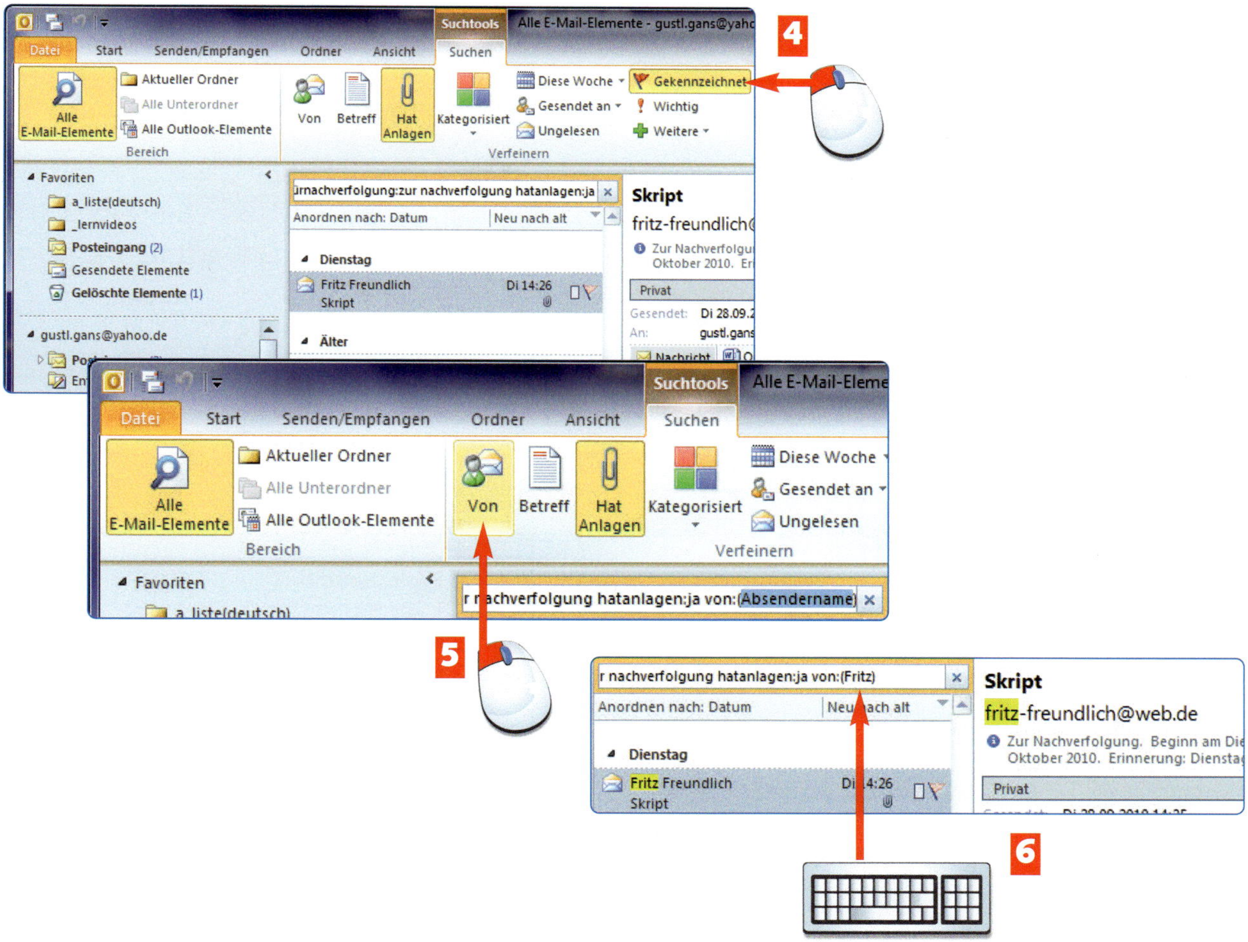

4 Um die Suche noch zu verfeinern und die E-Mails herauszufiltern, die noch erledigt werden müssen, klicken Sie auf *Gekennzeichnet*.

5 Wenn Sie wissen, von wem die gesuchte E-Mail stammt, klicken Sie auf *Von* und …

6 … geben den Namen des Absenders ein.

Achtung! Mehrmaliges Klicken auf *Von* fügt immer wieder die Filterfunktion ins Suchen-Feld ein. Solange Sie aber keinen Namen eingeben, bewirkt diese Aktion nichts. Herrscht großes Durcheinander, löschen Sie die Suche mit Klick auf das kleine x.

HINWEIS

Start

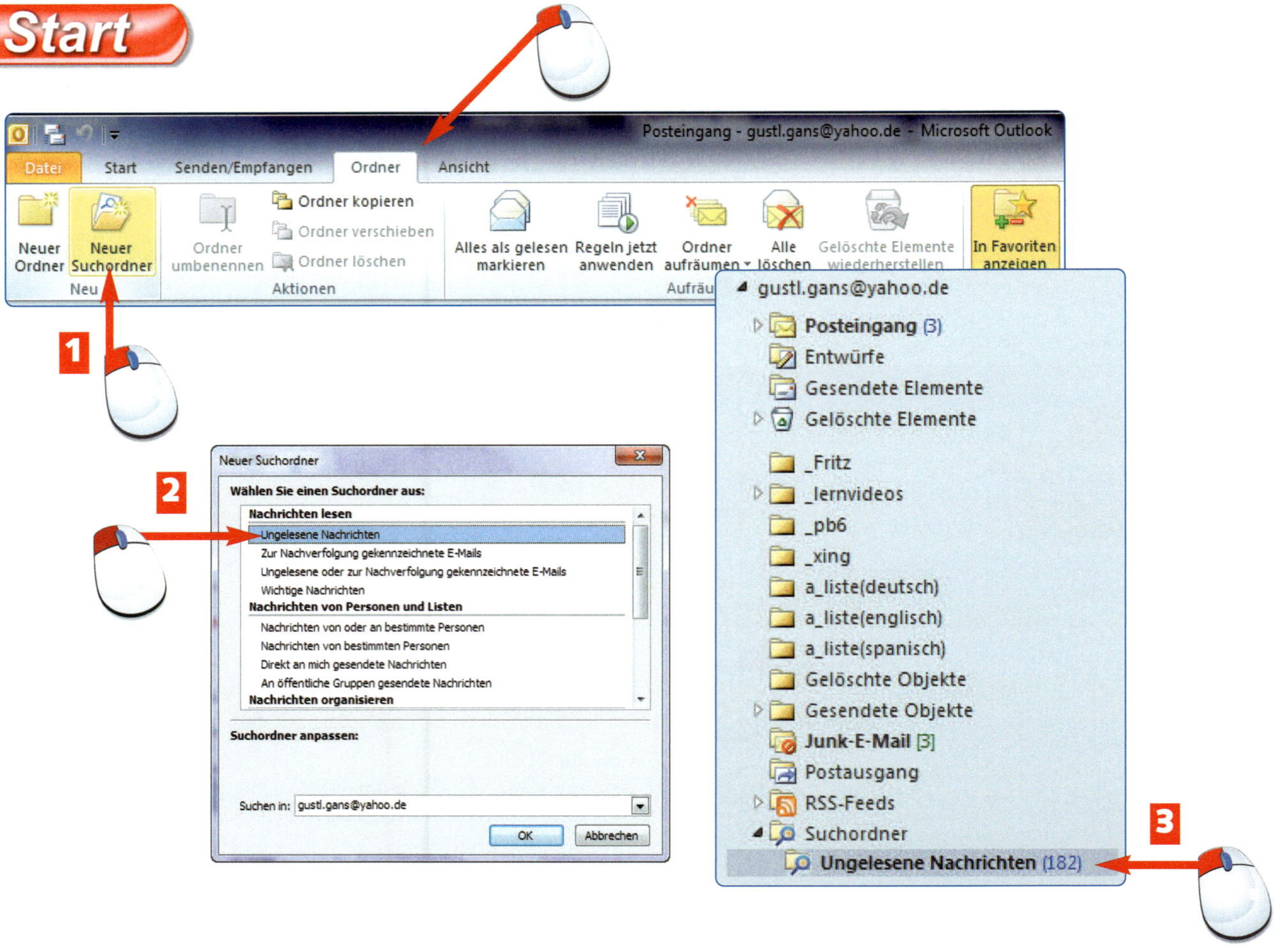

Posteingang - gustl.gans@yahoo.de - Microsoft Outlook

Datei | Start | Senden/Empfangen | Ordner | Ansicht

Neuer Ordner | Neuer Suchordner | Ordner umbenennen | Ordner kopieren | Ordner verschieben | Ordner löschen | Alles als gelesen markieren | Regeln jetzt anwenden | Ordner aufräumen | Alle löschen | Gelöschte Elemente wiederherstellen | In Favoriten anzeigen

Neu | Aktionen | Aufräu...

1

▲ gustl.gans@yahoo.de

▷ Posteingang (3)

Entwürfe

Gesendete Elemente

▷ Gelöschte Elemente

_Fritz

▷ _lernvideos

_pb6

_xing

a_liste(deutsch)

a_liste(englisch)

a_liste(spanisch)

Gelöschte Objekte

▷ Gesendete Objekte

Junk-E-Mail [3]

Postausgang

▷ RSS-Feeds

▲ Suchordner

3

Ungelesene Nachrichten (182)

2

Neuer Suchordner

Wählen Sie einen Suchordner aus:

Nachrichten lesen
Ungelesene Nachrichten
Zur Nachverfolgung gekennzeichnete E-Mails
Ungelesene oder zur Nachverfolgung gekennzeichnete E-Mails
Wichtige Nachrichten
Nachrichten von Personen und Listen
Nachrichten von oder an bestimmte Personen
Nachrichten von bestimmten Personen
Direkt an mich gesendete Nachrichten
An öffentliche Gruppen gesendete Nachrichten
Nachrichten organisieren

Suchordner anpassen:

Suchen in: gustl.gans@yahoo.de

OK | Abbrechen

1 Klicken Sie im Menüband auf das Register *Ordner* und wählen Sie mit einem Klick *Neuer Suchordner*.

2 Im Dialogfeld *Neuer Suchordner* stehen vordefinierte Suchordner zur Verfügung. Wählen Sie beispielsweise *Ungelesene Nachrichten* und bestätigen Sie mit *OK*.

3 Im Navigationsbereich richtet Outlook unter *Suchordner* den neu eingerichteten Suchordner *Ungelesene Nachrichten* ein. Klicken Sie auf ihn, um im Hauptfenster alle ungelesenen Nachrichten aufzulisten.

Suchordner arbeiten ordnerübergreifend und listen E-Mails auf, die bestimmte Kriterien erfüllen. Beispielsweise finden Sie im vordefinierten Ordner *Ungelesene Nachrichten* alle noch nicht gelesenen Nachrichten, egal, in welchem Ordner sie sich befinden. Mithilfe der Suchordner behalten Sie leichter den Überblick über Ihre E-Mails.

WISSEN

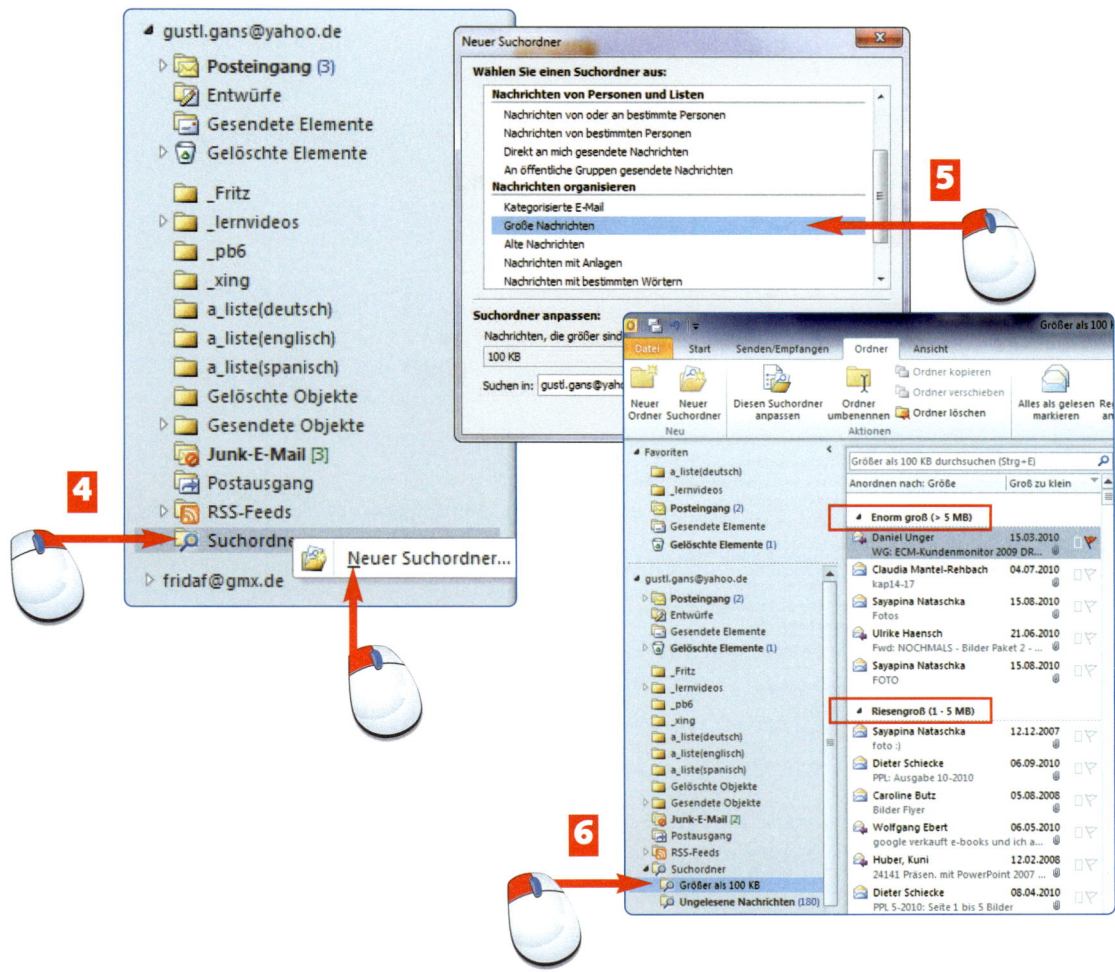

4 Oder Sie klicken mit der rechten Maustaste auf *Suchordner* und richten auf diesem Weg einen neuen Suchordner ein.

5 Mit einem Klick auf *Große Nachrichten* listet Ihnen Outlook die E-Mails nach ihrer Dateigröße auf, die natürlich von der Anlage abhängt.

6 Klicken Sie auf den Suchordner *Größer als 100 KB,* werden die E-Mails mit großen Anhängen in Gruppen sortiert: *Enorm groß, Riesengroß, Sehr groß* und *Groß.*

Ende

Suchordner arbeiten ordnerübergreifend und listen E-Mails auf, die bestimmte Suchkriterien erfüllen.

Achtung! Wenn Sie im Suchordner eine Nachricht löschen, ist sie auch in dem Ordner gelöscht, der die Nachricht normalerweise enthält. Vergegenwärtigen Sie sich, dass Sie im Suchordner mit den Originaldateien arbeiten!

FACHWORT HINWEIS

Alle E-Mails löschen, die älter sind als ein Jahr

Start

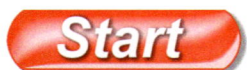

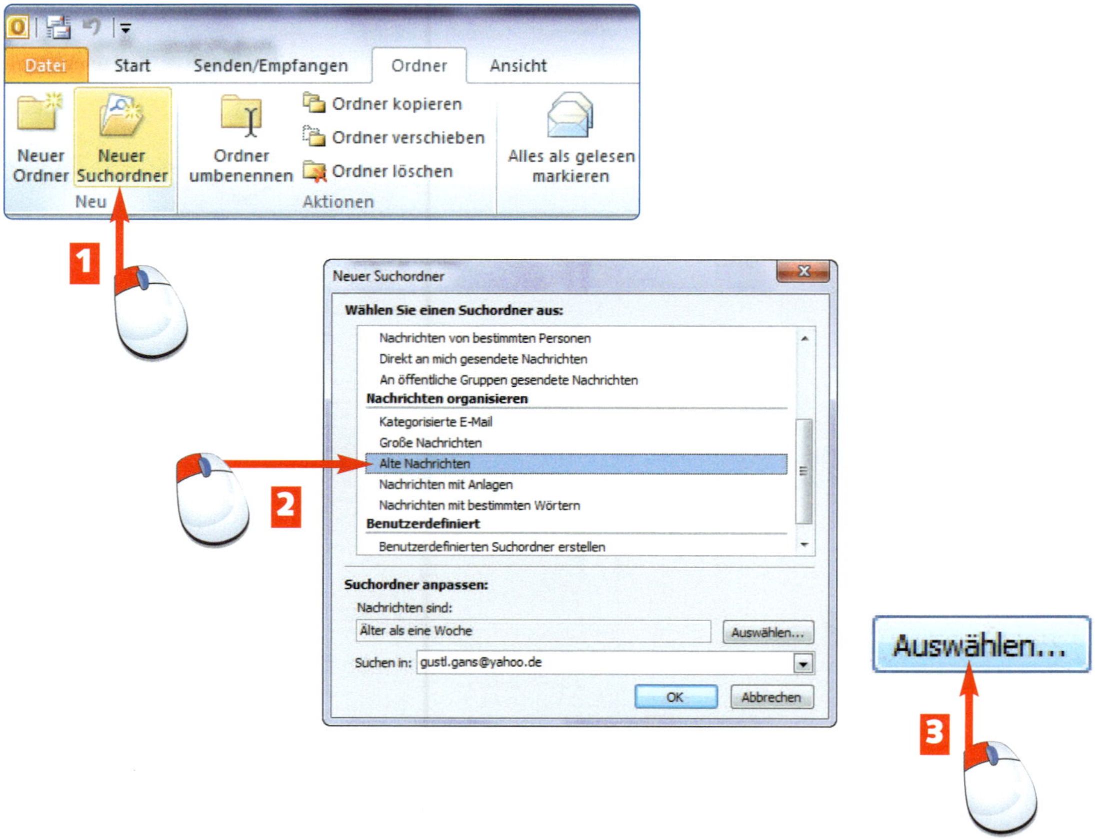

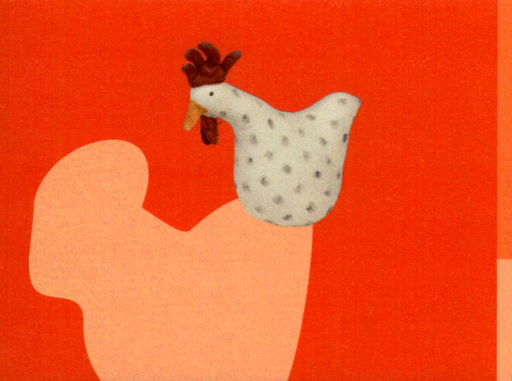

1 Um einen eigenen Suchordner anzulegen, klicken Sie auf das Register *Ordner* und wählen *Neuer Suchordner*.

2 Im folgenden Dialogfeld markieren Sie *Alte Nachrichten*. Dazu müssen Sie nach unten blättern.

3 Klicken Sie anschließend auf *Auswählen*.

Um von Zeit zu Zeit gründlich auszumisten, können Sie Suchordner zur gezielten Suche von alten E-Mails einsetzen. Mit diesem einfachen Trick halten Sie Outlook problemlos „schlank und gesund". Andernfalls wächst die Outlook-Datei (pst-Datei) ständig an und Sie riskieren damit, dass Outlook irgendwann beginnt, ständig abzustürzen.

WISSEN

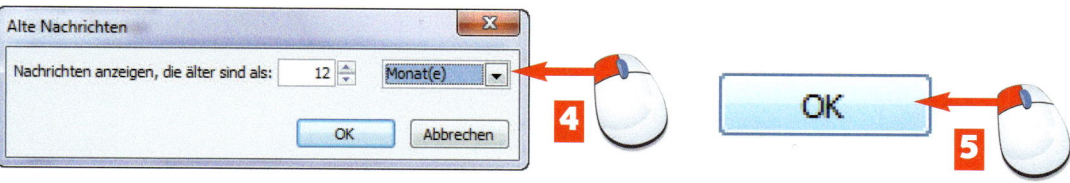

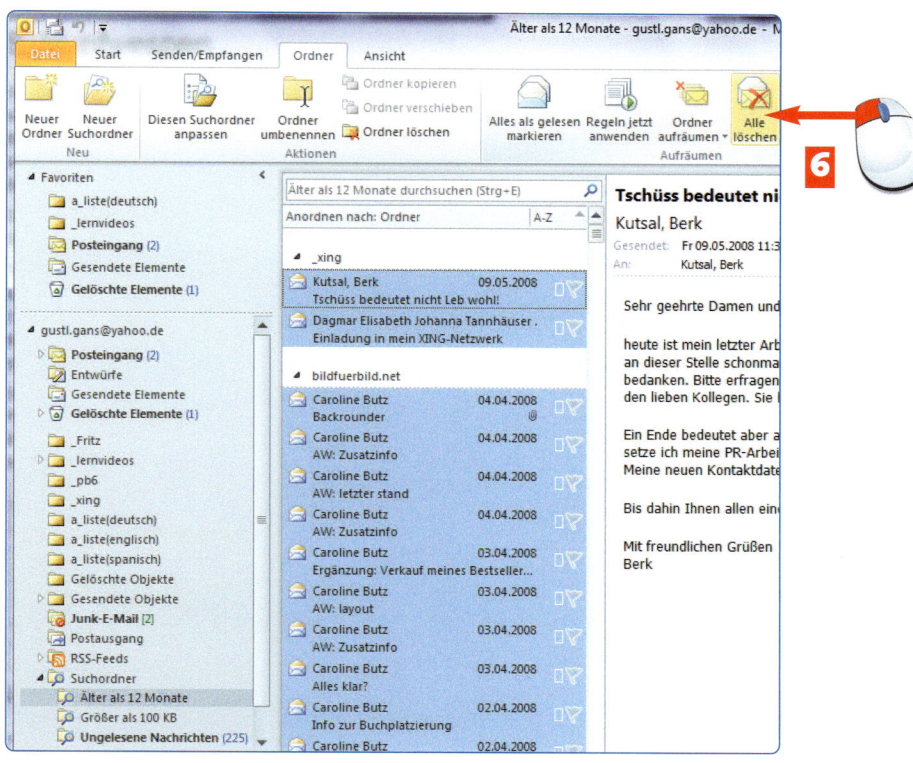

4 Für alle E-Mails, die älter sind als 1 Jahr, stellen Sie *12 Monate* ein.

5 Bestätigen Sie die Einstellung mit *OK*. Outlook blendet den Suchordner *Älter als 12 Monate* ein.

6 Markieren Sie im Hauptfenster alle E-Mails mit der Tastenkombination ⌨Strg + ⌨A und klicken Sie unter dem Register *Ordner* auf *Alle Löschen*.

Ende

Wenn Sie einen Such-ordner löschen, bleiben die E-Mails erhalten. Wenn Sie allerdings die E-Mails selbst markieren, dann löschen Sie die E-Mails.

Möchten Sie einen bereits erstellten Suchordner bearbeiten, klicken Sie mit der rechten Maustaste auf den Suchordner und wählen *Diesen Suchordner anpassen*.

HINWEIS **HINWEIS**

Adressen perfekt verwalten

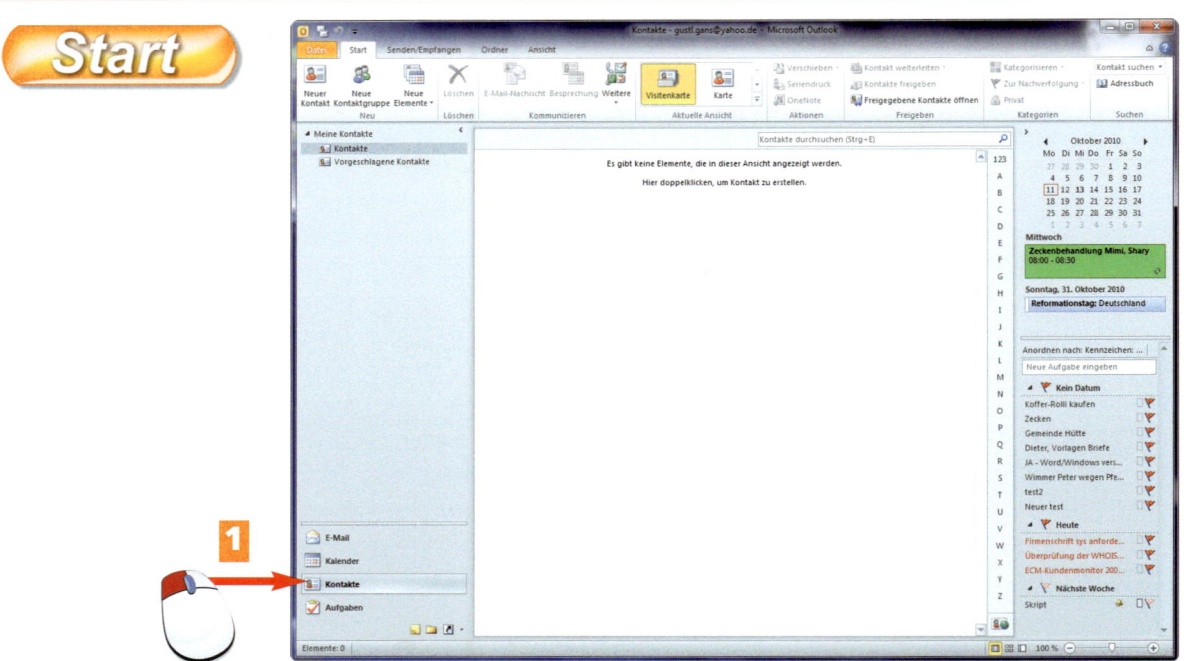

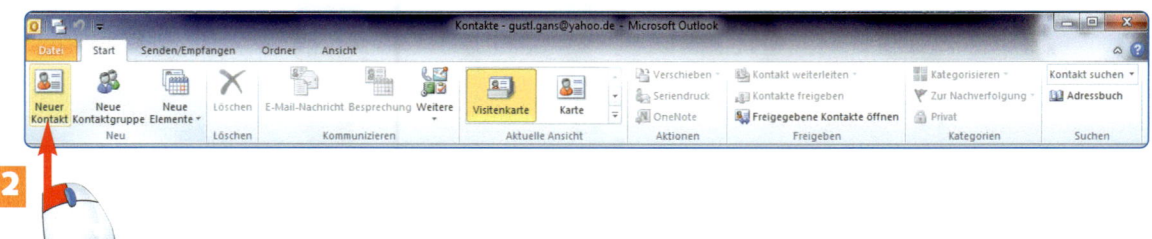

1 Um eine neue Adresse einzugeben, wechseln Sie im Navigationsbereich auf *Kontakte*. Die Oberfläche von Outlook ändert sich entsprechend.

2 Klicken Sie auf die Schaltfläche *Neuer Kontakt,* um eine neue Adresse anzulegen.

Damit Sie zu einem späteren Zeitpunkt Ihre Adressen beispielsweise nach dem Nachnamen sortieren können, müssen schon beim Eingeben der Adressen einige Dinge beachtet werden. Am einfachsten ist es, die Dialogfelder von Outlook zu nutzen, um garantiert nach den Vorschriften von Outlook zu handeln.

WISSEN

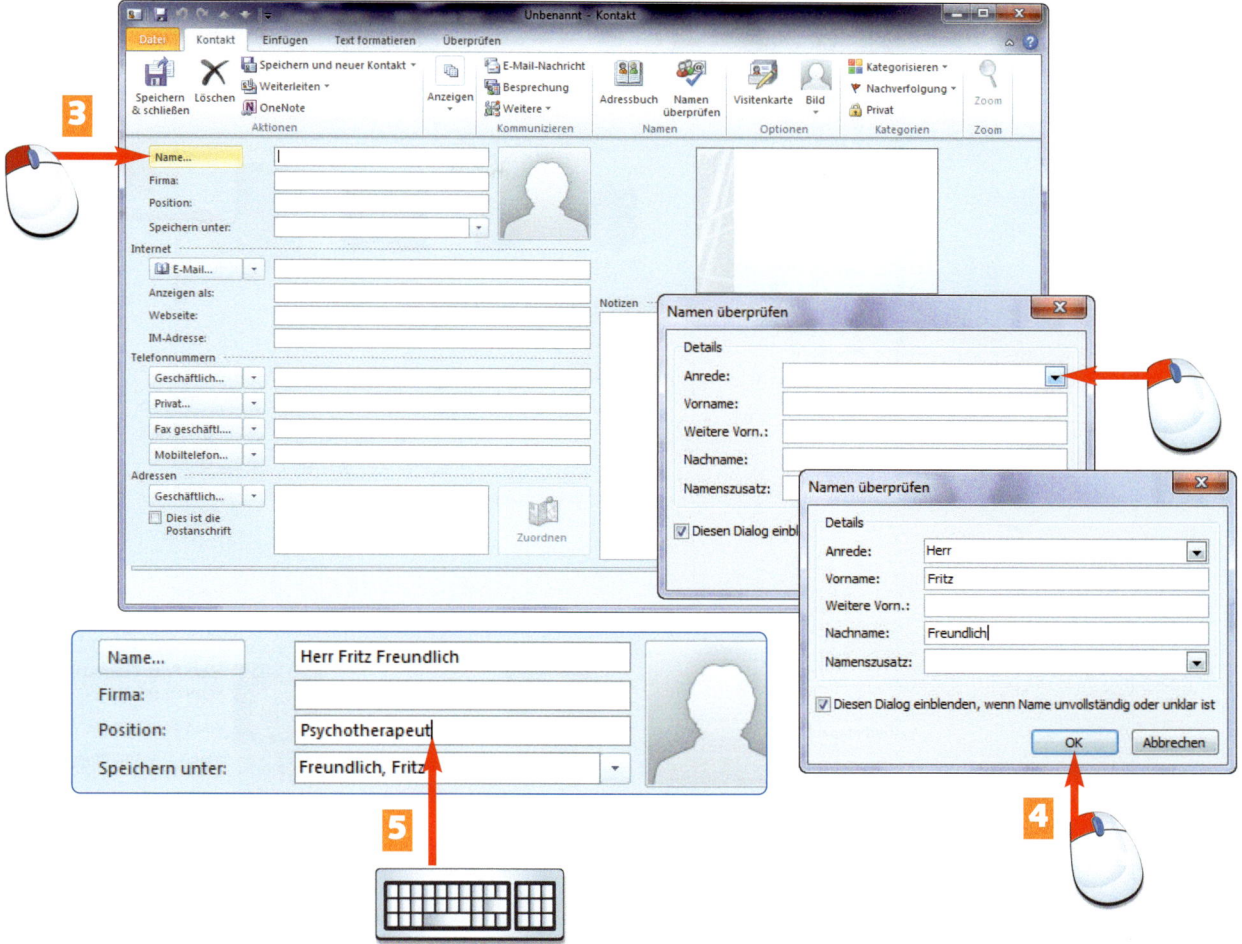

3 Outlook öffnet ein Dialogfeld, in das Sie die Adressdaten eingeben. Klicken Sie auf *Name*.

4 Wählen Sie über das Listenfeld die *Anrede* aus. Geben Sie den *Vornamen*, eventuell den zweiten Vornamen und den *Nachnamen* ein. Bestätigen Sie Ihre Angaben mit *OK*.

5 Das Feld neben *Name* wird entsprechend Ihren Angaben automatisch ausgefüllt, ebenso wie das Feld *Speichern unter*. Geben Sie noch die Firmenbezeichnung *(Firma)* und die *Position* der Kontaktperson ein.

Mit der Tastenkombination Strg+⇧+C öffnen Sie den Kontakte-Dialog, egal, wo Sie sich in Outlook gerade befinden.

Falls Ihnen die Angaben zu der Person noch nicht ausreichen, klicken Sie im Menüband auf *Details* in der Gruppe *Anzeigen*, um zusätzliche Informationen wie die Abteilung und den Vorgesetzten zu speichern.

TIPP

HINWEIS

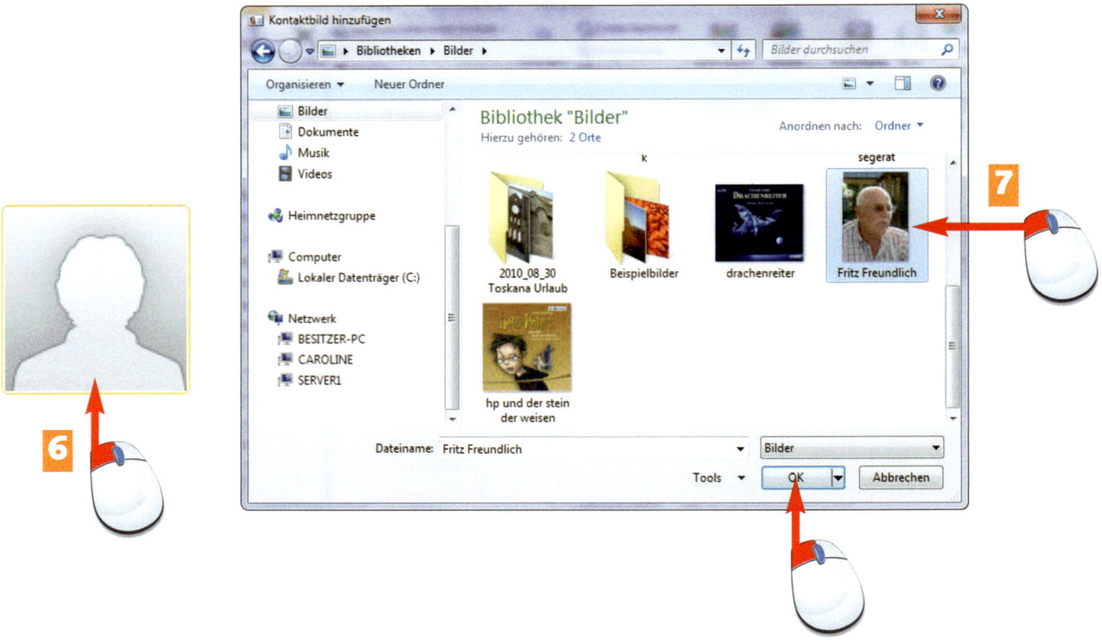

6 Möchten Sie mit der Adresse ein Foto speichern, dann klicken Sie auf *Kontaktbild hinzufügen.*

7 Wählen Sie den Ordner auf Ihrem Computer aus, in dem das Foto Ihrer Kontaktperson gespeichert ist. Markieren Sie das Foto und klicken Sie auf *OK.*

8 Geben Sie im Bereich *Internet* die *E-Mail-*Adresse und die *Webseite* ein. Das Feld *Anzeigen als* füllt Outlook wieder automatisch aus. Drehen Sie Vorname und Nachname gegebenenfalls um.

Die Auswahl der E-Mail-Adresse stellt für viele ein Problem dar, denn standardmäßig zeigt Outlook erst den Vornamen und dann den Nachnamen. Wer es aber gewohnt ist, nach dem Nachnamen auszuwählen, ärgert sich bei der automatischen Sortierung nach Vorname. Deshalb ist es so wichtig, die Anzeige der E-Mail-Adresse entsprechend anzupassen.

WISSEN

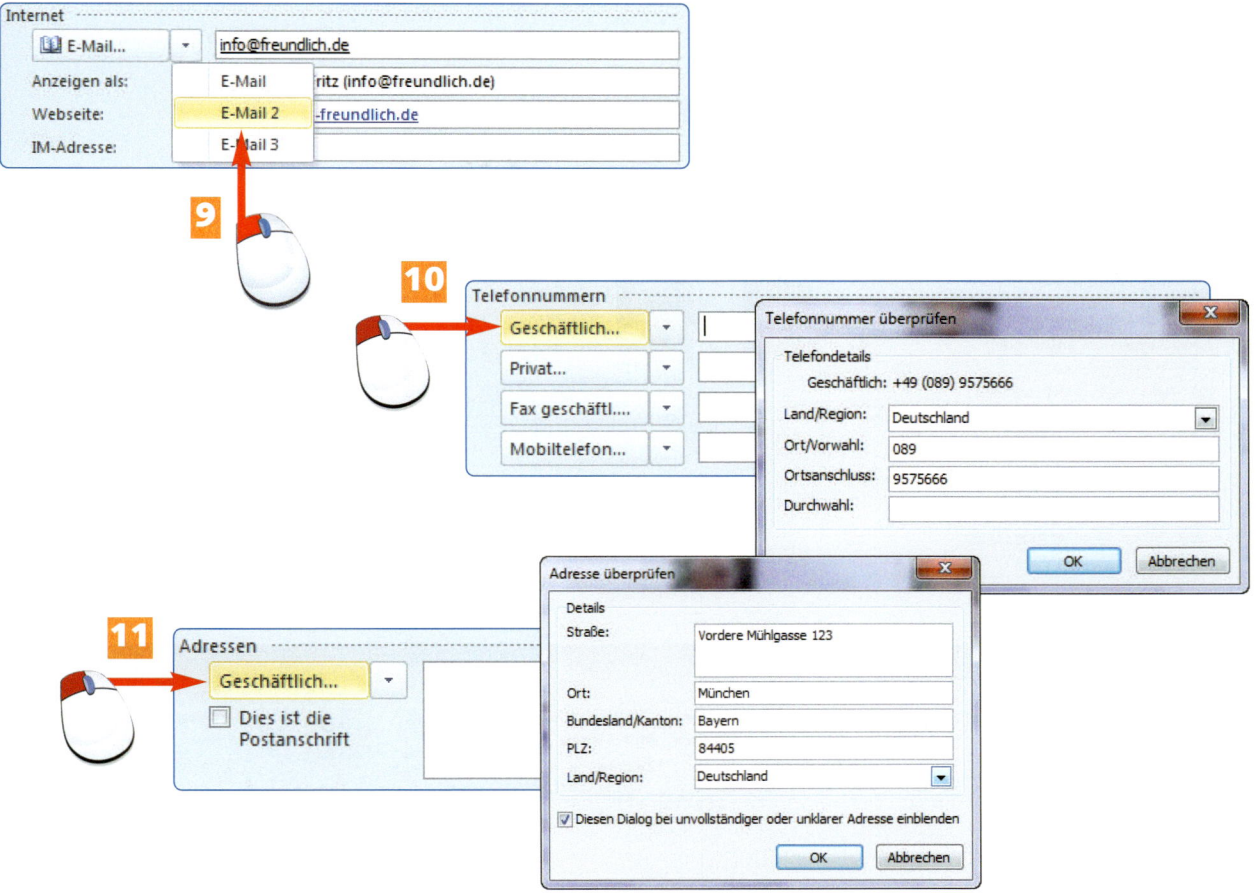

9 Ist eine zweite E-Mail-Adresse unter den gleichen Kontaktdaten vorhanden, klicken Sie auf *E-Mail 2* und geben die zweite E-Mail-Adresse ein.

10 Klicken Sie auf *Geschäftlich* im Bereich *Telefonnummern*, um die Telefonnummer am Arbeitsplatz im folgenden Dialogfeld richtig einzugeben. Bestätigen Sie mit *OK*.

11 Dasselbe gilt für die Adresse. Klicken Sie auf die Schaltfläche *Geschäftlich* im Bereich *Adressen*, um die Geschäftsadresse im folgenden Dialog einzugeben. Bestätigen Sie mit *OK*.

Ende

Wie Sie Outlook endgültig zur Anzeige von Nachname und Vorname bringen, lesen Sie in diesem Kapitel unter der Überschrift *So stimmt's: Nach „Name, Vorname" sortieren*.

| Anzeigen als: | Freundlich, Fritz (info@freundlich.de) |

Um bei der E-Mail-Adressaus-wahl garantiert immer den Nach-namen zuerst anzeigen zu lassen, drehen Sie im Feld *Anzeigen als* Vorname und Nachname um.

HINWEIS   **HINWEIS**

Angaben auf der Visitenkarte ändern

Start

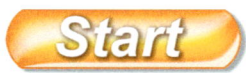

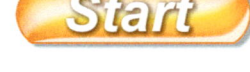

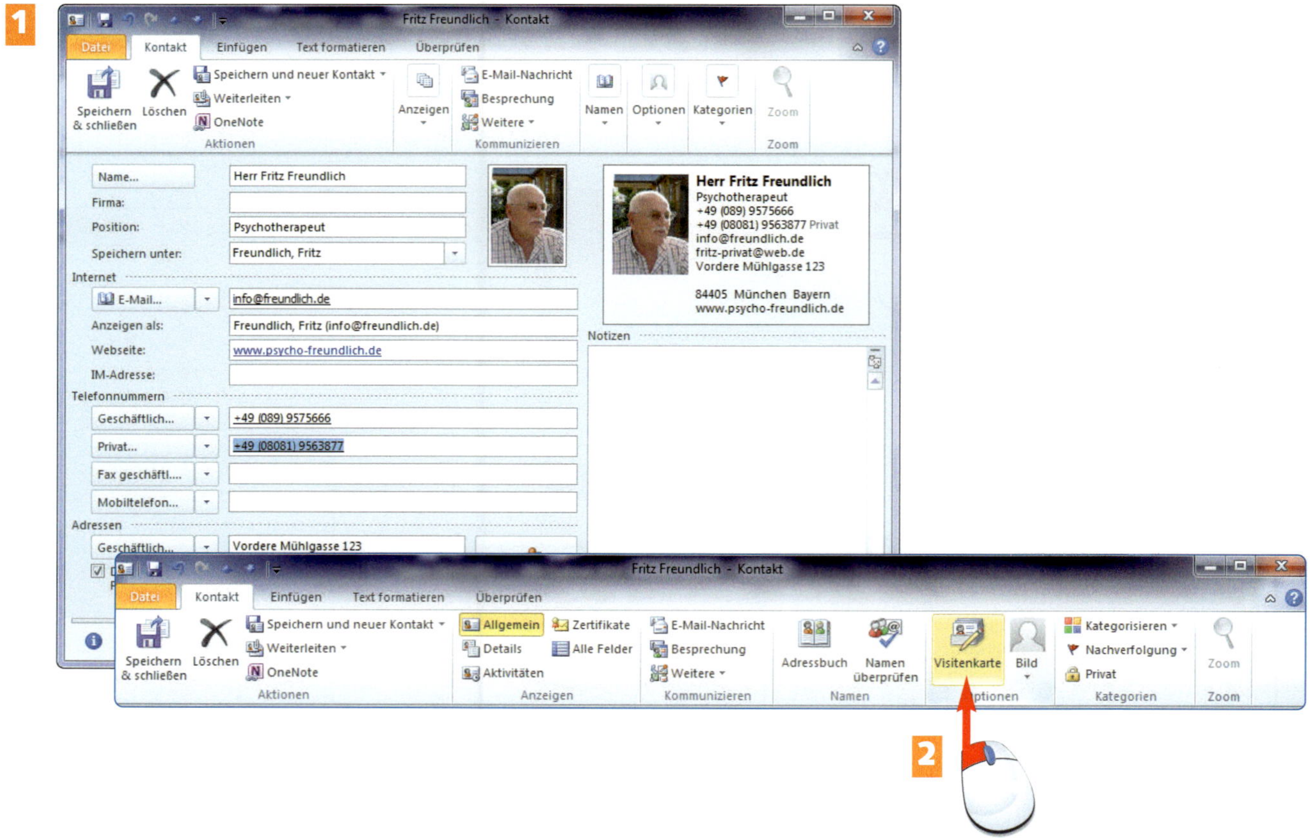

1 Rechts oben im Kontakte-Dialog bringt Outlook so ziemlich alle Angaben auf der elektronischen Visitenkarte unter, die Sie zur Kontaktperson eingeben.

2 Klicken Sie im Menüband unter dem Register *Kontakt* auf *Visitenkarte*.

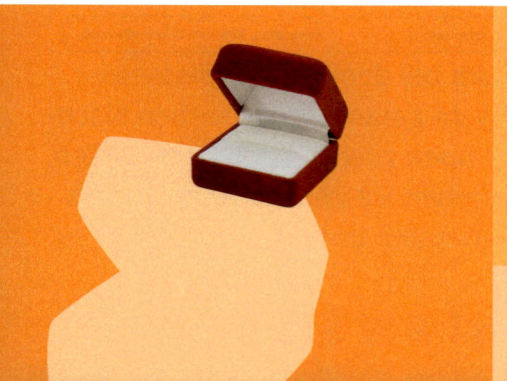

Outlook erstellt für jede Adresseingabe automatisch eine digitale Visitenkarte. Diese Visitenkarte ist einer „echten" Visitenkarte nachempfunden. Alle eingegebenen Daten werden automatisch auf die Visitenkarte übertragen. Bei Änderungen der Eingaben ändern sich auch die Daten auf der Visitenkarte.

WISSEN

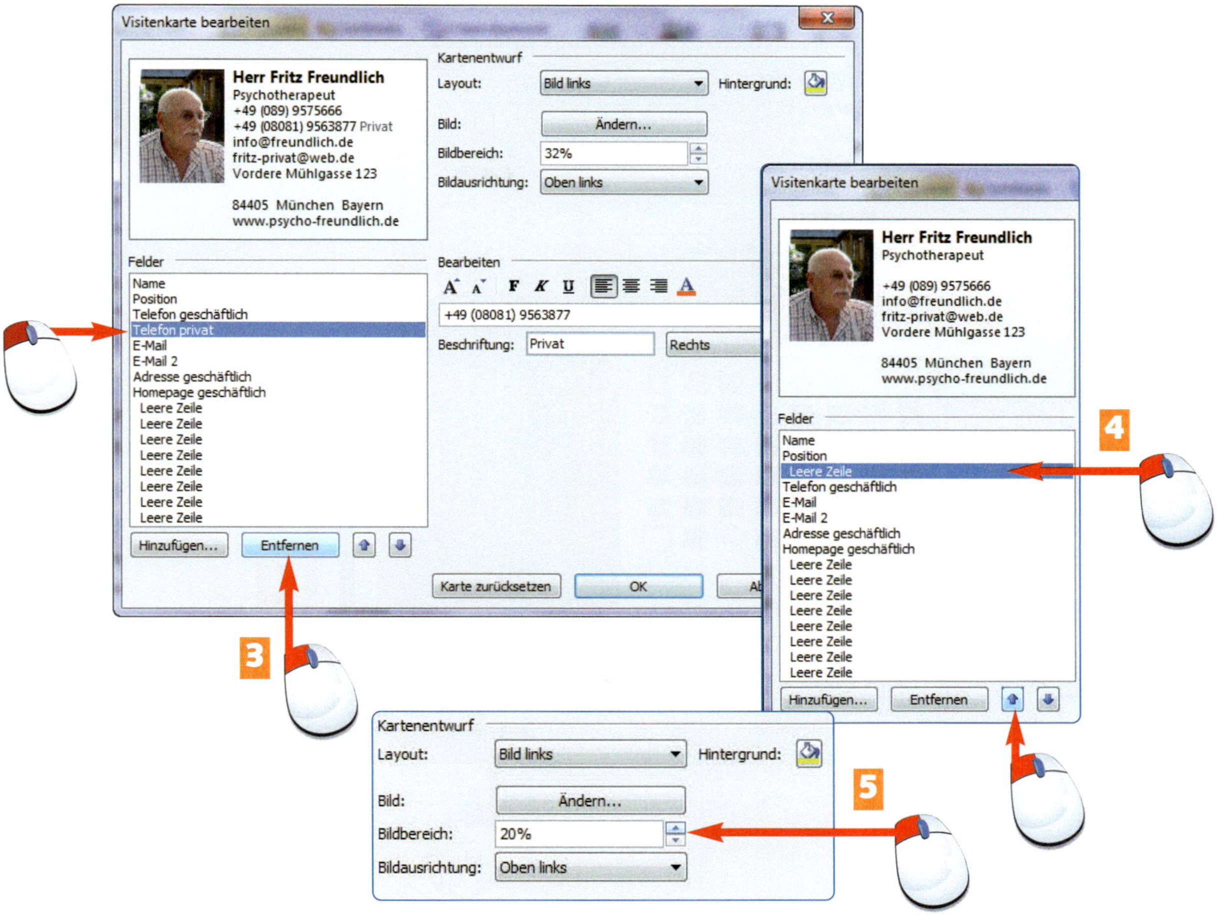

3 Soll beispielsweise die private Telefonnummer nicht auf der Visitenkarte erscheinen, markieren Sie *Telefon privat* und klicken auf *Entfernen*.

4 Ordnen Sie außerdem die Reihenfolge der Adressdaten nach Ihren Bedürfnissen an oder fügen Sie eine Leerzeile ein. Dazu markieren Sie *Leere Zeile* und schieben die Leerzeile mithilfe der Pfeile nach oben oder unten.

5 Ist der Name der Kontaktperson sehr lang und passt nicht komplett auf die Visitenkarte, dann verkleinern Sie das Bild im Feld *Bildbereich* beispielsweise auf *20%*.

Mit einem Doppelklick direkt auf die Visitenkarte im Kontakte-Dialog öffnen Sie das Dialogfeld *Visitenkarte bearbeiten* (siehe Bilder 1 und 3).

Über die Schaltfläche *Hinzufügen* bringen Sie weitere Angaben auf der Visitenkarte unter (siehe Bild 3).

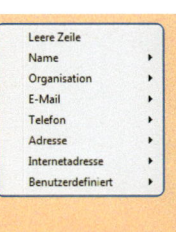

TIPP

HINWEIS

Visitenkarte bearbeiten

Herr Fritz Freundlich
Psychotherapeut

+49 (089) 9575666 Geschäftlich
info@freundlich.de
fritz-privat@web.de
Vordere Mühlgasse 123

84405 München Bayern
www.psycho-freundlich.de

Kartenentwurf

Layout:	Bild links ▼	Hintergrund:
Bild:	Ändern...
Bildbereich:	20%
Bildausrichtung:	Oben links ▼

6

Farbe

Grundfarben:

Farben definieren >>

7

Benutzerdefinierte Farben:

Farben definieren >>

Farbe|Basis

Farbt.:	26	Rot:	252
Sätt.:	229	Grün:	214
Hell.:	185	Blau:	141

OK   Abbrechen   Farben hinzufügen

8

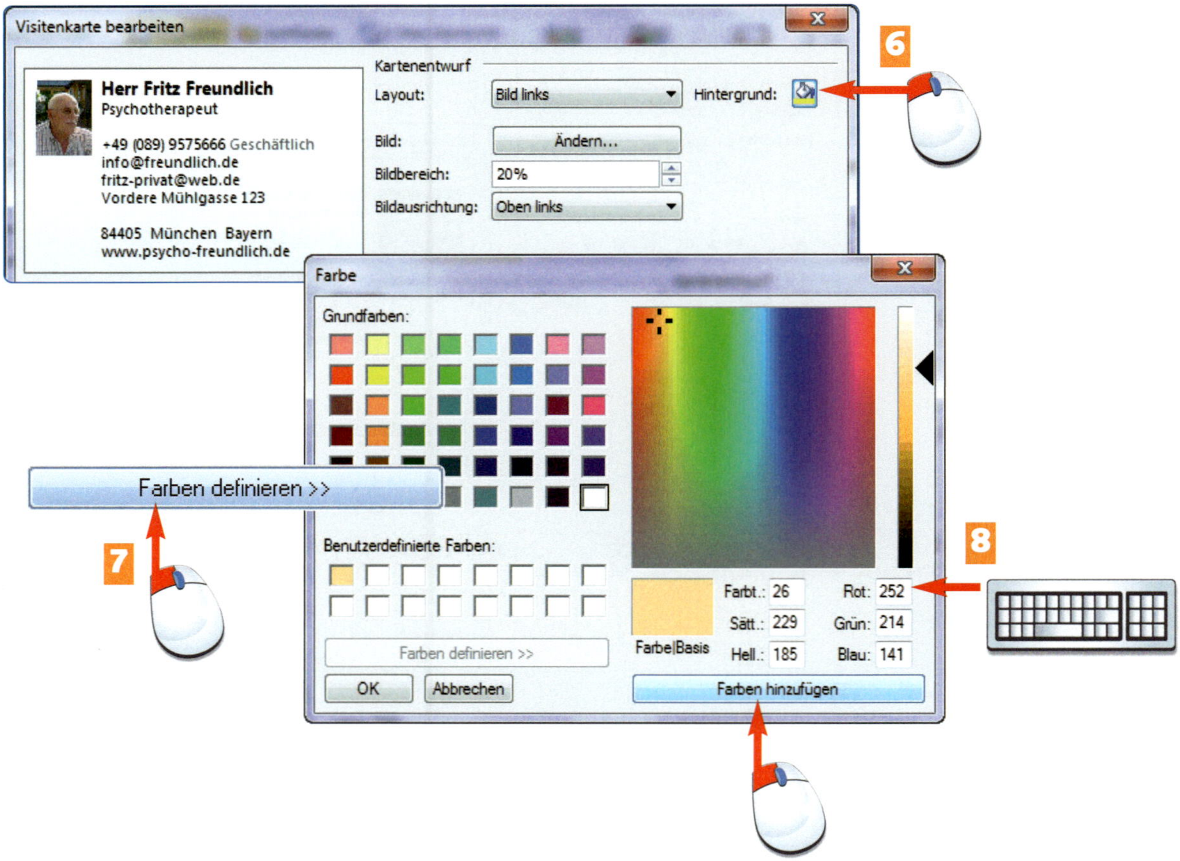

6 Möchten Sie den Hintergrund der Visitenkarte beispielsweise den Farben der Website der Kontaktperson anpassen, klicken Sie auf *Hintergrund*.

7 Erweitern Sie das folgende Dialogfeld mit Klick auf *Farben definieren*.

8 Geben Sie die Farbwerte der Website in den Feldern *Rot, Grün* und *Blau* ein. Klicken Sie auf *Farben hinzufügen*. Bestätigen Sie Ihre Eingaben mit *OK*.

Es lohnt sich, die Visitenkarten entsprechend Ihren Wünschen und Vorstellungen zu gestalten. Auf einen Blick lesen Sie dann die richtige Telefonnummer, E-Mail-Adresse oder Internetadresse heraus. Außerdem lassen sich die Visitenkarten ganz leicht per E-Mail an eine andere Person weitergeben.

WISSEN

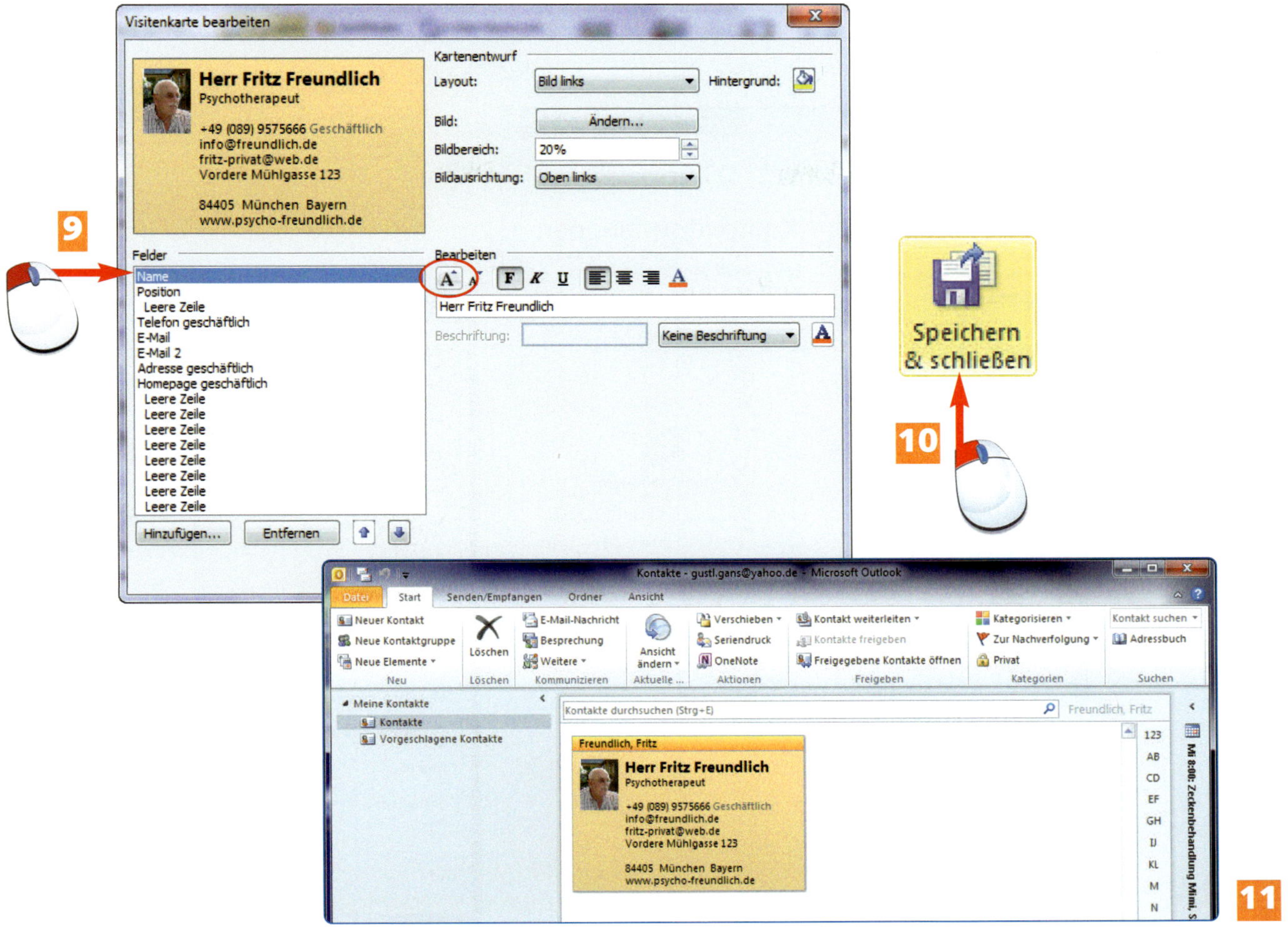

9 Möchten Sie den Namen noch hervorheben, zum Beispiel durch eine größere Schrift, markieren Sie ihn unter *Felder* und klicken anschließend auf *Schriftgrad vergrößern*. Wenn Sie mit Ihren Einstellungen zufrieden sind, klicken Sie auf *OK*.

10 Bestätigen Sie all Ihre Eingaben mit *Speichern & schließen*.

11 Ihre erste Visitenkarte bzw. Adresse ist eingegeben und erscheint unter den *Kontakten*.

HINWEIS	HINWEIS	TIPP
Kontakte lassen sich ganz schnell löschen: Markieren Sie die Visitenkarte und drücken Sie die Entf -Taste. Der Kontakt ist weg!	Wenn Sie Änderungen an einem Kontakt vornehmen, vergessen Sie nicht zu speichern!	Die Adresse hat sich geändert. Macht nichts, doppelklicken Sie einfach auf die Visitenkarte unter den Kontakten und ändern Sie die Adressdaten.

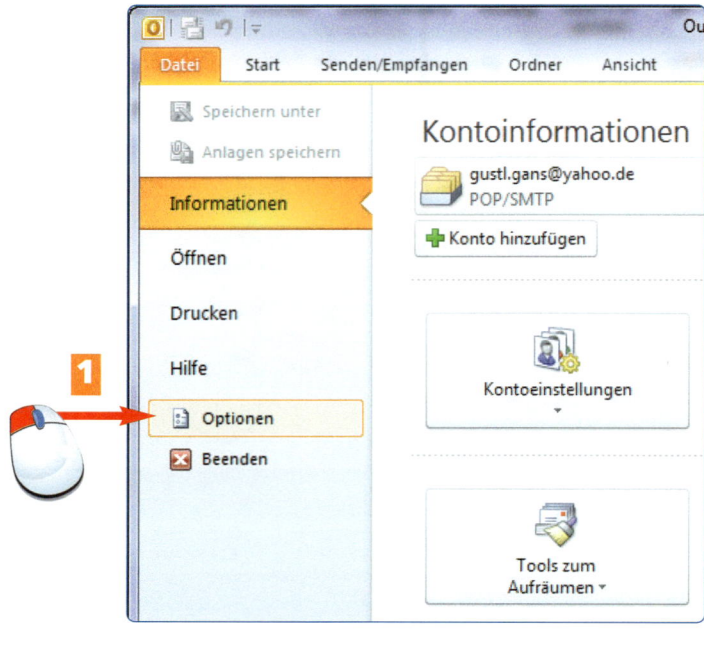

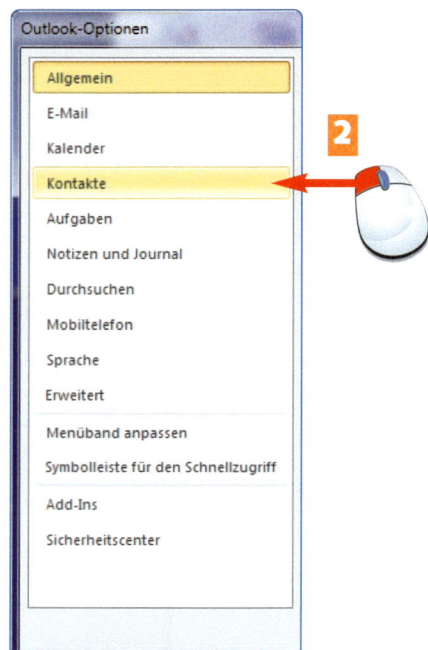

1 Klicken Sie auf *Datei/Optionen*, um die erste Einstellung zur Sortierung nach dem Nachnamen vorzunehmen.

2 Im folgenden Dialogfeld wählen Sie mit einem Klick *Kontakte* aus.

Outlook ist ein typisch amerikanisches Programm und sortiert ganz selbstverständlich nach dem Vornamen. In Deutschland sind wir es aber gewohnt, unsere Geschäftspartner mit Nachnamen anzusprechen. Oft wissen wir den Vornamen nicht einmal. Deshalb müssen wir Outlook mit einigen Einstellungen dazu bringen, nach dem Nachnamen zu sortieren.

WISSEN

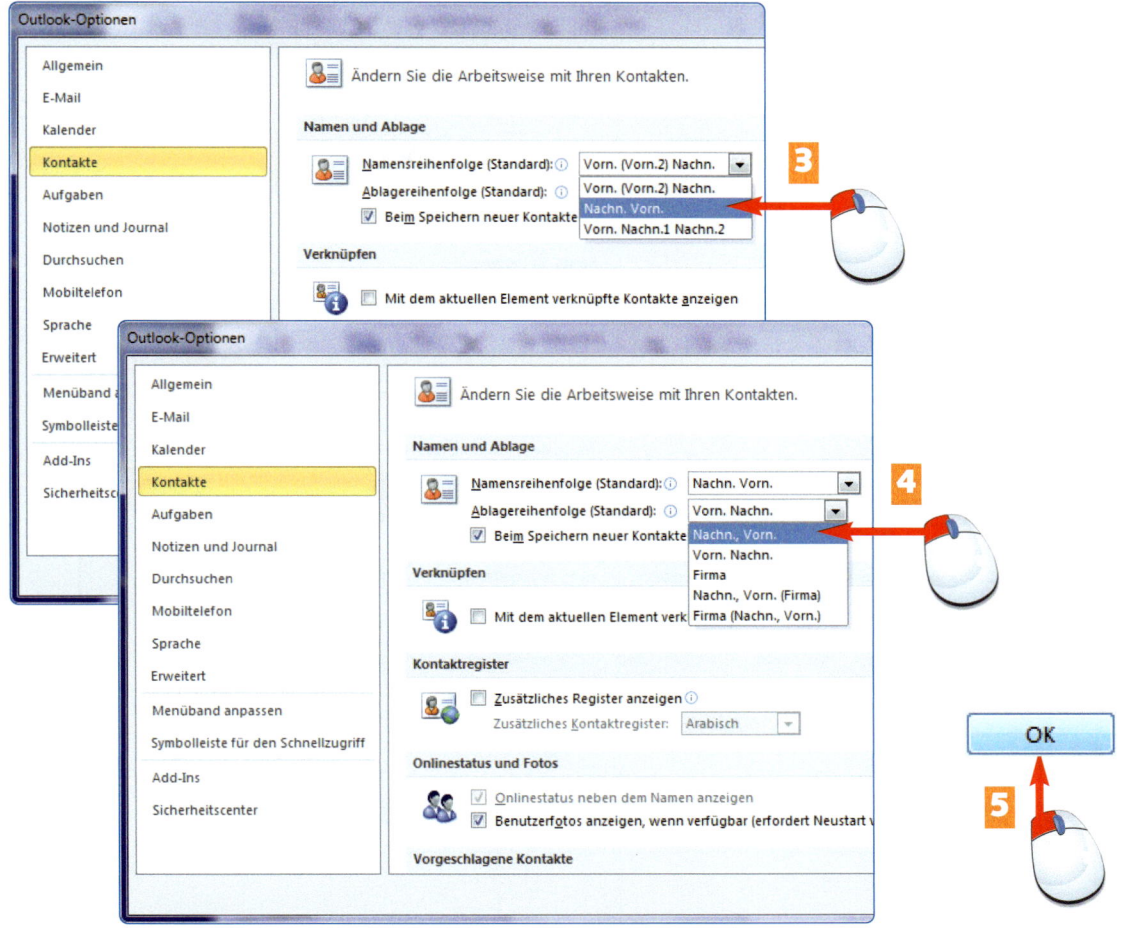

3 Wählen Sie im Bereich *Namen und Ablage* die *Namensreihenfolge* nach *Nachn. Vorn.* aus.

4 Die gleiche Einstellung wählen Sie für die *Ablagereihenfolge*. Wählen Sie dort ebenfalls *Nachn., Vorn.* aus.

5 Schließen Sie den *Optionen*-Dialog mit *OK*.

Voraussetzung für die richtige Sortierreihenfolge der Kontakte ist, dass die Kontakte nach den Vorschriften von Outlook eingegeben wurden.

Wer lieber nach dem Vornamen als nach dem Nachnamen sucht, der wählt natürlich die Einstellung *Vorn. (Vorn.2) Nachname* (siehe Bilder 3 und 4) oder verändert nichts an der Grundeinstellung.

HINWEIS   **HINWEIS**

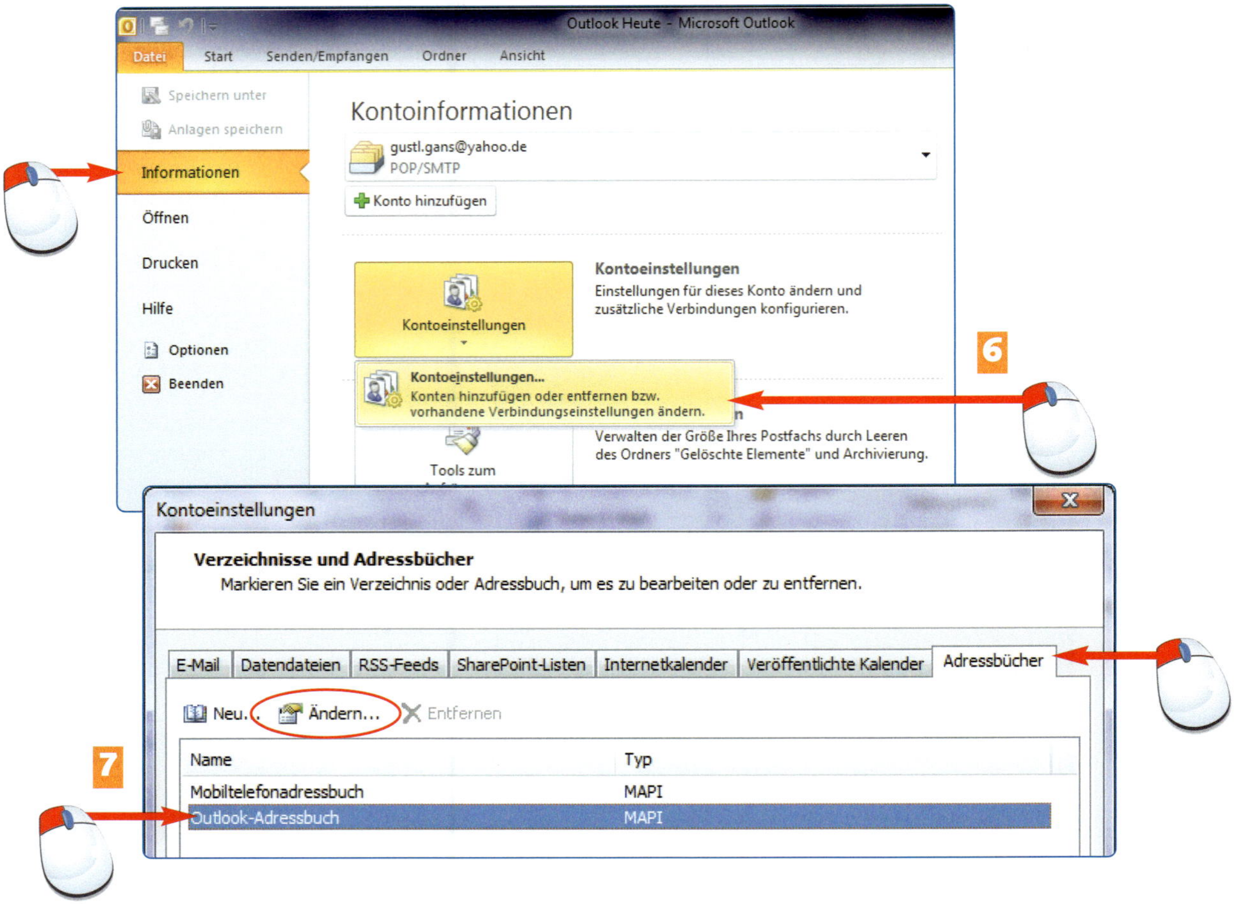

6 Klicken Sie erneut auf *Datei* und wählen Sie dort *Informationen.* Klicken Sie auf *Kontoeinstellungen/Kontoeinstellungen*.

7 Wechseln Sie auf die Registerkarte *Adressbücher*. Dort finden Sie das Outlook-Adressbuch vom Typ MAPI. Markieren Sie es und klicken Sie auf *Ändern*.

Outlook ist schwerfällig: Manche Einstellungen wie zum Beispiel die Optionen oder Kontoeinstellungen werden oft erst aktiv, wenn Sie Outlook beenden und anschließend neu starten. Wer das nicht weiß, wundert sich, warum die durchgeführten Änderungen scheinbar keinerlei Auswirkungen zeigen.

WISSEN

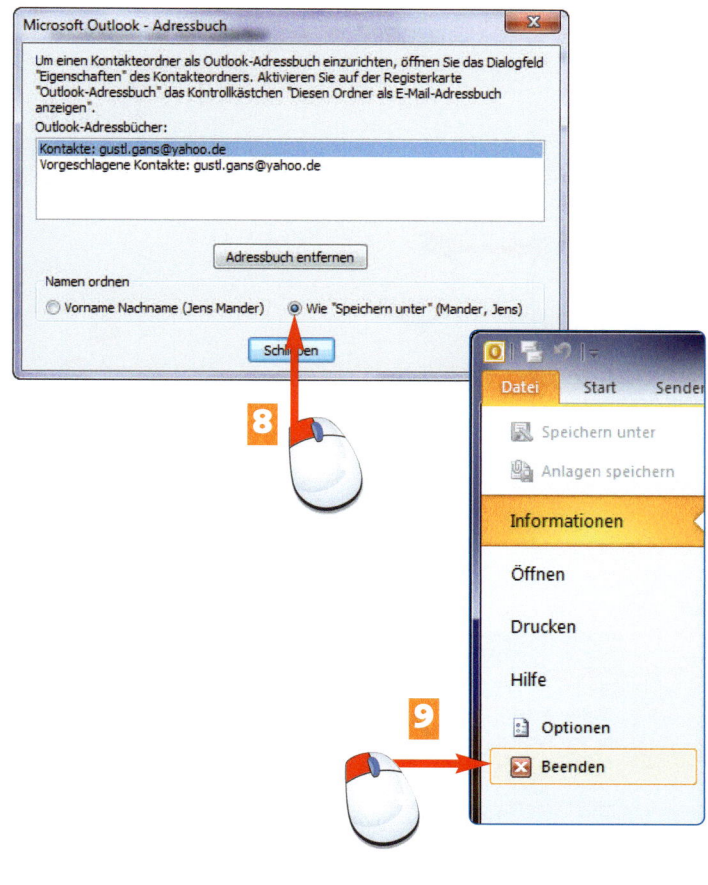

8 Jetzt kommt die alles entscheidende Einstellung: Aktivieren Sie im Dialogfeld *Microsoft Outlook – Adressbuch* die Option *Wie „Speichern unter" (Mander, Jens)*. Schließen Sie die geöffneten Dialogfelder.

9 Klicken Sie auf *Datei/Beenden*, um Outlook ordnungsgemäß zu schließen.

10 Starten Sie Outlook erneut über *Start/Microsoft Outlook 2010*. Erst jetzt zeigen die aktivierten Optionen Ihre Wirkung.

Das Zusammenspiel folgender drei Einstellungen wirken sich auf die Sortierreihenfolge der Kontakte aus:
1. Richtige Eingabe der Kontakte
2. Kontaktoptionen einstellen
3. Kontoeinstellungen – Adressbuch ändern

HINWEIS

E-Mail

Kalender

Kontakte

Aufgaben

Franz, Erik

Herr Erik Franz

erik@franz-online.com

1

Franz, Susanne

Frau Susanne Franz

susanne@franz-online.com

Freiwah, Tom

Tom Freiwah

tomrider67@web.de

Freiwah, Tom

Tom Freiwah
Craincom

tfreiwah@craincom.de

Freundlich, Fritz

Herr Fritz Freundlich
Psychotherapeut

+49 (089) 9575666 Geschäftlich
info@freundlich.de
fritz-privat@web.de
Vordere Mühlgasse 123

84405 München Bayern
www.psycho-freundlich.de

123
AB
CD
E
F
G
H
IJ
K
L
M
N
OP
Q
R
S
T
UV

2

Freiwah, Tom

Tom Freiwah

tomrider67@web.de

Kontakte - gustl.

Datei | Start | Senden/Empfangen | Ordner | Ansicht

Neuer Kontakt
Neue Kontaktgruppe
Neue Elemente ▾

Löschen

E-Mail-Nachricht
Besprechung
Weitere ▾

Visitenkarte | Karte

Neu | Löschen | Kommunizieren | Aktuelle Ansicht

3

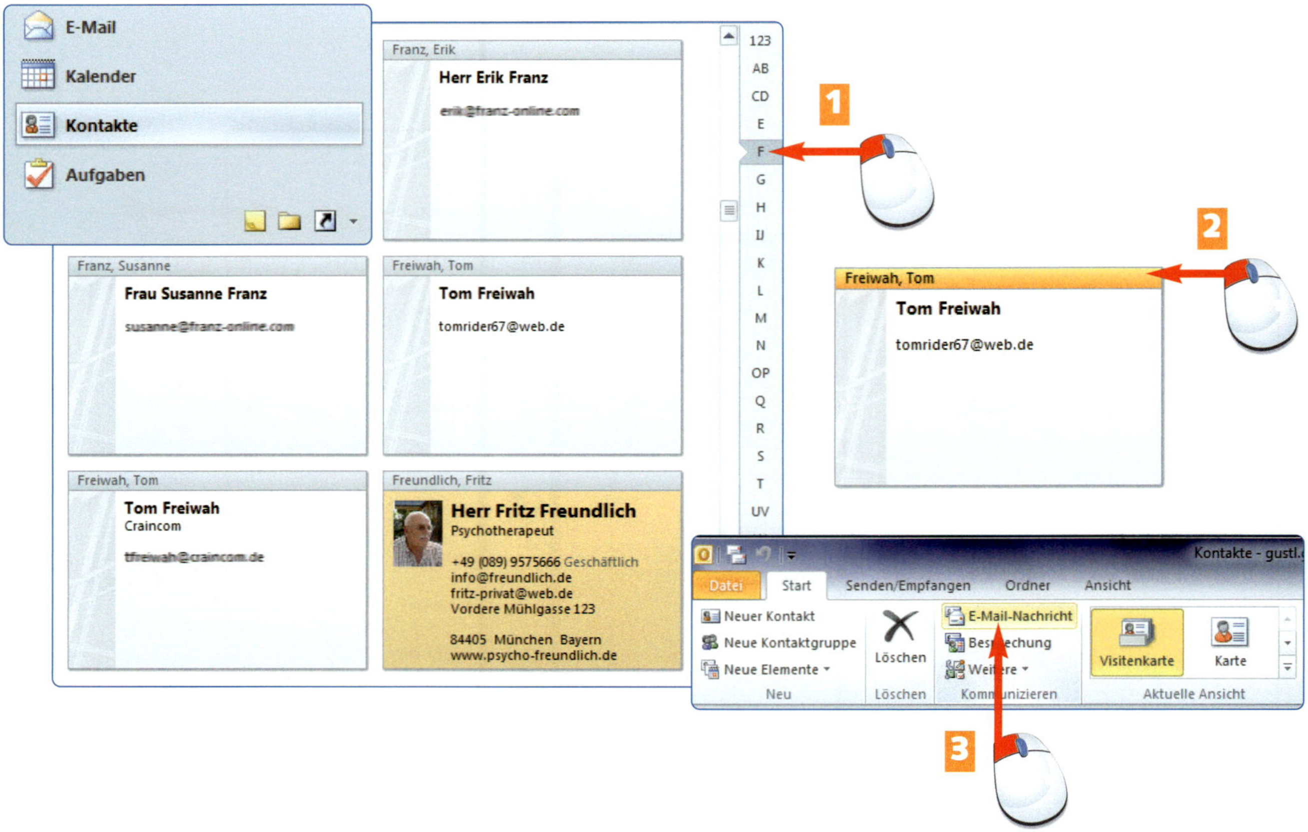

1 Im Programmbereich *Kontakte* klicken Sie auf den Anfangsbuchstaben des gesuchten Namens, damit Outlook die entsprechenden Visitenkarten einblendet. Eventuell müssen Sie mit der Bildlaufleiste ein wenig nach unten blättern.

2 Markieren Sie den Kontakt, dem Sie eine E-Mail senden möchten.

3 Klicken Sie im Menüband unter dem Register *Start* auf *E-Mail-Nachricht*.

E-Mails können von den beiden Ausgangspunkten *E-Mail* oder *Kontakte* versendet werden. Dabei spielt es keine Rolle, in welchem der beiden Programmbereiche Sie sich befinden. Nur die Vorgehensweise unterscheidet sich geringfügig.

WISSEN

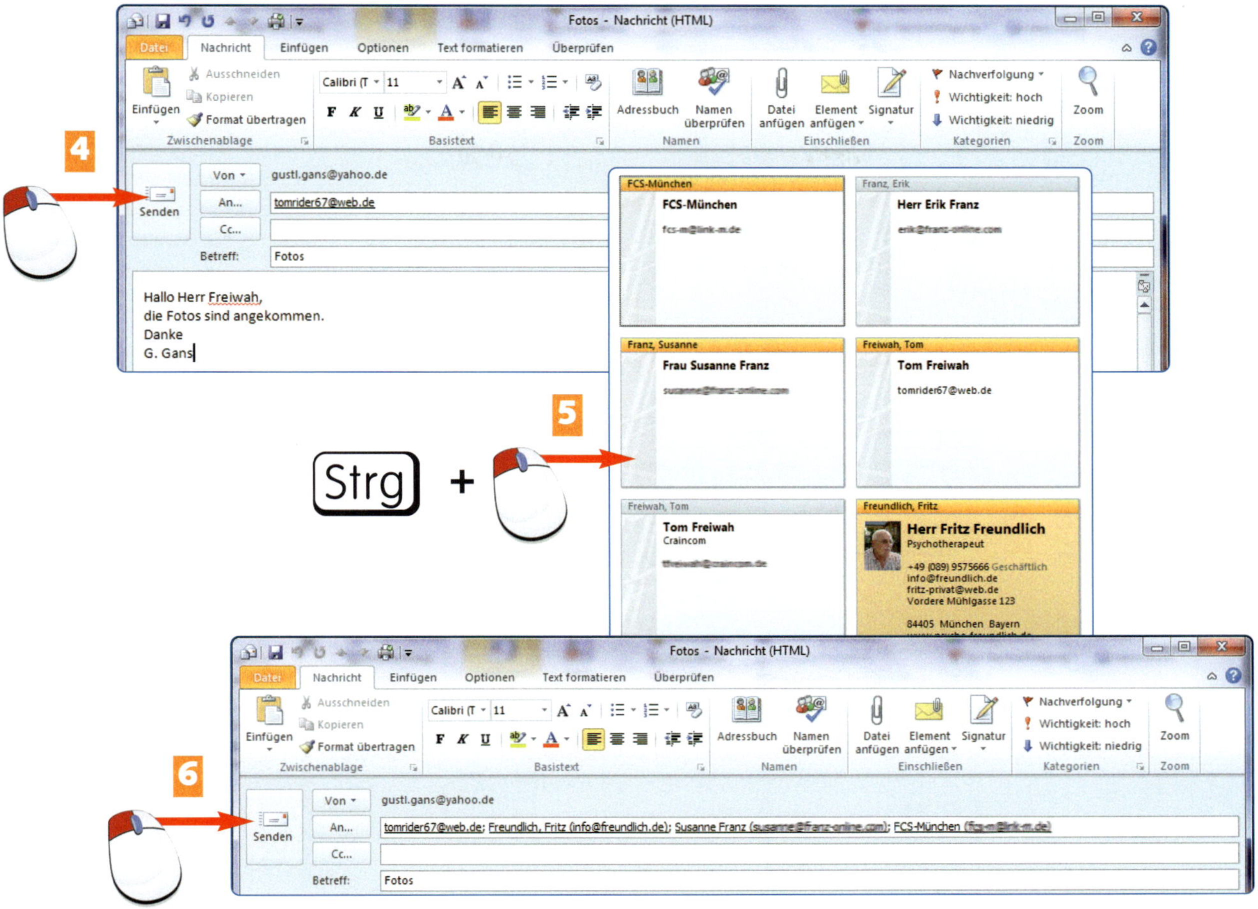

4 Sofort öffnet sich das Nachrichtenfenster, in das die E-Mail-Adresse des gewählten Kontakts automatisch übertragen wird. Schreiben Sie Ihre E-Mail und klicken Sie auf *Senden*.

5 Möchten Sie gleich mehreren Kontakten eine E-Mail schreiben, markieren Sie die Visitenkarten mit gedrückter [Strg]-Taste. Klicken Sie auf *E-Mail-Nachricht.*

6 Die E-Mail-Adressen der zuvor markierten Visitenkarten erscheinen auto-matisch im Feld *An*. Schreiben Sie Ihre E-Mail und klicken Sie auf *Senden*.

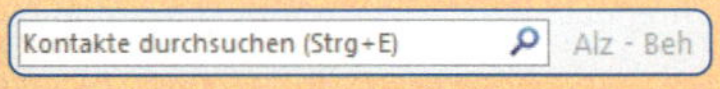

Über das Suchfeld finden Sie schon mit der Eingabe des ersten oder der ersten beiden Buchstaben Ihren Kontakt.

Über *Datei/ Drucken /Drucken* lassen sich die Adressen in übersichtlicher Form ausdrucken.

Zur komfortableren Suche von beispielsweise griechischen Namen können Sie sich eine zusätzliche Buchstaben-leiste einblenden.

TIPP   **HINWEIS**   **HINWEIS**

Start

E-Mail

Kalender

1

Kontakte

Neue
E-Mail-Nachricht

Aufgaben

Unbenannt - Nachricht (HTML)

Datei | Nachricht | Einfügen | Optionen | Text formatieren | Überprüfen

Ausschneiden
Kopieren
Einfügen
Format übertragen

Zwischenablage | Basistext | Namen

11 · A⁺ A⁺ | ☰ · ☰ · | Adressbuch | Namen überprüfen

F K U | A · | ☰ ☰ ☰ | ☰ ☰

Senden

Von ▾ | gustl.gans@yahoo.de

An...

Cc...

Betreff:

2

Namen auswählen: Kontakte

Suchen: ● Nur Name ○ Mehr Spalten | **Adressbuch**

f | OK | Kontakte - gustl.gans@yahoo.de ▾ | Erweiterte Suche

3

Name	Anzeigename	E-Mail-Adresse
FCS-München	FCS-München (fcs-m@link-m.de)	fcs-m@link-m.
Franz, Erik	Erik Franz (erik@franz-online.com)	erik@franz-on
Franz, Susanne	Susanne Franz (susanne@franz-online.com)	susanne@fran
Freiwah, Tom	tomrider67@web.de	tomrider67@v
Freiwah, Tom	Tom Freiwah	tfreiwah@crai
Freundlich, Fritz	Freundlich, Fritz (info@freundlich.de)	info@freundlic
Freundlich, Fritz	Freundlich, Fritz (fritz-privat@web.de)	fritz-privat@w
Fromm, Oskar	oskar.fromm@t-online.de	oskar.fromm@
Hahn, Rainer.	rainer.hahn@sv-corporate-media.de	rainer.hahn@
Hahner, Markus	'Markus Hahner'	markus.hahne
Hahner, Markus	Hahner, Markus (Fax Geschäft)	Markus Hahne
Härtl, Karin	Karin Härtl	Karin.Haertl@
Hastreiter, Astrid	Hastreiter, Astrid (a.hastreiter@link-m.de)	a.hastreiter@

An ->

Cc ->

Bcc ->

OK | Abbrechen

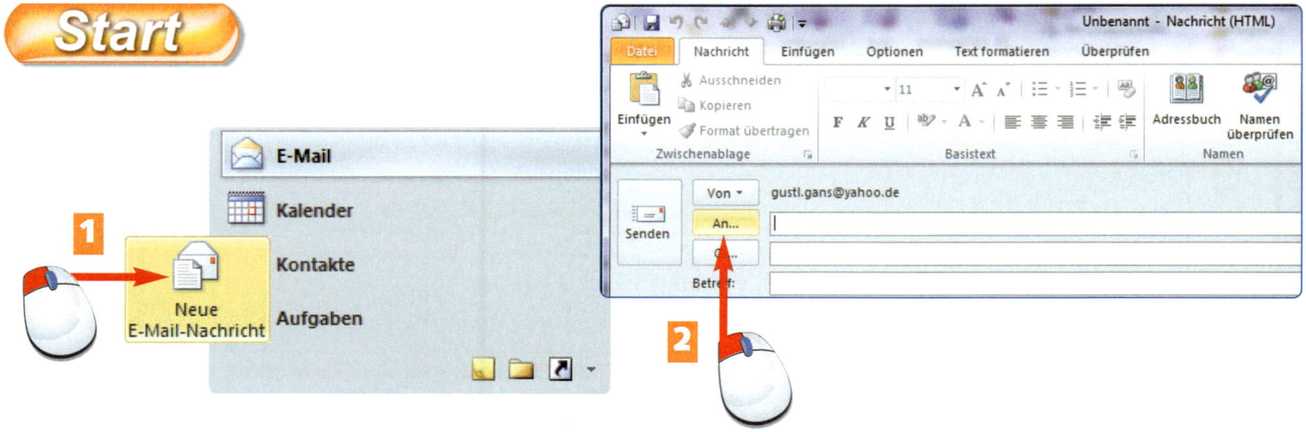

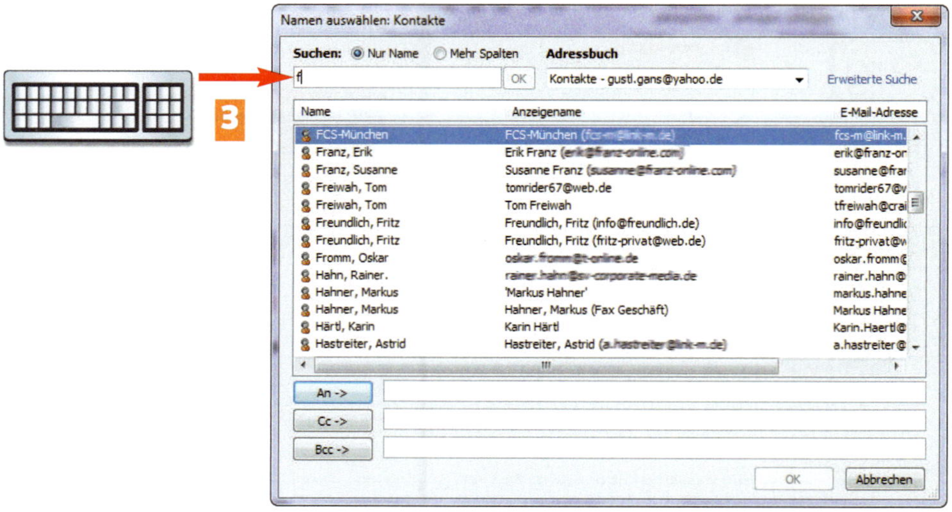

1 Der Zugriff auf das Adressbuch ist selbstverständlich auch über das Nachrichtenfenster verfügbar. Klicken Sie im Programmbereich *E-Mail* unter dem Register *Start* auf *Neue E-Mail-Nachricht*.

2 Im Nachrichtenfenster klicken Sie auf die Schaltfläche *An*.

3 Im folgenden Dialog tippen Sie am besten den Anfangsbuchstaben Ihres Kontakts (hier: *f*) ein, um gleich an die richtige Position zu springen.

Sofern Sie ein privater Nutzer von Outlook sind, werden alle wichtigen Informationen, wie E-Mail-Nachrichten, Termine, Aufgaben und natürlich auch die Kontakte, also die Adressen auf Ihrem Computer in Ihrer pst-Datei mit dem von Ihnen eingerichteten Konto gespeichert, zum Beispiel *gustl.gans@yahoo.de.pst*.

WISSEN

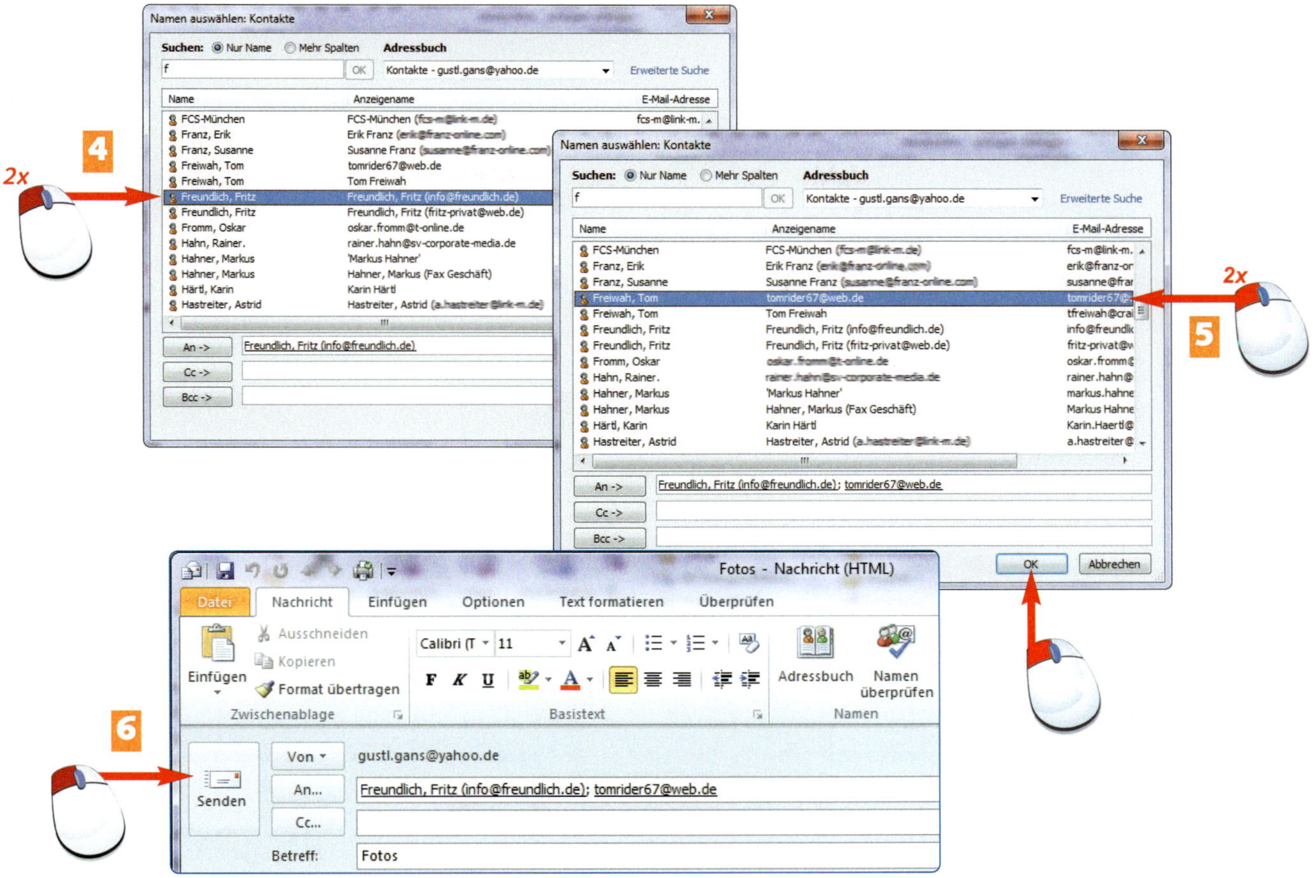

4 Doppelklicken Sie auf den Kontakt, dem Sie eine E-Mail schicken möchten. Die E-Mail-Adresse erscheint unten im Dialogfeld unter *An*.

5 Markieren Sie mit einem weiteren Doppelklick einen anderen Kontakt, dem die E-Mail-Nachricht ebenfalls zukommen soll. Bestätigen Sie mit *OK*.

6 Die beiden E-Mail-Adressen hat Outlook ins Nachrichtenfenster übernommen. Schreiben Sie Ihre E-Mail und schicken Sie sie mit *Senden* an die gewählten Kontaktpersonen.

Wenn Sie eine E-Mail erhalten, fügen Sie den Absender ganz einfach zu Ihren Adressen hinzu. Klicken Sie mit der rechten Maustaste auf die E-Mail-Adresse und wählen Sie *Zu Outlook Kontakten hinzufügen*.

Wenn ein Name aus dem Adressbuch schon einmal aktiv ausgewählt wurde, reicht das Eintippen des ersten Buchstabens. Daraufhin erscheinen die E-Mail-Adressen zur sofortigen Auswahl.

HINWEIS

TIPP

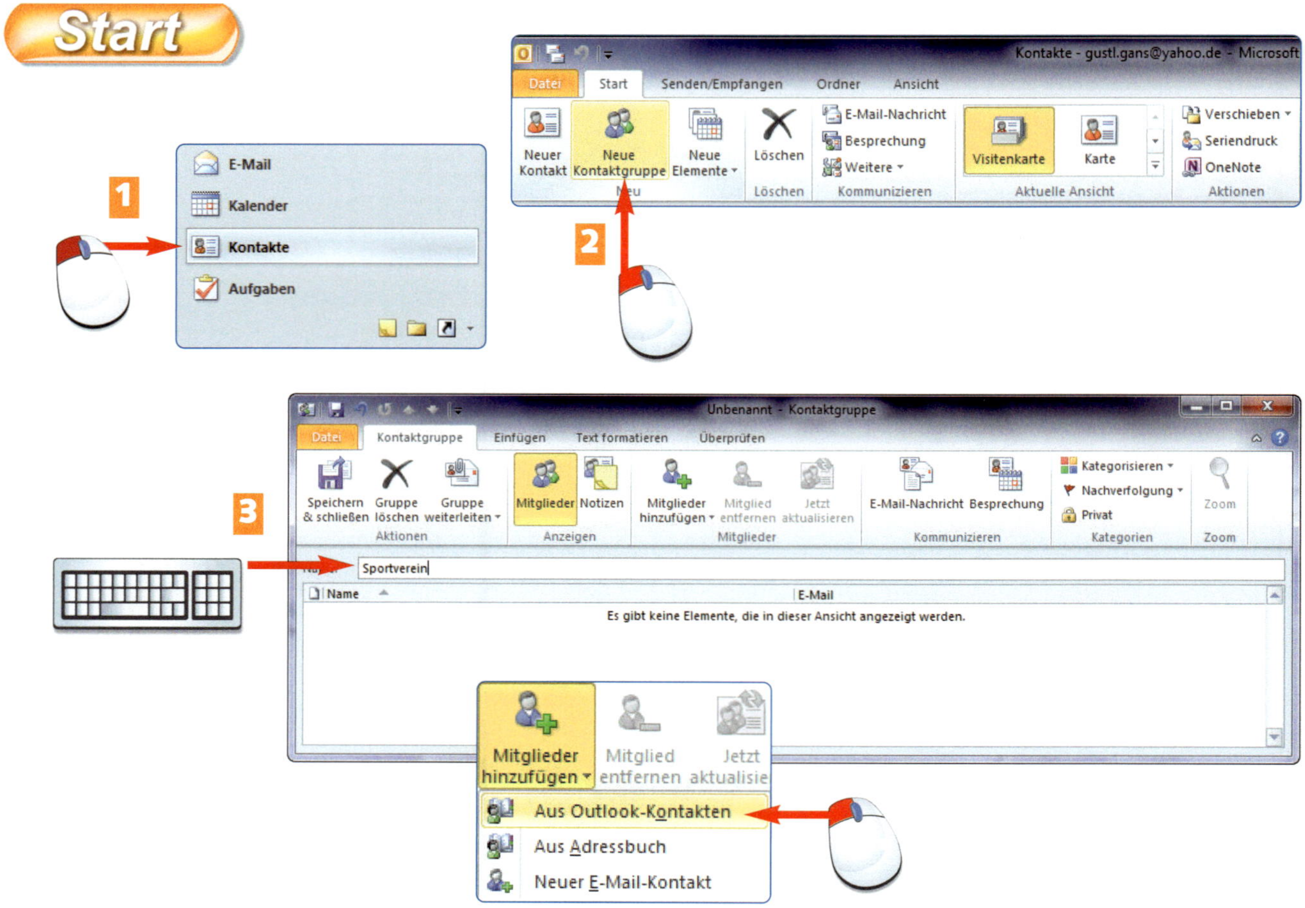

Start

1 Wählen Sie im Navigationsbereich die *Kontakte* aus.

2 Klicken Sie unter dem Register *Start* auf *Neue Kontaktgruppe,* um das Dialogfeld *Kontaktgruppe* aufzurufen.

3 Geben Sie im folgenden Dialog der Kontaktgruppe einen *Namen* ein (hier: *Sportverein*). Klicken Sie im Menüband auf *Mitglieder hinzufügen/Aus Outlook-Kontakten.*

In die Kontaktgruppe können bestimmte Personenkreise aufgenommen werden, zum Beispiel die Mitglieder eines Vereins. Vorteil: Sie müssen nicht mehr jedes einzelne Mitglied aus dem Adressbuch auswählen, sondern markieren einmal die Kontaktgruppe, um die E-Mail-Nachricht an alle betroffenen Personen gleichzeitig zu senden.

WISSEN

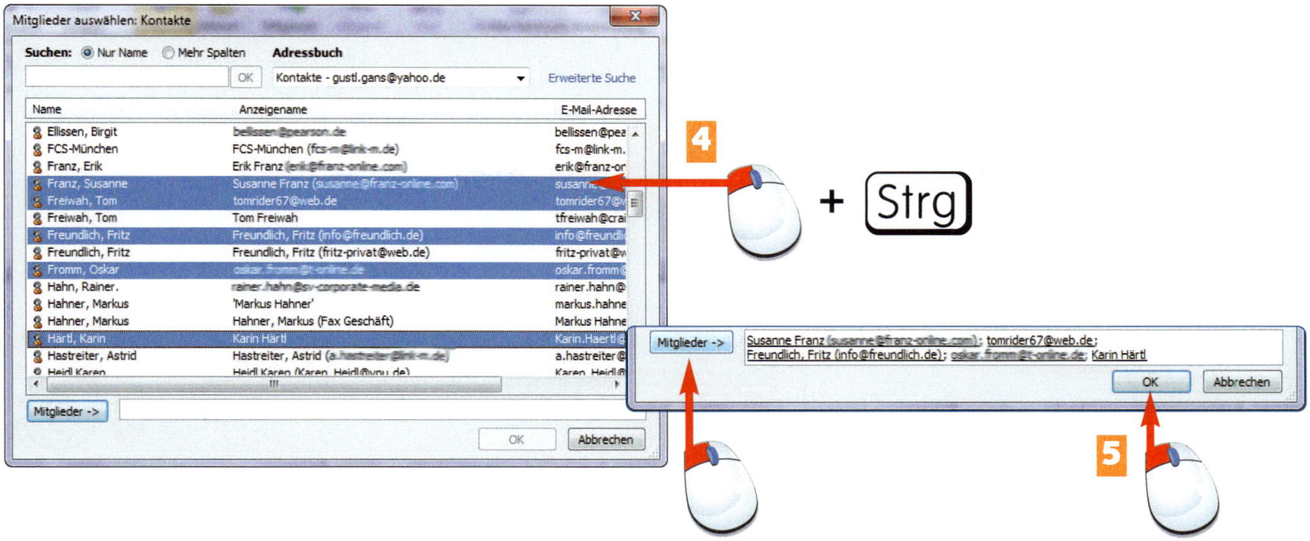

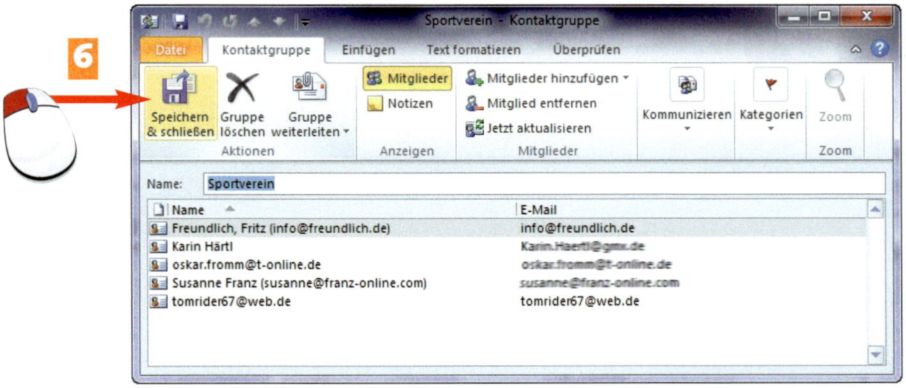

4 Markieren Sie mit gedrückter Strg-Taste die Kontakte, die Sie in die Kontaktgruppe aufnehmen.

5 Fügen Sie die markierten Kontakte mit einem Klick auf *Mitglieder* der Liste hinzu und bestätigen Sie die Auswahl mit *OK*.

6 Verlassen Sie die Kontaktgruppe mit *Speichern & schließen*.

Ende

In den Kontakten erscheint die Kontaktgruppe unter dem gespeicherten Namen. Mit Doppelklick rufen Sie sie auf, um sie weiter zu bearbeiten.

HINWEIS

Ein Mitglied ist ausgestiegen? Dann löschen Sie es einfach, indem Sie den Kontakt markieren und anschließend auf *Mitglied entfernen* klicken.

HINWEIS

Ist Ihnen ein Kontakt entgangen, klicken Sie erneut auf *Mitglieder hinzufügen*, um ihn nachträglich der Kontaktgruppe hinzuzufügen.

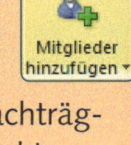

HINWEIS

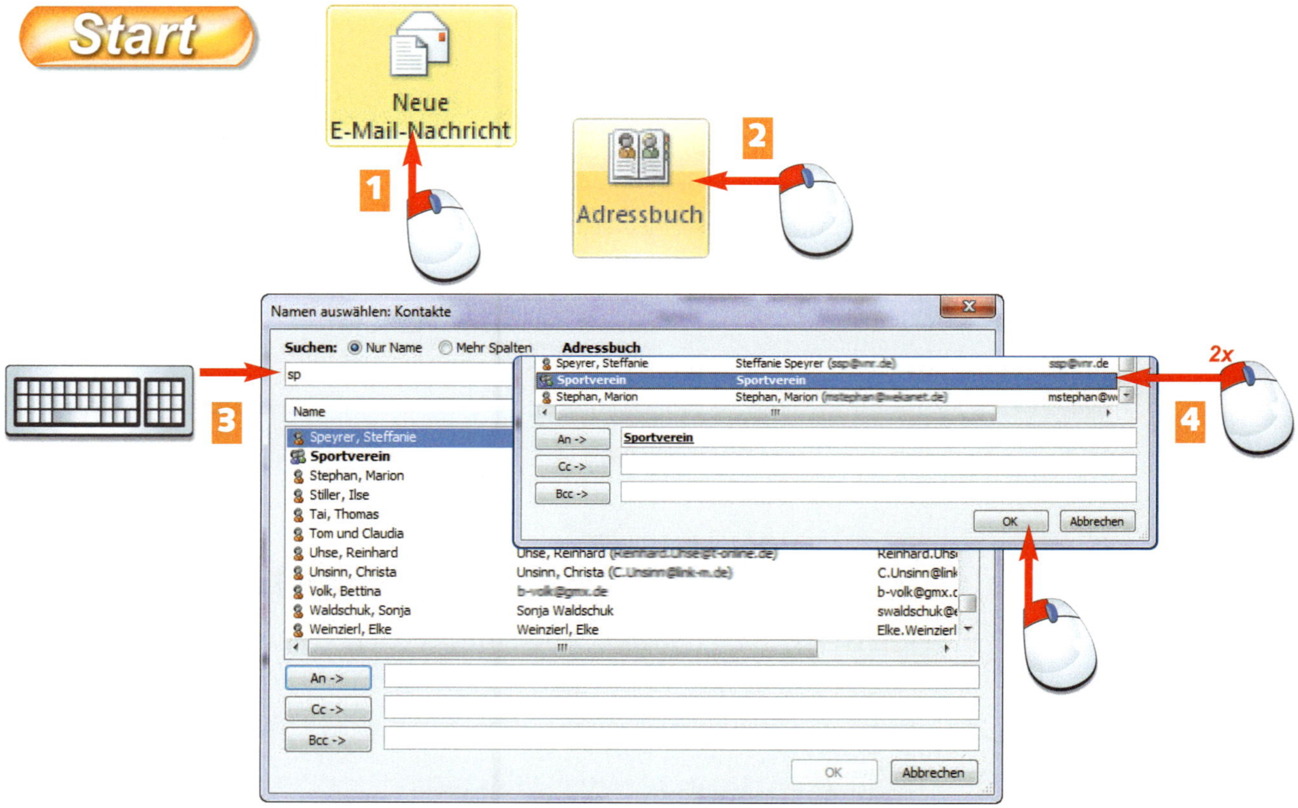

Start

Neue
E-Mail-Nachricht

1

2

Adressbuch

Namen auswählen: Kontakte

Suchen: ● Nur Name ○ Mehr Spalten   Adressbuch

sp

3

Name

Speyrer, Steffanie	Steffanie Speyrer (ssp@vnr.de)	ssp@vnr.de
Sportverein	Sportverein	
Stephan, Marion	Stephan, Marion (mstephan@wekanet.de)	mstephan@w

2x

An -> | Sportverein

Cc ->

Bcc ->

OK   Abbrechen

4

Speyrer, Steffanie
Sportverein
Stephan, Marion
Stiller, Ilse
Tai, Thomas
Tom und Claudia
Uhse, Reinhard — Uhse, Reinhard (Reinhard.Uhse@t-online.de) — Reinhard.Uhs
Unsinn, Christa — Unsinn, Christa (C.Unsinn@link-m.de) — C.Unsinn@link
Volk, Bettina — b-volk@gmx.de — b-volk@gmx.c
Waldschuk, Sonja — Sonja Waldschuk — swaldschuk@e
Weinzierl, Elke — Weinzierl, Elke — Elke.Weinzierl

An ->

Cc ->

Bcc ->

OK   Abbrechen

1 Wechseln Sie im Navigationsbereich auf *E-Mail*. Schreiben Sie eine neue E-Mail mit Klick auf *Neue E-Mail-Nachricht*.

2 Rufen Sie das *Adressbuch* über das Menüband auf.

3 Geben Sie den Anfangsbuchstaben oder die ersten beiden Buchstaben der Kontaktgruppe ein, um sie möglichst schnell zu finden.

4 Doppelklicken Sie auf die Kontaktgruppe (hier: *Sportverein*) und bestätigen Sie mit *OK*.

Eine Kontaktgruppe ist praktisch, wenn Sie immer an die gleichen Personen Ihre E-Mails versenden möchten. Sollten sich Änderungen bei der Personenauswahl ergeben, kann eine Kontaktgruppe jederzeit bearbeitet und aktualisiert werden.

WISSEN

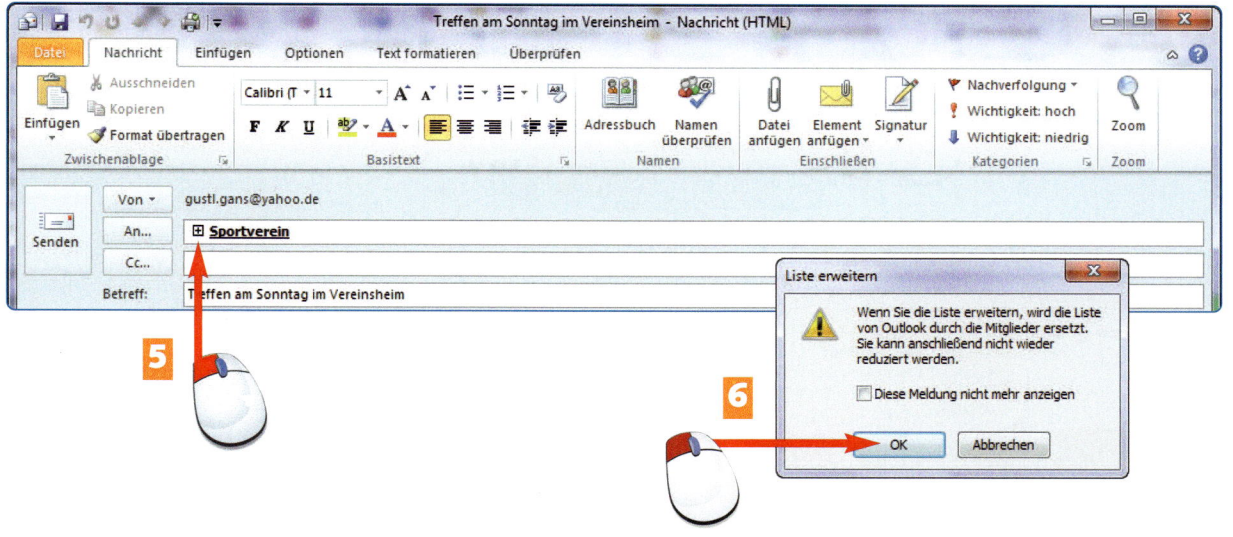

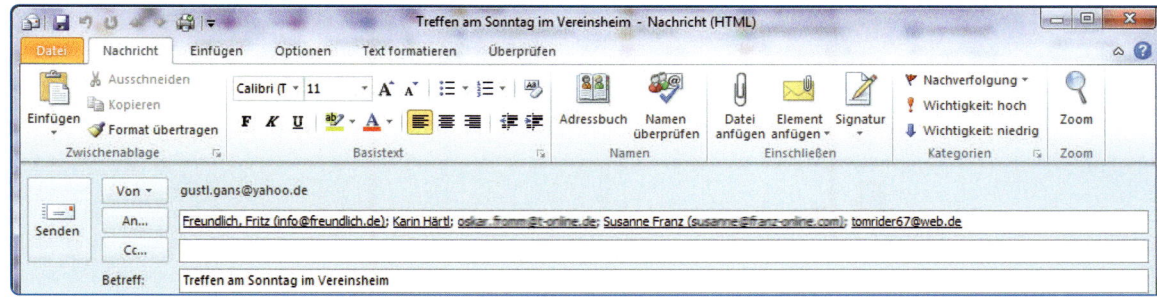

5 Im Feld *An* des E-Mail-Nachrichtenfensters erscheint die Kontaktgruppe. Sie ist fett hervorgehoben und mit einem vorangestellten Pluszeichen gekennzeichnet. Mit einem Klick auf das Pluszeichen öffnen Sie die Kontaktgruppe (nicht zwingend notwendig).

6 Outlook warnt Sie, dass die Kontaktgruppe in dieser Form nicht mehr angezeigt werden kann. Macht nichts, klicken Sie trotzdem auf *OK,* wenn Sie die einzelnen Mitglieder sehen möchten.

7 Jetzt sind die einzelnen Mitglieder der Kontaktgruppe im Adressfeld der E-Mail-Nachricht aufgelistet.

Im Adressbuch lassen sich Kontakte nicht nur mit der Eingabe des ersten Anfangsbuchstabens, sondern auch mit der Eingabe der ersten beiden Buchstaben suchen, z.B. mit *sp* für *Sportverein*.

Die Kontaktgruppe muss natürlich vor dem Versenden der E-Mail-Nachricht nicht geöffnet werden. Allerdings kann nach dem Öffnen das ein oder andere Mitglied doch noch schnell aus der Adressleiste gelöscht werden.

TIPP

HINWEIS

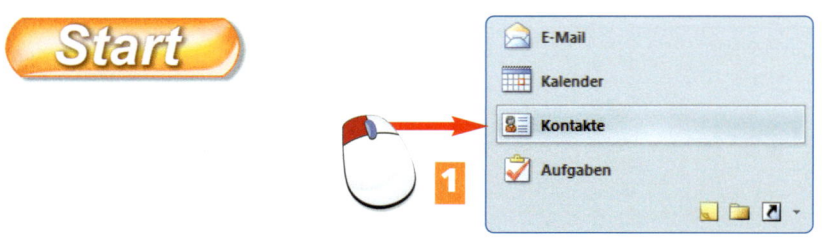

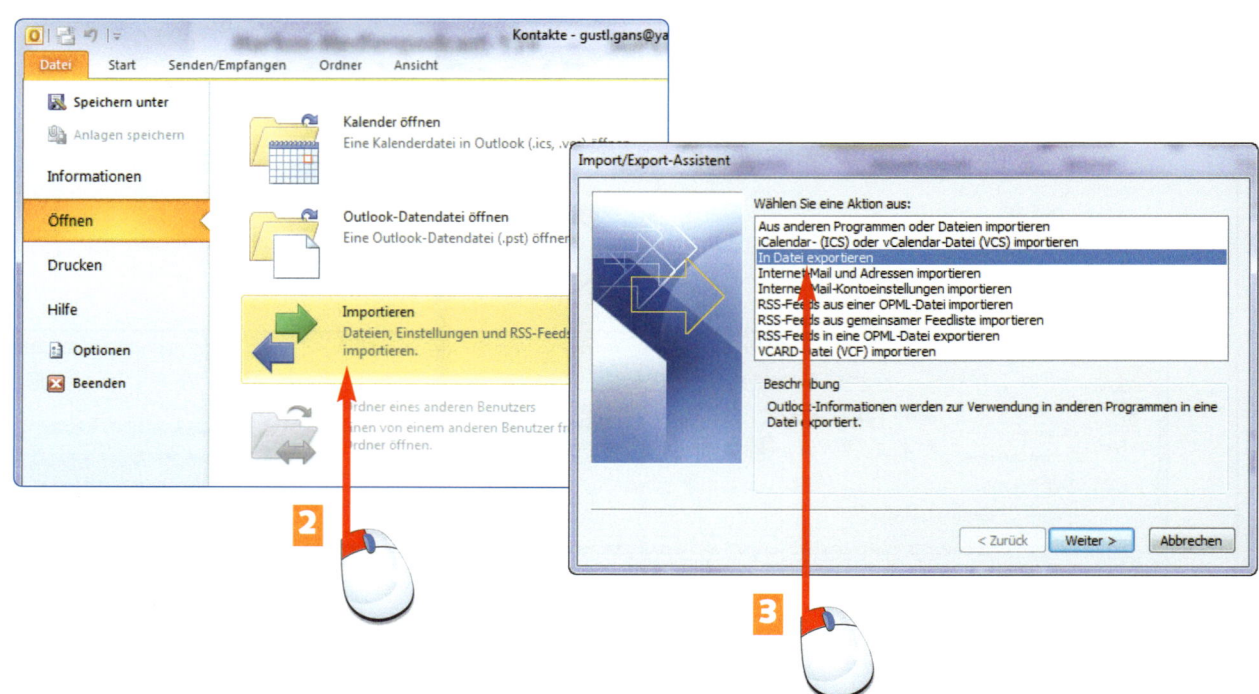

1 Um Adressen in einer separaten Datei zu speichern, beginnen Sie mit einem Klick im Navigationsbereich auf *Kontakte*.

2 Wählen Sie *Datei/Öffnen/Importieren*. Damit öffnen Sie den *Import/Export-Assistenten*.

3 Markieren Sie im Import/Export-Assistenten *In Datei exportieren* und klicken Sie auf *Weiter*.

Haben Sie Ihre ganzen Adressen in Outlook gespeichert, überkommt Sie sicherlich irgendwann die Angst: „Was mache ich, wenn mein Computer kaputt geht und all meine Adressen weg sind?" Da hilft nur eins, die Adressen in einer eigenen Datei zu sichern und sie anschließend auf einem externen Datenträger, zum Beispiel USB-Stick, aufzubewahren.

WISSEN

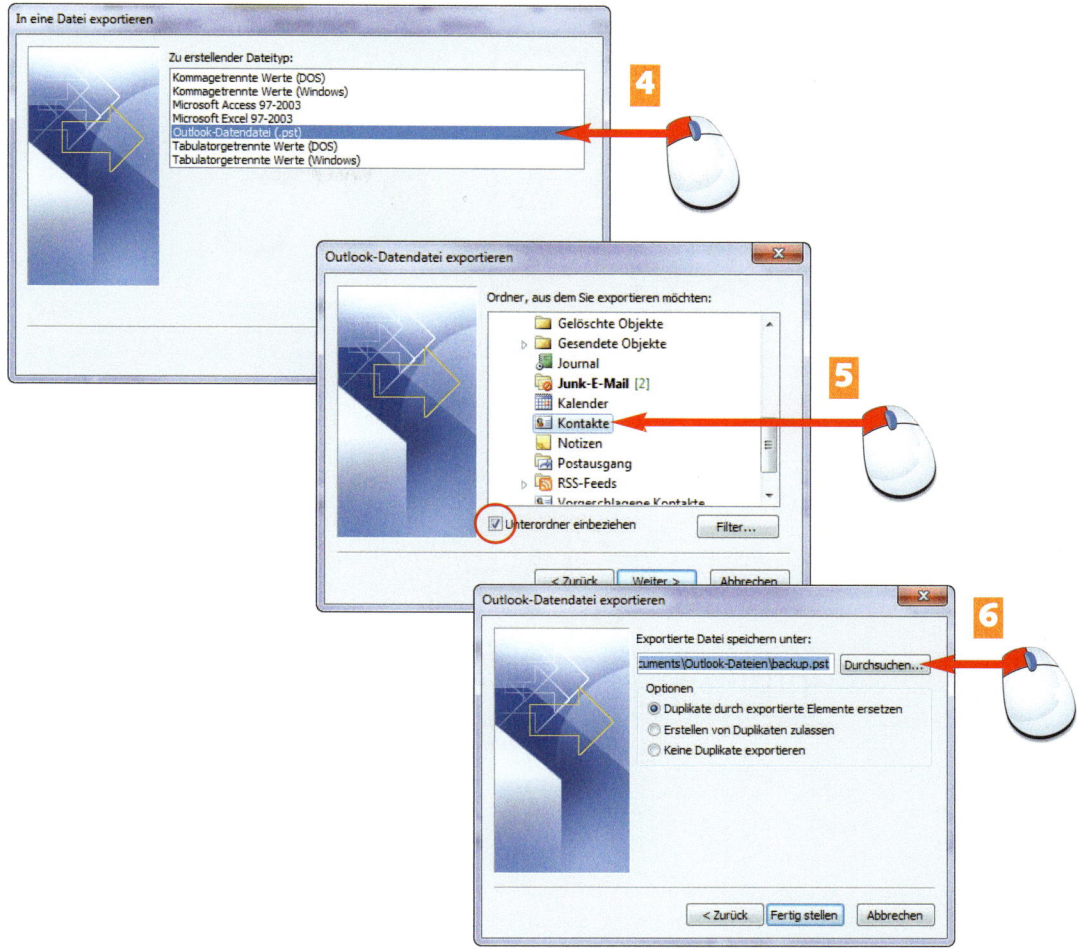

4 Markieren Sie im folgenden Schritt *Outlook Datendatei (.pst)* und klicken Sie auf *Weiter*.

5 Markieren Sie *Kontakte* und aktivieren Sie *Unterordner einbeziehen.* Bestätigen Sie mit *Weiter*.

6 Wählen Sie den Speicherort für Ihre Sicherungsdatei aus, indem Sie auf *Durchsuchen* klicken.

Möchten Sie eine detaillierte Auswahl der zu sichernden Adressen erstellen, klicken Sie auf die Schaltfläche *Filter* (siehe Bild 5).

Über den *Import/Export-Assistenten* können Sie nicht nur Ihre Adressen, sondern auch Ihre E-Mails, Aufgaben, Notizen und Ihren Termin-kalender sichern.

HINWEIS   **HINWEIS**

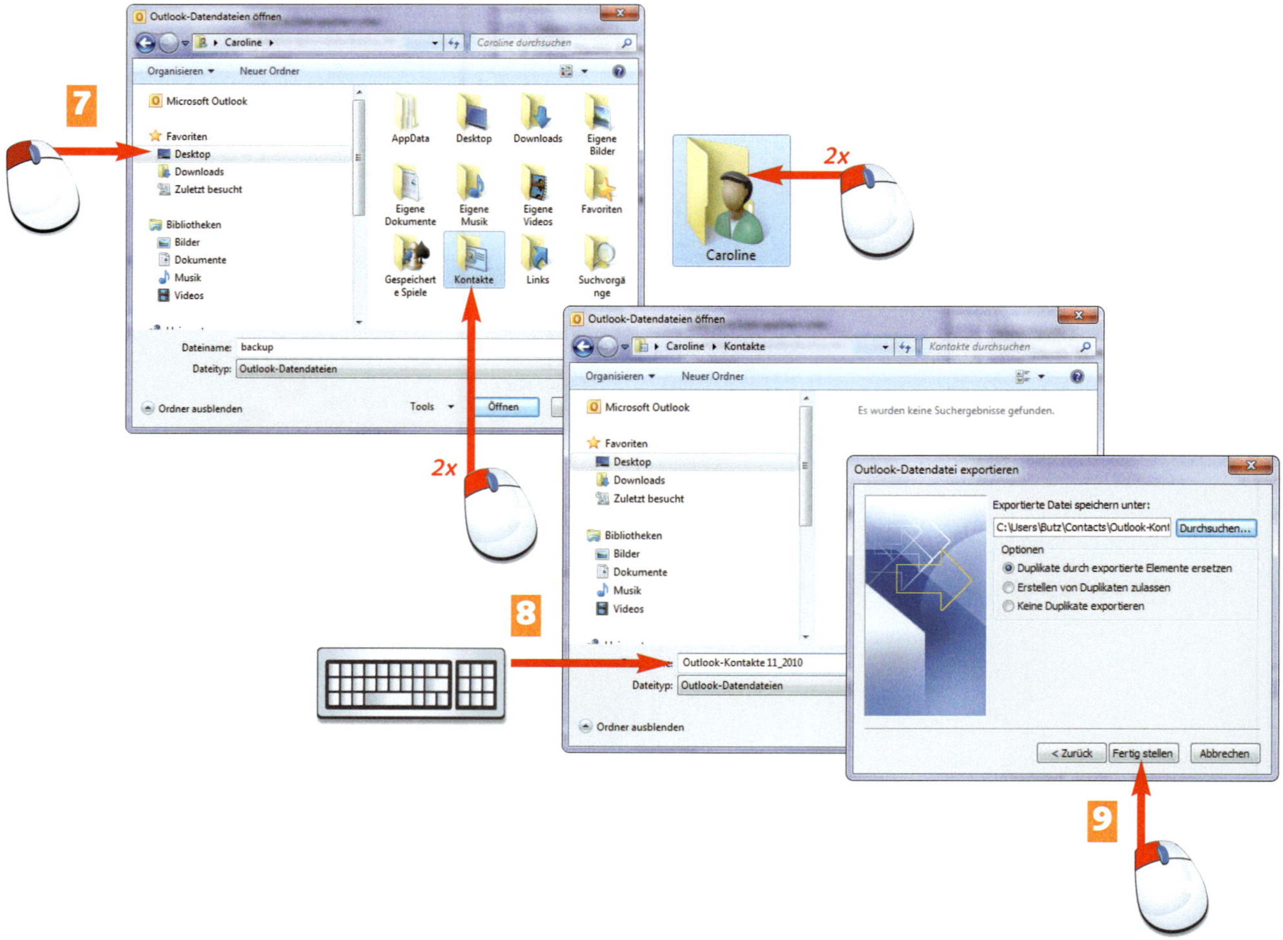

7 Markieren Sie beispielsweise Ihren eigenen Ordner (hier: *Desktop/Caroline*) und wählen Sie den Ordner *Kontakte* mit Doppelklick aus.

8 Geben Sie den Adressen einen *Dateinamen* (hier: *Outlook-Kontakte 11_2010*) und bestätigen Sie mit *OK*.

9 Der Speicherort wird von Outlook im Feld *Exportierte Datei speichern unter* angezeigt. Klicken Sie auf *Fertig stellen*.

Windows 7 hält bei der Anzeige des Speicherorts eine Überraschung für Sie bereit: Nachdem beispielsweise der Ordner *Kontakte* ausgewählt wurde, zeigt Outlook im Dialogfeld *Persönliche Datendatei exportieren* nicht wie zu erwarten *Name/Kontakte* (hier: *Caroline/Kontakte*), sondern die englische Variante *C:\Users\Name\Contacts* an.

WISSEN

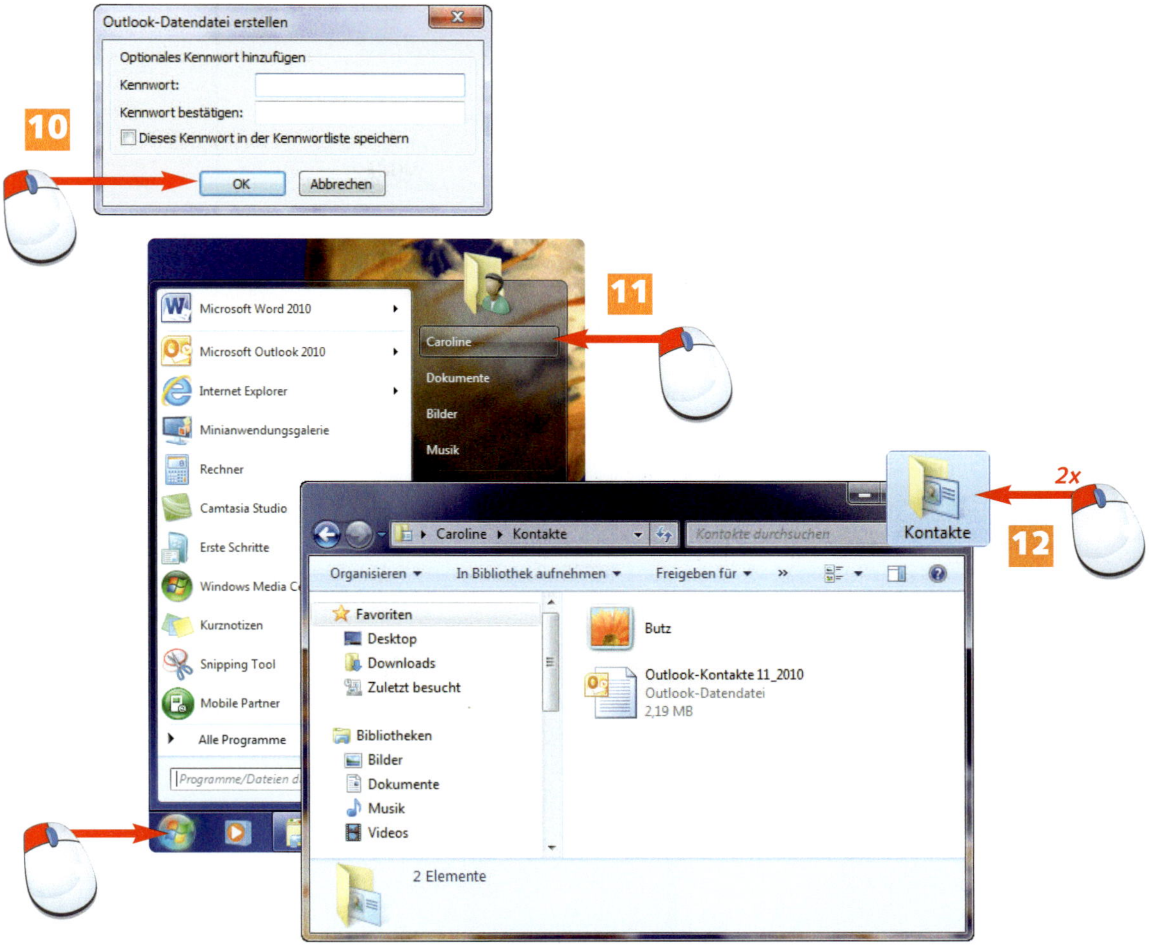

10 Je nach Sicherheitsbedürfnis sichern Sie die Datei mit einem *Kennwort* und bestätigen mit *OK*. Es ist nicht zwingend erforderlich, ein Kennwort zu vergeben.

11 Möchten Sie kontrollieren, ob im Ordner *Kontakte* die Adressdatei von Outlook wirklich gespeichert wurde, dann klicken Sie auf *Start* und anschließend auf Ihren Ordner (hier: *Caroline*).

12 Öffnen Sie den Ordner *Kontakte* mit einem Doppelklick in der rechten Fensterhälfte.

Ende

Sichern Sie die soeben erstellte Adressdatei auf eine externe Festplatte, einen USB-Stick oder eine CD/DVD!	Wer sich mit der Dateiablage von Windows 7 nicht auskennt, findet nähere Informationen dazu im Buch „Start mit dem Computer", ebenfalls aus der Reihe „Bild für Bild".	Möchten Sie einen neuen Ordner anlegen, klicken Sie mit der rechten Maustaste in die rechte Fensterhälfte von *Kontakte* und wählen *Neu/Ordner* aus.
TIPP	**HINWEIS**	**HINWEIS**

Start

Kontakte - gustl.gans@ya...

Datei | Start | Senden/Empfangen | Ordner | Ansicht

Speichern unter
Anlagen speichern

Informationen

Öffnen

Drucken

Hilfe

Optionen

Kalender öffnen
Eine Kalenderdatei in Outlook (.ics, .vcs) öffnen.

Outlook-Datendatei öffnen
Eine Outlook-Datendatei (.pst) öffnen.

Importieren
Dateien, Einstellungen und RSS-Feeds in Out... importieren.

1

Import/Export-Assistent

Wählen Sie eine Aktion aus:

Aus anderen Programmen oder Dateien importieren
iCalendar- (ICS) oder vCalendar-Datei (VCS) importieren
In Datei exportieren
Internet-Mail und Adressen importieren
Internet-Mail-Kontoeinstellungen importieren
RSS-Feeds aus einer OPML-Datei importieren
RSS-Feeds aus gemeinsamer Feedliste importieren
RSS-Feeds in eine OPML-Datei exportieren
VCARD-Datei (VCF) importieren

2

Beschreibung

Daten werden aus anderen Programmen oder D
ACT!, Lotus Organizer, Outlook-Datendateien (
Textdateien und andere.

< Zurück

Datei importieren

Zu importierender Dateityp:

Kommagetrennte Werte (Windows)
Lotus Organizer 5.x
Lotus Organizer 97 GS
Microsoft Access 97-2003
Microsoft Excel 97-2003
Outlook Express 4.x, 5.x, 6.x oder Windows Mail
Outlook-Datendatei (.pst)
Persönliches Adressbuch

3

< Zurück | Weiter > | Abbrechen

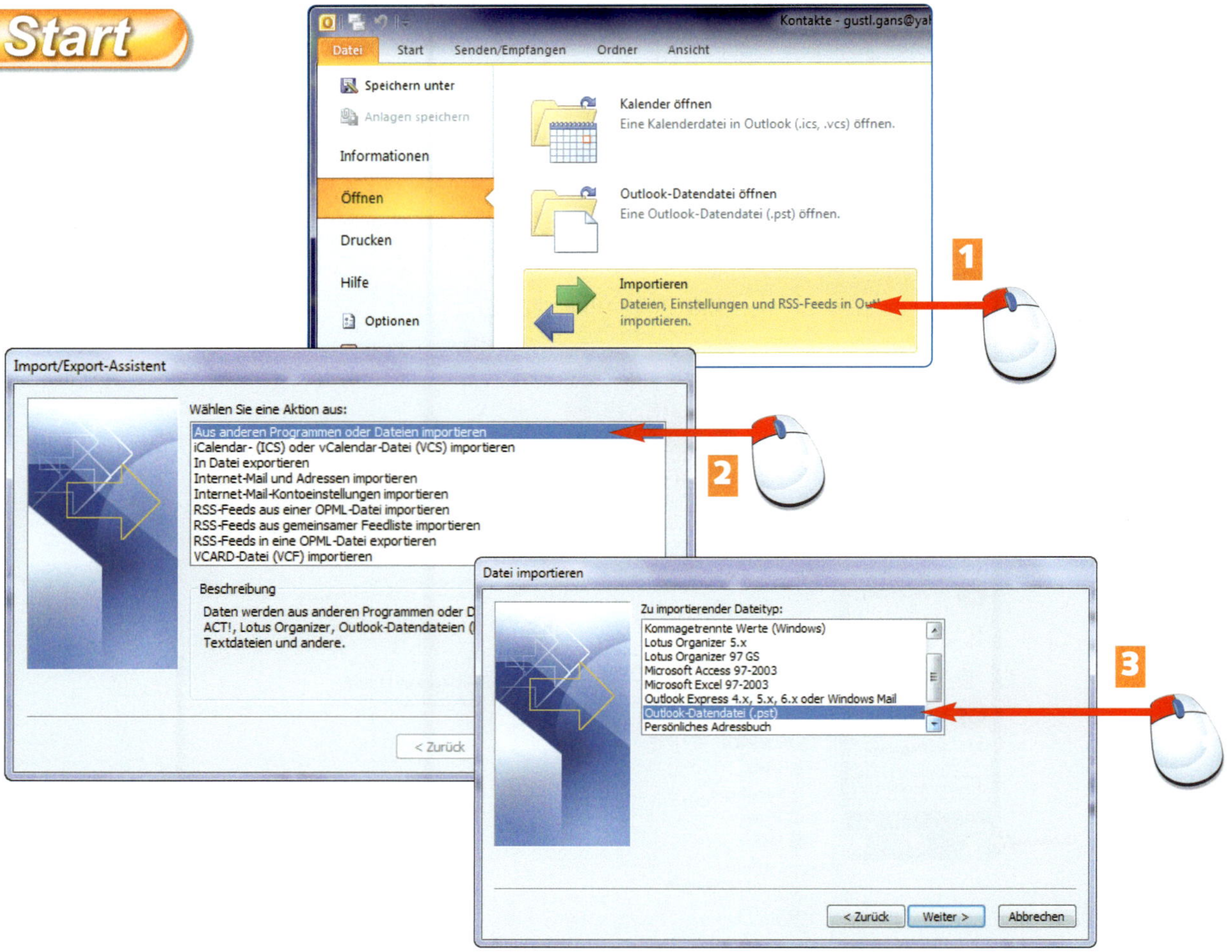

1 Gesicherte Adressen importieren Sie in Outlook folgendermaßen: Wählen Sie *Datei/Öffnen/Importieren*.

2 Wählen Sie im folgenden Dialog *Aus anderen Programmen oder Dateien importieren*. Bestätigen Sie mit *Weiter*.

3 Aktivieren Sie im folgenden Schritt *Persönliche Datendatei (.pst)* und klicken Sie auf *Weiter*.

Es ist so weit: Ihr alter Computer hat das Zeitliche gesegnet und Sie müssen Ihren neuen Computer betriebsbereit machen, unter anderem die Outlook-Adressen einspielen. Sollten Sie also Ihre Adressen gesichert haben, brauchen Sie sie nur zu importieren. Haben Sie sie nicht gesichert, müssen alle Adressen erneut erfasst werden.

WISSEN

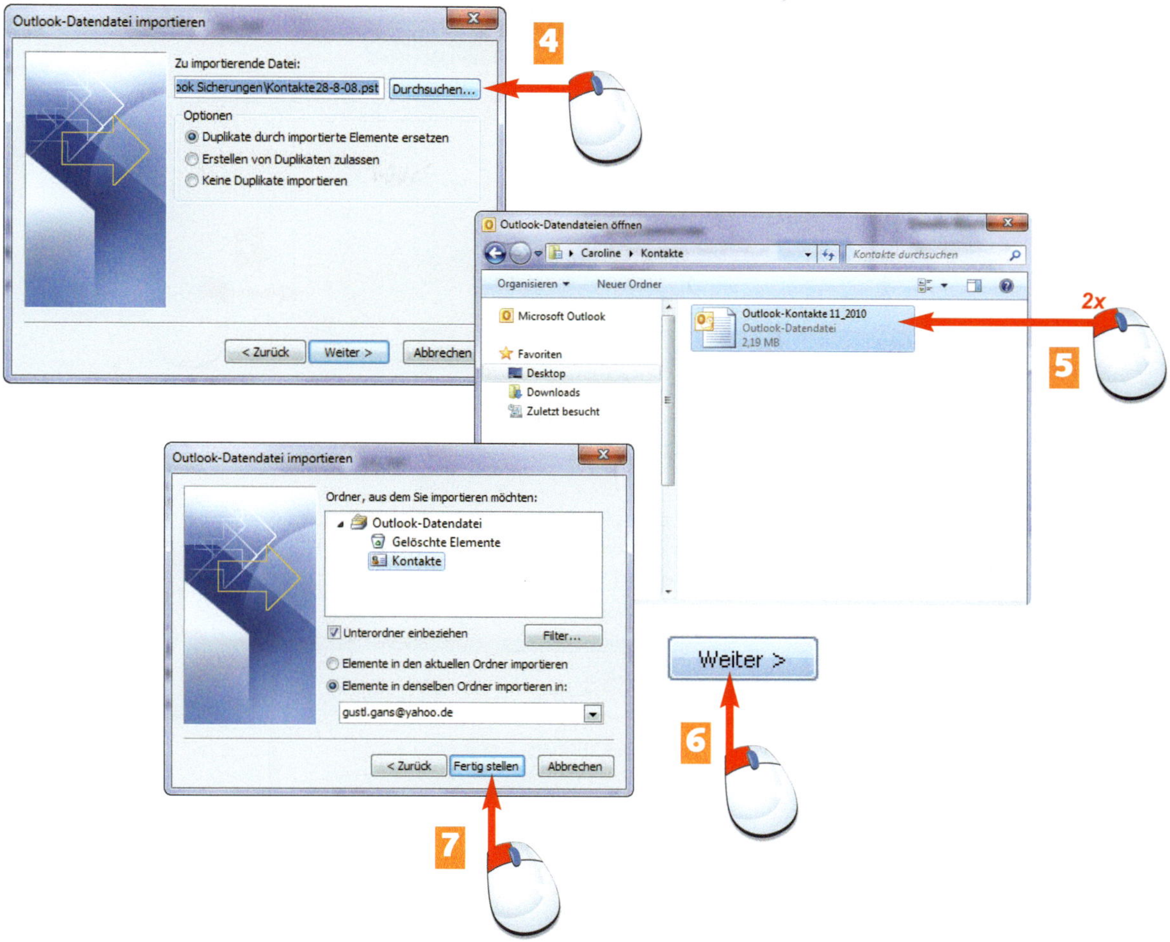

4 Klicken Sie auf *Durchsuchen,* um den Speicherort der Datei zu wählen.

5 Doppelklicken Sie auf die Adressdatei, um sie zu öffnen.

6 Bestätigen Sie den Import der Datei mit *Weiter*.

7 Markieren Sie *Kontakte* und klicken Sie auf *Fertig stellen.* Alle gespeicher-
ten Adressen stehen ab sofort wieder zur Verfügung.

Sollten Ihre Adressen auf einer externen Festplatte gespeichert sein, finden Sie sie unter dem Speicherort *Desktop/Computer.*

Ist die Adressdatei auf einem USB-Stick gespeichert, wählen Sie für den Import *Desktop/Computer* und anschließend das Laufwerk *(Wechseldatenträger)* des USB-Sticks aus. Dort markieren Sie die Adressdatei.

HINWEIS   **HINWEIS**

Start

Import/Export-Assistent

Wählen Sie eine Aktion aus:

Aus anderen Programmen oder Dateien importieren
iCalendar- (ICS) oder vCalender-Datei (VCS) importieren
In Datei exportieren
Internet-Mail und Adressen importieren
Internet-Mail-Kontoeinstellungen importieren
RSS-Feeds aus einer OPML-Datei importieren

In eine Datei exportieren

Zu erstellender Dateityp:

Kommagetrennte Werte (DOS)
Kommagetrennte Werte (Windows)
Microsoft Access 97-2003
Microsoft Excel 97-2003
Outlook-Datendatei (.pst)
Tabulatorgetrennte Werte (DOS)
Tabulatorgetrennte Werte (Windows)

< Zurück   Weiter >   Abbrechen

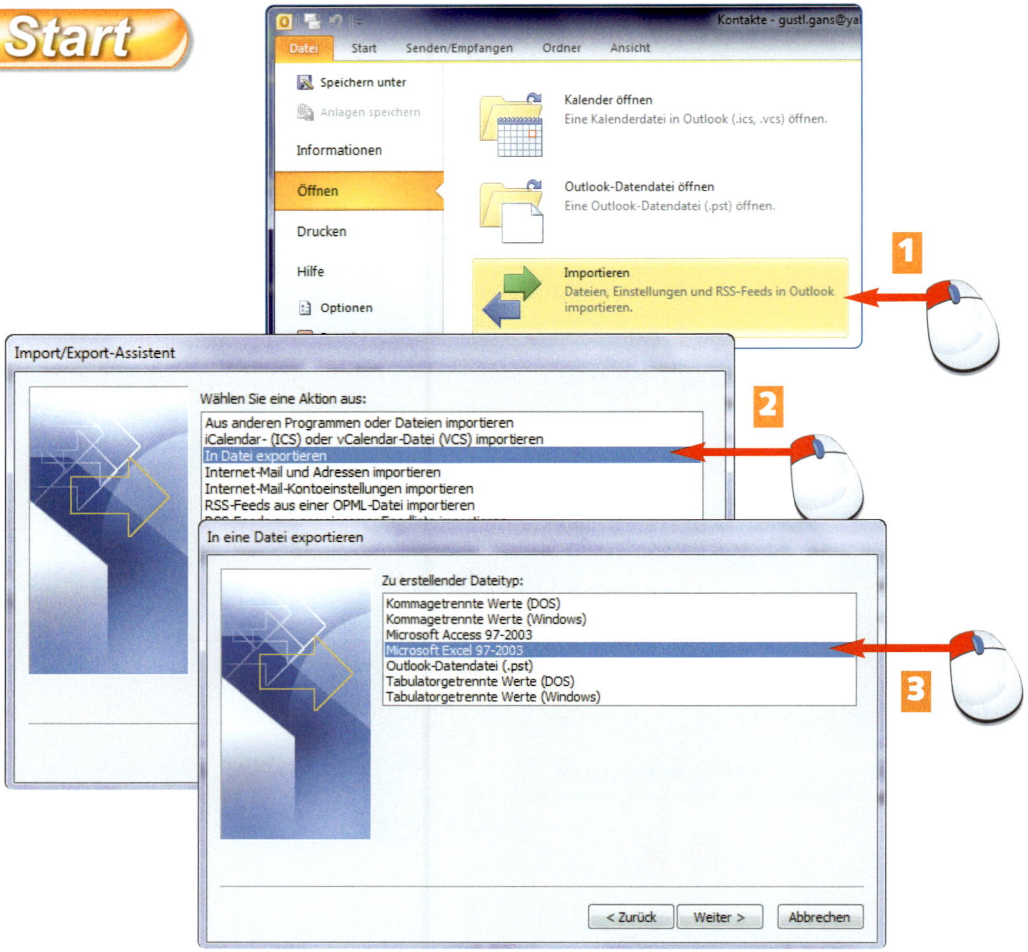

1 Um die Adressdaten als Excel-Datei abzuspeichern, klicken Sie auf *Datei/Öffnen/ Importieren*.

2 Markieren Sie im Import/Export-Assistenten die Option *In Datei exportieren* und bestätigen Sie mit *Weiter*.

3 Im folgenden Dialogfeld markieren Sie *Microsoft Excel 97-2003* und klicken auf *Weiter*.

Sie möchten einem Kollegen Ihre Adressen, die Sie mühsam in Outlook eingegeben haben, zur Verfügung stellen. Leider verwendet Ihr Kollege kein Outlook. Das macht nichts, denn Sie können die Adressen auch in einem anderen Dateiformat weitergeben, beispielsweise als Excel-Datei. Und schon kann auch Ihr Kollege die Adressen verwerten.

WISSEN

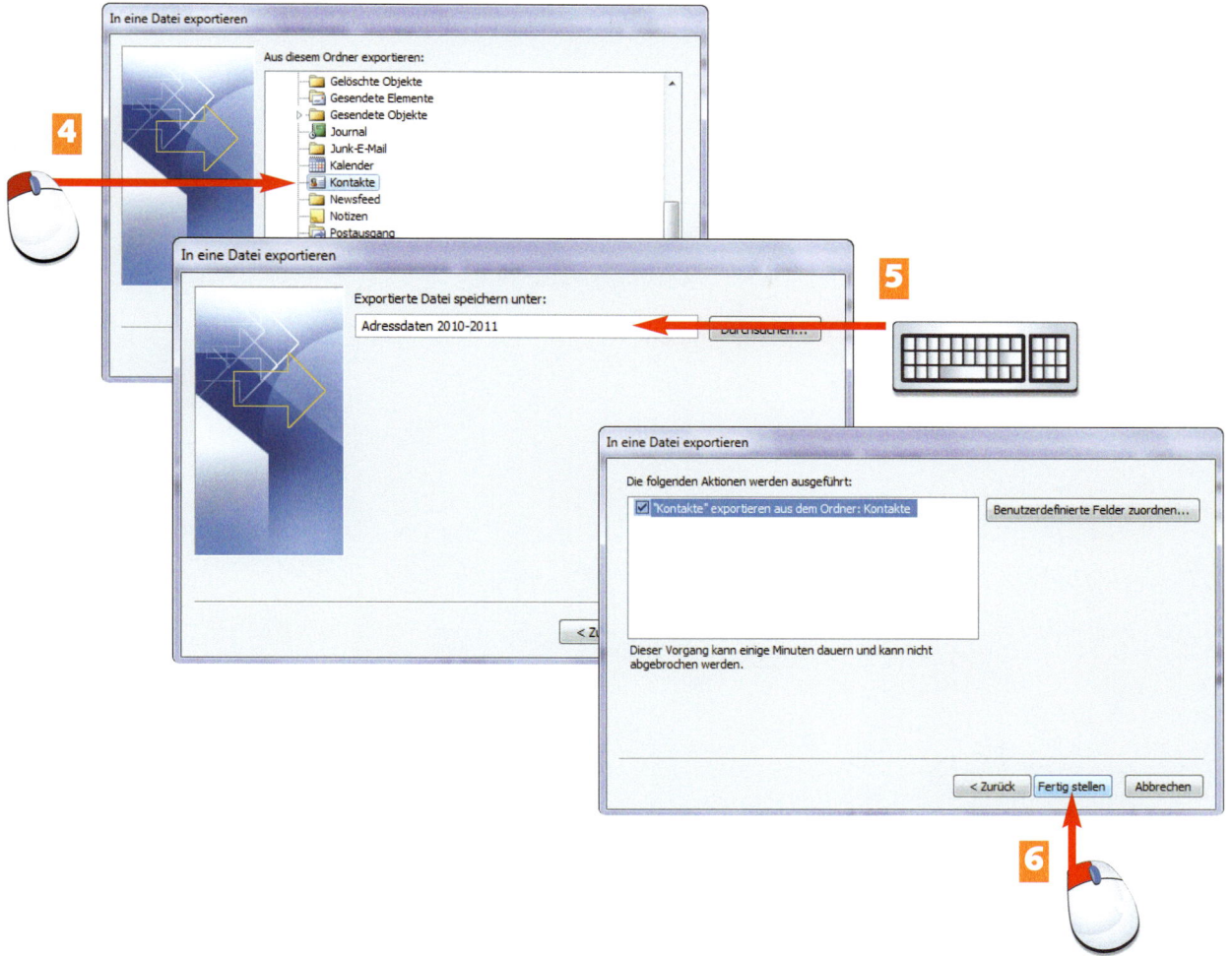

4 Markieren Sie Ihre *Kontakte* und klicken Sie auf *Weiter*.

5 Geben Sie der Adressdatei einen Namen (hier: *Adressdaten 2010-2011*) und klicken Sie auf *Weiter*.

6 Im folgenden Schritt klicken Sie auf *Fertig stellen*. Outlook wandelt die Kontakte in eine Excel-Datei um.

Ende

Wenn Sie den Speicherort nicht selbst bestimmen, legt Outlook die Datei automatisch im Ordner *Dokumente* ab.

Um die Adressdaten in Excel zu bearbeiten, starten Sie Excel über *Start/Alle Programme/Microsoft Office/ Microsoft Excel 2010* und öffnen die Adressen über *Datei/Öffnen*.

HINWEIS　　　**HINWEIS**

Erfolgreiches Zeitmanage-
ment mit dem Kalender

Optimale Terminplanung: Termine eingeben

Start

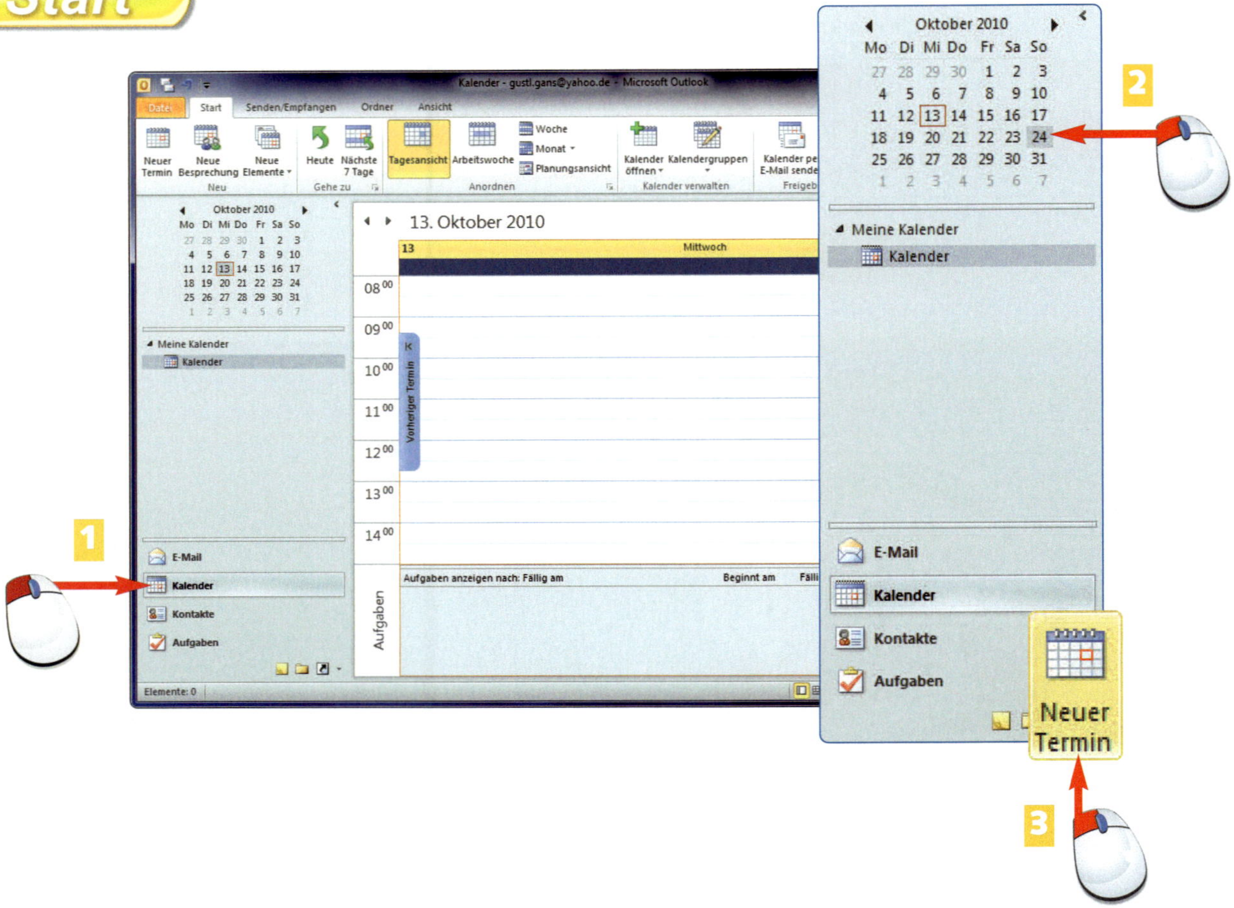

1. Wenn Sie einen Termin eingeben möchten, wechseln Sie im Navigationsbereich auf den *Kalender*.
2. Markieren Sie am besten gleich im Kalender mit einem Klick den Tag, für den Sie einen Termin eingeben möchten (hier: der *24. Oktober*). Der aktuelle Tag ist rot umrandet.
3. Klicken Sie auf *Neuer Termin*, um das Terminfenster zu öffnen.

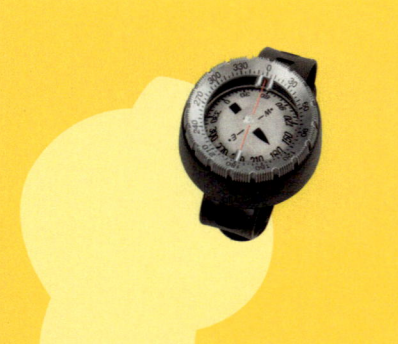

Wenn Sie viel vor Ihrem Computer sitzen, lohnt es sich, Termine mit dem Kalender von Outlook zu planen. Denn folgendes Szenario kann voraussichtlich nicht mehr auftreten: Der Friseurtermin überschneidet sich mit der geschäftlichen Besprechung von nächster Woche. Die Telefoniererei beginnt, es muss ein neuer Termin vereinbart werden.

WISSEN

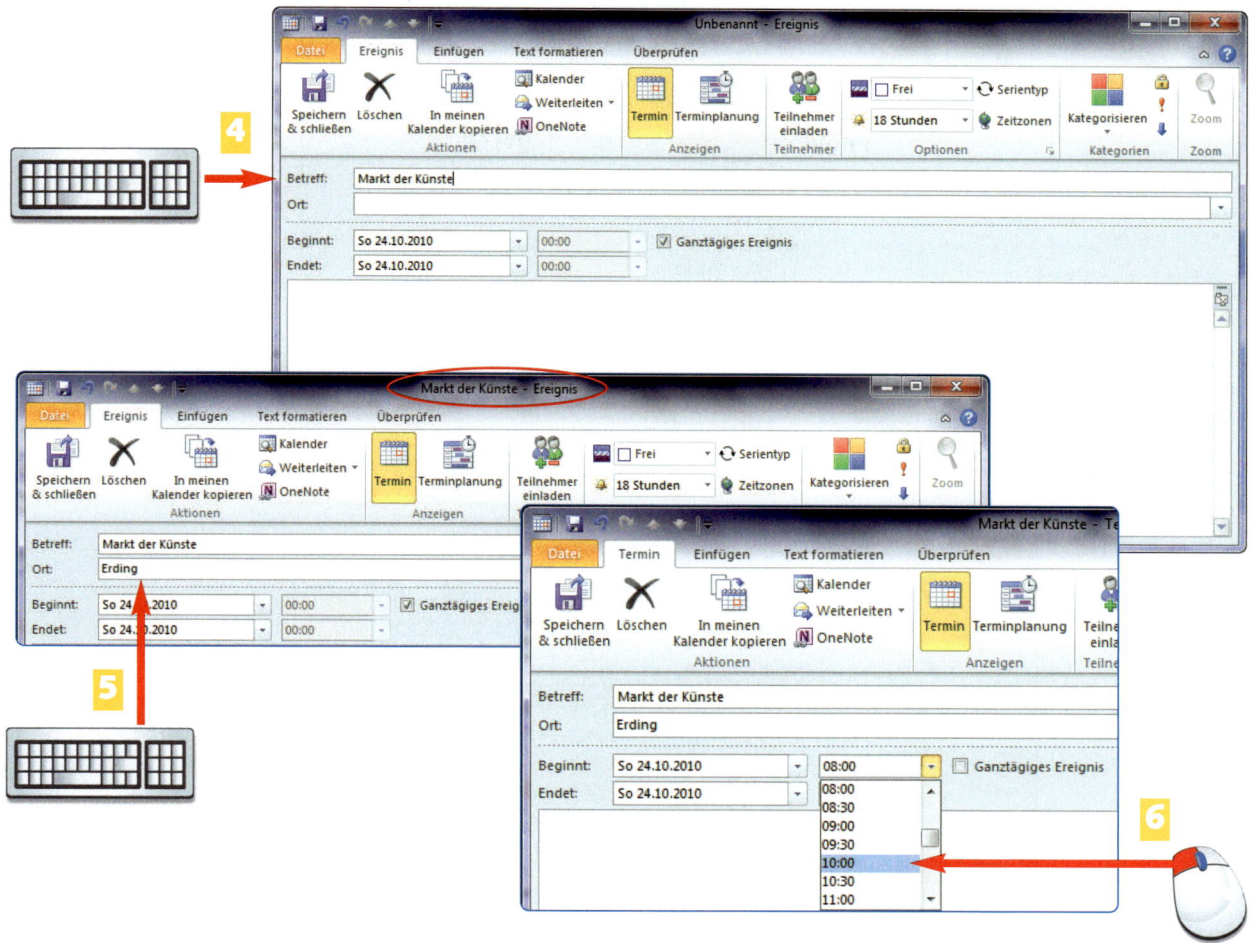

4 Geben Sie im Feld *Betreff* ein, um welchen Termin es sich handelt.

5 Sollte der Termin nicht am Arbeitsplatz stattfinden, geben Sie den *Ort* ein. Der Ort wird im Kalender unter dem Betreff oder in der gelben Info in Klammern angezeigt.

6 Geben Sie mit *Beginnt* die Uhrzeit an, wann der Termin startet, und legen Sie mit *Endet* das Ende des Termins fest.

Ist der *Betreff* eingetragen, wird der Termin in Outlook sofort benannt. Die Titelleiste trägt anschließend den Namen des Termins (siehe Bild 5).

Einen **Termin** oder eine Terminserie planen Sie nur für sich selbst. Andere Personen sind davon nicht betroffen.

Der Supertrick: Drücken Sie die Tastenkombination [Alt]+[2], um sich zwei Tage im Kalender anzeigen zu lassen. Oder [Alt]+[3], um drei Tage nebeneinander zu sehen, usw.

HINWEIS   FACHWORT   TIPP

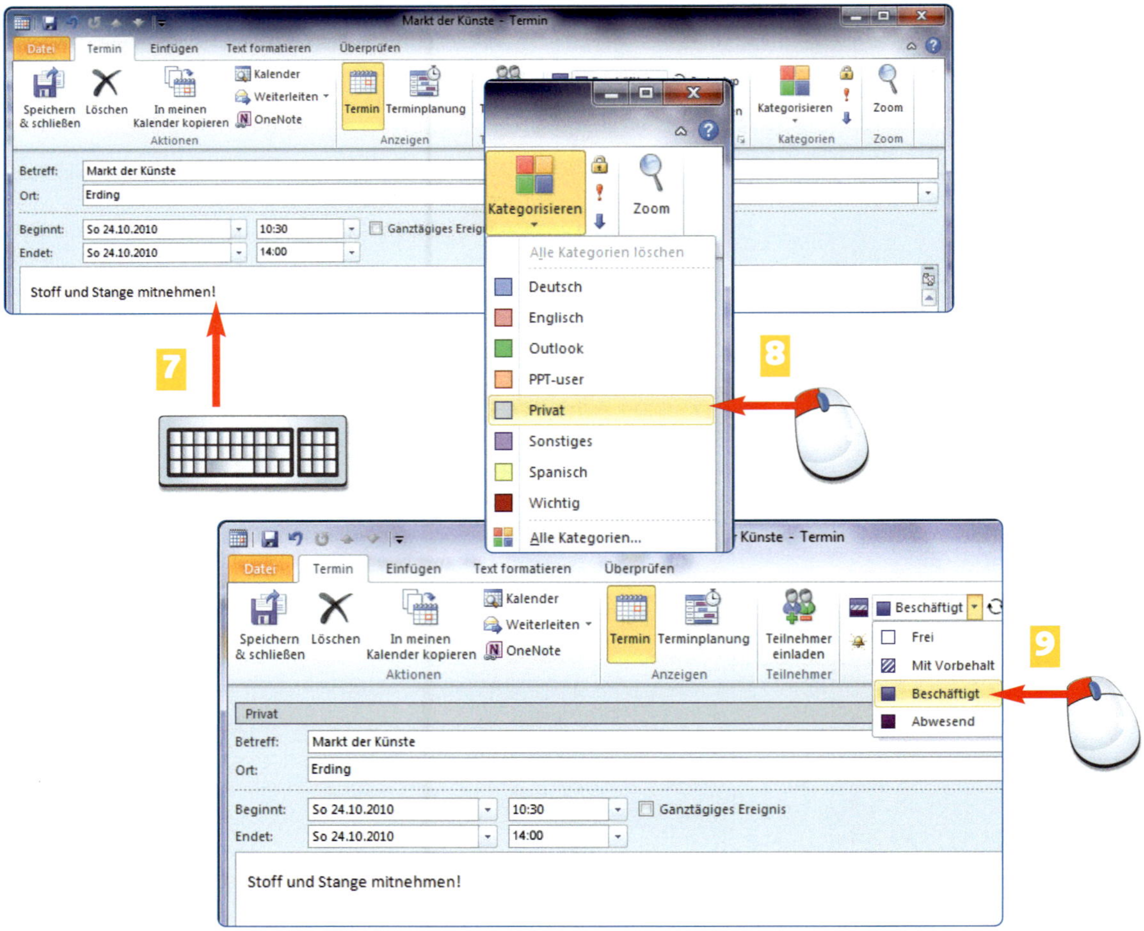

7 Falls Sie sich noch Notizen zu dem Termin machen möchten, geben Sie das in den freien weißen Bereich ein.

8 Heben Sie den Termin gleich farblich mit einer Kategorie hervor, damit Sie Ihre Termine im Kalender immer sofort zuordnen und später sortieren können.

9 Normalerweise legt Outlook für Sie automatisch fest, dass Sie bei diesem Termin *Beschäftigt* sind. Das heißt, kein zweiter Termin kann zu dieser Zeit eingetragen werden.

Wer seine Termine vernünftig planen will, sollte zwischen den Terminen immer etwas Luft zum Verschnaufen lassen. Oder Sie tragen einen Termin ein, der aber keinen Termin, sondern eine „stille Zeit" beinhaltet. Das ermöglicht Ihnen, in Ruhe den schon lange liegen gebliebenen Antrag zu schreiben oder die Ablage zu sortieren.

WISSEN

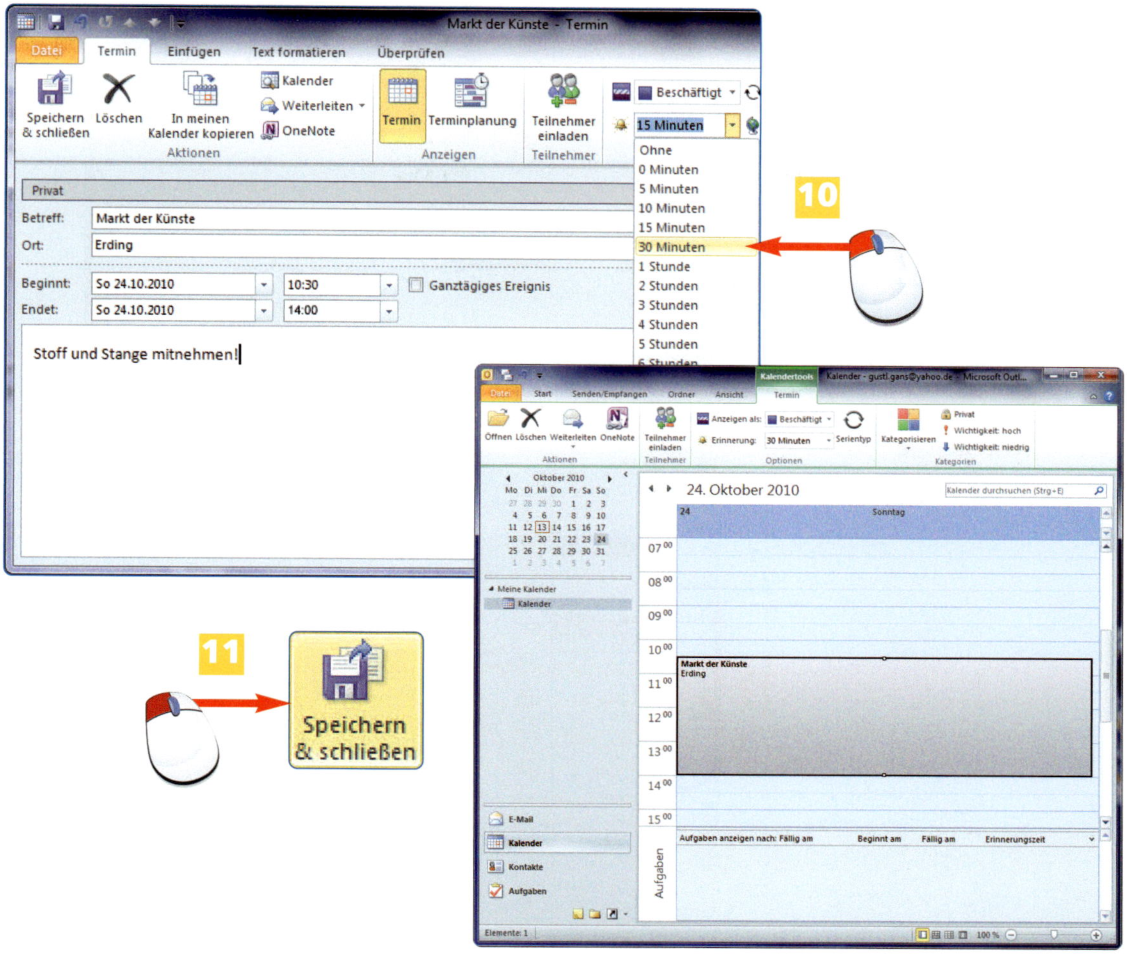

10 Müssen Sie beispielsweise Zeit für einen Ortswechsel einkalkulieren, dann lassen Sie sich von Outlook rechtzeitig erinnern, um nicht in Bedrängnis zu geraten.

11 Sind Sie mit den Einstellungen Ihres Termins zufrieden, bestätigen Sie mit *Speichern & schließen*.

12 So sieht Ihr frisch angelegter Termin in der Tagesansicht Ihres Kalenders aus.

Ende

Sie haben im Kalender geblättert, möchten aber ganz schnell wieder zum heutigen Tag zurückspringen: Klicken Sie auf *Heute* im Menüband des Kalenders.

Mit Doppelklick auf einen bereits  festgelegten Termin öffnen Sie das Terminfenster und können Änderungen vornehmen, zum Beispiel die Zeiten korrigieren.

HINWEIS   **TIPP**

Festgelegte Termine bearbeiten

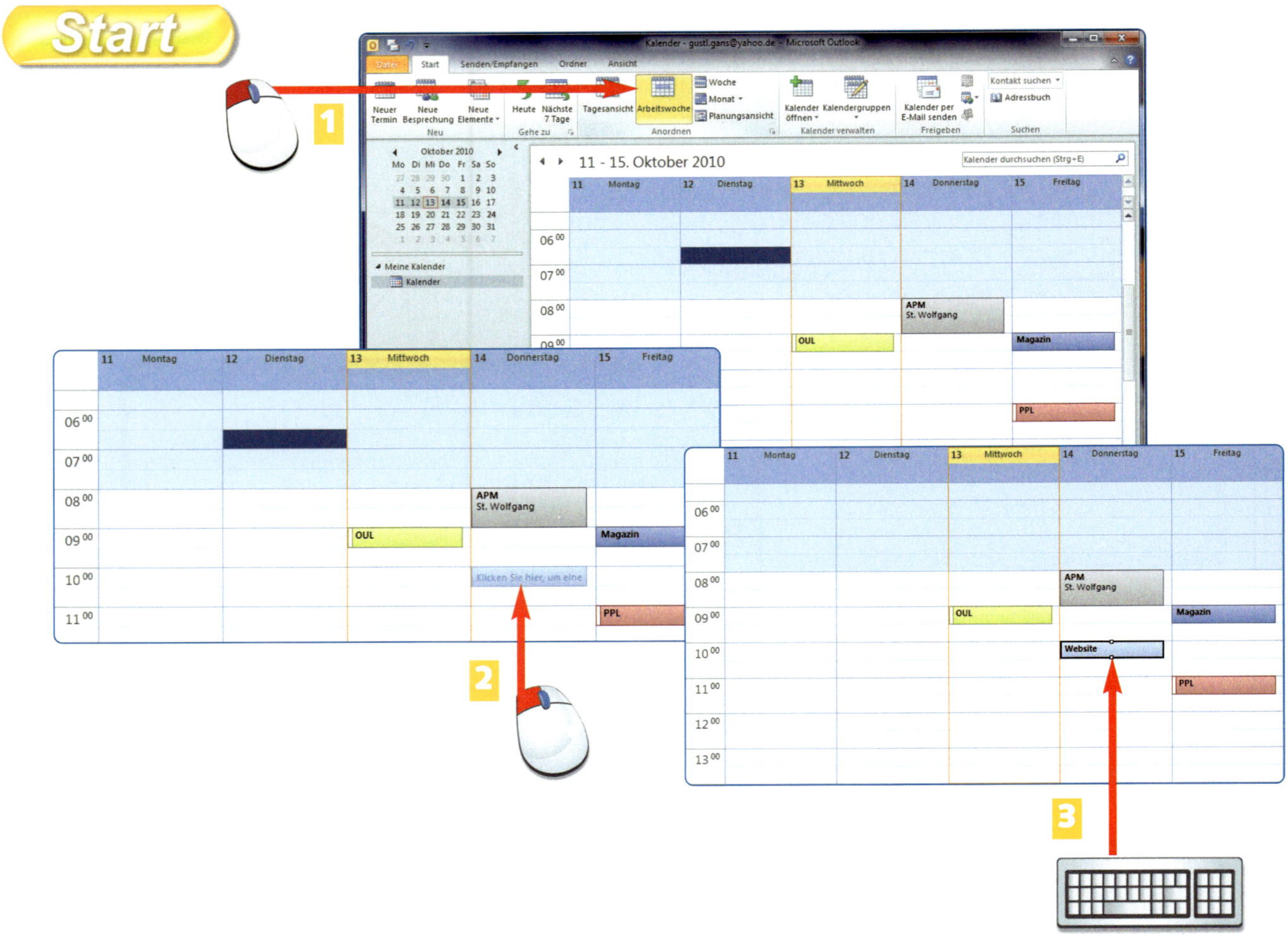

1 Wechseln Sie im Kalender in die Wochenansicht mit einem Klick auf *Arbeitswoche*.

2 Klicken Sie an die Stelle, an der Sie einen neuen Termin auf die Schnelle eintragen möchten.

3 Tippen Sie ein, um was es sich bei dem Termin handelt, und drücken Sie die [Enter]-Taste, um den Termin zu fixieren.

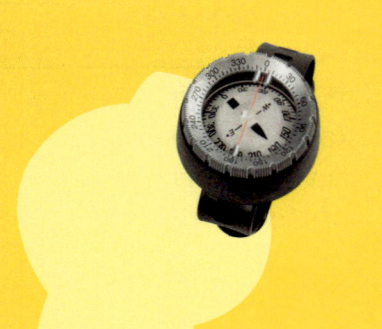

Die verschiedenen Ansichten im Kalender dienen der schnellen Orientierung. Was liegt an diesem Tag, in dieser Woche oder in diesem Monat vor? Je nach Klick zeigt Ihnen Outlook den Tag, die Woche oder den Monat an. Durch die dunkle und helle Schattierung lassen sich in der Monatsansicht die Monate leicht unterscheiden.

WISSEN

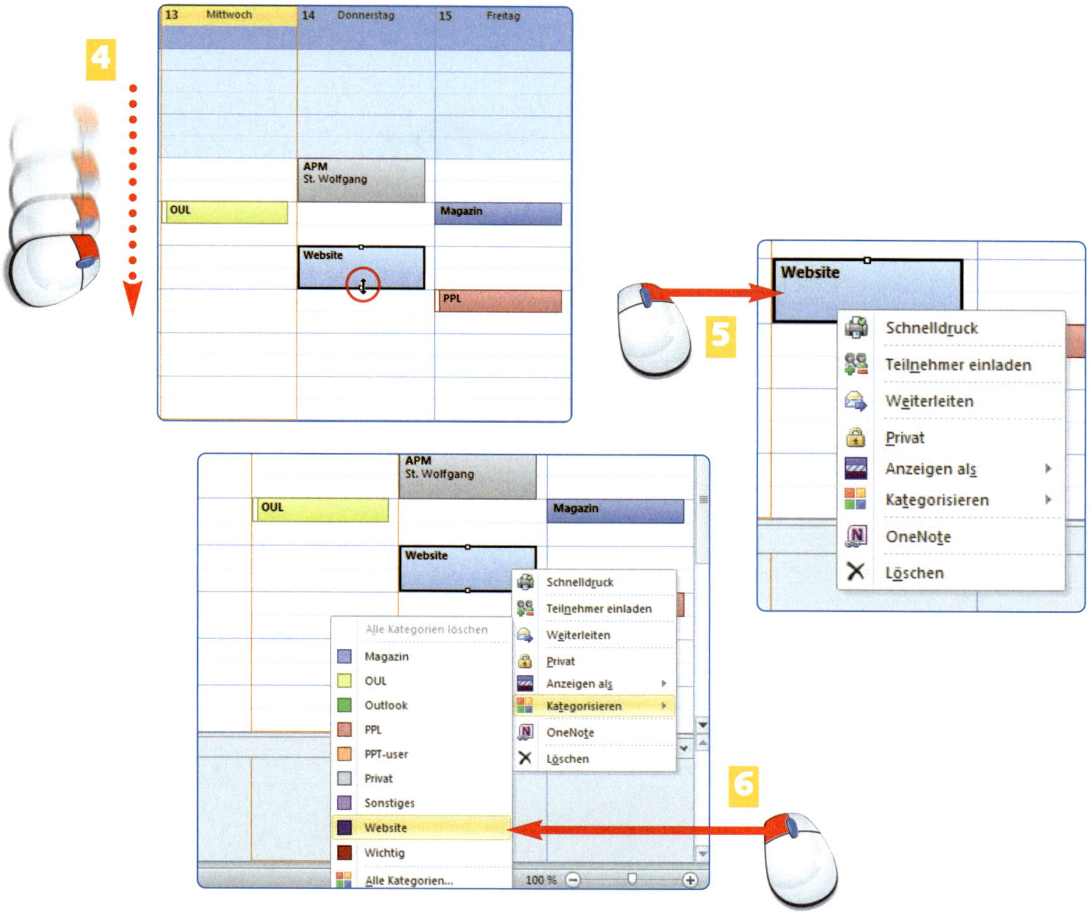

4 Legen Sie den Zeitraum des Termins fest, indem Sie die Maus auf einen Markierungs-punkt bewegen und mit gedrückter linker Maustaste nach unten oder oben ziehen.

5 Mit einem rechten Mausklick öffnen Sie das Kontextmenü, in dem Sie die Kategorie für den Termin festlegen.

6 Bewegen Sie die Maus auf *Kategorien* und klicken Sie auf die betreffende Farbe.

Ende

Mehrere Termine markieren Sie mit linkem Mausklick und gleichzeitig gedrückter ⇧-Taste.	Die Tastenkombination für eine Kategorie legen Sie im Dialogfeld *Alle Kategorien* fest. Klicken Sie dazu im Kontextmenü auf *Kategori-sieren/Alle Kategorien.*	Wer beispielsweise eine Tastenkombination für eine Kategorie festgelegt hat, der kann dem Termin durch Drücken der Tastenkombination im Hand-umdrehen die richtige Farbe zuweisen. 
HINWEIS	**HINWEIS**	**TIPP**

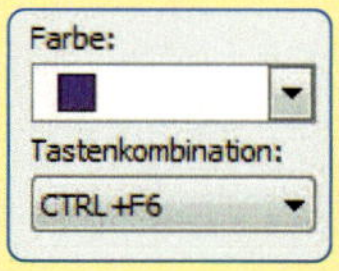

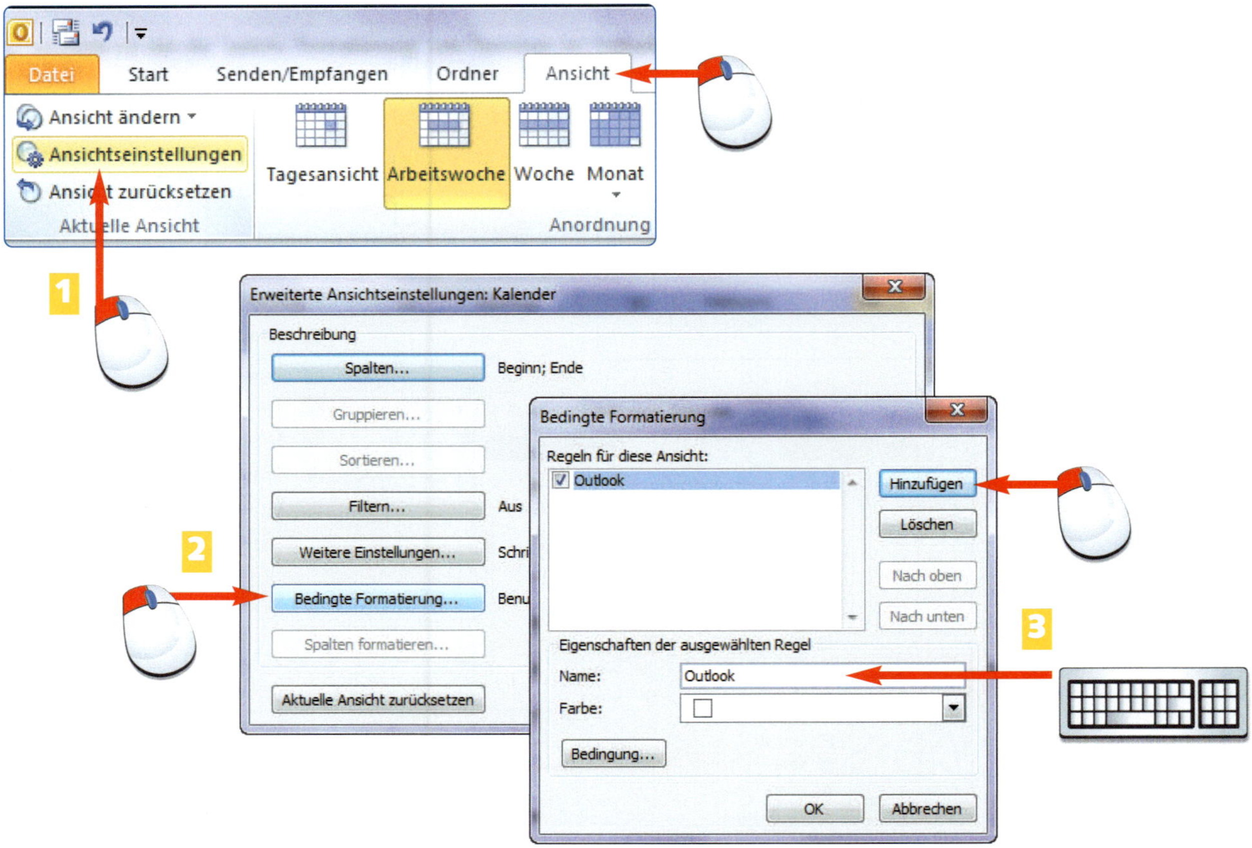

1 Legen Sie im Kalender eine Regel fest, um beim Tippen automatisch die richtige Farbe zuzuweisen. Klicken Sie dazu auf *Ansicht/Ansichtseinstellungen*.

2 Im folgenden Dialog klicken Sie auf *Bedingte Formatierung*.

3 Anschließend klicken Sie auf *Hinzufügen* und geben der bedingten Formatierung einen Namen (hier: *Outlook*).

Angenommen, Sie haben wöchentlich einen Termin, der aber nicht immer am selben Tag und zum selben Zeitpunkt stattfindet. Und Sie finden es lästig, den Termin immer wieder einzutippen und die Farbe neu zuzuweisen. In dem Fall können Sie eine Regel festlegen, damit dieser Termin schon beim Eingeben die richtige Farbe und Kategorie erhält.

WISSEN

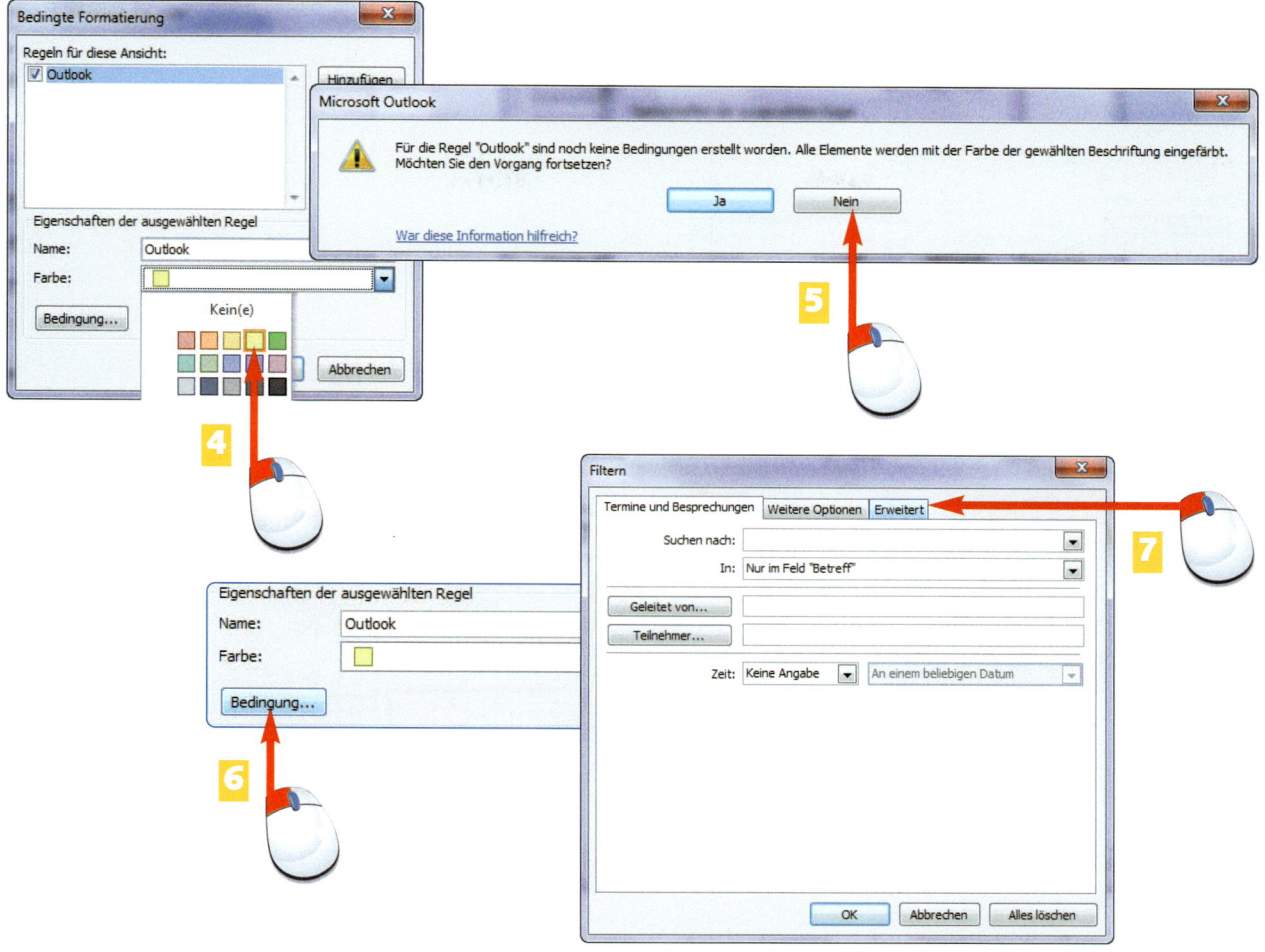

4 Legen Sie für den Eintrag die gewünschte Farbe fest, zum Beispiel Gelb.

5 Wenn Sie auf *OK* klicken, warnt Sie Outlook, dass noch keine Bedingungen erstellt wurden. Klicken Sie auf *Nein*.

6 Deshalb klicken Sie jetzt auf die Schaltfläche *Bedingung,* um eine Bedingung für die Regel zu definieren.

7 Wechseln Sie im folgenden Dialogfeld auf das Register *Erweitert*.

In Outlook stehen soge-
nannte **Regeln** zur Verfügung. Eine Regel führt eine
Aktion zu bestimmten Bedingungen aus. Die Bedingun-
gen legt der Anwender fest.

Regeln können bei der
Arbeit mit Outlook sehr
hilfreich sein. Sie auto-
matisieren sich immer
wiederholende Arbeits-
schritte.

FACHWORT   **HINWEIS**

Termine beim Tippen automatisch einfärben

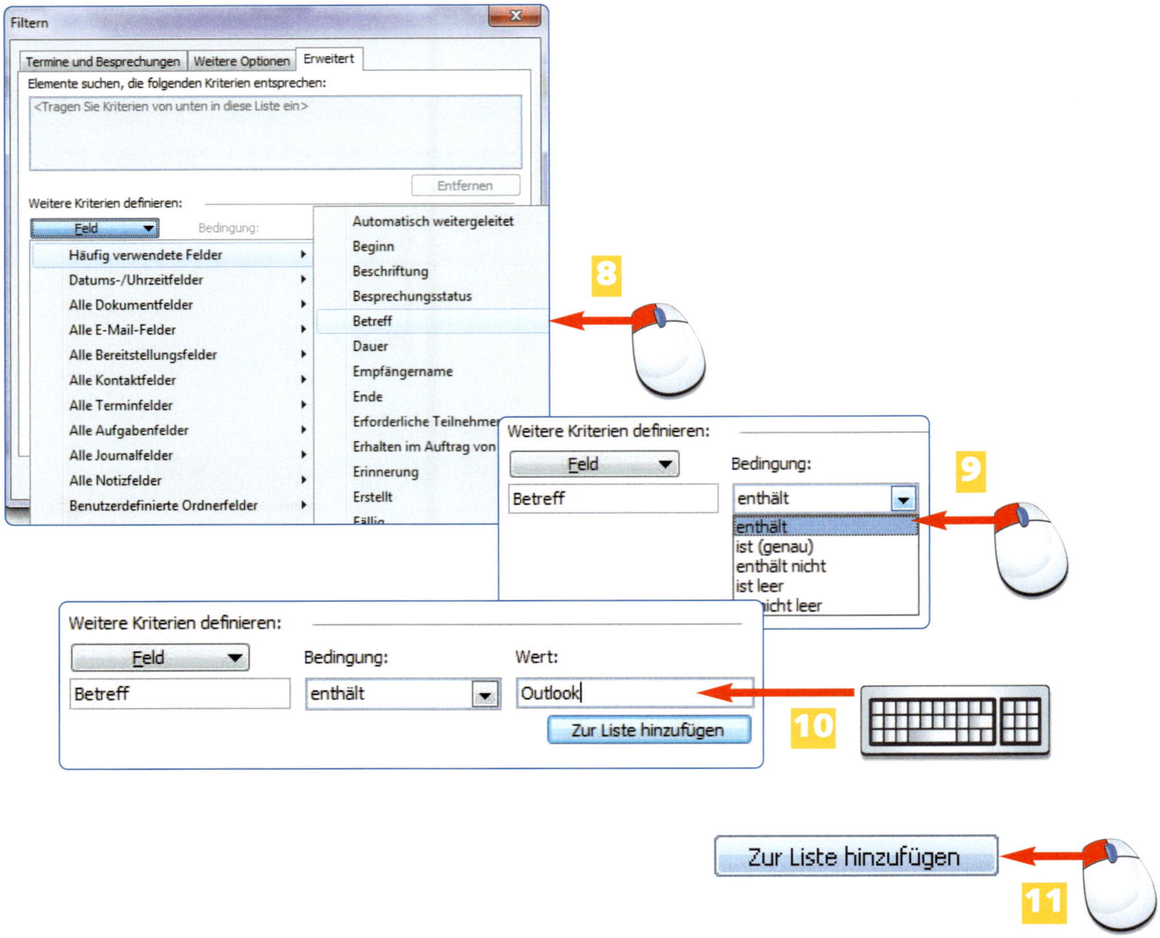

8 Klicken Sie auf *Feld* und wählen Sie dort *Häufig verwendete Felder/Betreff* aus.

9 Die Standardeinstellung der *Bedingung* lautet *enthält*. Wenn nicht, legen Sie nun für den *Betreff* die Bedingung *enthält* fest.

10 Geben Sie als *Wert* den Begriff ein, den Sie eintippen werden (hier: *Outlook*).

11 Bestätigen Sie mit *Zur Liste hinzufügen*.

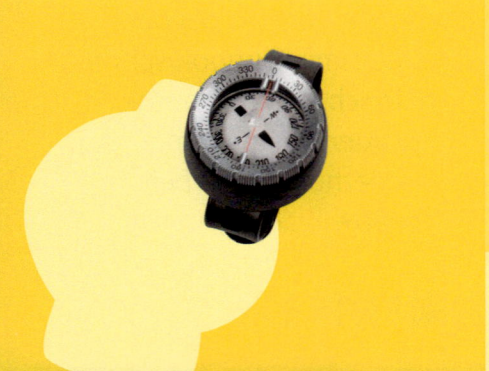

Regeln können Sie nicht nur für Ihre Termine aufstellen, sondern auch für Ihre E-Mails. Das ist praktisch und erspart eine Menge Handarbeit. Wenn es zu viele Regeln werden, kann es aber zu „seltsamen Reaktionen“ von Outlook kommen. Dann müssen Sie eine Regel nach der anderen ausprobieren und sie unter Umständen deaktivieren.

WISSEN

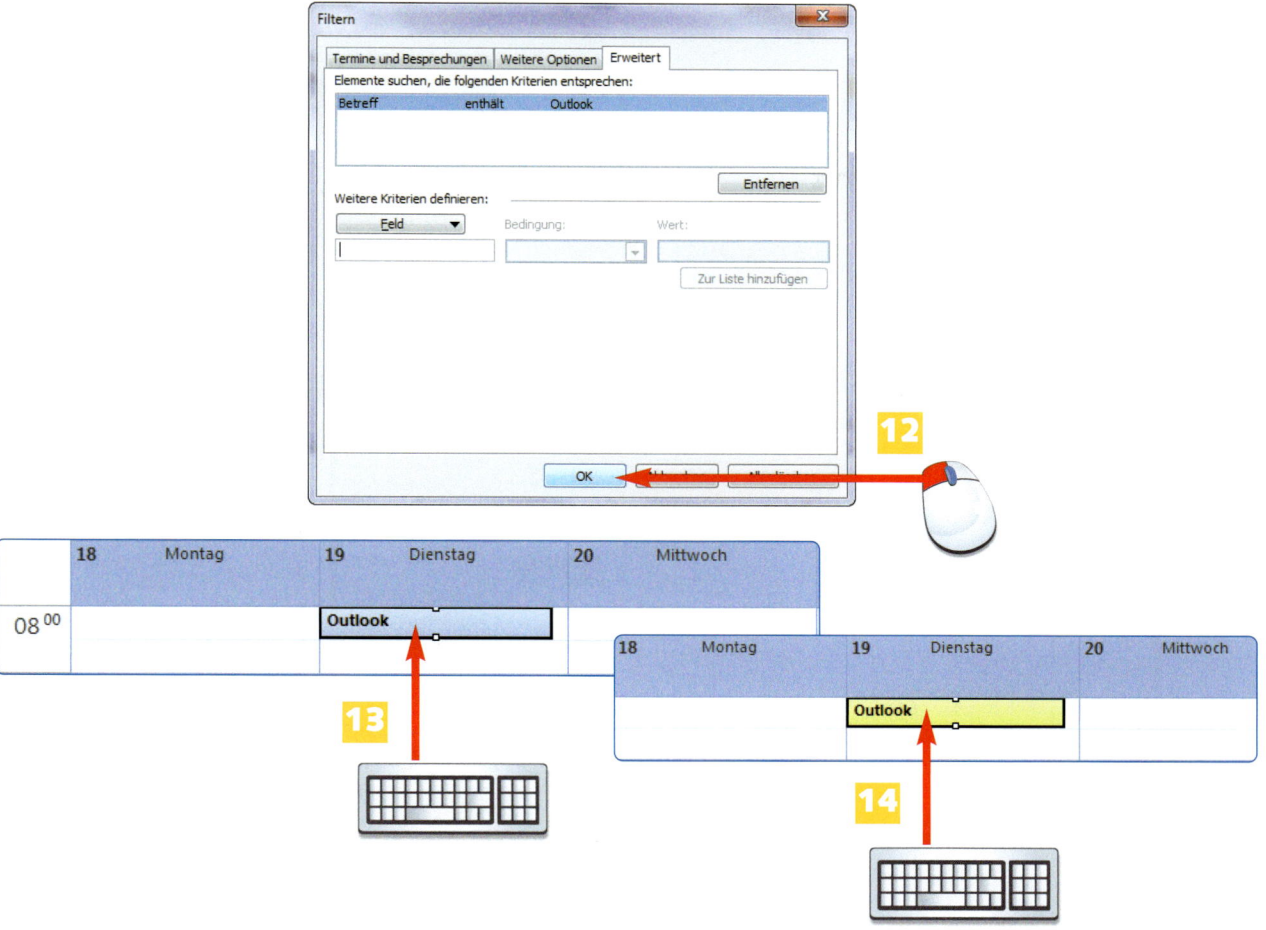

12 Die neue Bedingung, die Sie festgelegt haben, erscheint unter *Elemente suchen, die folgenden Kriterien entsprechen.* Schließen Sie alle Dialogfelder mit *OK.*

13 Schreiben Sie Ihren Termin mit dem zuvor festgelegten Betreff (hier: *Outlook*) direkt in den Kalender.

14 Drücken Sie die ⏎-Taste, so färbt sich der Termin automatisch in der von Ihnen eingestellten Farbe.

Ende

Beim Eintippen Ihres Termins dürfen Sie sich nicht vertippen. Outlook ist da sehr pingelig und färbt den „Vertipper" nicht automatisch ein.

Möchten Sie dem automatisch eingefärbten Termin doch eine andere Farbe bzw. Kategorie zuweisen, klicken Sie auf *Kategorisieren* im Menüband des Kalenders.

Kategorisieren

HINWEIS   **HINWEIS**

Mit der Aufgabenleiste alles im Blick

Start

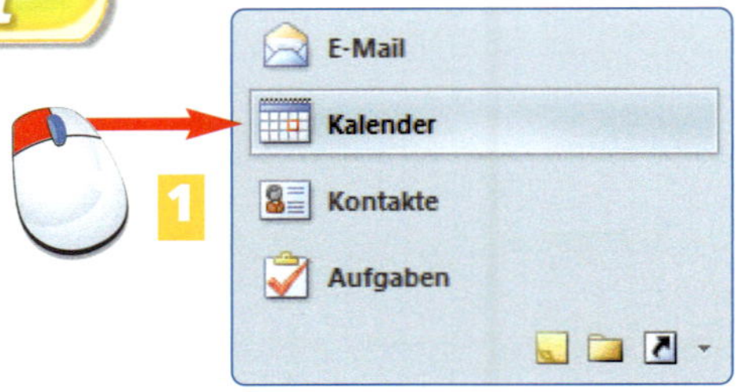

1

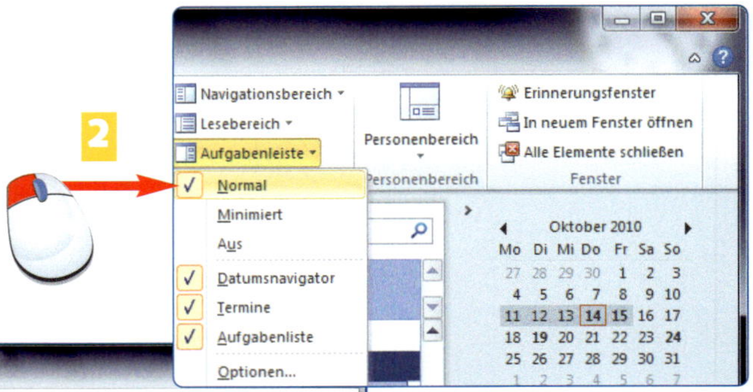

2

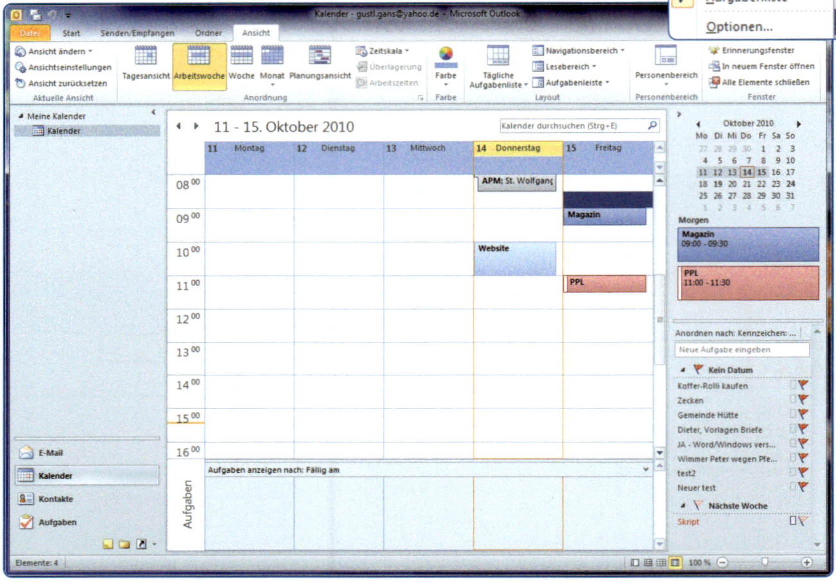

3

1 Im Navigationsbereich muss der *Kalender* ausgewählt sein.

2 Erscheint die Aufgabenleiste nicht am rechten Bildschirmrand, klicken Sie unter dem Register *Ansicht* auf *Aufgabenleiste* und wählen *Normal*.

3 Ganz oben enthält die Aufgabenleiste den Kalender, darunter die anstehenden Termine und im unteren Teil die aktuellen Aufgaben.

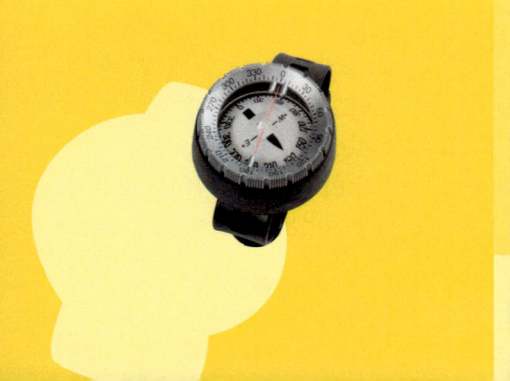

Outlook bietet viele verschiedene Ansichten, damit Sie den Überblick über E-Mails, Termine und Aufgaben behalten. Eine tolle Übersicht über anstehende Termine und Aufgaben liefert die Aufgabenleiste am rechten Bildschirmrand. Sie kann in jedem Programmbereich (E-Mail, Kalender, Kontakte, Aufgaben) eingeblendet werden.

WISSEN

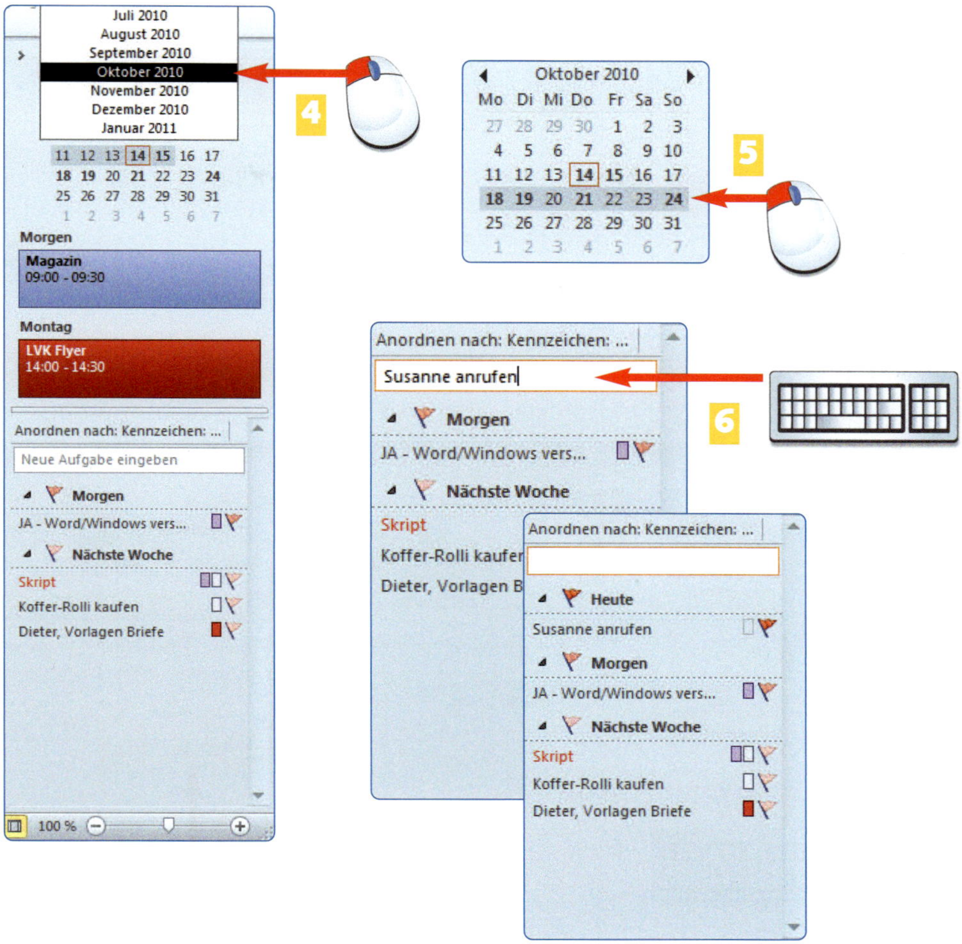

4 Mit Klick auf den Monat des Kalenders wählen Sie einen anderen Monat aus. Die Kalenderansicht im Hauptfenster ändert sich entsprechend.

5 Und mit Klick auf ein Datum wählen Sie den entsprechenden Tag, die Woche oder den Monat aus.

6 Mit einem Klick in das Eingabefeld können Sie direkt eine Aufgabe festhalten und mit der Taste ⏎ bestätigen.

Ende

Mit einem Klick auf das kleine Pfeilchen minimieren Sie die Aufgabenleiste.

HINWEIS

Mit Doppelklick auf einen Termin oder eine Aufgabe in der Aufgabenleiste öffnen Sie das entsprechende Eingabeformular, um Änderungen vorzunehmen.

TIPP

Mit einem Klick auf *Aufgabenleiste/Optionen* unter dem Register *Ansicht* können Sie die Anzeige der Aufgabenleiste beeinflussen.

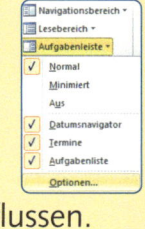

HINWEIS

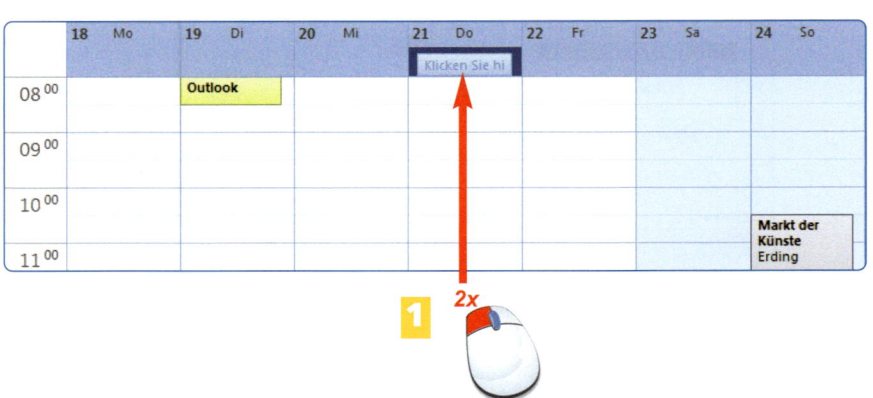

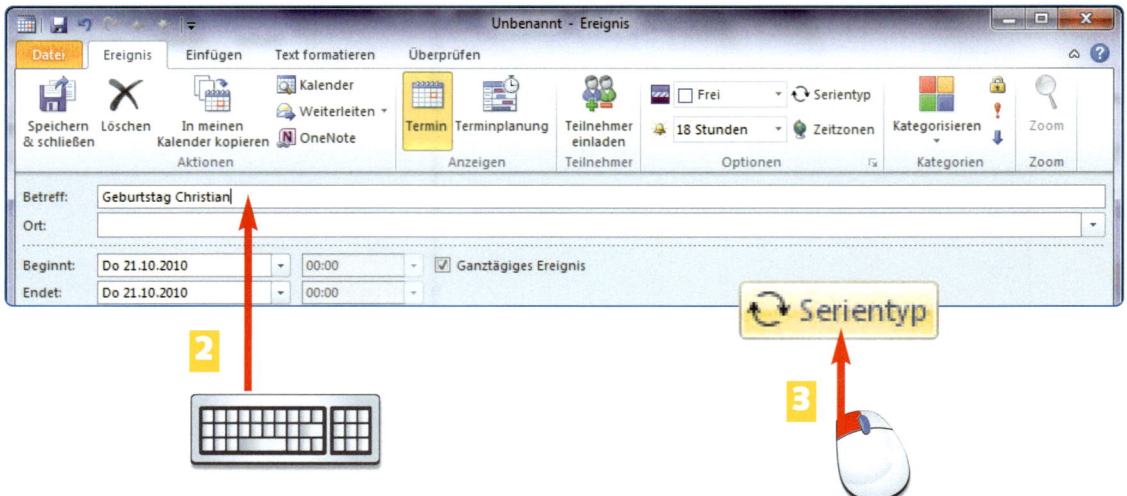

1 Doppelklicken Sie in den dunkel schattierten Bereich, und zwar auf den Tag, an dem Sie den Geburtstag festhalten möchten.

2 Es ist automatisch die Option *Ganztägiges Ereignis* aktiv. Geben Sie im *Betreff* beispielsweise *Geburtstag Christian* ein.

3 Klicken Sie im Menüband auf *Serientyp*.

Egal ob Geburtstag oder „Jour fixe", es gibt viele Termine, die sich in regelmäßigen Abständen wiederholen. Auch für wiederkehrende Termine hat Outlook eine Möglichkeit vorgesehen, sie einzutragen, und zwar mit den sogenannten Terminserien. Sie können täglich, wöchentlich, monatlich oder jährlich festgelegt werden.

WISSEN

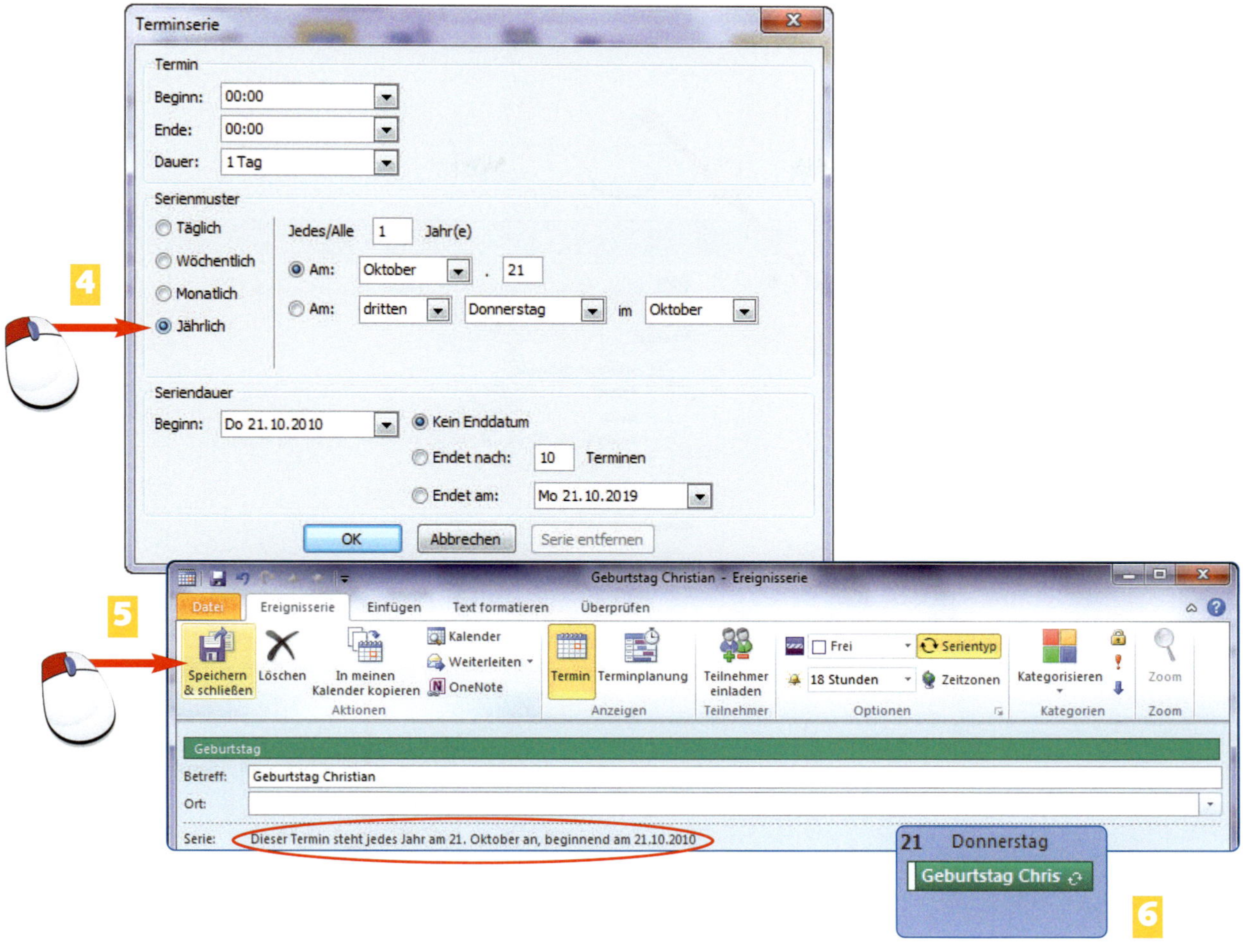

4 Im Dialogfeld *Terminserie* aktivieren Sie *Jährlich*. Die Seriendauer beginnt hier am *Do 21.10.2010* um *00:00 Uhr* und dauert *1 Tag*. Der Geburtstag fällt also auf den 21.10.

5 Im Dialogfeld wird die Serie unter den Eingabefeldern *Betreff* und *Ort* angezeigt. Klicken Sie auf *Speichern & schließen*.

6 Der Doppelpfeil im Kalender signalisiert eine Serie, in diesem Fall den Geburtstag.

Ende

HINWEIS

Mit Doppelklick auf die Serie können Sie entweder das Serienelement (angeklickter Termin) oder die gesamte Serie öffnen. Änderungen wirken sich je nach aktiver Option aus.

FACHWORT

Ein **Ereignis** ist ein Termin, der mindestens 24 Stunden dauert, also zum Beispiel der Geburtstag oder der Urlaub.

HINWEIS

Stellen Sie im   Menüband ein, wann Sie an den Geburtstag erinnert werden möchten. Die Voreinstellung von *18 Stunden* ist in diesem Fall wohl zu kurzfristig.

Feiertage in den Kalender integrieren

Start

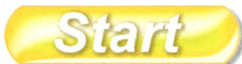

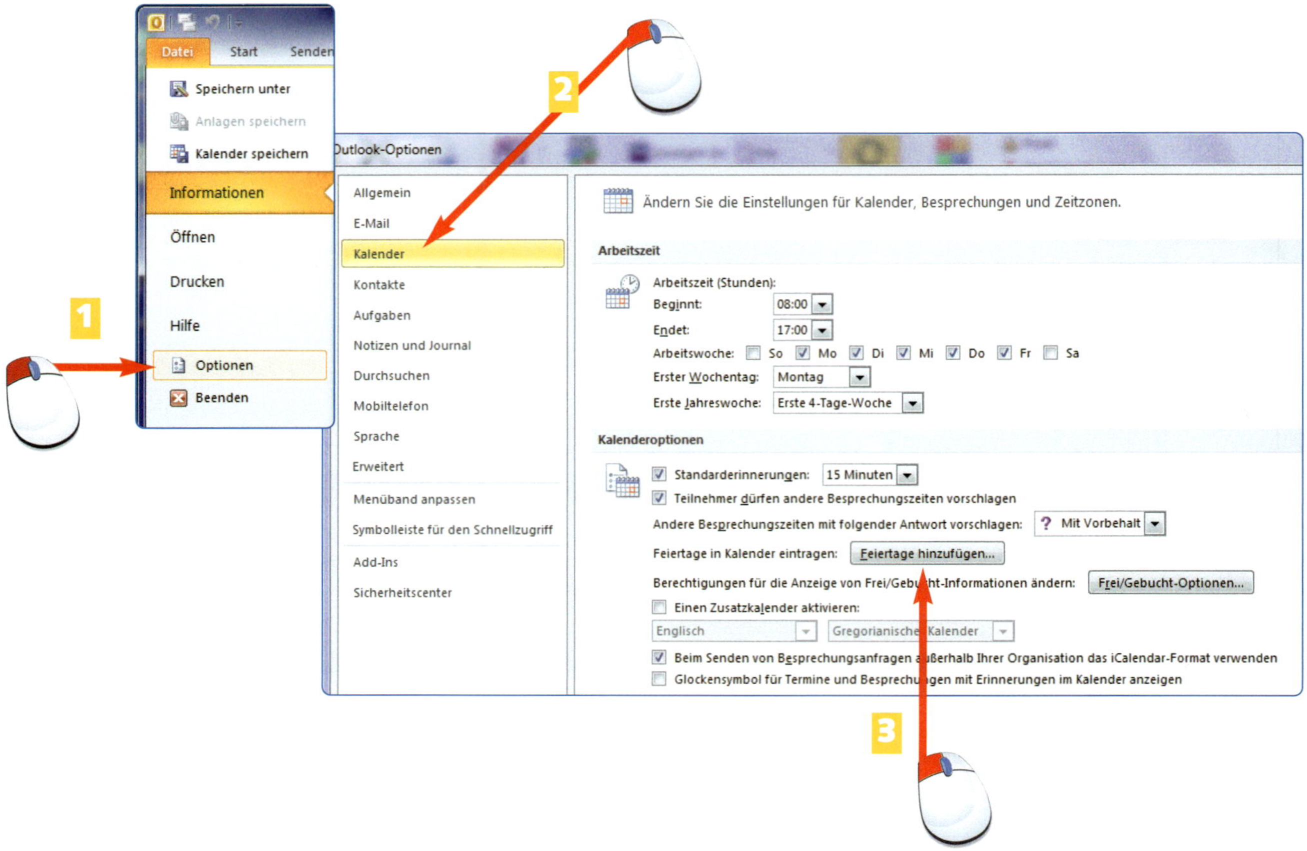

1 Klicken Sie auf *Datei/Optionen*, um die Feiertage in den Outlook-Kalender zu integrieren.

2 Im Optionen-Dialogfeld aktivieren Sie *Kalender*.

3 Dort klicken Sie im Bereich *Kalenderoptionen* auf die Schaltfläche *Feiertage hinzufügen*.

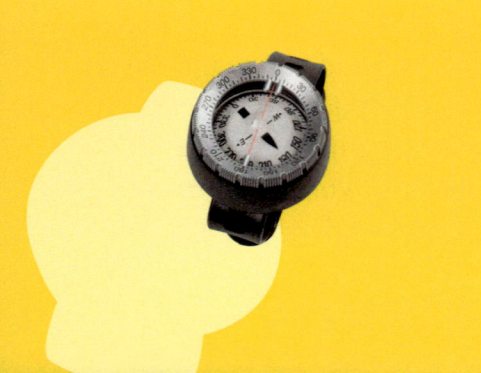

Wenn Sie Outlook nach Feiertagen durchsuchen, werden Sie feststellen, dass Sie keine finden. Das hat den einfachen Grund, dass Outlook in so vielen verschiedenen Ländern genutzt wird und darum die Feiertage natürlich auf unterschiedliche Tage fallen. Deshalb muss jeder Anwender die Feiertage seines Landes in Outlook selbst eintragen.

WISSEN

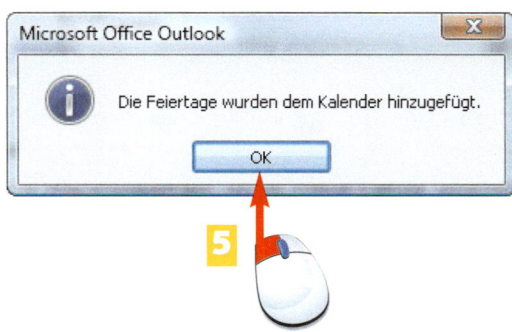

	20 Montag	21 Dienstag	22 Mittwoch	23 Donnerstag	24 Freitag	25 Samstag	26 Sonntag
						Weihnachtstag; C	2. Weihnachtsfeie
08 00							
09 00							

4 Aktivieren Sie die Region, für die die Feiertage gelten (hier: *Deutschland*). Bestätigen Sie mit *OK*.

5 Outlook teilt Ihnen mit, dass die Feiertage dem Kalender hinzugefügt wurden. Bestätigen Sie mit *OK* und schließen Sie die Optionen ebenfalls mit *OK*.

6 Die Feiertage werden dem Outlook-Kalender hinzugefügt und angezeigt.

HINWEIS

Übrigens können Sie die Hintergrundfarbe Ihres Kalenders ändern, indem Sie unter dem Register *Ansicht* die *Farbe* wechseln.

TIPP

Möchten Sie wissen, welche Kalenderwoche gerade ist? In den *Outlook-Optionen* aktivieren Sie *Wochennummern in der Monatsansicht und im Datumsnavigator anzeigen*. Schalten Sie auf die Monatsansicht um.

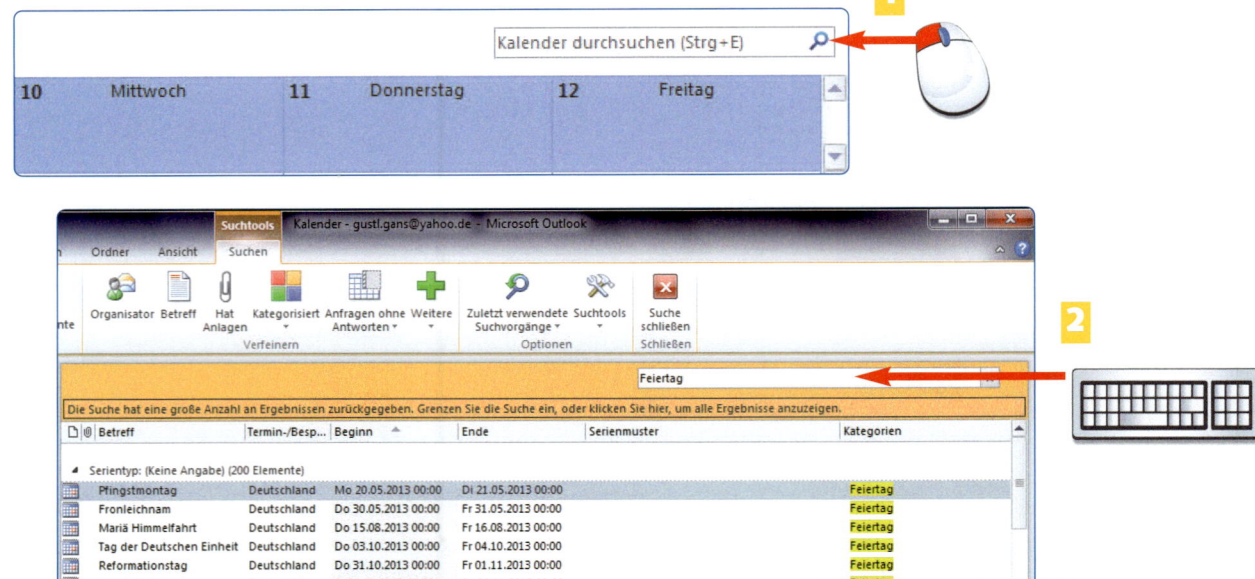

1 Klicken Sie oberhalb des Kalenders in das Feld *Kalender durchsuchen*.

2 Geben Sie dort *Feiertag* ein. Sofort erscheinen die zuvor integrierten Feiertage, allerdings über viele Jahre hinweg.

3 Möchten Sie die Feiertage für das aktuelle Jahr anzeigen, dann ändern Sie das Such-kriterium. Unter dem Register *Suchen* klicken Sie auf *Weitere/Beginn*.

Im Prinzip stehen Ihnen im Kalender die gleichen Suchfunk-tionen wie bei den E-Mails zur Verfügung. Die Verwendung der unterschiedlichen Suchkriterien lassen eine detaillierte Suche nach bestimmten Terminen im Kalender zu. Besonders komfortabel gestaltet sich die Suche, wenn Sie zuvor mit Kategorien, also mit Farben gearbeitet haben.

WISSEN

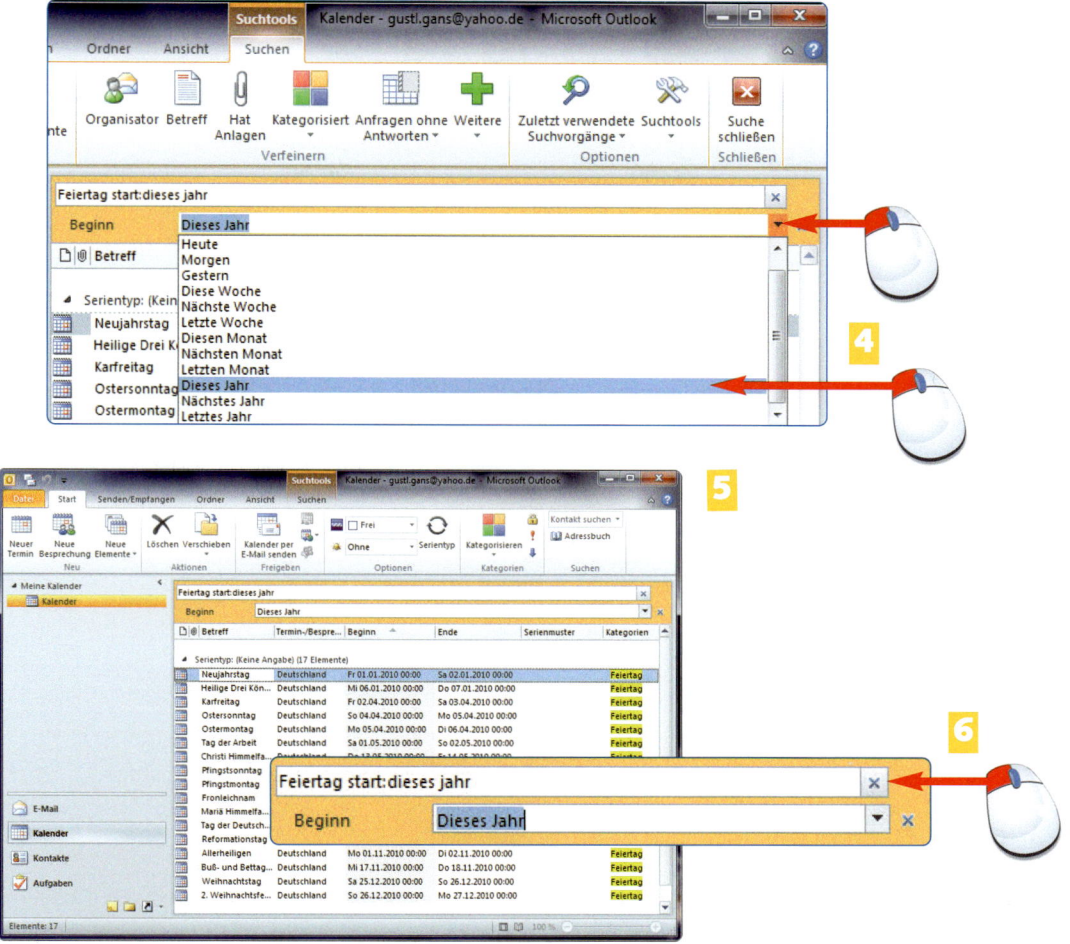

<table>
<tr><td>4</td><td>Wählen Sie für das Suchkriterium Dieses Jahr aus.</td></tr>
</table>

4 Wählen Sie für das Suchkriterium *Dieses Jahr* aus.

5 Sofort werden Ihnen die Feiertage des aktuellen Jahres in Form einer Liste untereinander angezeigt.

6 Mit Klick auf das X löschen Sie die Liste der Feiertage und kehren zur vorherigen Ansicht im Kalender zurück.

Ende

TIPP

Mit einem Klick auf die Spaltenüberschrift in der Liste sortieren Sie zum Beispiel nach dem *Betreff* oder den *Kategorien*.

[Kategorien]

HINWEIS

Erst wenn Sie in das Suchen-Feld klicken, stehen Ihnen die *Suchtools* mit dem Register *Suchen* zur Verfügung.

[Suchtools / Suchen]

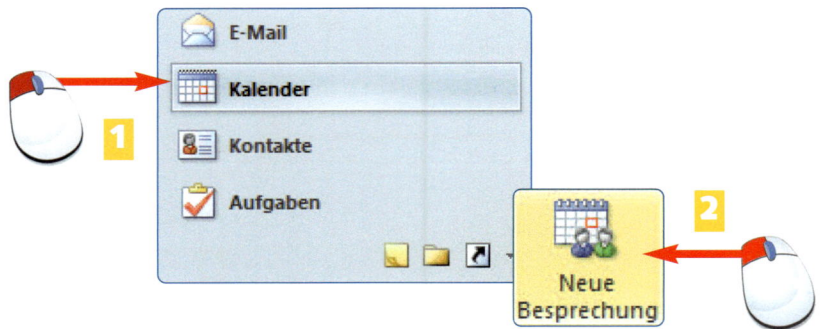

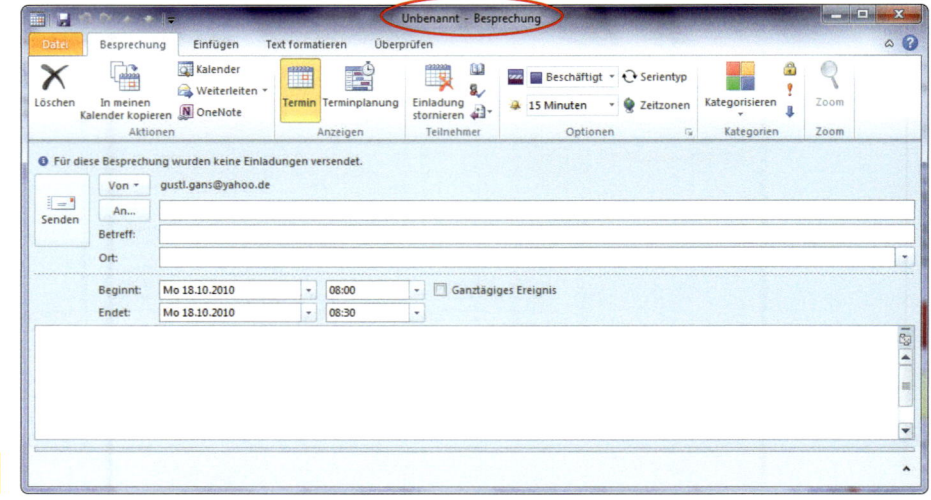

1 Um eine Besprechungsanfrage zu starten, klicken Sie im Navigationsbereich auf *Kalender*.

2 Klicken Sie im Menüband auf *Neue Besprechung*.

3 Outlook öffnet das Besprechungsfenster. Solange Sie noch keinen *Betreff* eingegeben haben, betitelt Outlook Ihre Besprechung als *Unbenannt*.

Was die Terminplanung angeht, bietet Outlook wirklich jeden erdenklichen Komfort. Es lassen sich nicht nur eigene Termine planen, sondern mit einer anderen Person oder sogar im Team. Dazu dienen die Besprechungsanfragen. Automatisch werden die Termine in den Kalender übertragen oder bei Absagen wieder gelöscht.

WISSEN

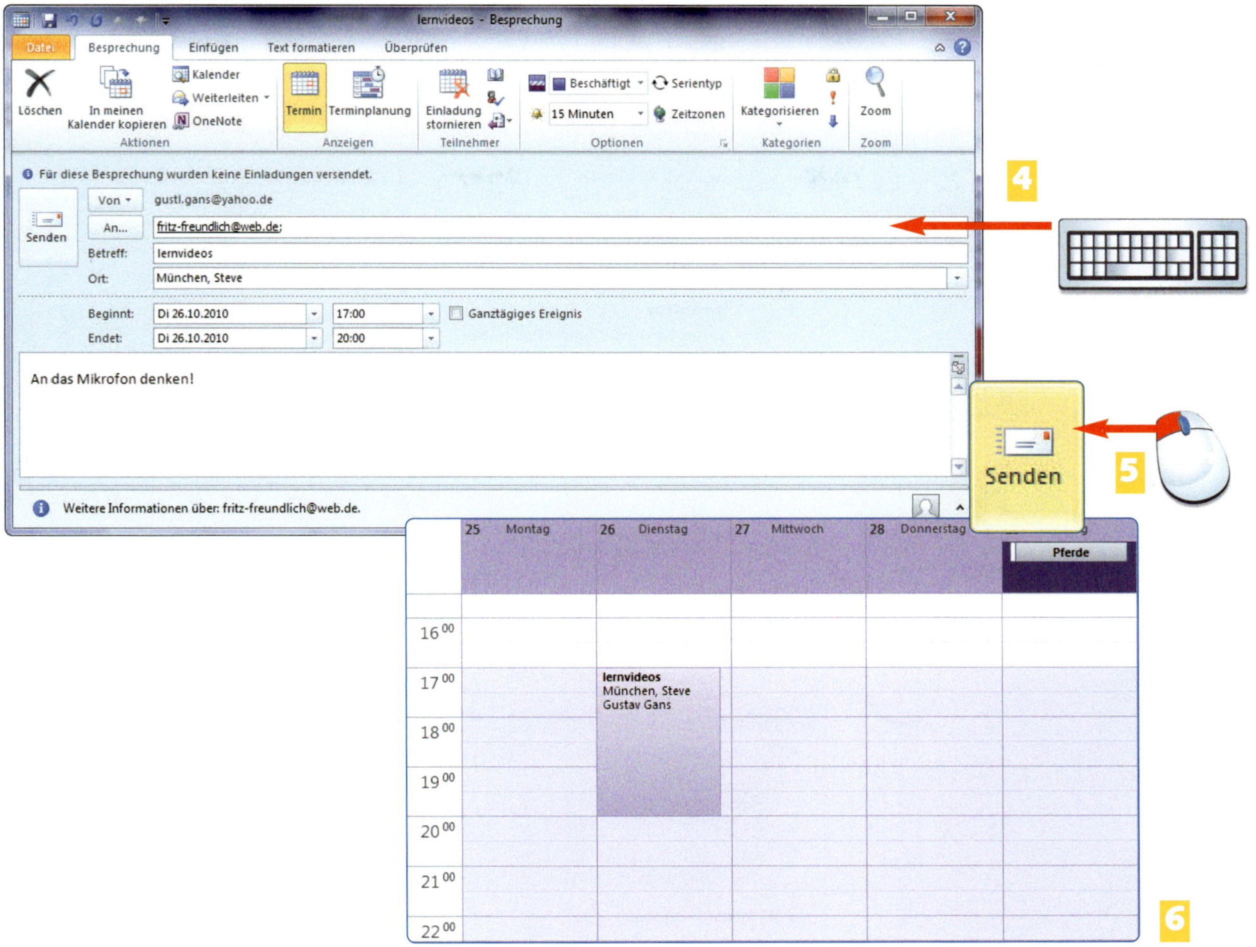

4 Füllen Sie Ihren Termin wie gewohnt aus: Geben Sie an, um was es sich bei dem Termin handelt und wo er stattfindet. Natürlich müssen Sie auch noch den Beginn und das Ende bekannt geben.

5 Klicken Sie auf *Senden*.

6 Im eigenen Kalender wird der Termin eingetragen. Sofern Sie keine Kategorisierung vorgenommen haben, wählt Outlook die Standardfarbe. *Ende*

Mit einem Klick auf *An* öffnet Outlook das Adressbuch und Sie wählen dort die Empfänger Ihrer Besprechungsanfrage aus.

Im Gegensatz zum Termin sind bei einer **Besprechung** mehrere Personen beteiligt. Sie laden eine oder mehrere Personen zu diesem Termin ein.

Möchten Sie aus der Einladung doch wieder einen Termin machen, klicken Sie auf *Einladung stornieren*. Die E-Mail-Adressleiste verschwindet.

HINWEIS   **FACHWORT**   **HINWEIS**

Besprechung planen von A bis Z: Die Antwort

Start

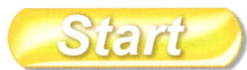

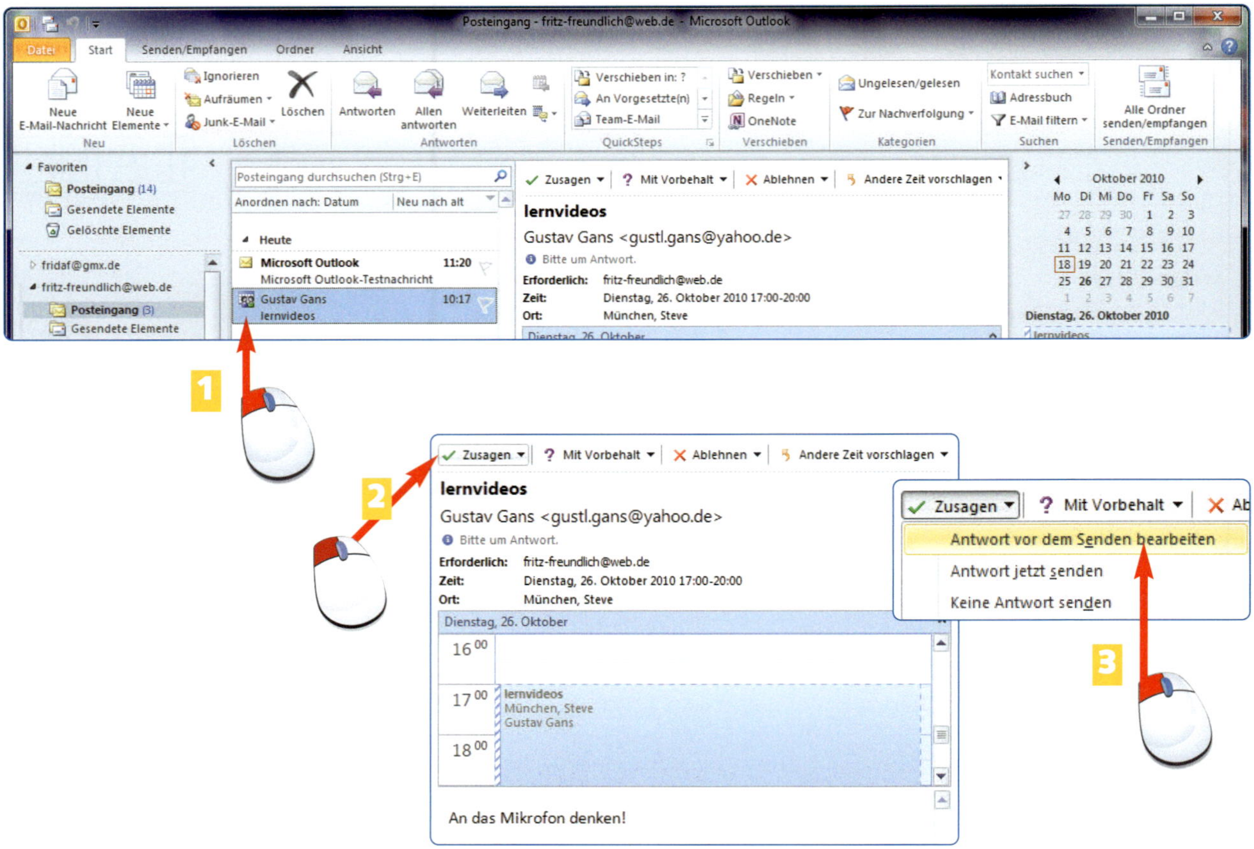

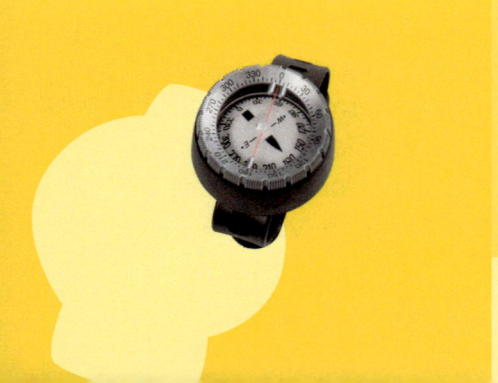

1 Um auf eine Besprechungsanfrage zu antworten, wechseln Sie zu den *E-Mails.* Dort finden Sie im Posteingang die entsprechende E-Mail. Markieren Sie sie mit einem Klick.

2 Die E-Mail enthält verschiedene Schaltflächen, die Sie wählen können. Klicken Sie auf *Zusagen*, wenn Sie mit dem vorgeschlagenen Termin einverstanden sind.

3 Möchten Sie noch eine Bemerkung zu der anstehenden Besprechung machen, aktivieren Sie *Antwort vor dem Senden bearbeiten*.

Die Besprechungsanfrage kann zugesagt, abgelehnt, mit Vorbehalt oder mit dem Vorschlag für einen anderen Zeitpunkt beantwortet werden. Egal, welche Option Sie wählen, sie wirkt sich immer sofort auf den Eintrag im Kalender aus, sowohl bei Ihnen als auch bei Ihrem Besprechungspartner.

WISSEN

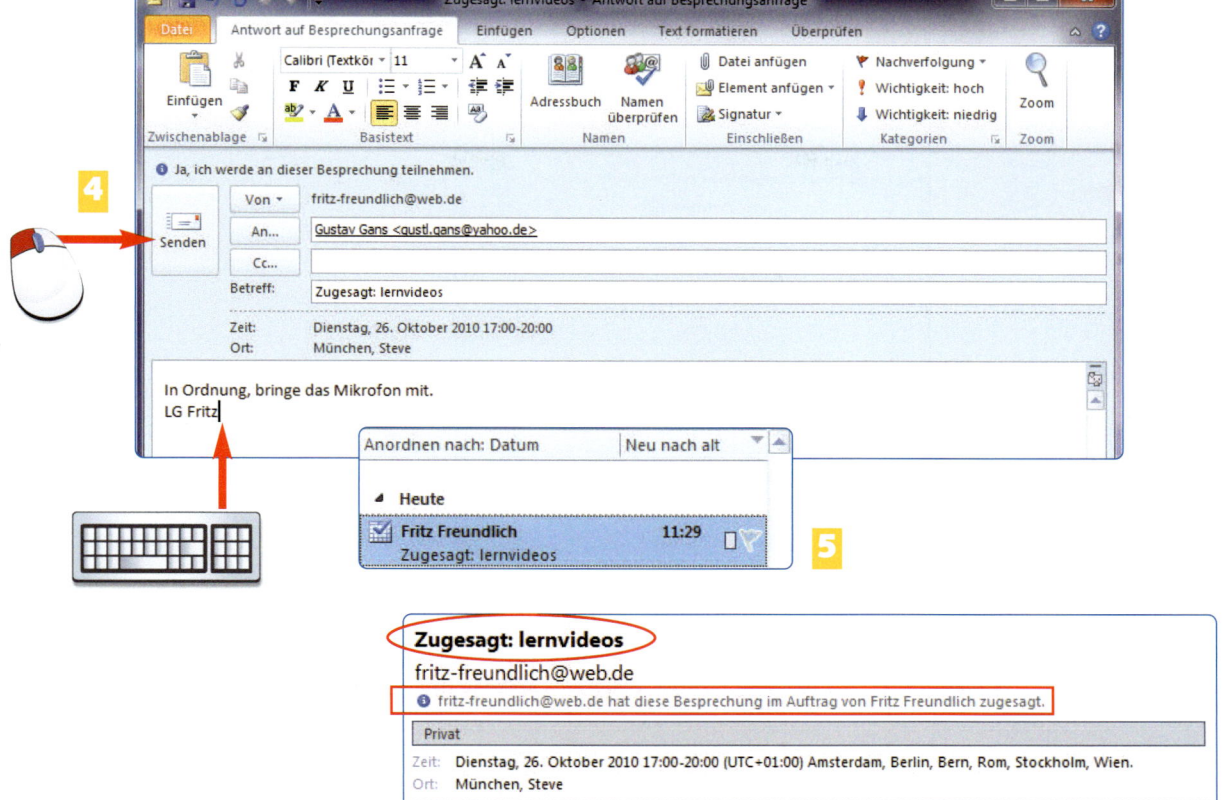

4 Das Antwortfenster sieht im Prinzip wie eine normale E-Mail aus. Geben Sie Ihren Text ein und klicken Sie auf *Senden*.

5 Der Empfänger Ihrer Antwort findet wiederum eine E-Mail im Posteingang vor. Die Zusage wird mit einem Häkchen symbolisiert.

6 Außerdem enthält die E-Mail den Zusatz *Zugesagt* und *fritz-freundlich@web.de hat diese Besprechung im Auftrag von Fritz Freundlich zugesagt*. Fritz Freundlich steht natürlich für jede beliebige Person.

Ende

Möchten Sie den zuge-sagten Termin doch wieder stornieren, dann markieren Sie ihn im Kalender und klicken im Menüband auf *Besprechung absagen*.

HINWEIS

Mit einem Klick auf *Kalender* wechseln Sie zu dem eingetragenen Termin im Kalender.

HINWEIS

Wenn Sie eine Zusage gemacht haben, trägt Outlook den Termin auto-matisch in den Kalender bei Ihnen und der angefragten Person fest ein.

HINWEIS

Start

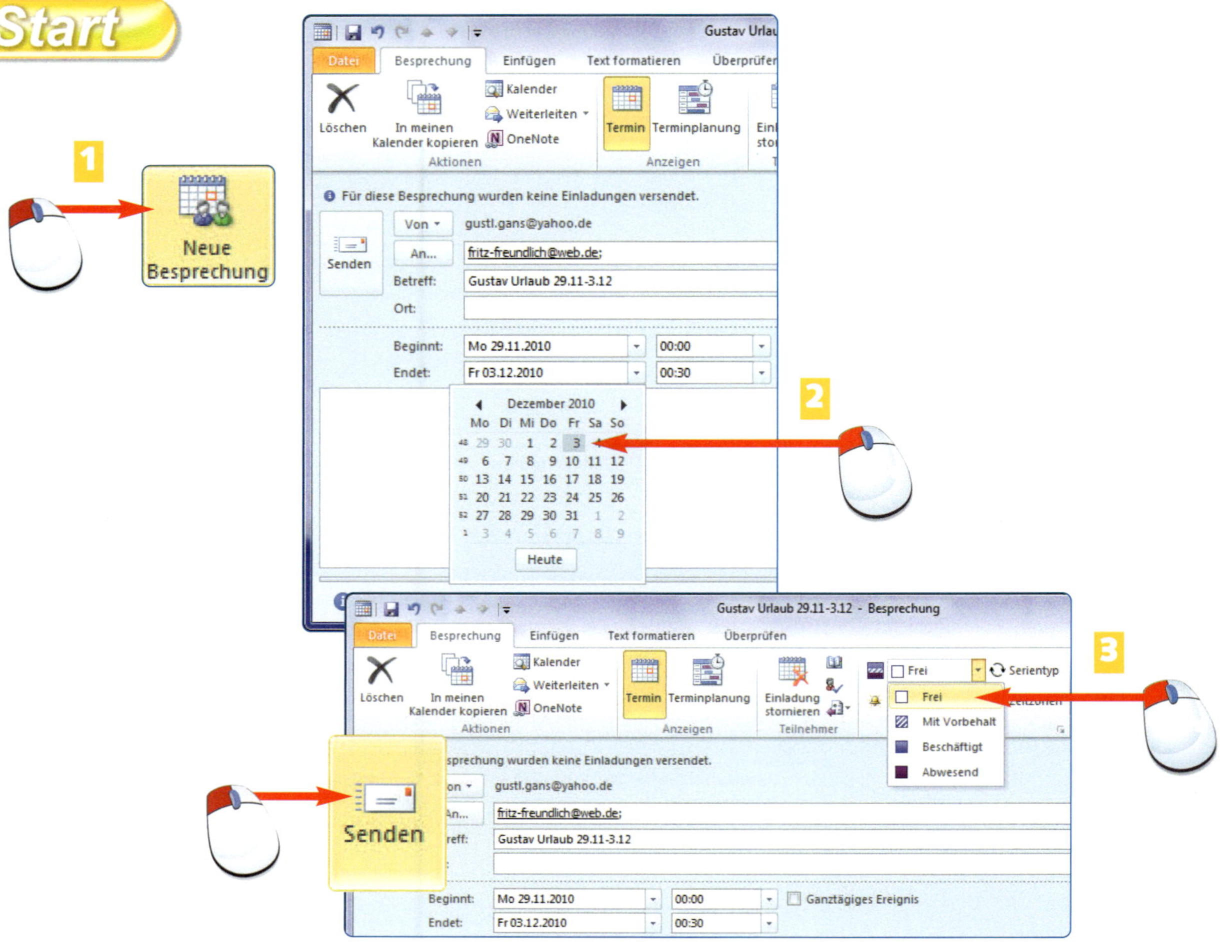

1 In der Navigation muss der Kalender ausgewählt sein. Klicken Sie im Menüband auf *Neue Besprechung*.

2 Geben Sie die E-Mail-Adresse bzw. -Adressen und den *Betreff* ein. Wählen Sie den Beginn und das Ende Ihres Urlaubs.

3 Wählen Sie für Ihren Urlaub die Kennzeichnung *Frei* aus, damit der Urlaubstermin keine anderen Termine bei Ihrem Kollegen blockt. Bestätigen Sie mit *Senden*.

Besprechungsanfragen lassen sich nicht nur für „normale Besprechungen" einsetzen, sondern beispielsweise auch für die Urlaubsplanung im Team. Die Kollegen wissen dann sofort Bescheid, wann Sie erreichbar sind und wann nicht. Outlook trägt den Urlaub beim Kollegen automatisch in den Kalender ein.

WISSEN

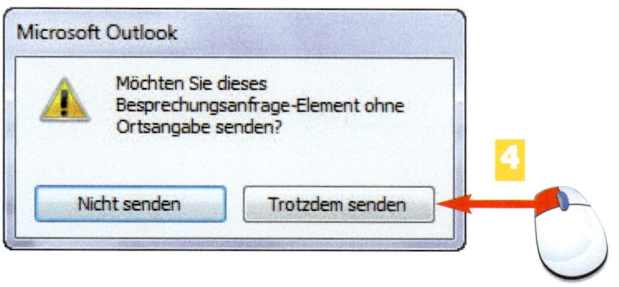

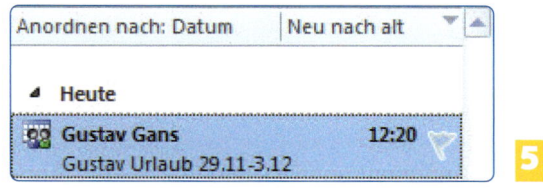

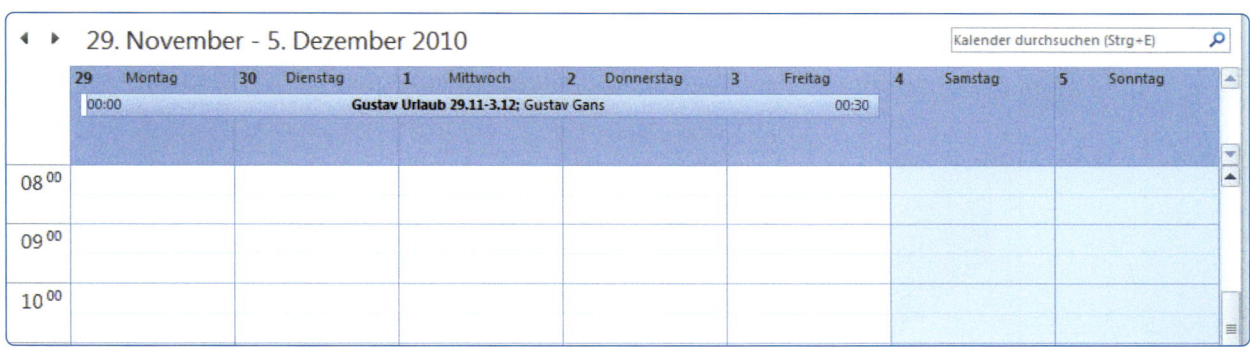

4 Outlook beschwert sich, dass der Ort nicht angegeben wurde. Für die Urlaubsangabe ist der Ort aber in der Regel nicht relevant, deshalb klicken Sie zum Versenden auf *Trotzdem senden*.

5 Falls Sie im *Betreff* die Urlaubszeit eingegeben haben, erhalten die Empfänger eine E-Mail, in der sie sofort die Information, von wann bis wann Sie im Urlaub sind, ablesen können.

6 Outlook überträgt den Urlaub automatisch in den Kalender.

Tragen Sie den Urlaub für sich selbst im Kalender mit der Option *Abwesend* ein, so schattiert Outlook die Tage, an denen Sie nicht im Büro sind, in einer anderen Farbe.

Wenn Sie bei der Besprechungsanfrage die Option *Frei* wählen, wird der Urlaub ganz oben angezeigt, fungiert als optische Erinnerung und reserviert keinen bestimmten Zeitraum.

HINWEIS   **HINWEIS**

Start

Kalender - gustl.gans@ya

| Datei | Start | Senden/Empfangen | Ordner | Ansicht |

Speichern unter

Anlagen speichern

Kalender speichern

Informationen

Öffnen

Drucken

Hilfe

Optionen

Beenden

Kalender öffnen
Eine Kalenderdatei in Outlook (.ics, .vcs) öffnen.

Outlook-Datendatei öffnen
Eine Outlook-Datendatei (.pst) öffnen.

1

Importieren
Dateien, Einstellungen und RSS-Feeds in Outlook importieren.

Ordner eines anderen Benutzers
Einen von einem anderen Benutzer freigegebenen

Import/Export-Assistent

Wählen Sie eine Aktion aus:

Aus anderen Programmen oder Dateien importieren
iCalendar- (ICS) oder vCalendar-Datei (VCS) importieren
In Datei exportieren
Internet-Mail und Adressen importieren
Internet-Mail-Kontoeinstellungen importieren
RSS-Feeds aus einer OPML-Datei importieren
RSS-Feeds aus gemeinsamer Feedliste importieren

2

In eine Datei exportieren

Zu erstellender Dateityp:

Kommagetrennte Werte (DOS)
Kommagetrennte Werte (Windows)
Microsoft Access 97-2003
Microsoft Excel 97-2003
Persönliche Ordner-Datei (.pst)
Tabulatorgetrennte Werte (DOS)
Tabulatorgetrennte Werte (Windows)

3

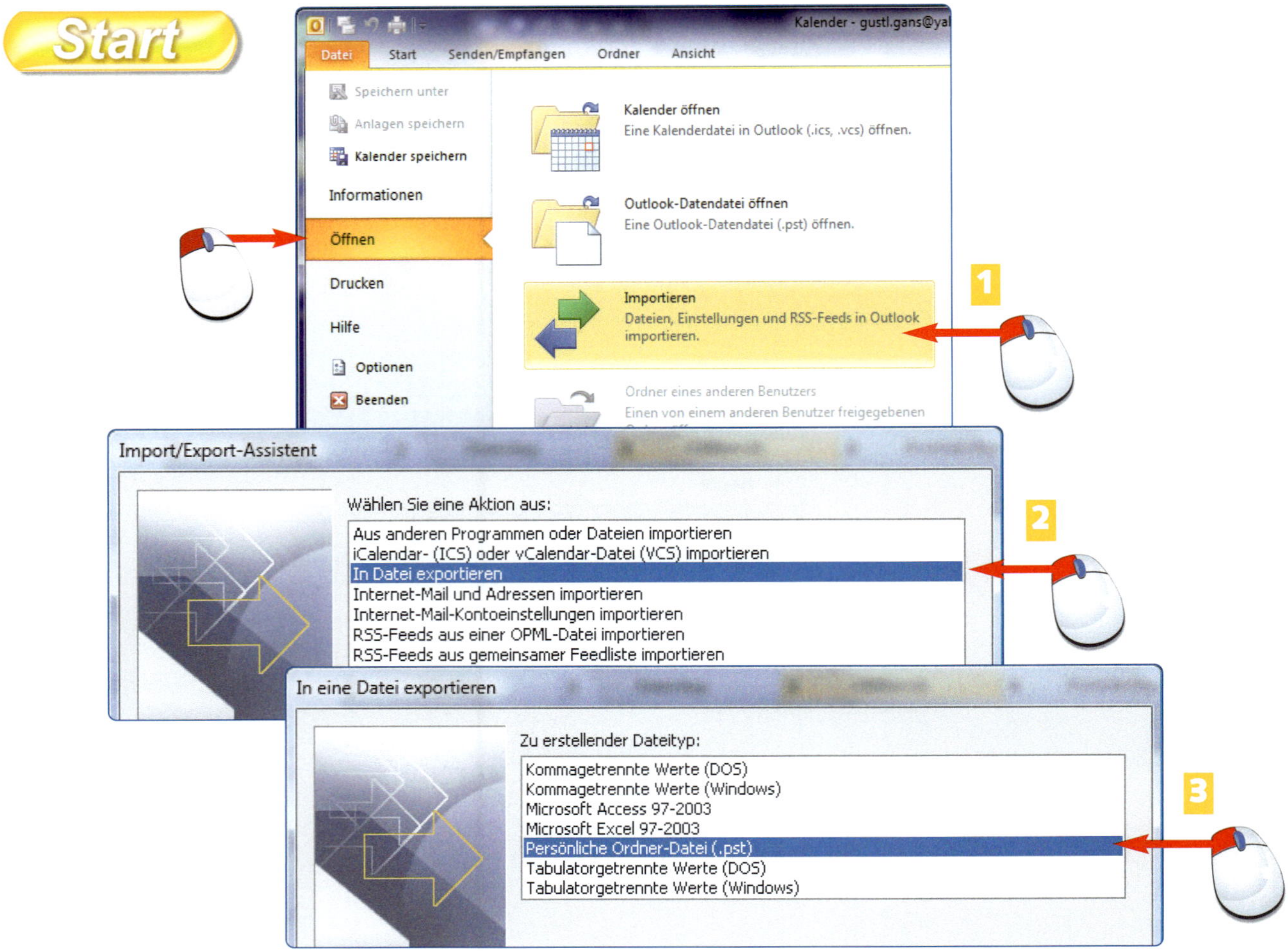

1 Klicken Sie auf *Datei//Öffnen/Importieren,* um den Import/Export-Assistenten zu öffnen.

2 Markieren Sie im ersten Schritt *In Datei exportieren* und klicken Sie auf *Weiter*.

3 Anschließend markieren Sie *Persönliche Ordner-Datei (.pst)* und klicken auf *Weiter*.

Wer sich nicht alleine auf die Archivfunktion von Outlook verlassen möchte, hat die Möglichkeit, den Kalender als extra Datei zu sichern. Um eine systematische Sicherung vorzunehmen, bietet es sich an, den Kalender jahresweise zu archivieren. Weit zurückliegende Termine können somit leichter gefunden werden.

WISSEN

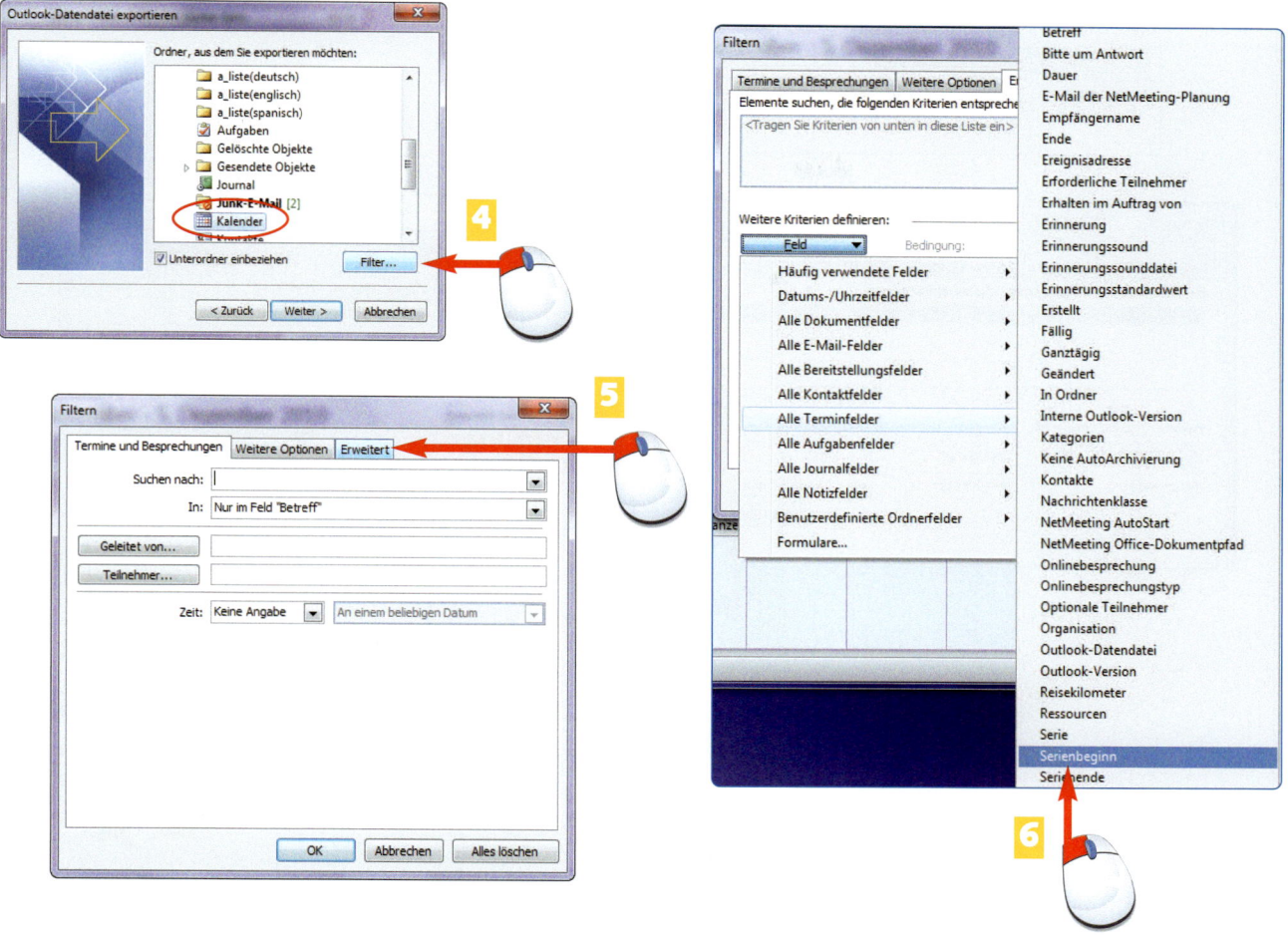

4 Achten Sie darauf, dass der Kalender aktiviert ist, und wählen Sie im folgenden Schritt die *Filter*-Optionen aus.

5 Wechseln Sie im Dialogfeld *Filtern* auf die Registerkarte *Erweitert*.

6 Dort Klicken Sie auf *Feld / Alle Terminfelder* und *Serienbeginn*.

Für Outlook endet ein ganztägiges Ereignis um 00:00 Uhr des Folgetages. Deshalb müssen Sie für das Serienende den 01.01.2011 angeben, um das Kalenderjahr 2010 komplett zu archivieren.

HINWEIS

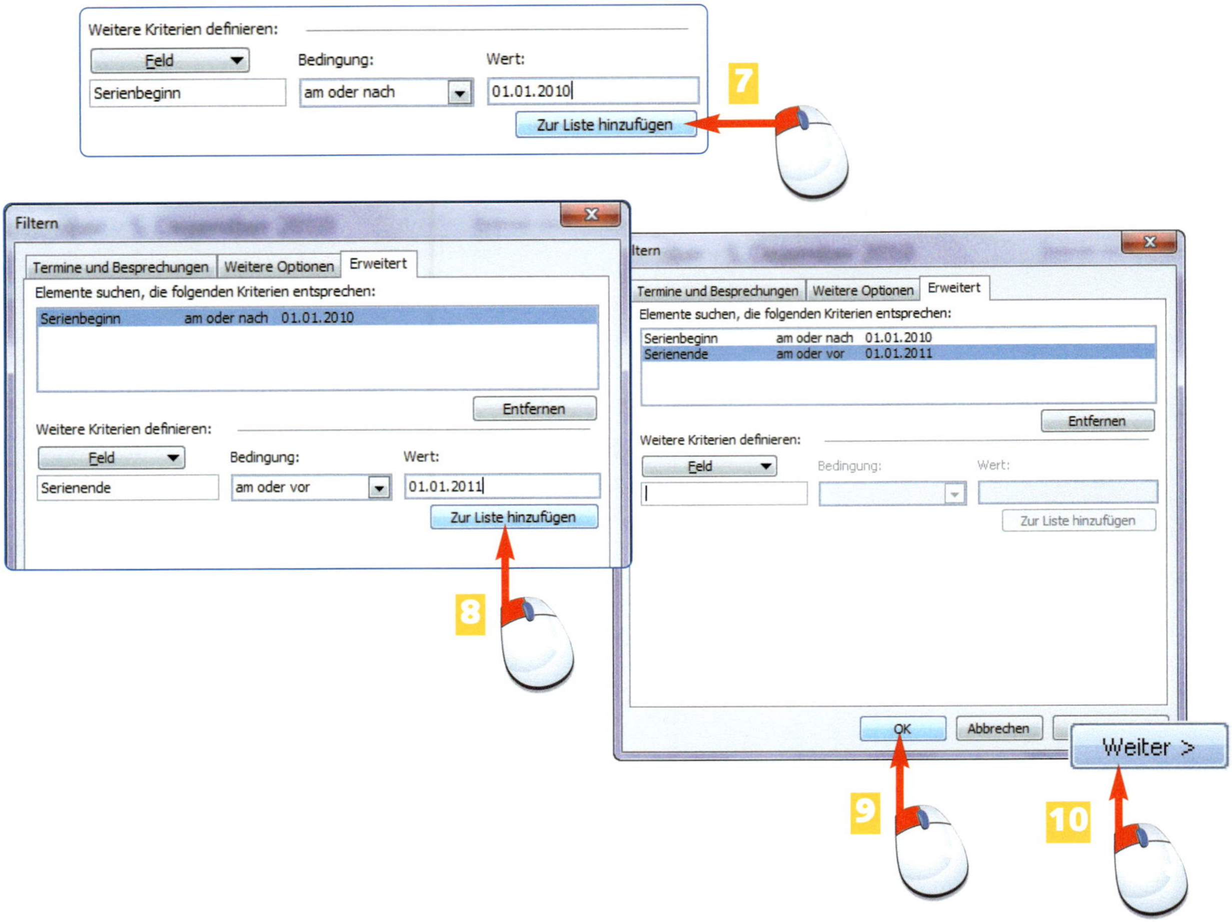

Weitere Kriterien definieren:

Feld ▼	Bedingung:	Wert:
Serienbeginn	am oder nach ▼	01.01.2010

Zur Liste hinzufügen

7

Filtern ✕

Termine und Besprechungen | Weitere Optionen | **Erweitert**

Elemente suchen, die folgenden Kriterien entsprechen:

| Serienbeginn | am oder nach | 01.01.2010 |

Entfernen

Weitere Kriterien definieren:

Feld ▼	Bedingung:	Wert:
Serienende	am oder vor ▼	01.01.2011

Zur Liste hinzufügen

8

Filtern ✕

Termine und Besprechungen | Weitere Optionen | **Erweitert**

Elemente suchen, die folgenden Kriterien entsprechen:

| Serienbeginn | am oder nach | 01.01.2010 |
| Serienende | am oder vor | 01.01.2011 |

Entfernen

Weitere Kriterien definieren:

Feld ▼	Bedingung:	Wert:

Zur Liste hinzufügen

OK | Abbrechen | Weiter >

9 **10**

---

7 Wählen Sie für die *Bedingung* die Option *am oder nach* aus und geben Sie den ersten Tag des Kalenderjahres unter *Wert* ein. Klicken Sie auf *Zur Liste hinzufügen*.

8 Wählen Sie das Feld *Serienende* aus und stellen Sie die *Bedingung am oder vor* ein. Geben Sie den ersten Tag des Folgejahres ein und klicken Sie auf *Zur Liste hinzufügen*.

9 Bestätigen Sie Ihre Eingaben mit *OK*.

10 Klicken Sie im folgenden Dialogfeld auf *Weiter*.

Ist der Kalender erst einmal als pst-Datei exportiert und gesichert, lässt er sich in dieser Form auf einen externen Datenträger kopieren. Sollten Sie gezwungen sein, Ihr System neu zu installieren, können Sie auf die gesicherten Kalenderdateien jederzeit zurückgreifen und sie in Outlook wieder importieren.

WISSEN

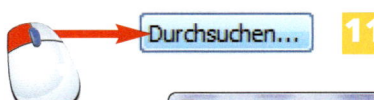

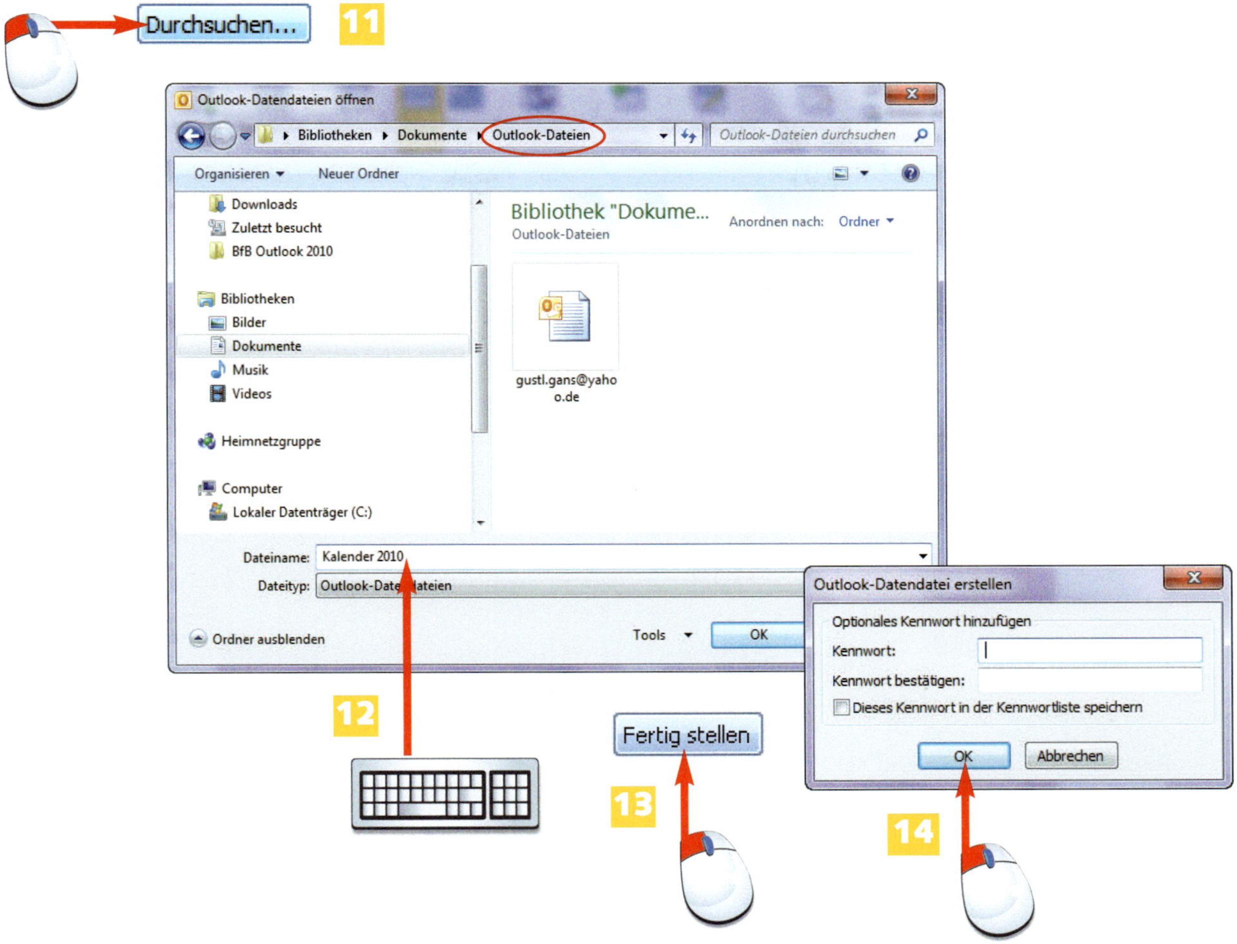

11 Klicken Sie auf *Durchsuchen*.

12 Wählen Sie den Speicherort für Ihr Kalenderjahr aus und vergeben Sie einen *Datei-namen* (hier: *Kalender 2010*). Klicken Sie auf *OK*.

13 Bestätigen Sie im folgenden Dialogfeld mit *Fertig stellen*.

14 Wer die Datei vor Zugriff Dritter schützen möchte, gibt ein *Kennwort* ein. Wer sie nicht schützen möchte, bestätigt einfach mit *OK*.

Wenn Sie möchten, können Sie die Termine des archivierten Kalenderjahres löschen: Über *Ansicht/Liste* blenden Sie die Termine als Liste ein. Klicken Sie auf *Ansichtseinstellungen/Filtern* und wechseln Sie auf das Register *Erweitert*. Filtern Sie die Termine nach dem gleichen Prinzip wie beim Archivieren. Markieren Sie die Termine mit [Strg]+[A] und löschen Sie sie mit der [Entf]-Taste.

HINWEIS

Prioritäten setzen bei der Aufgabenplanung

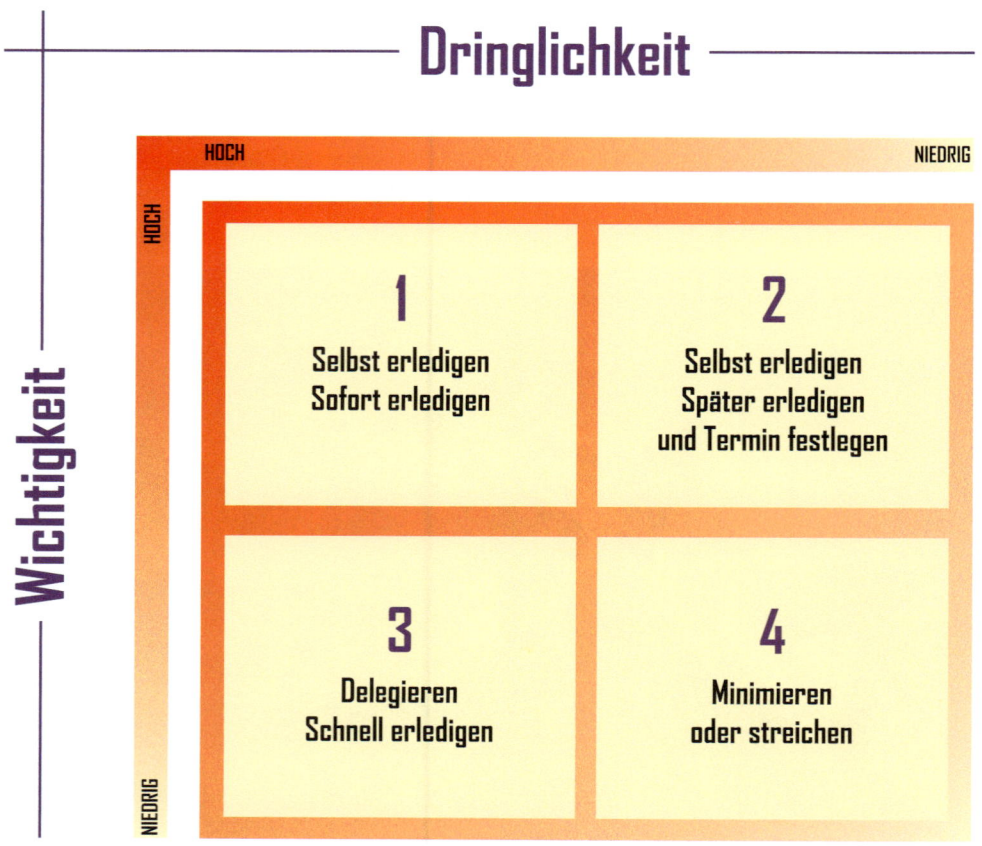

1. Alle Aufgaben im ersten Feld sind sehr wichtig und können nur von Ihnen persönlich erledigt werden.
2. In das zweite Feld tragen Sie wichtige Aufgaben ein, die zu einem späteren Zeitpunkt erledigt werden können.
3. Die Aufgaben aus dem dritten Feld kann eine andere Person übernehmen, müssen aber möglichst schnell in Angriff genommen werden.
4. Im vierten Feld tragen Sie Aufgaben ein, die Sie auf ein Minimum reduzieren oder sogar ganz streichen können.

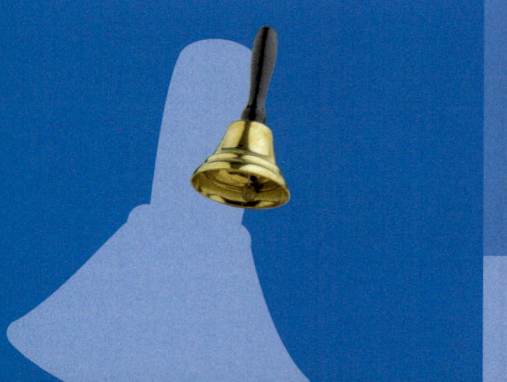

Der amerikanische Präsident Dwight D. Eisenhower entwickelte ein sehr einfaches Diagramm, nach dem er seine Prioritäten bei der Aufgabenplanung festlegte. Dabei sind die beiden Punkte *Wichigkeit* und *Dringlichkeit* (Zeitdruck) mit den beiden Eigenschaften *hoch* und *niedrig* kombiniert. Daraus ergeben sich vier unterschiedliche Aktivitätenfelder.

WISSEN

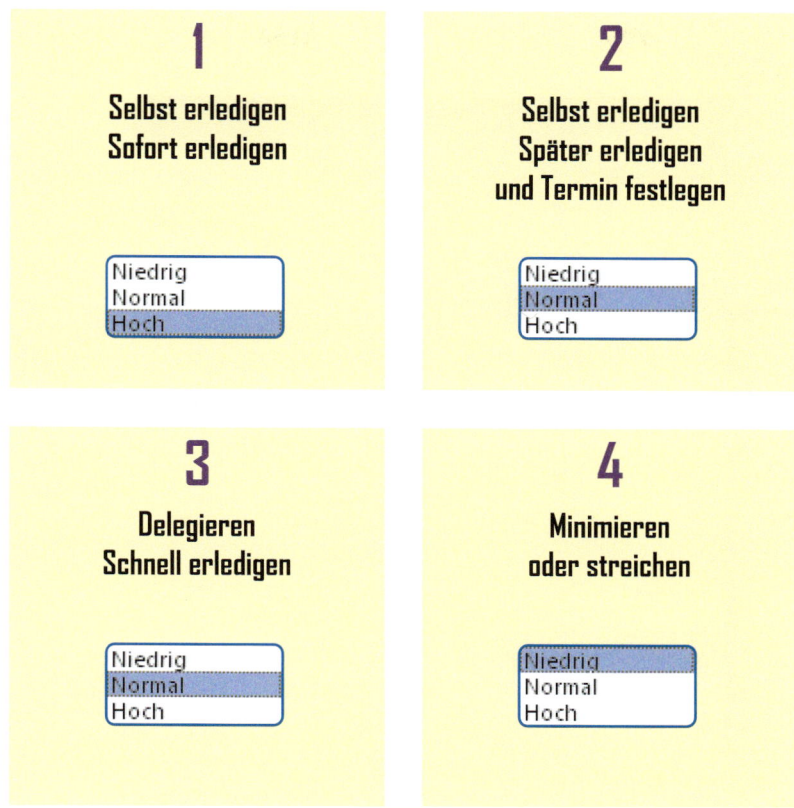

Wenn Sie nach dem Eisenhower-Diagramm arbeiten, lässt sich die Prioritätenvergabe von Outlook nach folgendem Prinzip nutzen:

Alle Aufgaben, die von Ihnen selbst und sofort erledigt werden müssen, erhalten die Priorität *Hoch*. Aufgaben, die Sie zu einem späteren Zeitpunkt in Angriff nehmen, erhalten die Priorität *Normal,* ebenso wie Aufgaben, die Sie an eine andere Person delegieren. Aufgaben, die eventuell auch „unter den Tisch fallen" können, erhalten die Priorität *Niedrig*.

Dwight D. Eisenhower war vom 4. November 1952 bis zum 20. Januar 1961 Präsident der Vereinigten Staaten von Amerika.

Eine Regel zum Eisenhower-Diagramm: Wichtigkeit geht vor Dringlichkeit. Ihrem Ziel kommen Sie dann näher, wenn Sie die Wichtigkeit der Dringlichkeit nicht unterwerfen.

HINWEIS   **HINWEIS**

Aufgaben auf die Schnelle anlegen

Start
E-Mail
Kalender
Kontakte
Aufgaben
1
2
3
Vorgangsliste
Datei
Start
Senden/Empfangen
Ordner
Ansicht
Neue Aufgabe
Neue E-Mail-Nachricht
Neue Elemente
Neu
Löschen
Löschen
Antworten
Allen antworten
Weiterleiten
Antworten
Als erledigt markieren
Aus Liste entfernen
Aufgabe verwalten
Meine Aufgaben
Vorgangsliste
Aufgaben
Vorgangsliste durchsuchen (Strg+E)
Anordnen nach: Kennzeichen: Fällig am
Neue Aufgabe eingeben
Heute
Susanne anrufen
JA - Word/Windows verschieben
Diese Woche
Koffer-Rolli kaufen
Dieter, Vorlagen Briefe
Nächste Woche
Skript
Neue Aufgabe eingeben
E-Mail
Kalender
Kontakte
Aufgaben
Filter angewendet

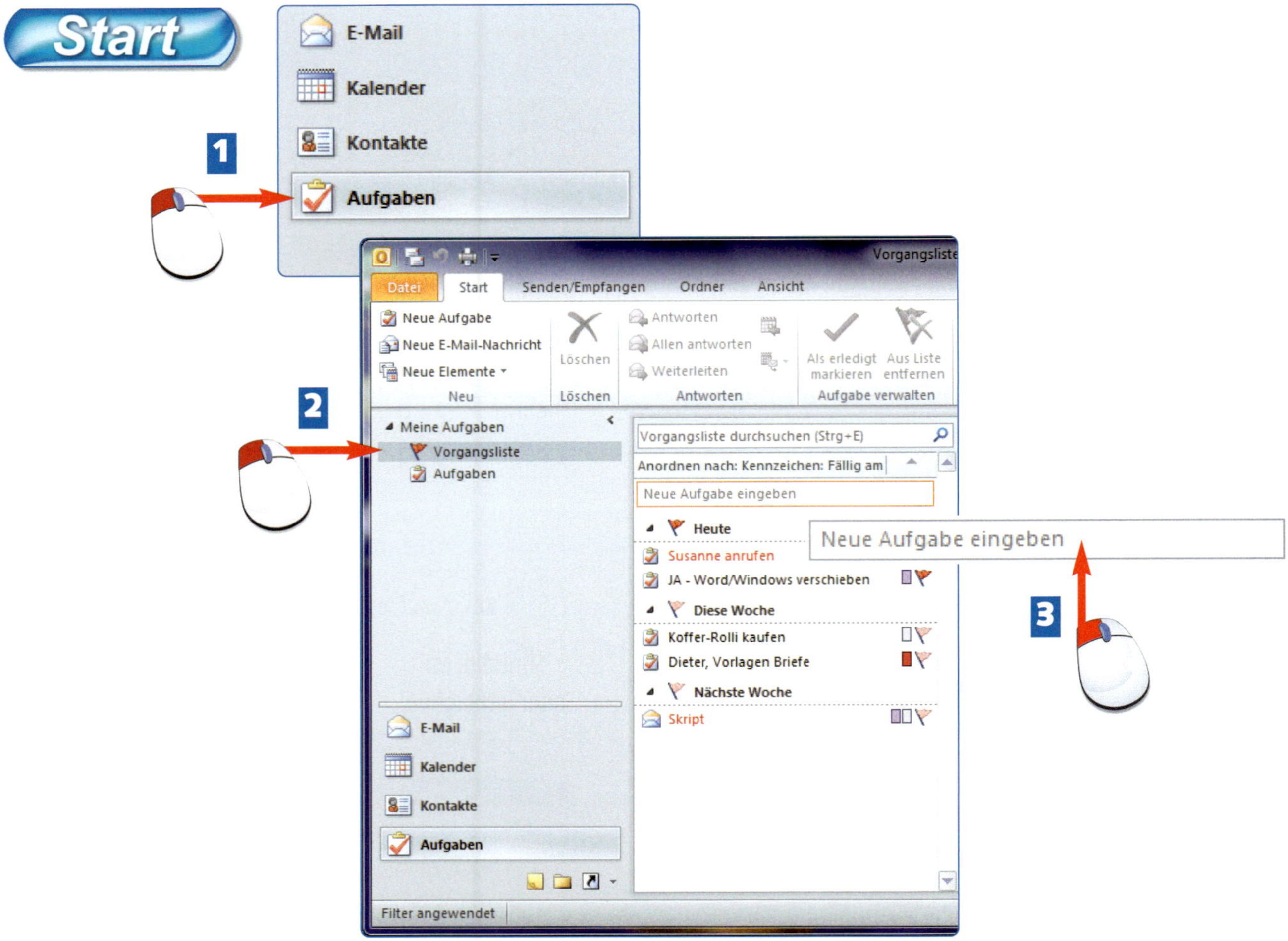

1 Klicken Sie im Navigationsbereich auf *Aufgaben*.

2 Im Navigationsbereich ist in der Regel *Vorgangsliste* eingestellt. Wenn nicht, aktivieren Sie *Vorgangsliste* mit einem Klick. Im Hauptfenster zeigt Ihnen Outlook die bereits eingegebenen Aufgaben.

3 Klicken Sie im Hauptfenster oberhalb der Vorgangsliste auf *Neue Aufgabe eingeben.*

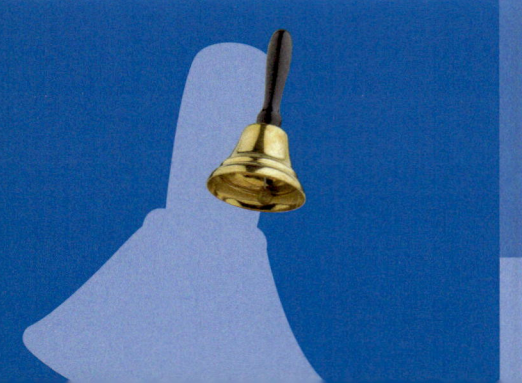

Selbstmanagement: Mit Outlook steht Ihnen ein Werkzeug zur Verfügung, mit dem Sie Ihre Ziele effektiv planen, umsetzen und kontrollieren können. Viele kleine und große Schritte und Aufgaben müssen erledigt werden, um letztlich das vorgenommene Ziel zu erreichen.

WISSEN

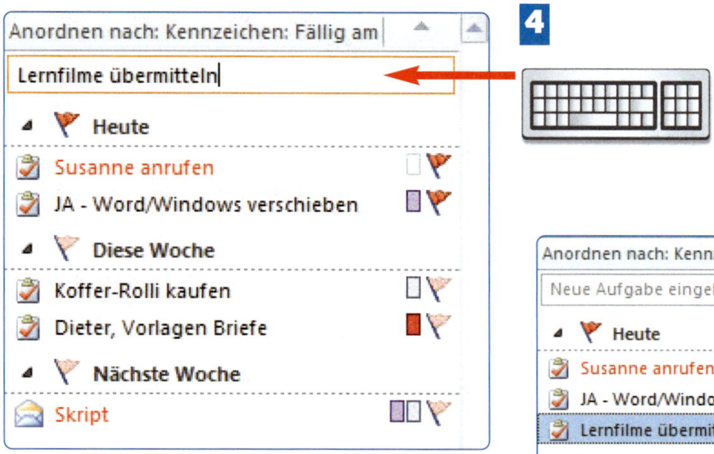

4 Der vorgegebene Text verschwindet und der Cursor blinkt im gelb umrahmten Feld. Geben Sie einen aussagekräftigen Text für Ihre Aufgabe ein und drücken Sie die ⏎-Taste.

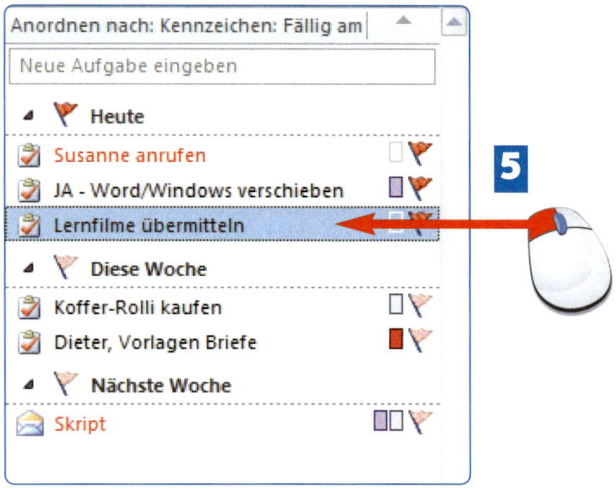

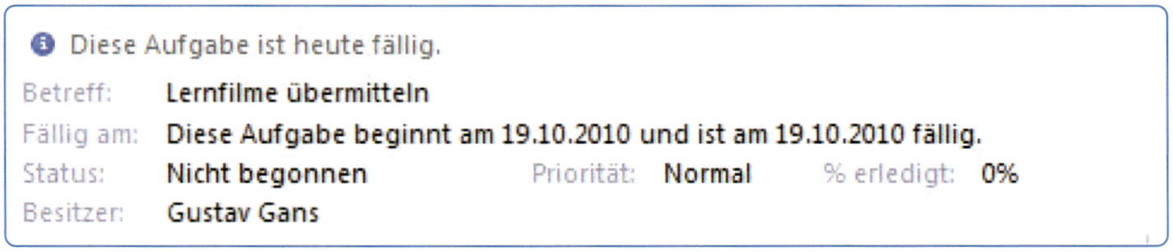

5 Outlook ordnet die Aufgabe unter dem Datum der Fälligkeit (hier: nach Fälligkeit sortiert) ein. Wenn Sie die eingegebene Aufgabe im Hauptfenster markieren, …

6 … werden Ihnen im Lesebereich rechts daneben die Einstellungen der Aufgabe angezeigt.

Ende

TIPP

Über den Schnellklick legen Sie die automatische Vorgabe für die Fälligkeit der eingegebenen Aufgabe fest. Klicken Sie mit der rechten Maustaste auf das Fähnchen und wählen Sie *Schnellklicken festlegen*.

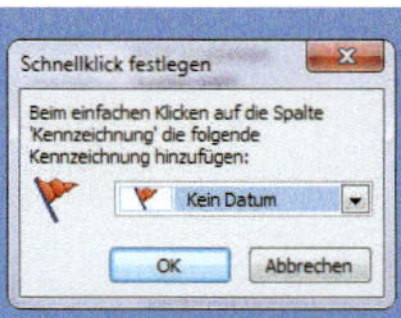

HINWEIS

Mit einem rechten Mausklick auf das Fähnchen der Aufgabe und anschließendem linken Mausklick legen Sie fest, wann die Aufgabe fällig ist.

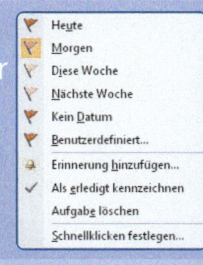

Priorität für eine Aufgabe festlegen

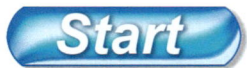

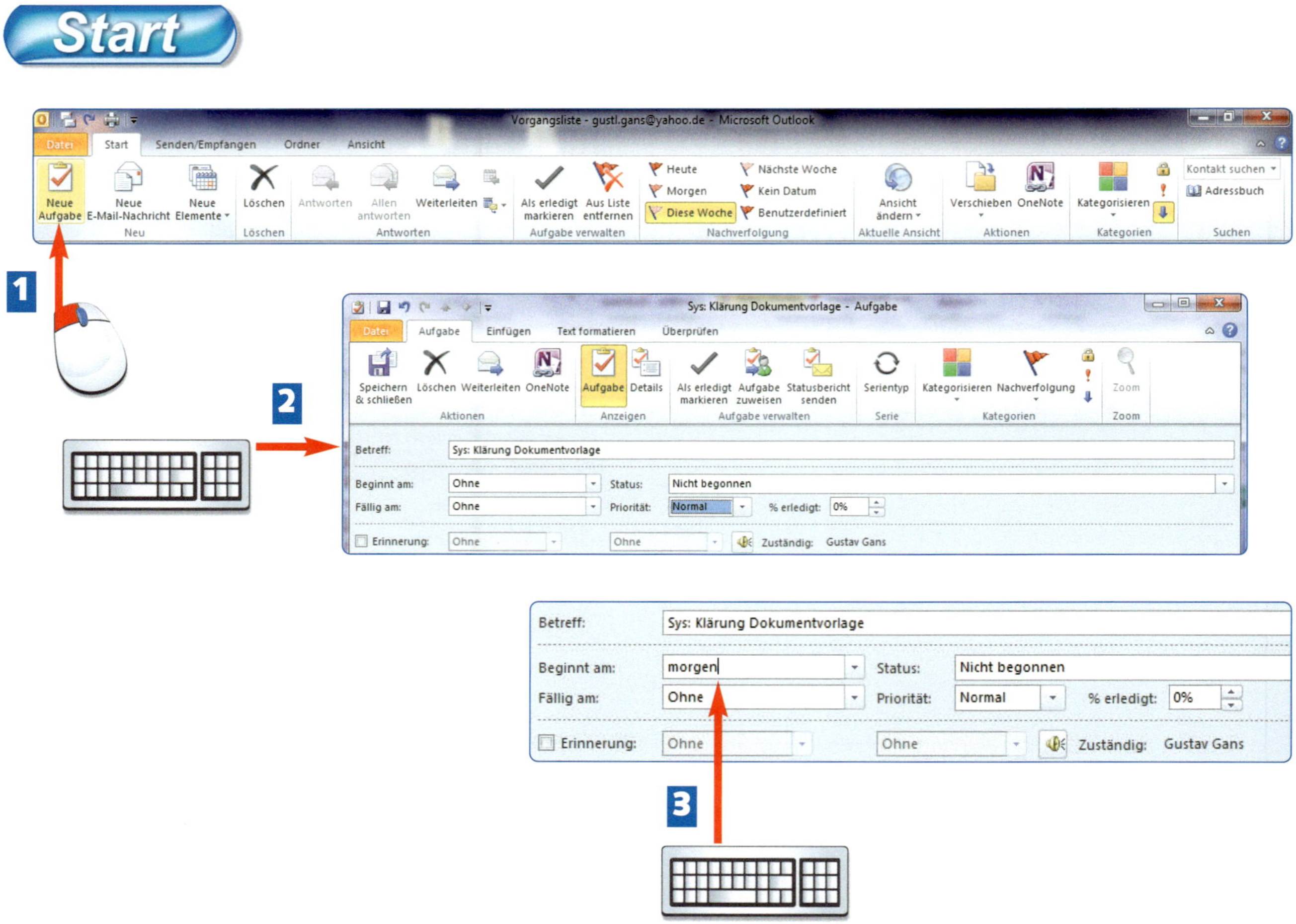

1 Legen Sie eine neue Aufgabe fest, indem Sie im Navigationsbereich *Aufgaben* wählen und im Menüband auf *Neue Aufgabe* klicken.

2 Outlook öffnet das Dialogfeld *Aufgabe*. Geben Sie im Feld *Betreff* ein, welche Aufgabe Sie zu erledigen haben.

3 Möchten Sie beispielsweise die Aufgabe am nächsten Tag in Angriff nehmen, dann geben Sie in das Feld *Beginnt am* den Text *morgen* ein und drücken die [↵]-Taste.

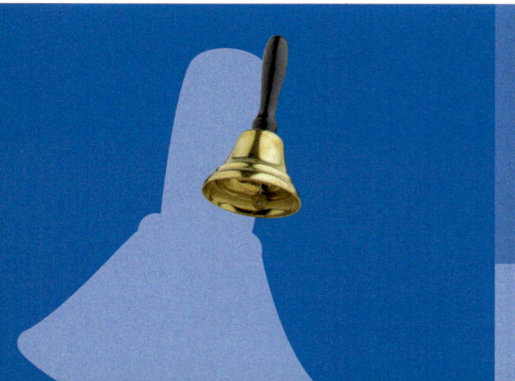

Kennen Sie eigentlich den Unterschied zwischen einer Aufgabe und einem Termin? Bei einer *Aufgabe* steht die Fälligkeit und damit das Ende der Aufgabe im Mittelpunkt. Der Beginn der Aufgabenerledigung ist dagegen offen. Hingegen steht bei einem *Termin* fest, zu welchem Zeitpunkt er beginnt. Nicht ganz so sicher ist, wann er endet.

WISSEN

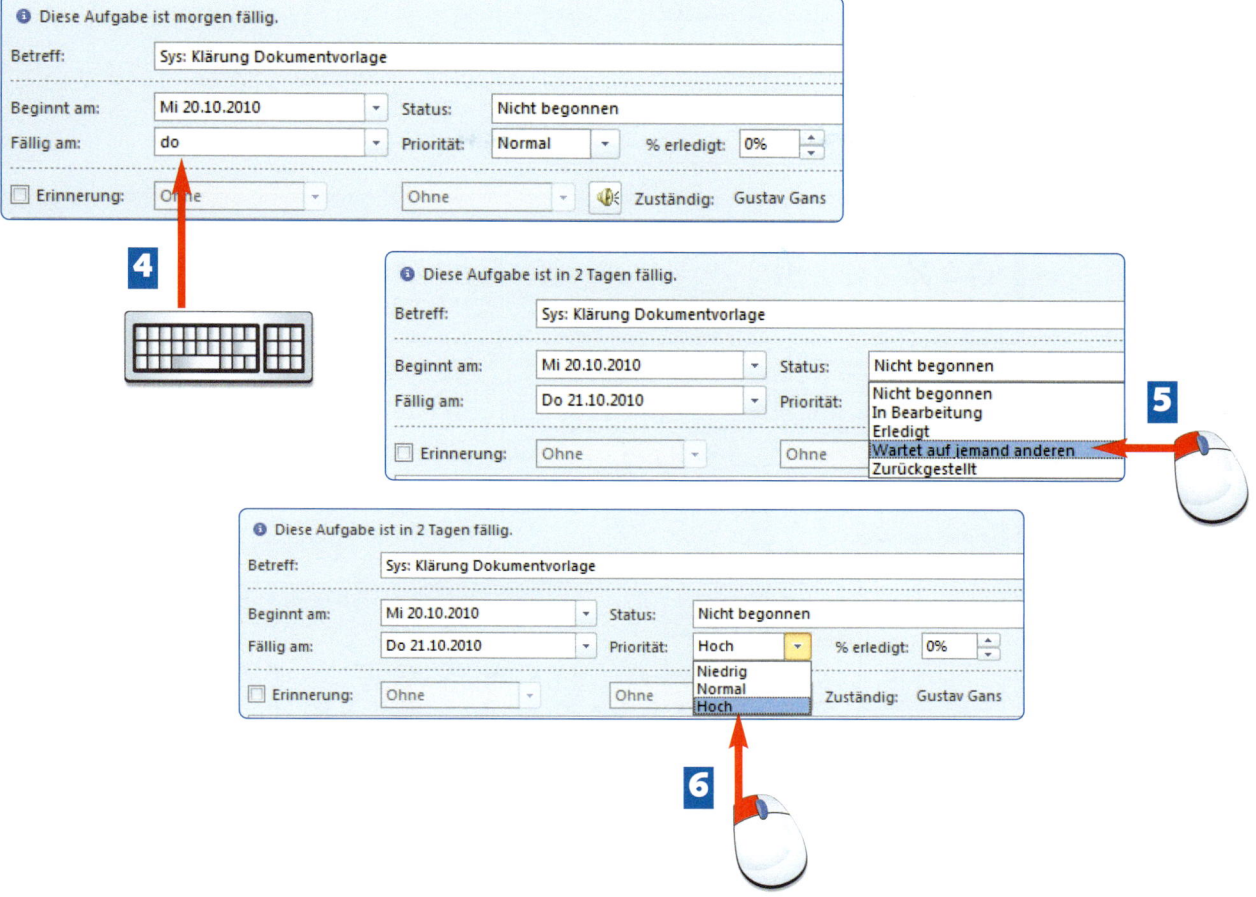

4 Bestimmen Sie, wann die Aufgabe erledigt sein muss, und geben Sie in das Feld *Fällig am* beispielsweise *Do* oder *do* ein. Drücken Sie die ⏎-Taste. Outlook trägt automatisch das richtige Datum ein.

5 Sind Sie auf die Information einer anderen Person angewiesen, dann wählen Sie *Wartet auf jemand anderen.*

6 Legen Sie für die Aufgabe eine *Priorität* nach dem Eisenhower-Prinzip fest (siehe Seiten 180 und 181).

Erlaubte Abkürzungen für Wochen-tage sind: *mo, di, mi, do, fr, sa, so.* Abkürzung für Woche: *w.* Es ist also möglich, Folgendes zu tippen: *mi in 3w* (Mittwoch in drei Wochen).

Noch schneller im Aufgaben-fenster: Mit der ⇆-Taste springen Sie von einem Feld zum nächsten. Nur im Ein-gabebereich fügt Outlook tatsächlich einen Tabulator ein.

TIPP   **TIPP**

Priorität für eine Aufgabe festlegen

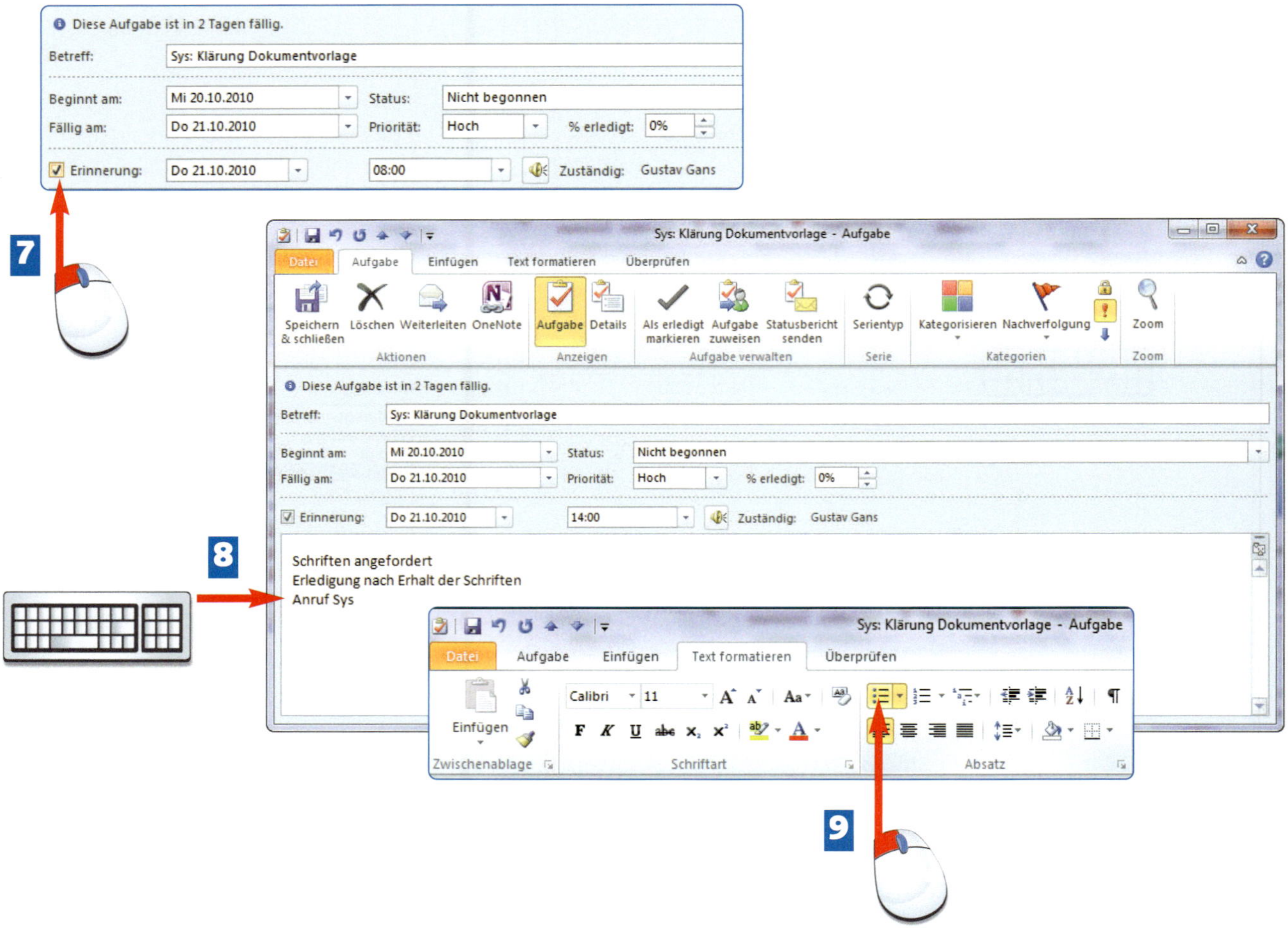

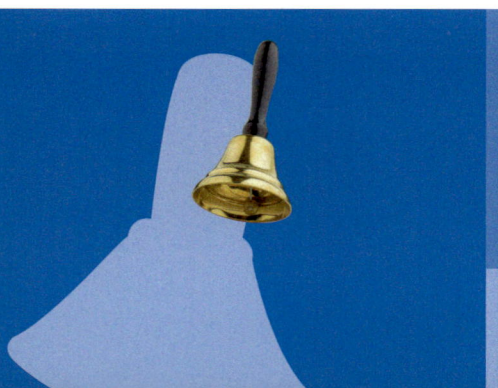

7 Möchten Sie an die Erledigung Ihrer Aufgabe erinnert werden, aktivieren Sie *Erinnerung* und geben an, an welchem Tag und zu welcher Uhrzeit die Erinnerungsfunktion in Aktion treten soll.

8 Fügen Sie der Aufgabe noch ein paar Bemerkungen hinzu.

9 Der Übersichtlichkeit halber können Sie den Text markieren und mit einem Klick auf *Aufzählungszeichen* unter dem Register *Text formatieren* eine Aufzählung machen.

Mit der Planung und Erledigung Ihrer Aufgaben kommen Sie am besten zurecht, wenn Sie den Betreff der Aufgabe „glasklar“ formulieren, sodass Sie nach mehreren Tagen immer noch wissen, worum es sich handelt. Tippen Sie also in den Betreff nicht nur „Anruf“ ein, sondern geben Sie zusätzlich den Grund des Anrufs an.

WISSEN

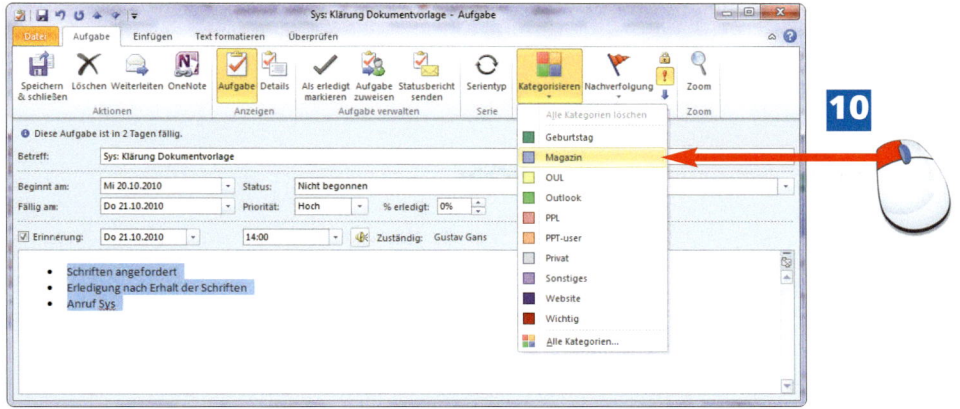

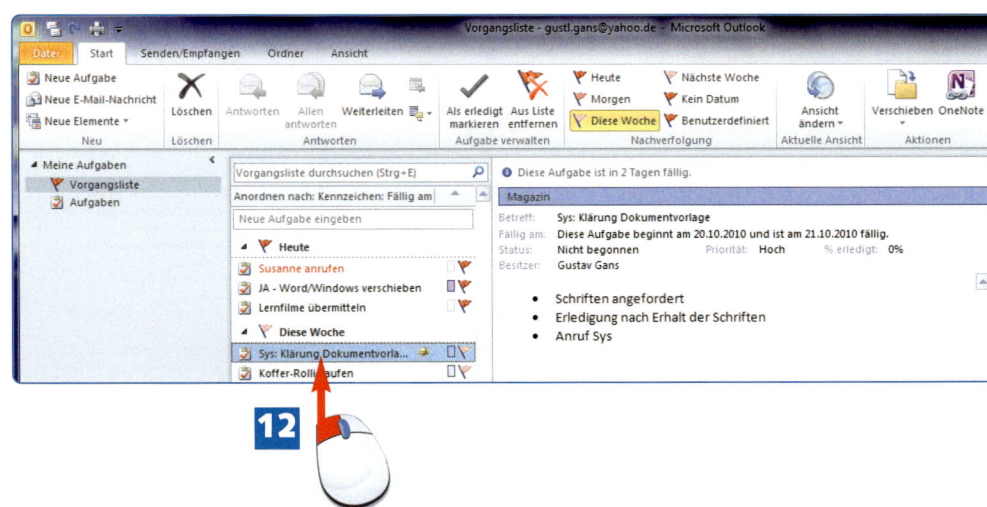

10 Kennzeichnen Sie die Aufgabe mit einer Farbe *(Kategorisieren)*. Wechseln Sie dazu wieder auf das Register *Aufgabe*.

11 Sind alle Einstellungen vorgenommen und ist die Aufgabe formuliert, klicken Sie auf *Speichern & schließen*.

12 Wenn Sie die Aufgabe markieren, zeigt Ihnen Outlook im Lesebereich die Aufgabe und deren Einstellungen an.

Ende

Das rote Häkchen symbolisiert eine Aufgabe. Die Glocke zeigt Ihnen an, dass Sie an die Aufgabe erinnert werden möchten.

HINWEIS

Markieren Sie die Aufgabe und drücken Sie die [Entf]-Taste, oder klicken Sie im Menüband unter dem Register *Start* auf *Aus Liste entfernen*.

HINWEIS

Aufgaben lassen sich jederzeit ändern. Haben Sie z.B. den falschen Zeitpunkt für das Aufgabenende gewählt, doppelklicken Sie auf die Aufgabe und stellen ihn neu ein.

HINWEIS

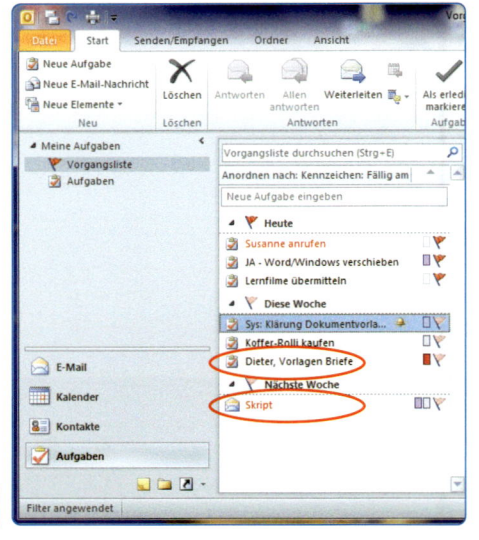

1 Filter angewendet

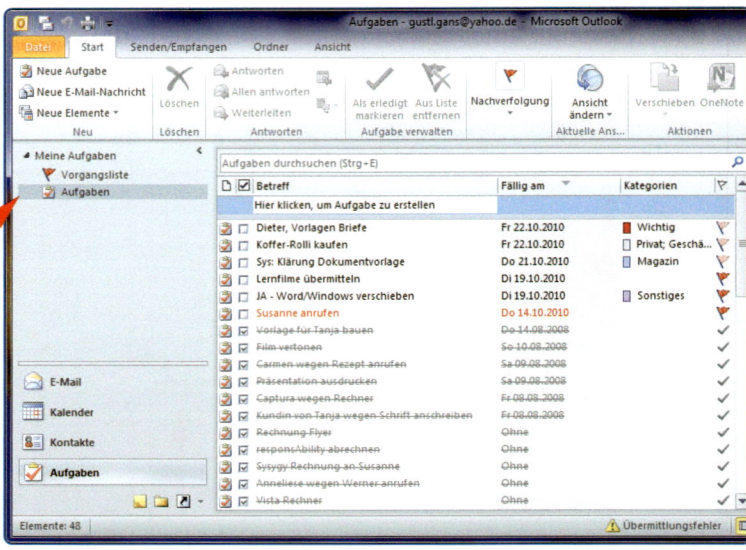

2

1 Sollten Sie keine eigenen Ansichten definiert haben, zeigt Ihnen Outlook die *Vorgangsliste* (alle Aktivitäten, auch terminierte E-Mails) im Programmbereich *Aufgaben* an. Die Aufgaben werden durch das rote Häkchen und die E-Mails durch den geöffneten Briefumschlag symbolisiert.

2 Möchten Sie wirklich nur die Aufgaben sehen und die terminierten E-Mails ausblenden, klicken Sie im Navigationsbereich auf *Aufgaben*.

Outlook bietet viele nützliche Ansichten zum Sortieren und Anzeigen von Aufgaben an, beispielsweise wenn man sich einen schnellen Überblick über Aufgaben verschaffen will, die noch nicht erledigt sind. Darüber hinaus können Sie jederzeit die Ansicht selbst nach verschiedenen Kriterien definieren und speichern.

WISSEN

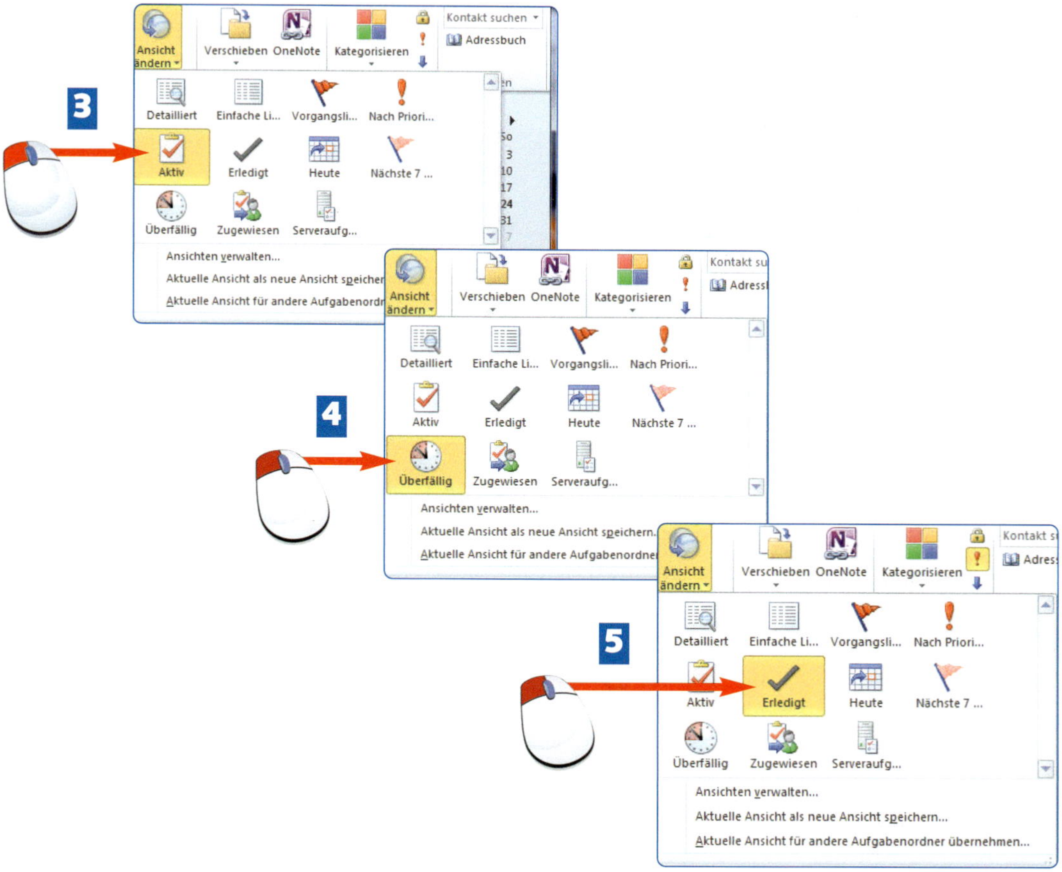

3 Alle Aufgaben, die noch zu erledigen sind, blenden Sie über *Ansicht ändern/Aktiv* unter dem Register *Start* ein.

4 Rot hervorgehobene Aufgaben sind bereits überfällig. Möchten Sie sich ausschließlich *Überfällige Aufgaben* anzeigen lassen, aktivieren Sie diese Option über *Ansicht ändern/Überfällig*.

5 Einen Blick auf die Aufgaben, die bereits erledigt sind, erlaubt Ihnen ein Klick auf *Ansicht ändern/Erledigt*.

Wer seine Aufgaben nach den Prioritäten *Niedrig*, *Normal* oder *Hoch*, sortieren möchte, der klickt auf *Ansicht ändern/Nach Priorität*, Register *Start*.

Befinden Sie sich in der Ansicht *Einfache Liste*, können Sie mit einem Klick auf das vorangestellte Kästchen die Aufgabe als erledigt kennzeichnen.

Egal, in welcher Ansicht Sie sich befinden, mit einem Klick auf das Fähnchen kennzeichnen Sie die Aufgabe als erledigt. Statt des Fähnchens erscheint ein Häkchen.

HINWEIS   **TIPP**   **HINWEIS**

Aufgabe an eine andere Person delegieren

Start

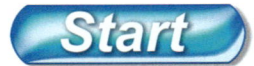

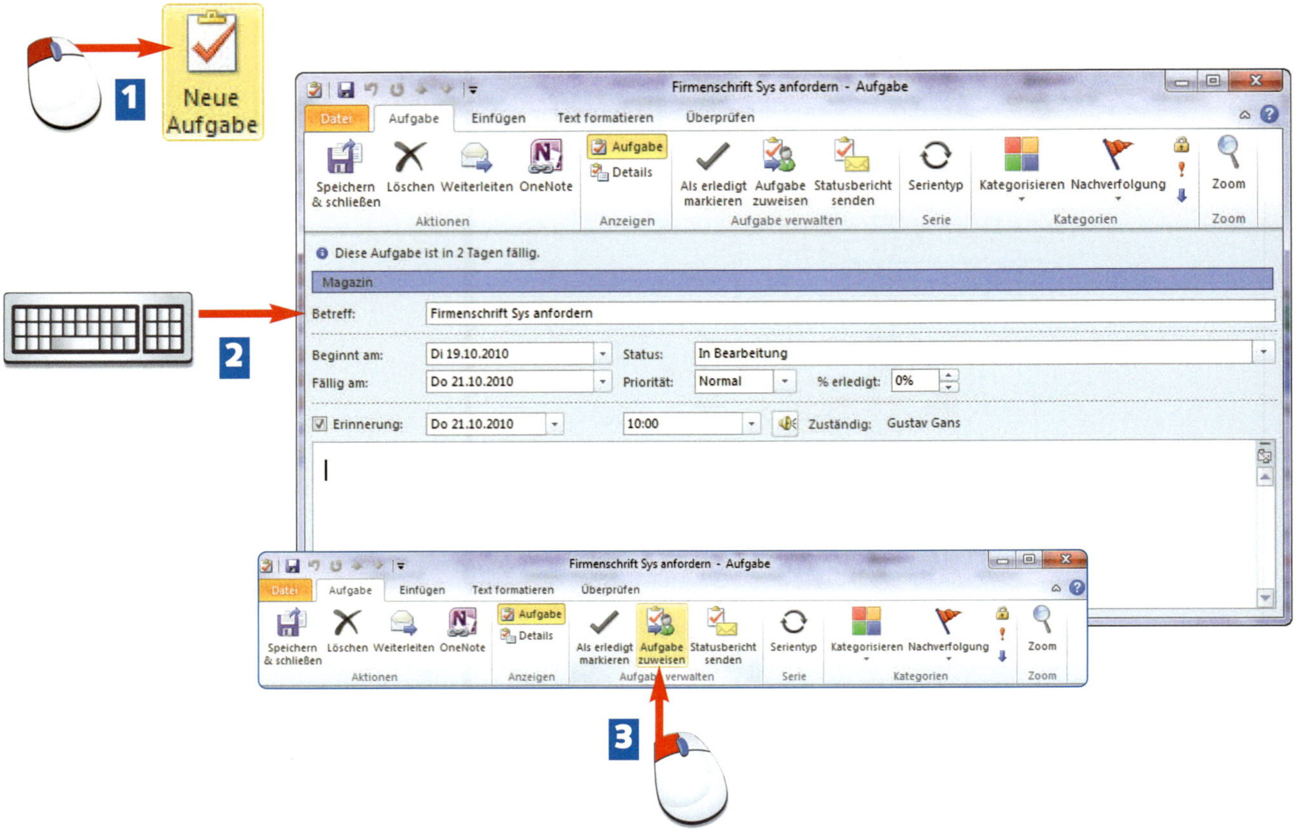

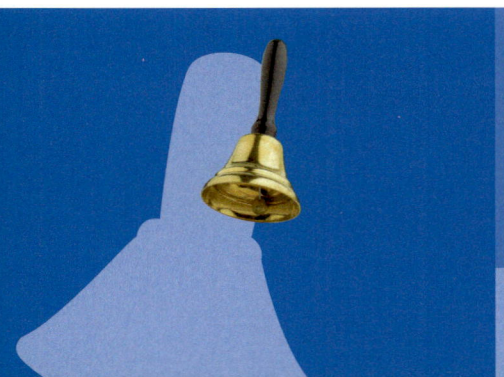

1. Im Navigationsbereich müssen die *Aufgaben* ausgewählt sein. Erstellen Sie eine *Neue Aufgabe* oder drücken Sie die Tastenkombination Strg+⇧+T.
2. Geben Sie den *Betreff* der Aufgabe ein und nehmen Sie die entsprechenden Einstellungen wie Termin, Priorität und Status vor.
3. Klicken Sie im Menüband unter dem Register *Aufgabe* auf *Aufgabe zuweisen*.

Arbeiten mehrere Personen an einem Projekt, ist es häufig notwendig, Aufgaben an eine andere Person weiterzugeben. Die aktuelle Aufgabe kann dann per E-Mail an die betreffende Person gesendet werden. Dabei hat der Empfänger seinerseits die Möglichkeit, die Aufgabe anzunehmen oder abzulehnen.

WISSEN

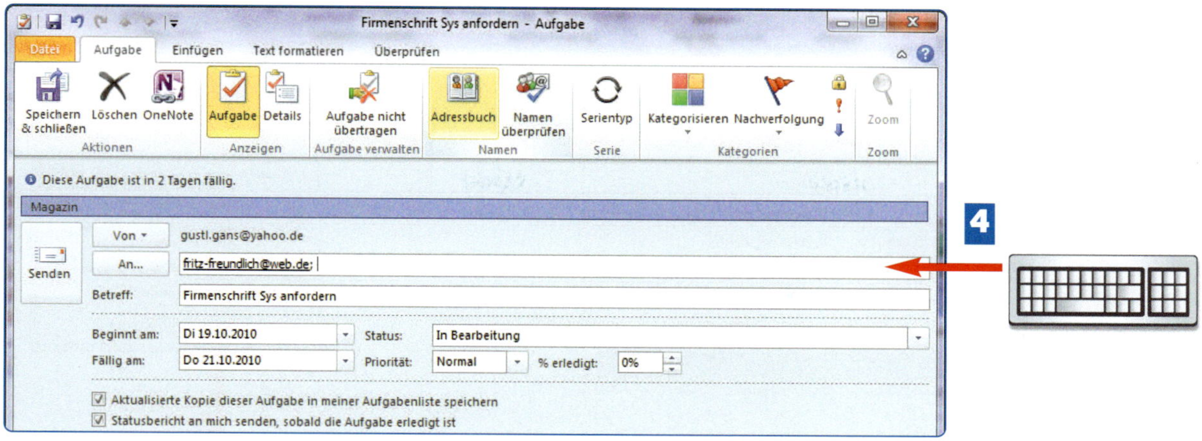

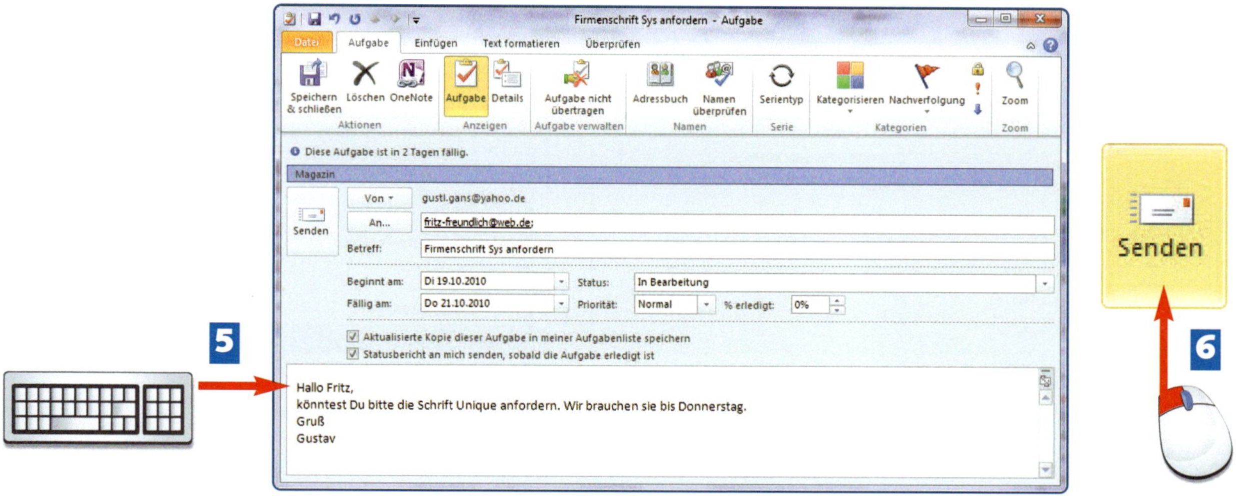

4 Outlook fügt ein Adressfeld für die E-Mail hinzu. Geben Sie dort die E-Mail-Adresse der betreffenden Person ein.

5 Schreiben Sie einen kurzen Anweisungstext, damit der Empfänger Ihrer Aufgabe weiß, worum es sich handelt und was zu erledigen ist.

6 Bestätigen Sie Ihre Eingaben mit *Senden*.

Lassen Sie die beiden Häkchen *Aktualisierte Kopie dieser Aufgabe in meiner Aufgabenliste speichern* und *Statusbericht an mich senden, sobald die Aufgabe erledigt ist* aktiv. Der erste Punkt bewirkt, dass die Aufgabe unter Ihren Aufgaben zur Kontrolle abgelegt wird. Der zweite Punkt hat zur Folge, dass die Aufgabenerledigung automatisch an Sie zurückgesendet wird.

HINWEIS

Delegierte Aufgabe erledigen

Start

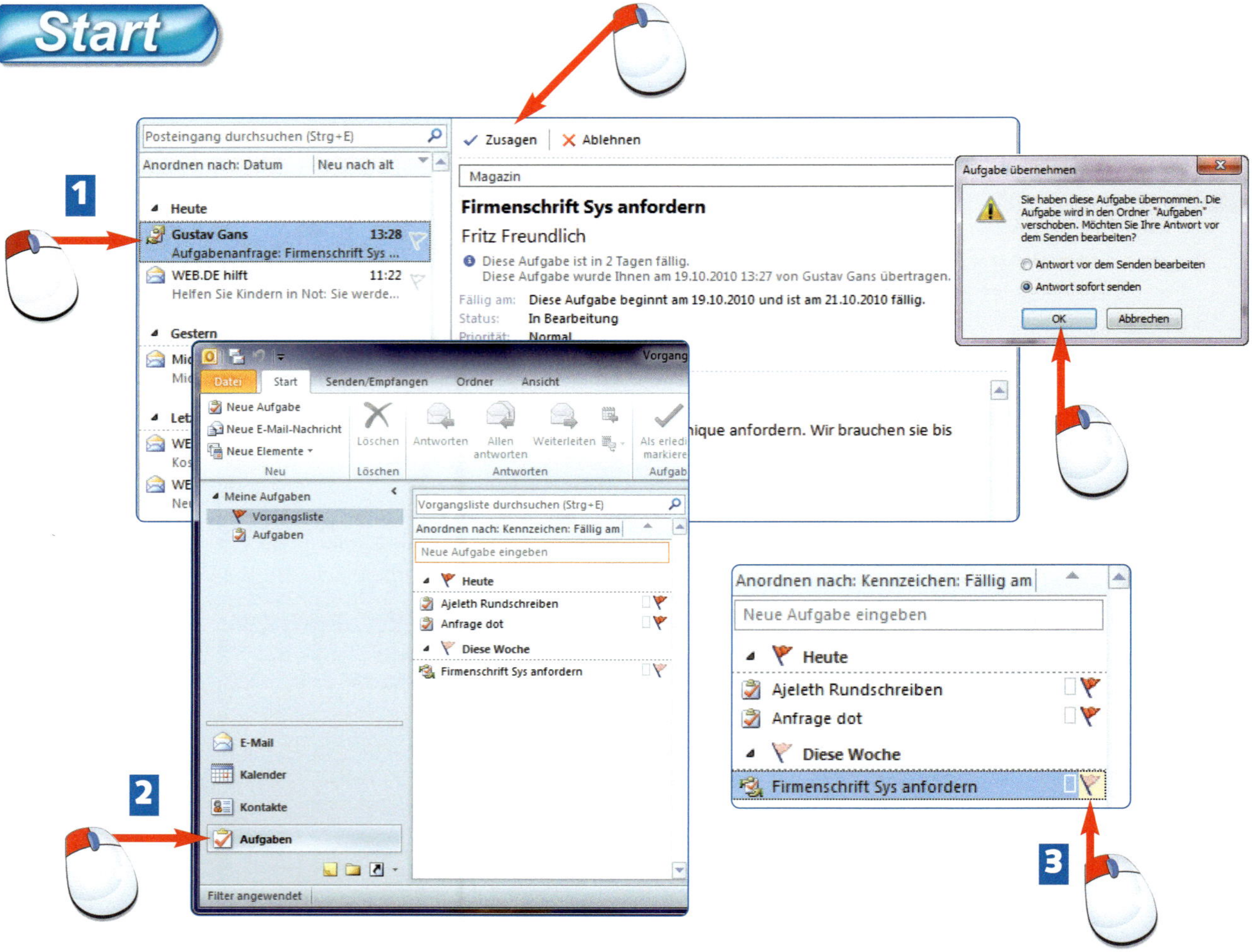

1 Die delegierte Aufgabe erscheint im Posteingang des Empfängers als E-Mail. Als Empfänger markieren Sie die E-Mail und klicken auf *Zusagen*, wenn Sie die Aufgabe übernehmen möchten. Bestätigen Sie die folgende Meldung mit *OK*.

2 Die Aufgabe wird automatisch als Aufgabe gespeichert. Der Auftraggeber erhält eine Bestätigung, dass Sie die Aufgabe übernommen haben.

3 Wenn Sie die Aufgabe erledigt haben, klicken Sie auf das Fähnchen oder aktivieren in der Ansicht *Einfache Liste* das vorangestellte Kästchen.

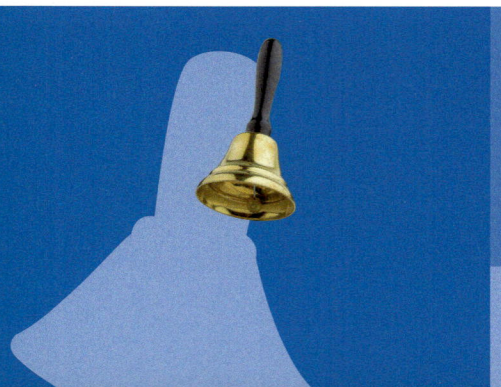

Manche Aufgaben erfordern mehrere Personen und Schritte, bis das Ziel erreicht ist. Deshalb ist es sinnvoll, bei umfangreichen Projekten anzugeben, zu wie viel Prozent die Aufgabe bereits erledigt wurde. Hilfreich für die beteiligten Personen kann auch ein Zwischenstand des Projekts sein. Deshalb gibt es den Statusbericht von Outlook.

WISSEN

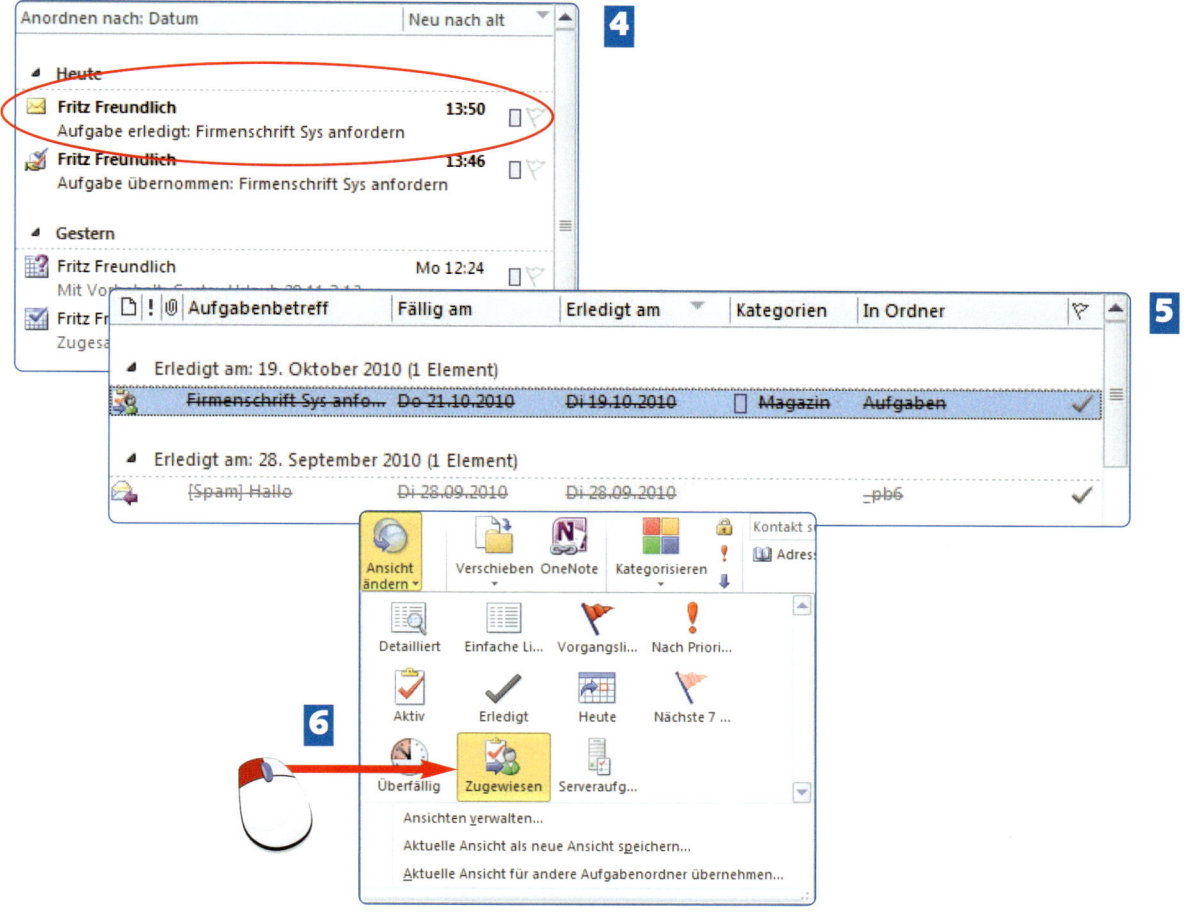

4 Die Aufgabe wird als erledigt gekennzeichnet und der Auftraggeber der Aufgabe erhält automatisch eine E-Mail mit dem Betreff *Aufgabe erledigt*.

5 Sowohl beim Auftraggeber der Aufgabe als auch beim Empfänger legt Outlook die Aufgabe als erledigt ab.

6 Ist die Aufgabe noch nicht erledigt, kann der Auftraggeber der Aufgabe die delegierten Aufgaben über *Ansicht ändern/Zugewiesen* aufrufen.

Ende

Um sich über den aktuellen „Stand der Dinge" zu informieren, klicken Sie auf *Status anzeigen* unter dem Register *Senden/Empfangen*.

Können Sie eine delegierte Aufgabe nicht erledigen, klicken Sie auf *Ablehnen*. Der Auftraggeber der Aufgabe erhält automatisch eine Benachrichtigung.

HINWEIS   **HINWEIS**

Nichts vergessen: E-Mail in Aufgabe umwandeln

Start

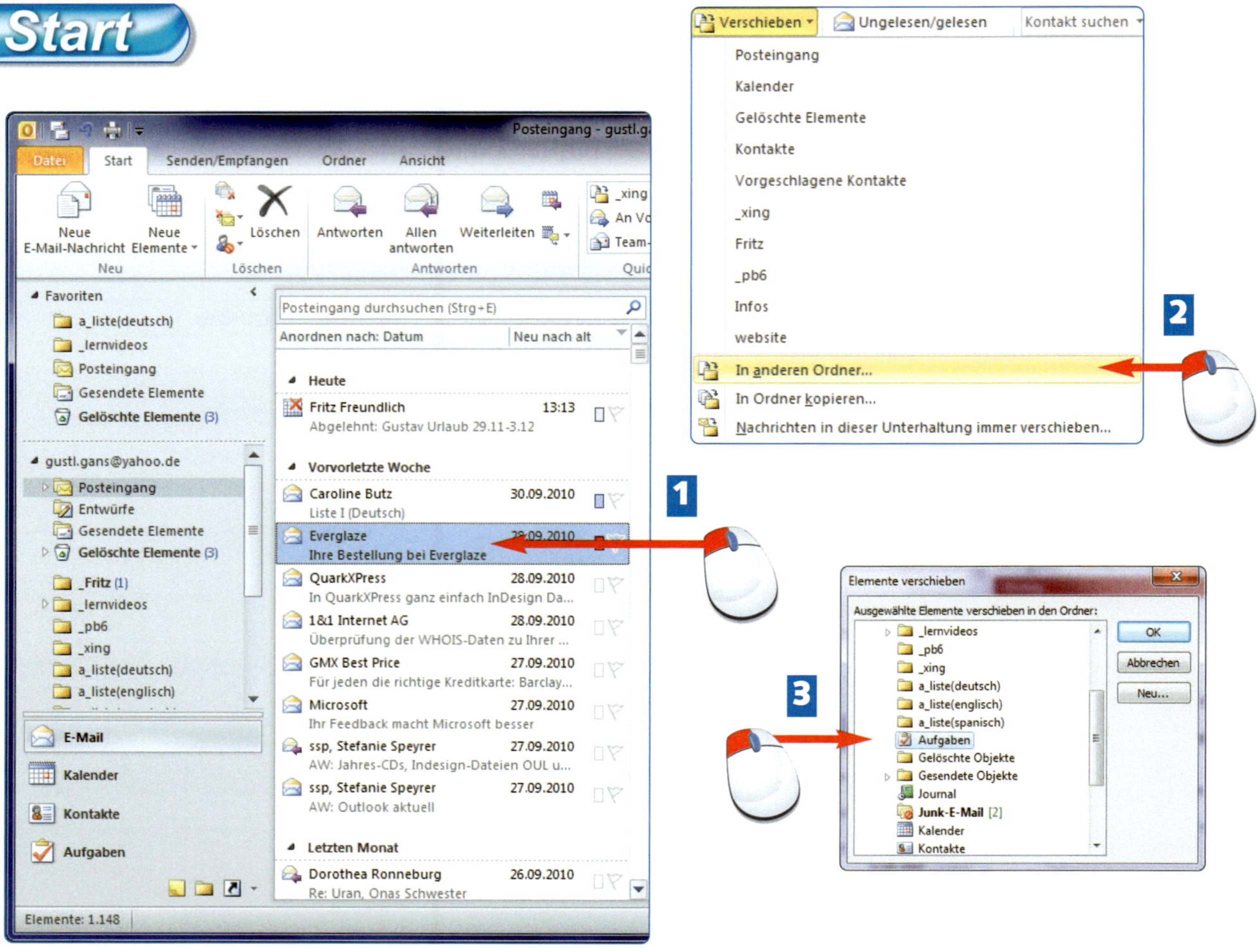

1 Markieren Sie die E-Mail, die Sie in eine Aufgabe umwandeln möchten.

2 Klicken Sie unter dem Register *Start* auf *Verschieben/In anderen Ordner.*

3 Markieren Sie im folgenden Dialogfeld *Aufgaben* und bestätigen Sie mit *OK.*

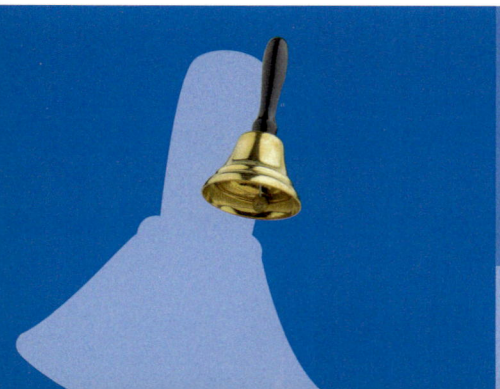

Viele E-Mails enthalten wichtige Aufgaben zum Erledigen. Damit die Inhalte der E-Mails nicht verschwinden und nach ein paar Tagen in Vergessenheit geraten, bietet Outlook die Möglichkeit, die entsprechende E-Mail in eine Aufgabe umzuwandeln.

WISSEN

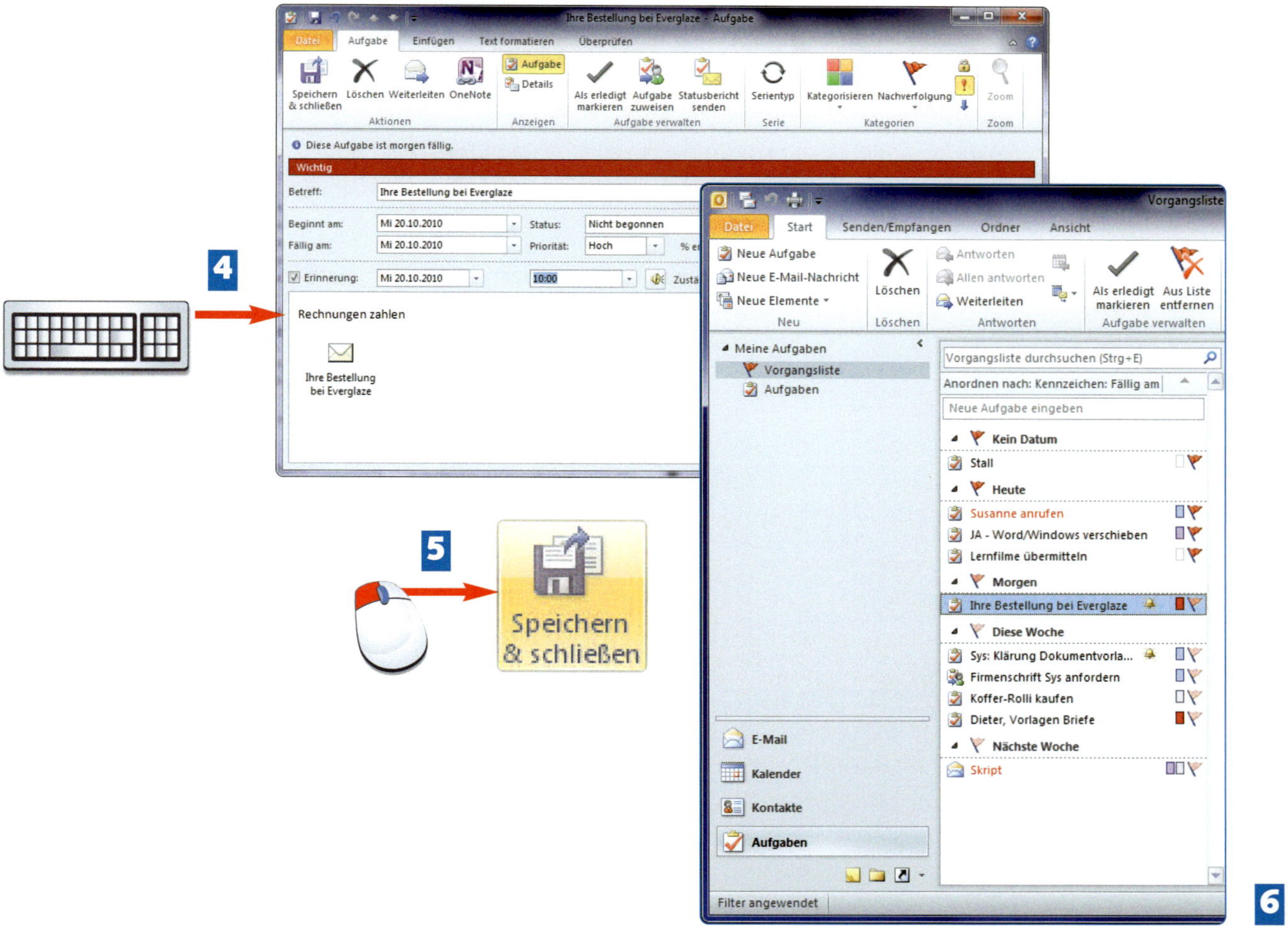

4 Ändern Sie gegebenenfalls den Betreff, falls er für die Aufgabe nicht aussagekräftig genug ist. Nehmen Sie die nötigen Einstellungen vor und fügen Sie eine Bemerkung im Eingabefeld hinzu.

5 Klicken Sie auf *Speichern & schließen*.

6 Die E-Mail wird automatisch unter den Aufgaben eingeordnet.

HINWEIS

Wurden die Aufgaben schon einmal ausgewählt, zeigt Outlook sie an oberster Stelle an.

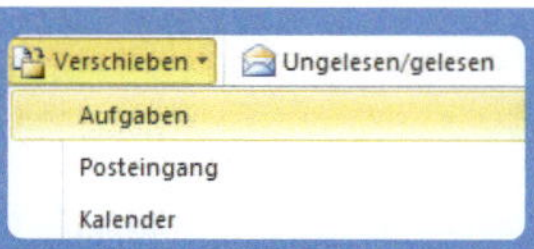

TIPP

Ganz schnell wandeln Sie die E-Mail in eine Aufgabe um, wenn Sie die E-Mail mit gedrückter linker Maustaste auf die Aufgaben im Navigationsbereich ziehen.

Zettelwirtschaft ade:
Schnell was notieren

Start

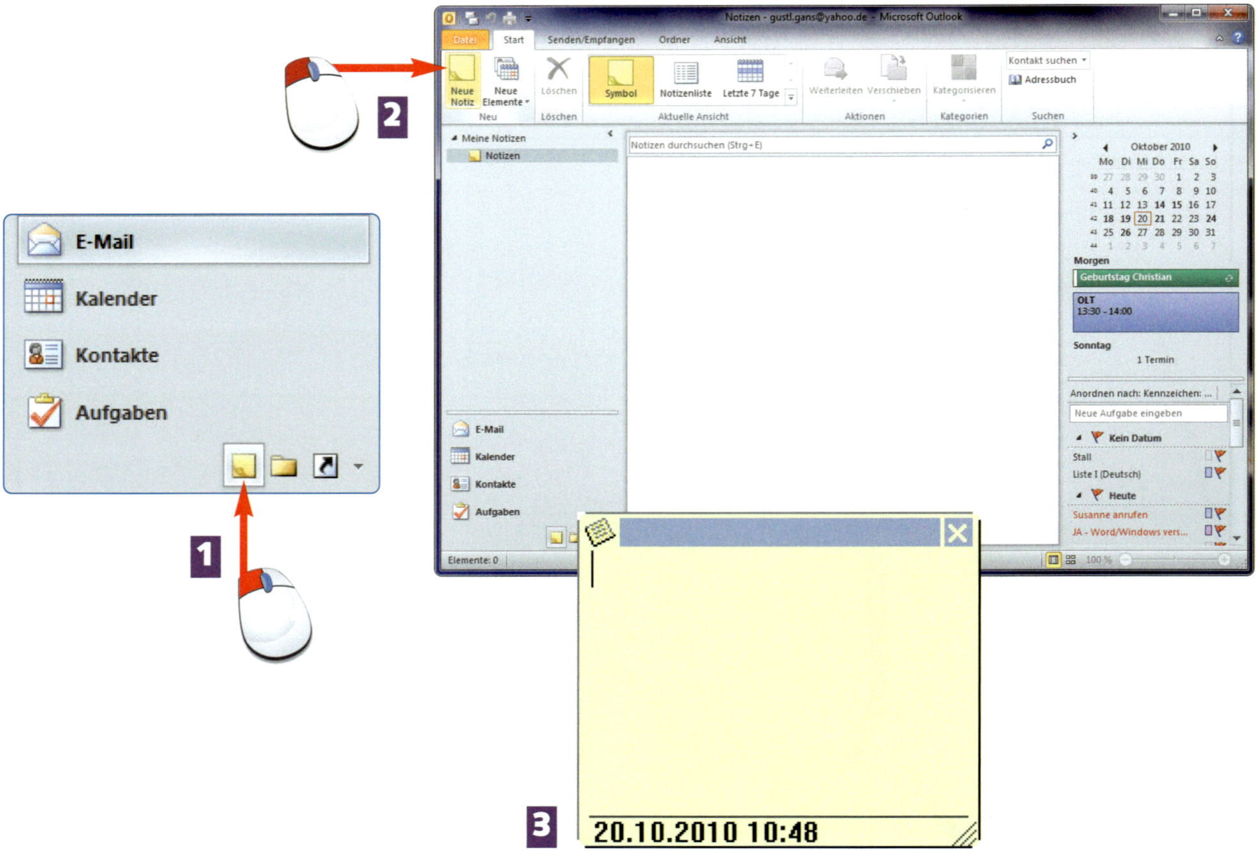

1 Um eine Notiz festzuhalten, klicken Sie im Navigationsbereich auf *Notizen*.

2 Der Programmbereich *Notizen* wird geöffnet. Klicken Sie auf *Neue Notiz,* um eine neue Notiz zu schreiben.

3 Ein kleiner gelber Notizzettel mit Datum und Uhrzeit erscheint auf dem Bildschirm.

Hand aufs Herz! Kleben bei Ihnen auch so viele kleine Notizzettel am Bildschirm, am Kühlschrank, an der Pinnwand oder „müllen" Ihren Schreibtisch zu? Dann räumen Sie auf und verwenden stattdessen die Notizen von Outlook. Sie sind bestimmt genauso praktisch wie die „echten" Notizzettel.

WISSEN

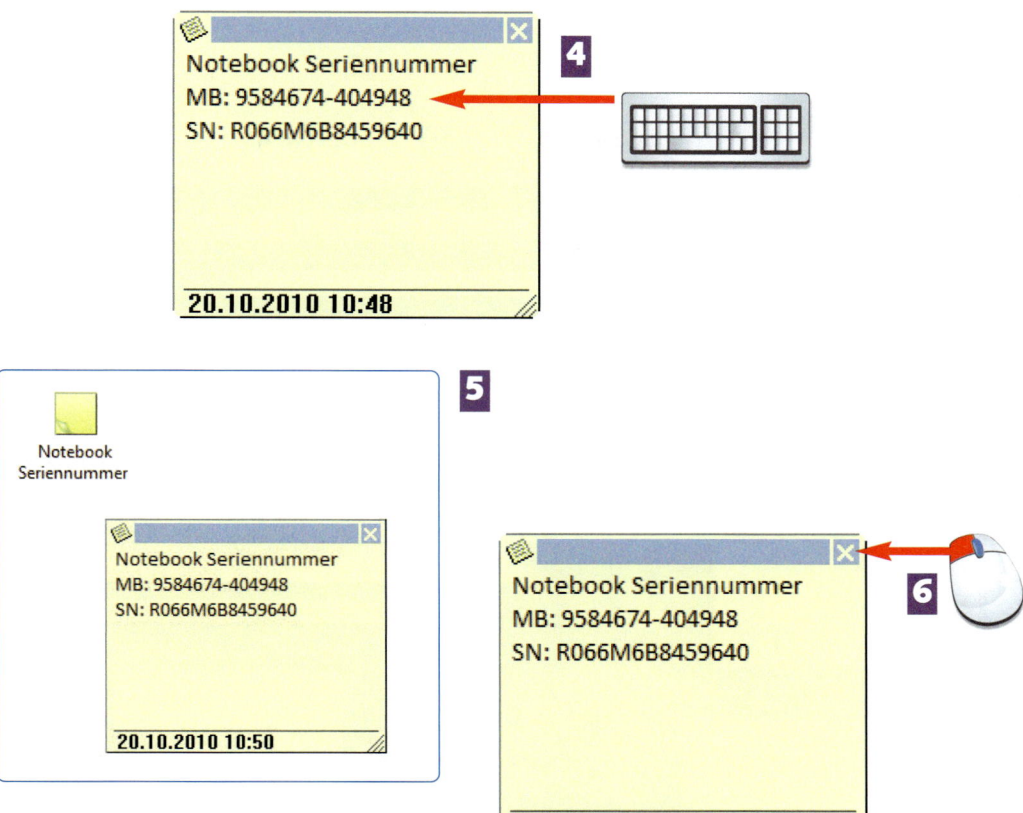

4 Geben Sie Ihren Text ein. Möchten Sie einen neuen Absatz beginnen, drücken Sie die ⏎-Taste.

5 Die erste Zeile der Notiz, sozusagen der Titel, wird automatisch als Name für die Notiz verwendet.

6 Schließen Sie die Notiz, um den Notizzettel zu verlassen.

Ende

Mit der Tastenkombination Strg + ⇧ + N rufen Sie einen neuen Notizzettel auf, egal, in welchem Programmbereich Sie sich gerade befinden.

T I P P

Haben Sie einen Notizzettel geöffnet, aber keinen Text eingegeben, und schließen ihn wieder, speichert Outlook keine Notiz.

H I N W E I S

Sollte das Eingabefeld des Notizzettels zu klein sein, ziehen Sie es an der rechten unteren Ecke mit gedrückter linker Maustaste größer.

H I N W E I S

1 Um eine Intenetadresse aus dem Browser in eine Notiz zu kopieren, stellen Sie zu allererst eine Internetverbindung mit der entsprechenden Website her: *Start/Internet Explorer*.

2 Markieren Sie die Internetadresse, die Sie in eine Notiz kopieren möchten, und drücken Sie die Tastenkombination Strg+C.

3 Wechseln Sie über die Taskleiste am unteren Bildschirmrand zu Outlook oder rufen Sie Outlook über *Start/Microsoft Outlook 2010* auf.

Wann bietet es sich an, eine Information als Notiz zu speichern? Beispielsweise eignen sich Notizen für Ideensammlungen, zum Speichern von Zugangsdaten oder Internetadressen. Informationen also, die sehr schnell griffbereit sein müssen oder im „Papierwust" nicht untergehen dürfen.

WISSEN

4 Egal, wo Sie sich in Outlook gerade befinden, rufen Sie mit ⌈Strg⌉+⌈⇧⌉+⌈N⌉ einen neuen Notizzettel auf.

5 Geben Sie in die erste Zeile einen aussagekräftigen Titel in den Notizzettel ein (hier: *Bildarchive - Internetadressen*).

6 Drücken Sie die ⌈↵⌉-Taste und fügen Sie die zuvor kopierte Internetadresse mit der Tastenkombination ⌈Strg⌉+⌈V⌉ in den Notizzettel ein.

Markierter Text aus einer Website kann im Internet Explorer über die Tastenkombination ⌈Strg⌉+⌈C⌉ kopiert werden, oder Sie rufen das Kontextmenü mit rechtem Mausklick auf.

Mit der Tastenkombination ⌈Strg⌉+⌈C⌉ legen Sie markierten Text in die Windows-Zwischenablage und mit ⌈Strg⌉+⌈V⌉ fügen Sie den Text aus der Zwischenablage wieder ein.

HINWEIS

HINWEIS

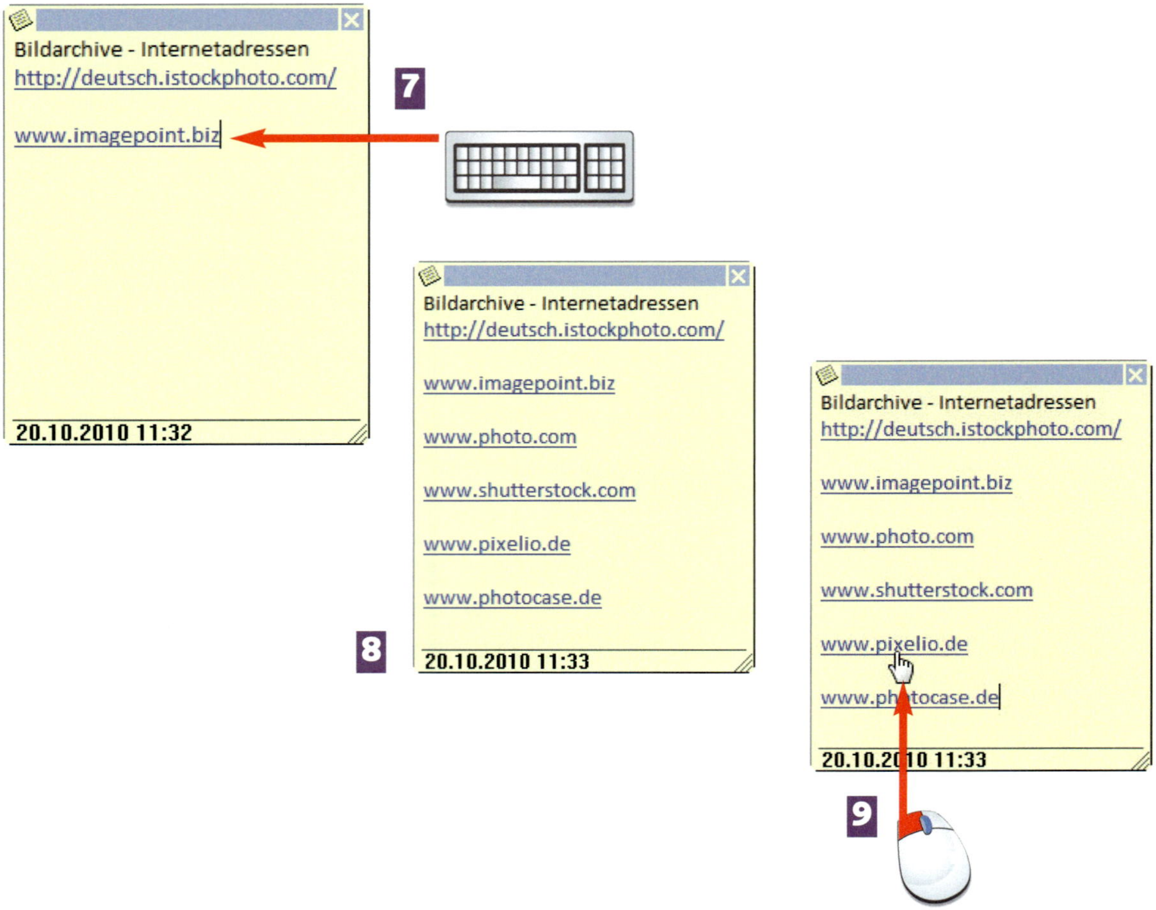

Bildarchive - Internetadressen
http://deutsch.istockphoto.com/

www.imagepoint.biz

20.10.2010 11:32

7

Bildarchive - Internetadressen
http://deutsch.istockphoto.com/

www.imagepoint.biz

www.photo.com

www.shutterstock.com

www.pixelio.de

www.photocase.de

20.10.2010 11:33

8

Bildarchive - Internetadressen
http://deutsch.istockphoto.com/

www.imagepoint.biz

www.photo.com

www.shutterstock.com

www.pixelio.de

www.photocase.de

20.10.2010 11:33

9

7 Die aus dem Internet Explorer kopierte Internetadresse kann jederzeit von Ihnen ergänzt werden. Drücken Sie die ⏎-Taste und geben Sie weitere Internetadressen ein.

8 So könnte anschließend ein Notizzettel mit themenbezogenen Internetadressen aussehen.

9 Wenn Sie die Maus auf eine Internetadresse bewegen, erscheint eine Hand. Klicken Sie auf die Internetadresse, öffnet sich automatisch die entsprechende Website.

Internetadressen, die mit *http* oder *www* beginnen, erkennt Outlook automatisch als solche und hebt sie blau und unterstrichen hervor. Der Link ist ein echter, klickbarer Link, der direkt zur Website führt. Das heißt, mit einem Klick auf diesen Link wird automatisch der Standardbrowser geöffnet und die Website angezeigt.

WISSEN

10 Der Standardbrowser wird geöffnet und zeigt die Website an.

11 Möchten Sie wieder zu der Notiz zurückkehren, klicken Sie in der Taskleiste am unteren Bildschirmrand auf das Outlook-Symbol und anschließend auf die Notiz.

11 Oder Sie wechseln zwischen den Programmen mit der Tastenkombination ⌨Strg⌨ + ⌨⇆⌨ hin und her.

Ende

Ein **Link** oder **Hyperlink** ist ein Querverweis auf eine andere Datenquelle oder Website. Mit einem Klick auf den Link landen Sie an der gewünschten Stelle.

Eine **Website** besteht aus einzelnen Seiten, die miteinander verknüpft sind und gewöhnlich als Webseiten bezeichnet werden.

FACHWORT   **FACHWORT**

Start

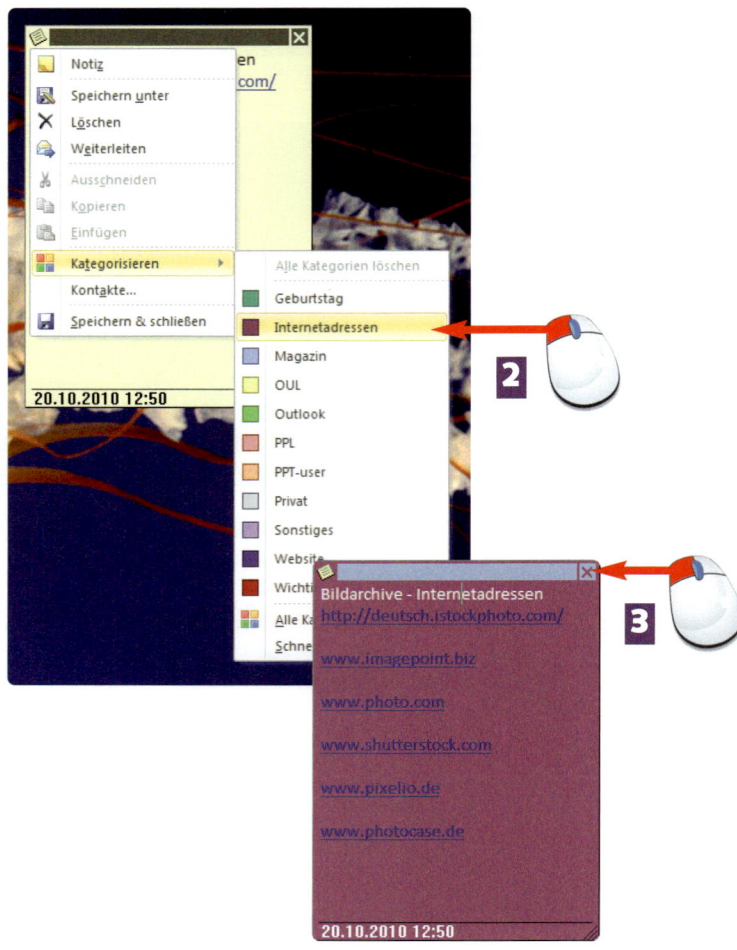

1 Möchten Sie der Notiz eine Farbe zuweisen, klicken Sie auf das kleine Symbol in der linken oberen Ecke des Notizfensters.

2 Wählen Sie dort *Kategorisieren* und klicken Sie auf die gewünschte Farbe (hier: *Internetadressen*).

3 Der gesamte Notizzettel färbt sich in der Farbe der gewählten Kategorie. Schließen Sie die Notiz mit Klick auf das *X*.

E-Mails, Termine, Aufgaben oder Notizen lassen sich alle in Outlook einfärben und kategorisieren. Wer gerne visuell arbeitet, sollte sich ein Farbsystem überlegen und anlegen und in allen Programmbereichen einsetzen. So signalisiert allein schon die Farbe, wo die E-Mail, die Aufgabe, der Termin oder die Notiz einzuordnen ist.

WISSEN

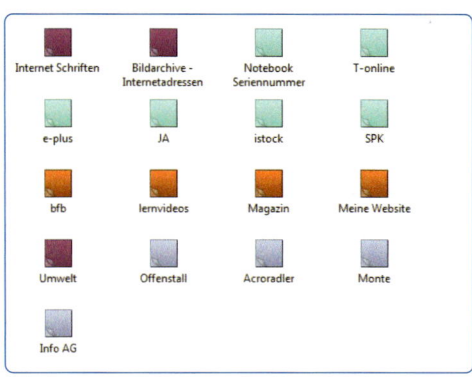

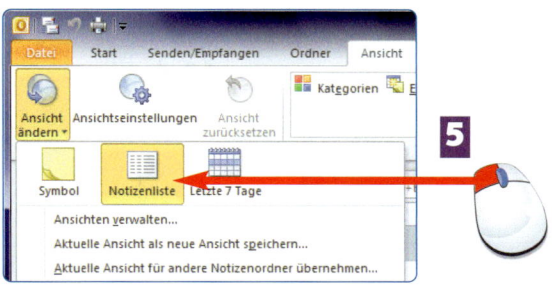

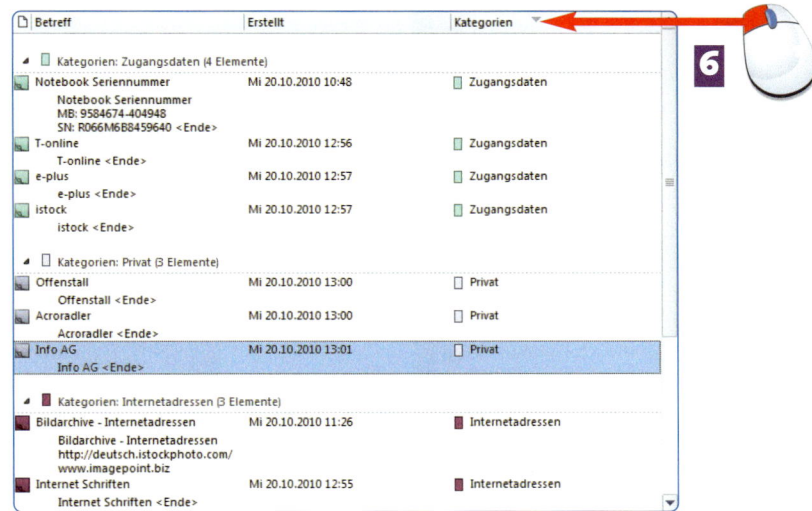

4 Die Notizen nehmen die Farbe der zugewiesenen Kategorie an. In der Ansicht *Symbol* sehen die Notizen wie in Bild 4 aus.

5 Möchten Sie nach der Farbzuweisung sortieren, wechseln Sie auf das Register *Ansicht* und klicken auf *Ansicht ändern/Notizenliste*.

6 Klicken Sie im Hauptfenster auf die Überschrift *Kategorien*. Schon sortiert Outlook die Notizzettel nach Farben und Themen.

Ende

HINWEIS

Bei der Suche nach bestimmten Notizen sucht Outlook nicht nur im Namen, sondern auch im eingegebenen Text, also im Inhalt der Notiz.

TIPP

Irgendwie ist die Ansicht durcheinandergeraten. Klicken Sie unter dem Register *Ansicht* auf *Ansicht zurücksetzen*.

TIPP

Wer sich die Notizen der letzten Woche anzeigen lassen möchte, klickt unter dem Register *Start* auf *Letzte 7 Tage*.

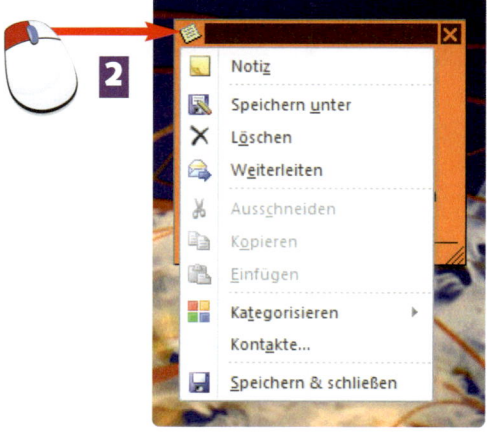

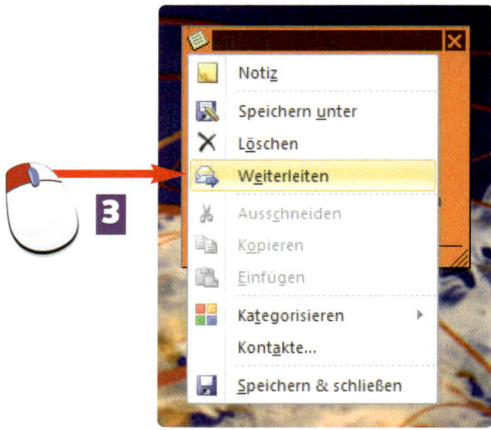

1 Möchten Sie Ihre Notiz einem Freund oder Kollegen zukommen lassen, rufen Sie sie mit einem Doppelklick auf.

2 Klicken Sie auf das kleine Symbol links oben im Notizfenster.

3 Klicken Sie im aufgeklappten Menü auf *Weiterleiten*.

In der Regel legt jeder seine Notizen für sich selbst an. Manchmal kann es aber praktisch sein, gleich die Notiz einem Freund oder Kollegen zukommen zu lassen, beispielsweise Notizen, die Ideen und Ziele enthalten, die Sie nicht noch einmal eintippen möchten. Auch dafür sieht Outlook eine Funktion vor.

WISSEN

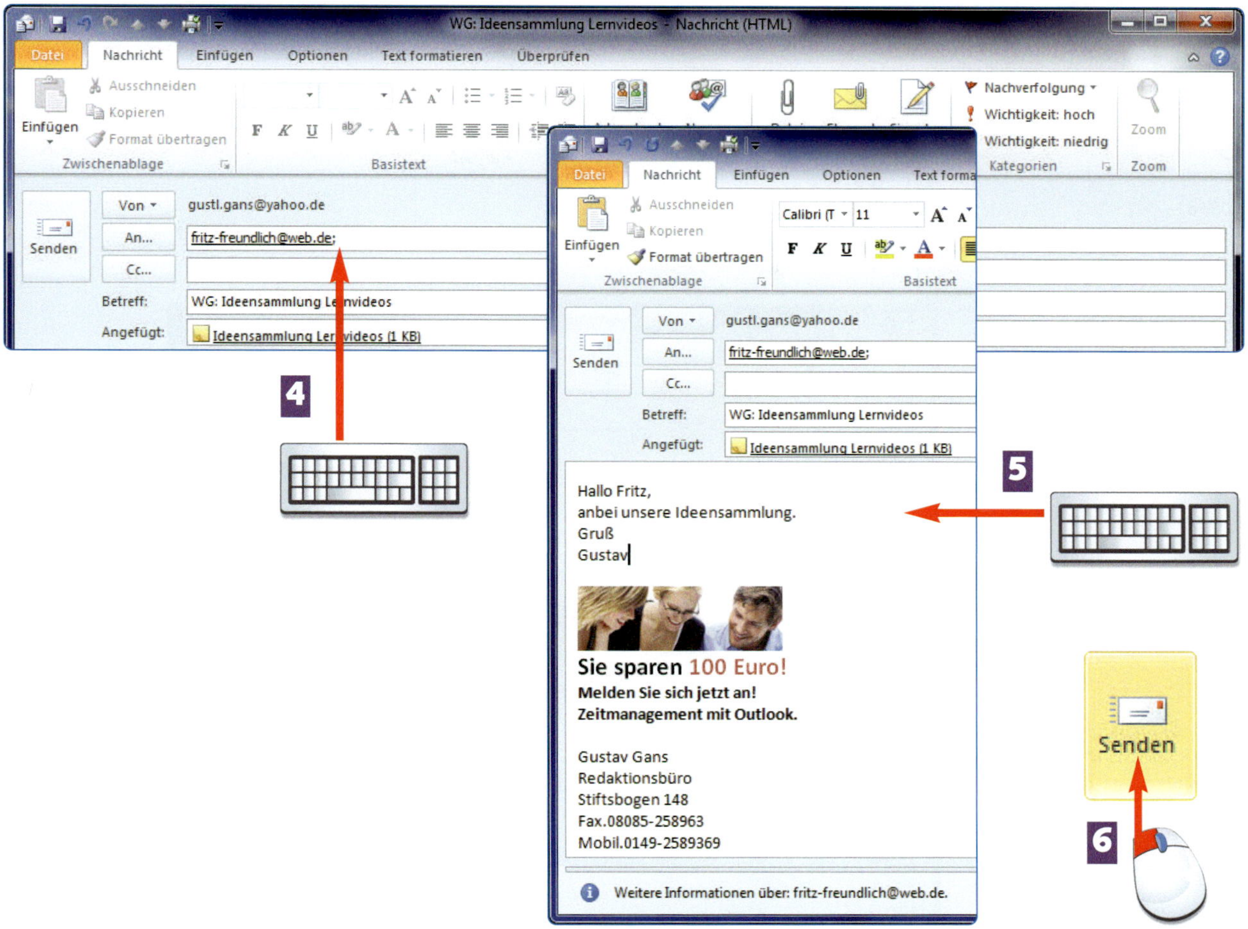

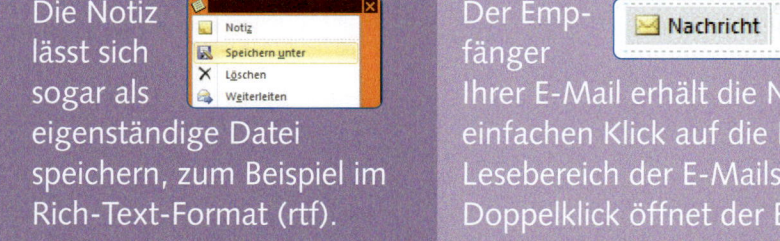

4 Outlook öffnet ein Nachrichtenfenster, in dem Sie die E-Mail-Adresse der betreffenden Person eingeben.

5 Ändern Sie gegebenenfalls den *Betreff* und schreiben Sie eine Nachricht.

6 Klicken Sie auf *Senden*. Die Ideensammlung wird als Anhang mit der soeben getippten E-Mail verschickt.

Ende

Die Notiz lässt sich sogar als eigenständige Datei speichern, zum Beispiel im Rich-Text-Format (rtf).

TIPP

Der Empfänger Ihrer E-Mail erhält die Notiz als Anlage. Mit einem einfachen Klick auf die Notiz wird sie sofort im Lesebereich der E-Mails angezeigt. Mit einem Doppelklick öffnet der Empfänger die Notiz.

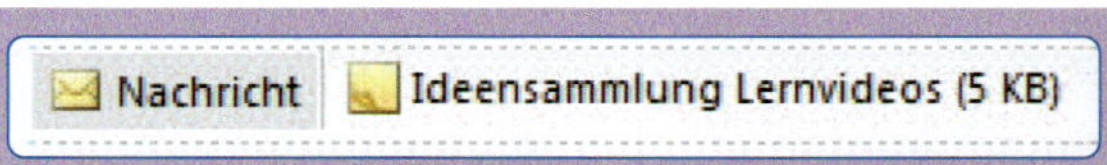

HINWEIS

Start

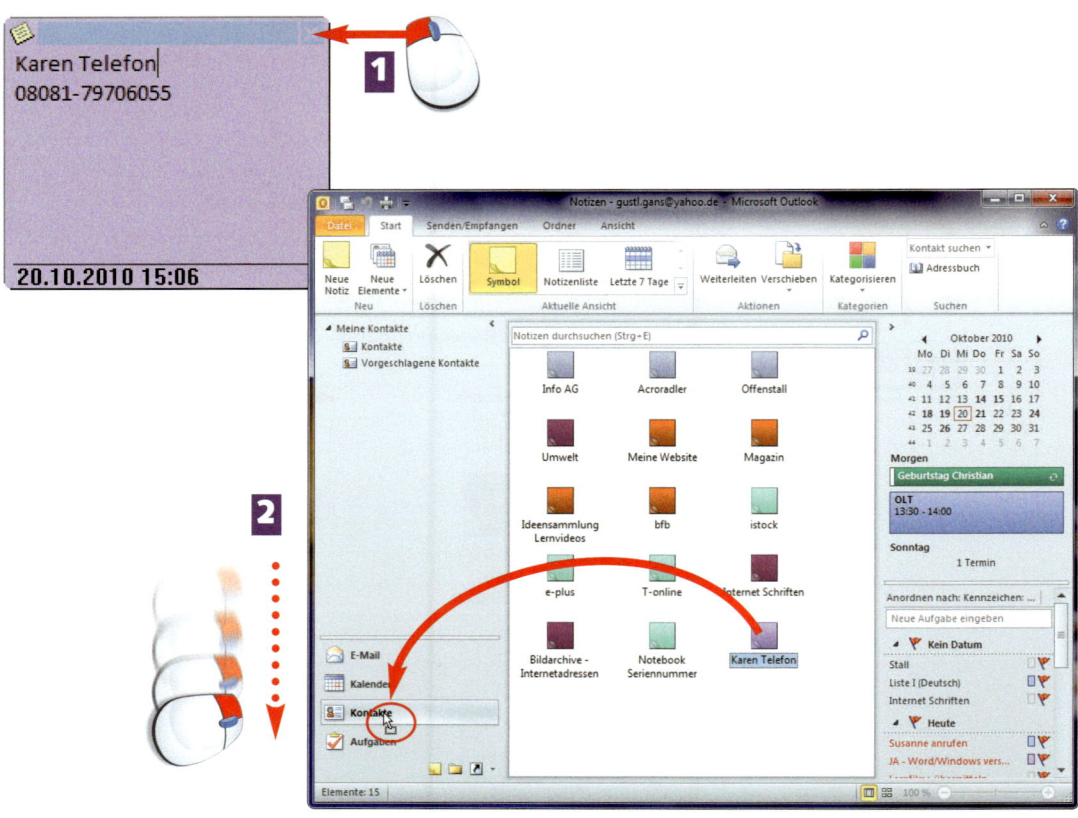

1 Falls Ihre Telefonnotiz geöffnet ist, schließen Sie sie mit einem Klick auf das *X*.

2 Der Programmbereich *Notizen* muss geöffnet sein. Ziehen Sie die Telefonnotiz mit gedrückter linker Maustaste auf *Kontakte* im Navigationsbereich. Die Maus erhält ein kleines „Päckchen". Lassen Sie die Maustaste los.

Die Programmbereiche E-Mail, Kalender, Kontakte, Auf-gaben und Notizen spielen in Outlook wunderbar zusammen. Deshalb ist es jederzeit möglich, das eine Element in das andere umzuwandeln und dort weiter zu bearbeiten. Eine Telefonnotiz kann also in eine Adresse und eine Adresse in eine Notiz umgewandelt werden.

WISSEN

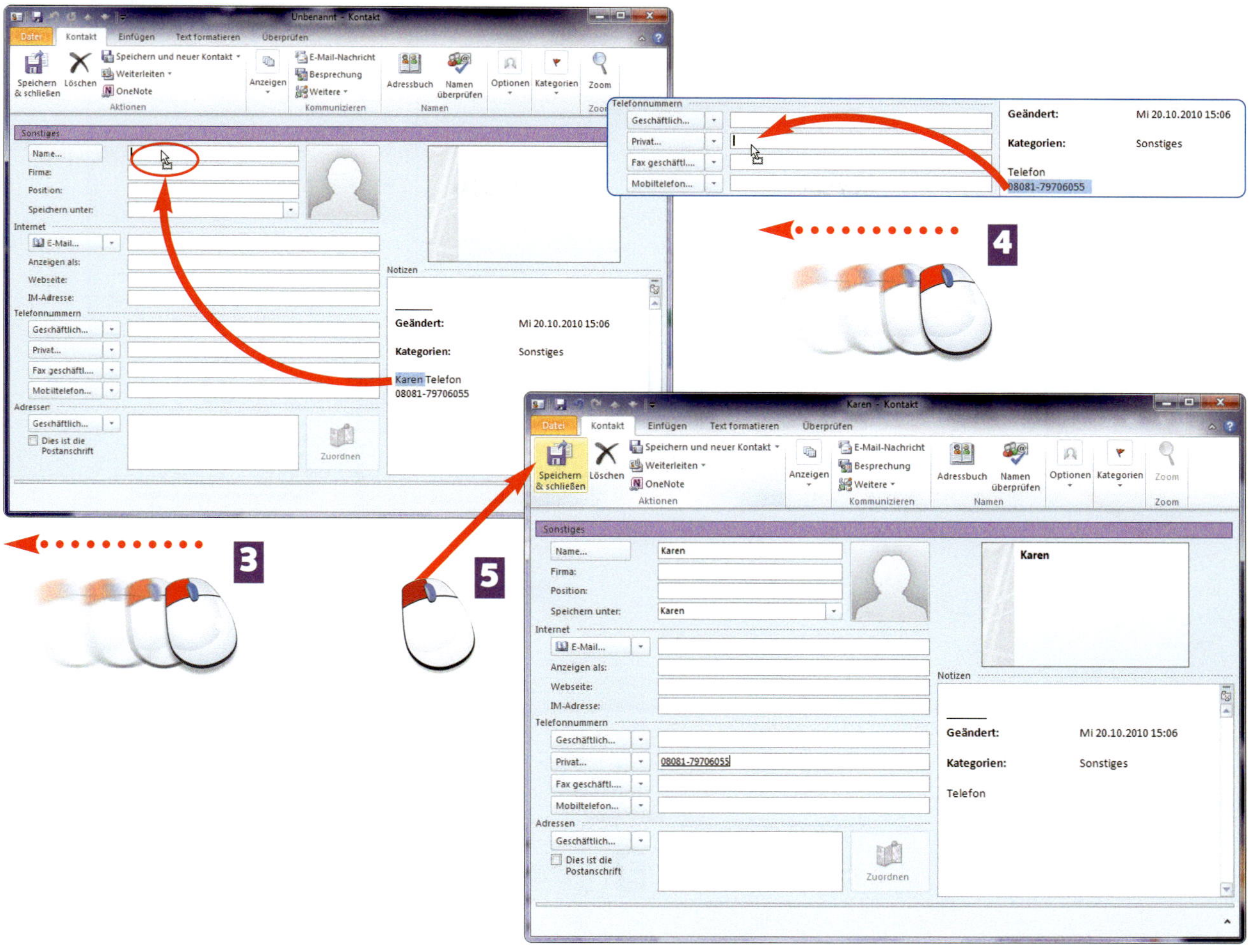

3 Automatisch öffnet sich ein neues Kontaktefenster. Rechts unten werden Ihnen die Eingaben des Notizzettels angezeigt. Markieren Sie beispielsweise den Namen und ziehen Sie ihn mit gedrückter linker Maustaste in das entsprechende Feld.

4 Wiederholen Sie das Ganze mit der Telefonnummer.

5 Füllen Sie die restlichen Felder aus und bestätigen Sie mit *Speichern & schließen*.

Ende

HINWEIS

Microsoft bietet für das problemlose Speichern und Verwalten von Notizen zusätzlich das Programm *OneNote*. Im Gegensatz zu Outlook ist es in der Lage, handschriftliche Notizen aufzunehmen.

HINWEIS

Eine Notiz löschen Sie, wenn Sie sie markieren und die Entf-Taste drücken oder auf *Löschen* klicken.

HINWEIS

Nähere Informationen zum Programm OneNote und eine kostenlose Test-version finden Sie unter *http://office.microsoft. com/de-de/onenote.*

Start

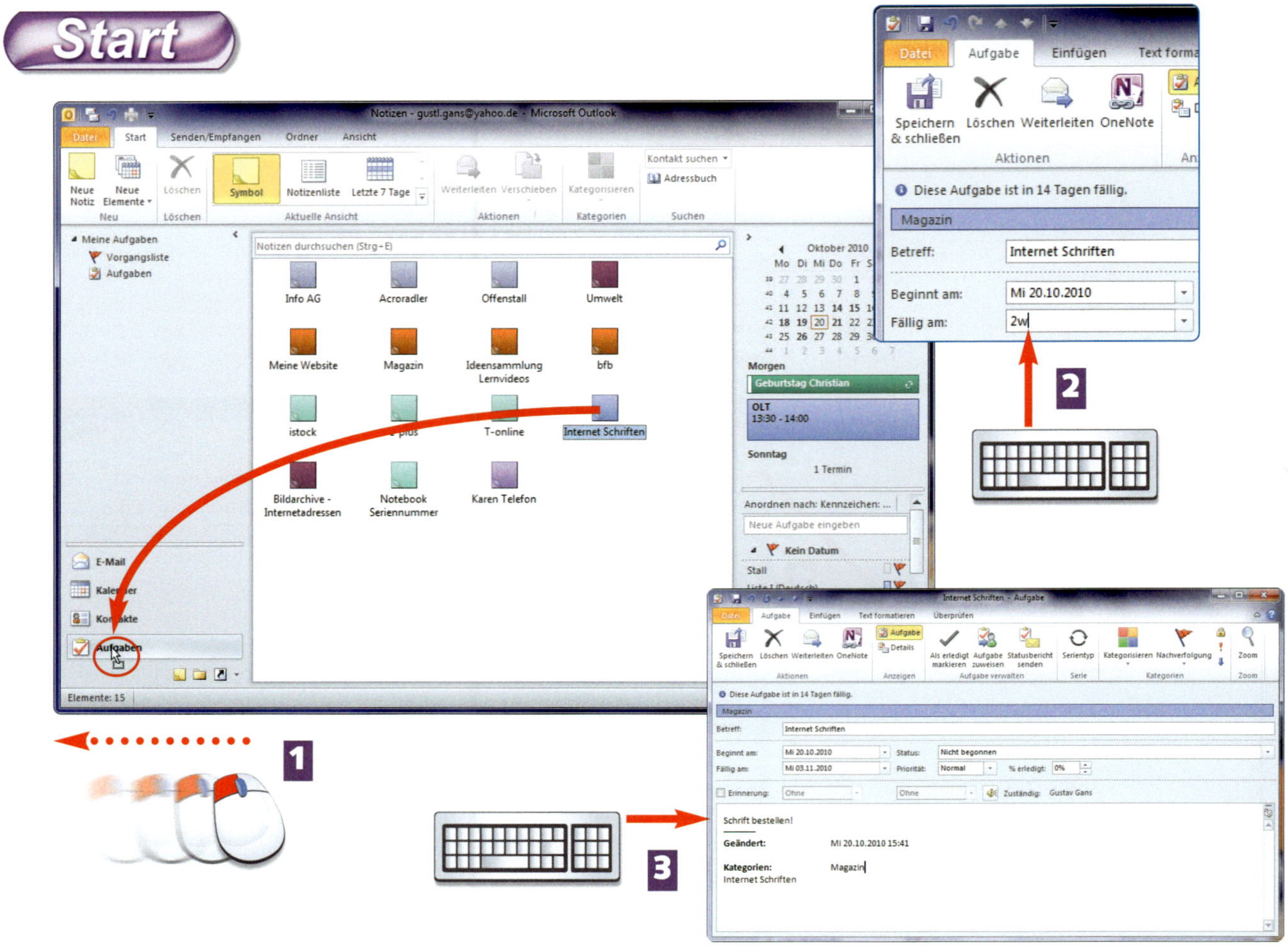

1. Ziehen Sie die Notiz mit gedrückter linker Maustaste auf die *Aufgaben* im Navigationsbereich. Lassen Sie die Maustaste los.

2. Es öffnet sich ein Aufgabenfenster, das automatisch den Titel der Notiz im *Betreff* einträgt und die Kategorisierung, also Farbzuweisung übernimmt. Geben Sie das Fälligkeitsdatum der Aufgabe ein.

3. Benennen Sie den *Betreff* gegebenenfalls um und fügen Sie Ihre Bemerkung hinzu.

Natürlich lassen sich die „echten" Notizen nicht vermeiden. Wer nicht die ganze Zeit vor dem Computer sitzt, greift gerne zu Stift und Notizblock. Wer aber sehr häufig mit dem Computer arbeitet, sollte überlegen, auf die digitalen Notizen umzusteigen. Vorteil: Jede geschriebene Notiz ist leicht wieder auffindbar.

WISSEN

Speichern & schließen **4**		Internet Schriften **5**

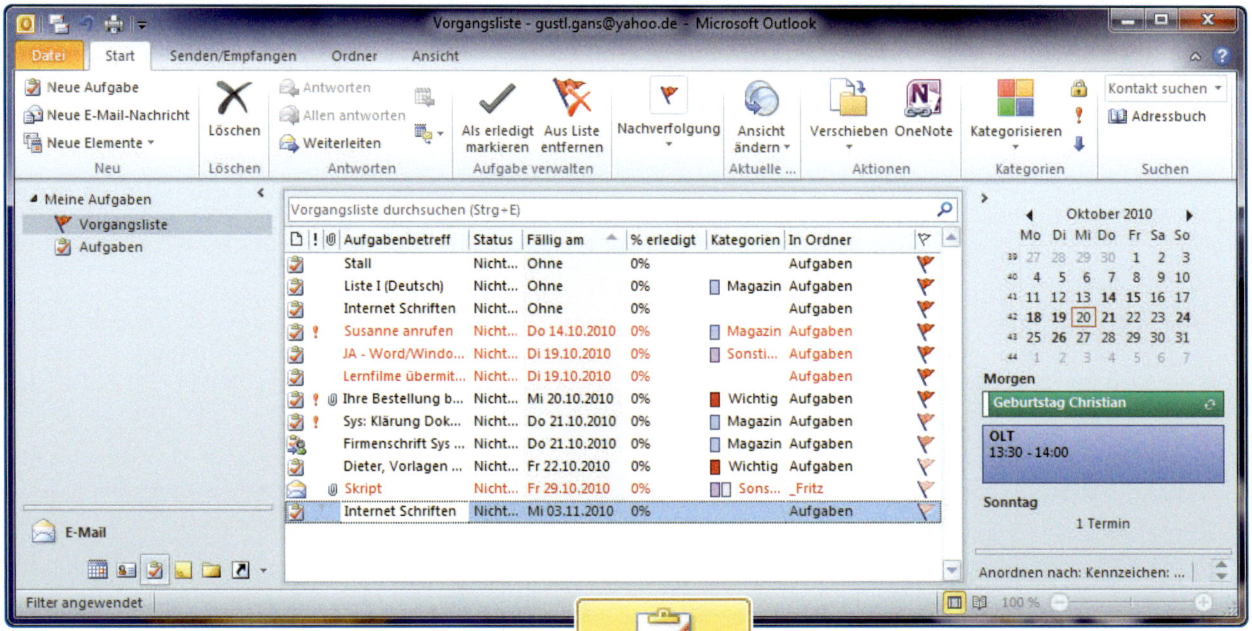

[Screenshot: Vorgangsliste - gustl.gans@yahoo.de - Microsoft Outlook]

☐	!	@	Aufgabenbetreff	Status	Fällig am	% erledigt	Kategorien	In Ordner	
			Stall	Nicht...	Ohne	0%		Aufgaben	
			Liste I (Deutsch)	Nicht...	Ohne	0%	Magazin	Aufgaben	
			Internet Schriften	Nicht...	Ohne	0%		Aufgaben	
	!		Susanne anrufen	Nicht...	Do 14.10.2010	0%	Magazin	Aufgaben	
			JA - Word/Windo...	Nicht...	Di 19.10.2010	0%	Sonsti...	Aufgaben	
			Lernfilme übermit...	Nicht...	Di 19.10.2010	0%		Aufgaben	
	!	@	Ihre Bestellung b...	Nicht...	Mi 20.10.2010	0%	Wichtig	Aufgaben	
	!		Sys: Klärung Dok...	Nicht...	Do 21.10.2010	0%	Magazin	Aufgaben	
			Firmenschrift Sys ...	Nicht...	Do 21.10.2010	0%	Magazin	Aufgaben	
			Dieter, Vorlagen ...	Nicht...	Fr 22.10.2010	0%	Wichtig	Aufgaben	
		@	Skript	Nicht...	Fr 29.10.2010	0%	Sons...	_Fritz	
			Internet Schriften	Nicht...	Mi 03.11.2010	0%		Aufgaben	

Aktiv **6**

4 Klicken Sie auf *Speichern & schließen,* um die ehemalige Notiz als Aufgabe zu speichern.

5 Die Notiz wird nicht gelöscht, sie bleibt weiterhin unter den Notizen erhalten.

6 Klicken Sie im Programmbereich *Aufgaben* unter dem Register *Start* auf *Ansicht ändern/Aktiv,* um die fälligen Aufgaben aufzulisten.

Ende

Die Aufgabe übernimmt die Farbzuweisung der Notiz. Sie können der Aufgabe zusätzliche Farben (Kategorien) oder eine neue, andere Farbe zuweisen.

Möchten Sie den Notizzettel lesen, ohne ihn erst zu öffnen, klicken Sie auf das Register *Ansicht* und wählen *Lesebereich/Rechts.* Der Inhalt der markierten Notiz wird sofort angezeigt.

HINWEIS

TIPP

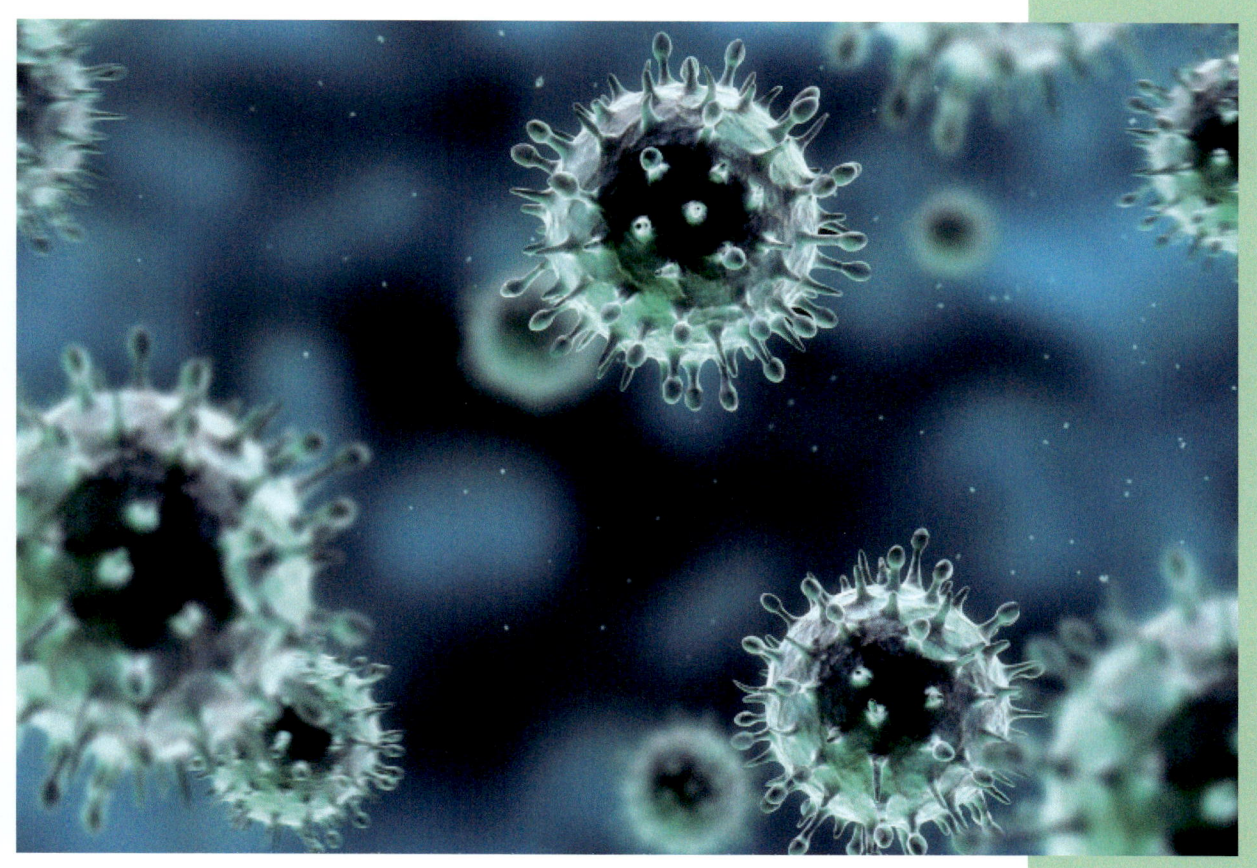

Sicherungen, Computer-viren, Spam & Co.

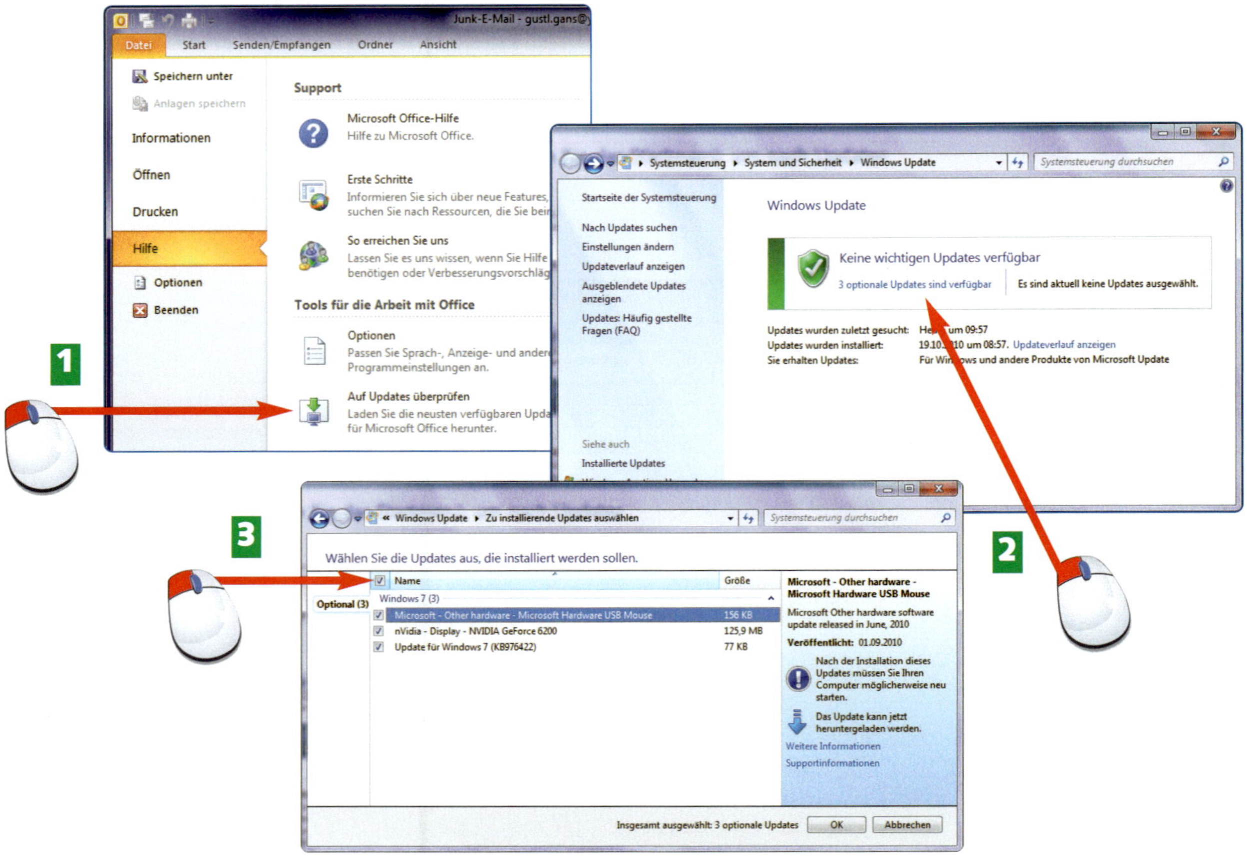

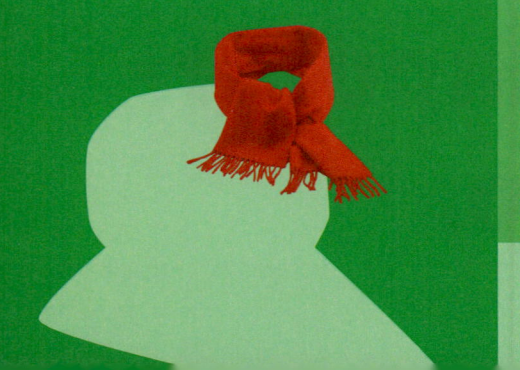

1 Klicken Sie auf *Datei/Hilfe/Auf Updates überprüfen,* um zu überprüfen, ob ein Update für Outlook vorhanden ist und installiert werden muss.

2 Wären wichtige Updates zu installieren, stünde hier: *Updates auf dem Computer installieren.* In diesem Fall stehen Updates zur Verfügung, die Sie installieren können, aber nicht müssen. Klicken Sie auf *optionale Updates sind verfügbar.*

3 Aktivieren Sie die Updates, die Sie installieren möchten, und bestätigen Sie mit *OK.*

Wundern Sie sich nicht, wenn Windows-Updates und keine Outlook-Updates installiert wurden. Dann wurde von Microsoft einfach kein Outlook-Update veröffentlicht. Trotzdem sind vor allem die Windows-Updates wichtig, denn sie schließen Sicherheitslücken und schützen Ihren Computer vor Angreifern aus dem Internet.

WISSEN

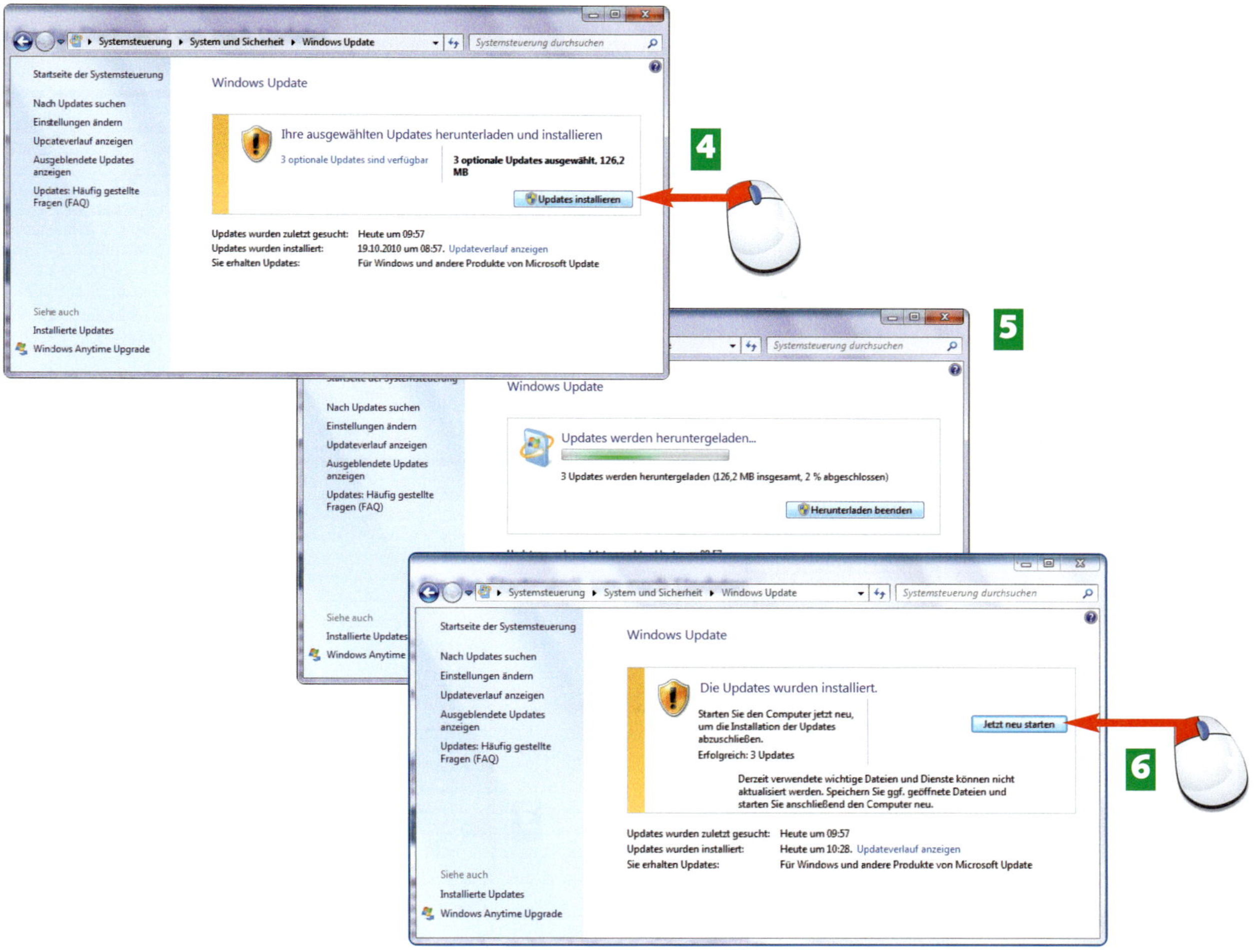

4 Klicken Sie im folgenden Dialogfeld auf *Updates installieren*.

5 Windows nimmt die Verbindung zu Microsoft auf und installiert die vorhandenen oder gewählten Updates.

6 Ist die Installation erfolgreich erledigt, erhalten Sie die Bestätigung: *Die Updates wurden installiert.* Klicken Sie auf *Jetzt neu starten*.

Ende

Achtung! Updates können nur installiert werden, wenn eine Internetverbindung steht.

Mit einem **Update** verbessert ein Hersteller immer wieder seine Software. Der Anwender hat die Möglichkeit, sich die Updates kostenlos zu downloaden.

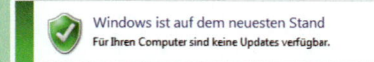

„Alles bestens" zeigt Ihnen das grüne Symbol mit Häkchen an. *Windows ist auf dem neuesten Stand.*

HINWEIS　　　　**FACHWORT**　　　　**HINWEIS**

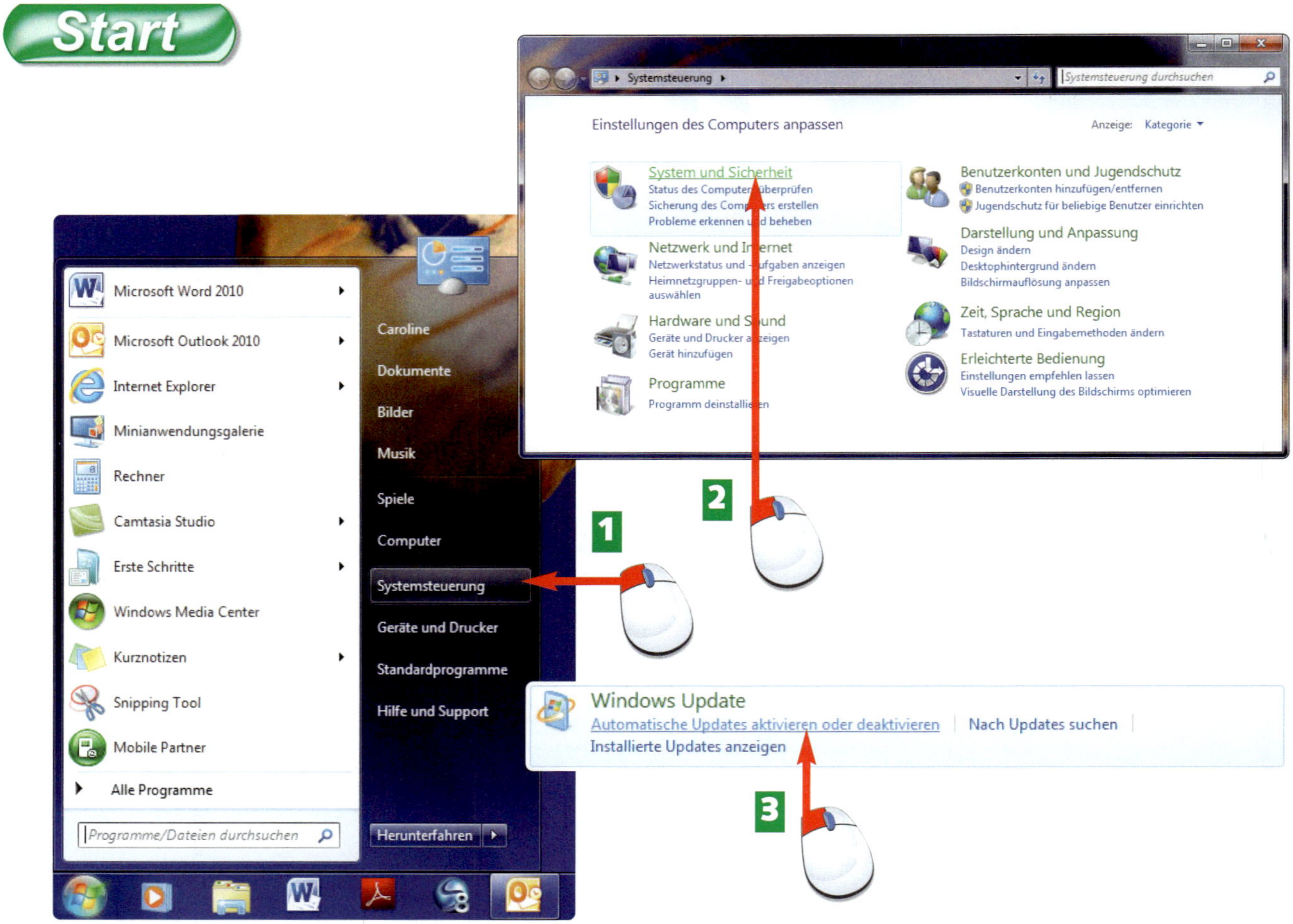

Start

Microsoft Word 2010
Microsoft Outlook 2010
Internet Explorer
Minianwendungsgalerie
Rechner
Camtasia Studio
Erste Schritte
Windows Media Center
Kurznotizen
Snipping Tool
Mobile Partner
▶ Alle Programme

Programme/Dateien durchsuchen

Caroline
Dokumente
Bilder
Musik
Spiele
Computer
Systemsteuerung
Geräte und Drucker
Standardprogramme
Hilfe und Support

Herunterfahren ▶

Systemsteuerung ▶

Einstellungen des Computers anpassen   Anzeige: Kategorie ▼

System und Sicherheit
Status des Computers überprüfen
Sicherung des Computers erstellen
Probleme erkennen und beheben

Netzwerk und Internet
Netzwerkstatus und -aufgaben anzeigen
Heimnetzgruppen- und Freigabeoptionen auswählen

Hardware und Sound
Geräte und Drucker anzeigen
Gerät hinzufügen

Programme
Programm deinstallieren

Benutzerkonten und Jugendschutz
Benutzerkonten hinzufügen/entfernen
Jugendschutz für beliebige Benutzer einrichten

Darstellung und Anpassung
Design ändern
Desktophintergrund ändern
Bildschirmauflösung anpassen

Zeit, Sprache und Region
Tastaturen und Eingabemethoden ändern

Erleichterte Bedienung
Einstellungen empfehlen lassen
Visuelle Darstellung des Bildschirms optimieren

Windows Update
Automatische Updates aktivieren oder deaktivieren | Nach Updates suchen |
Installierte Updates anzeigen

1 Klicken Sie auf *Start/Systemsteuerung,* um die Update-Einstellungen zu ändern.

2 Klicken Sie im folgenden Fenster auf *System und Sicherheit.*

3 Anschließend wählen Sie *Automatische Updates aktivieren oder deaktivieren.*

Wer sich die Updates automatisch herunterladen und installieren lässt, muss nicht immer selbst daran denken, sondern überlässt diese Aktion Windows.
Vorteil: Wenn ein neues Update zur Verfügung steht, wird es zeitnah installiert. Ihr Computer ist dadurch weniger gefährdet.

WISSEN

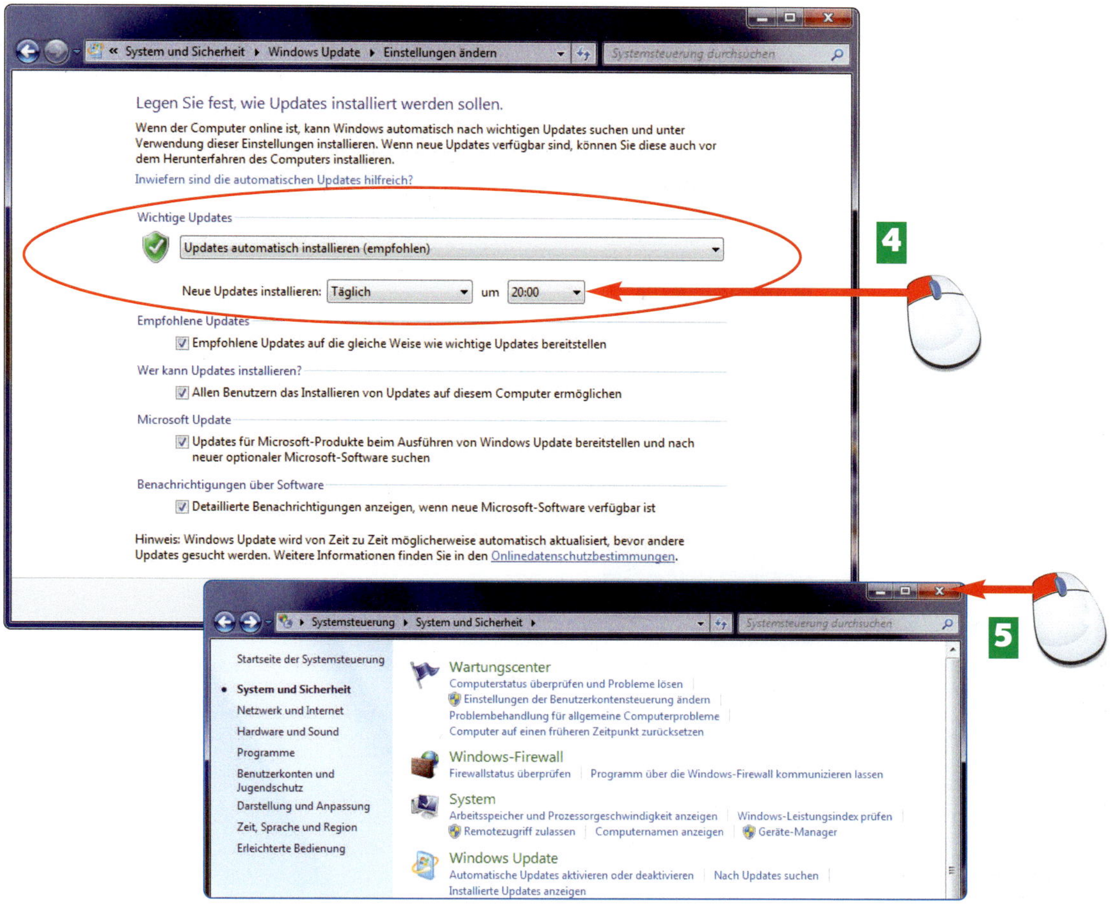

4 Stellen Sie *Updates automatisch installieren* ein und bestimmen Sie, wann Sie Ihre Updates vornehmen möchten, zum Beispiel an einem bestimmten Wochentag. Geben Sie im Feld rechts daneben die Uhrzeit an. Bestätigen Sie Ihre Einstellungen mit *OK*.

5 Schließen Sie die Fenster. Ab jetzt wird täglich um 20.00 Uhr (siehe Einstellungen aus Bild 4) automatisch und ohne nachzufragen nach Updates gesucht und installiert.

Ende

Bei manchen Updates fordert Windows Sie zu einem Neu-start des Computers auf. Am besten folgen Sie dieser Anweisung, um installierte Updates zu aktivieren.

HINWEIS

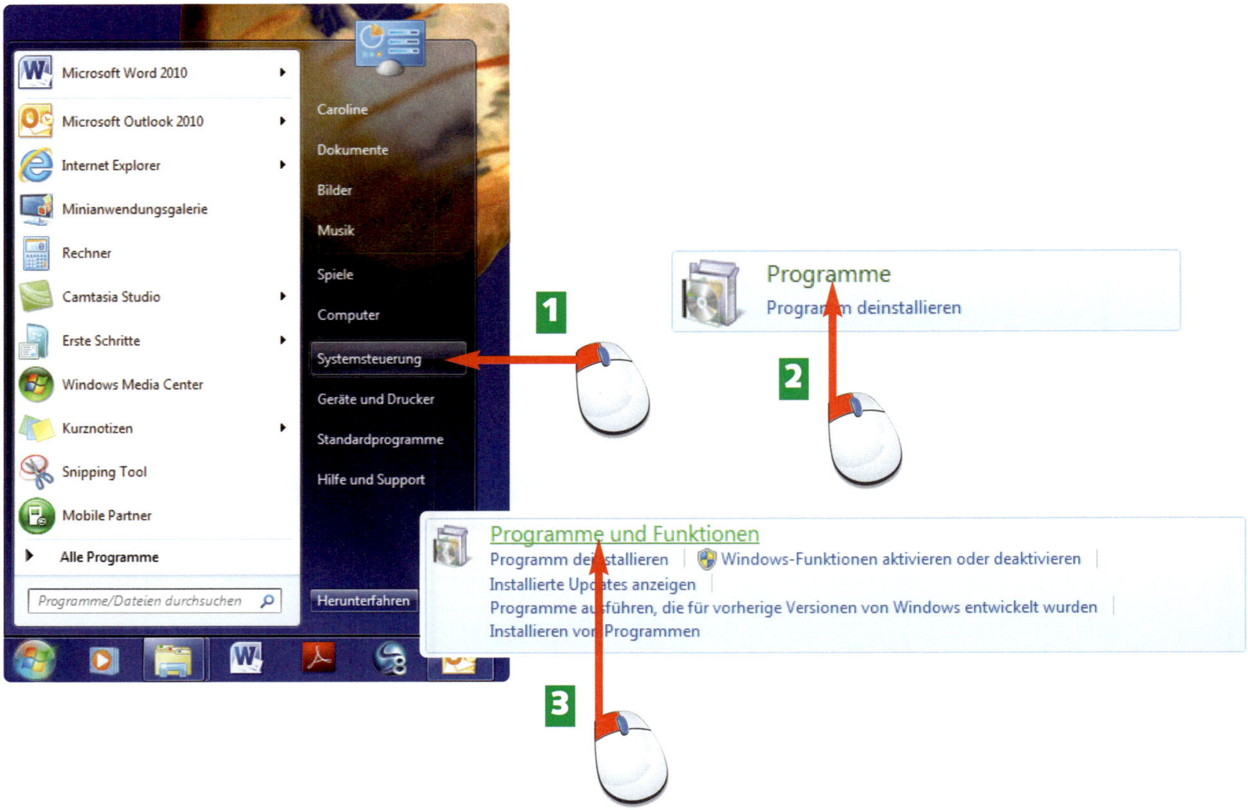

1 Um Outlook zu reparieren, klicken Sie auf die Start-Schaltfläche von Windows und rufen die *Systemsteuerung* auf.

2 Anschließend klicken Sie auf *Programme.*

3 Im folgenden Fenster klicken Sie auf *Programme und Funktionen.*

Sie kennen dieses Phänomen bestimmt: Outlook stürzt ohne Vorwarnung ab, die Termine lassen sich nicht mehr aufrufen und die rechte Maus mag nicht mehr. Ganz klar, Outlook spinnt. Bevor Sie aber Outlook neu installieren, was übrigens nicht viel nützt, sollten Sie lieber versuchen, es zu reparieren.

WISSEN

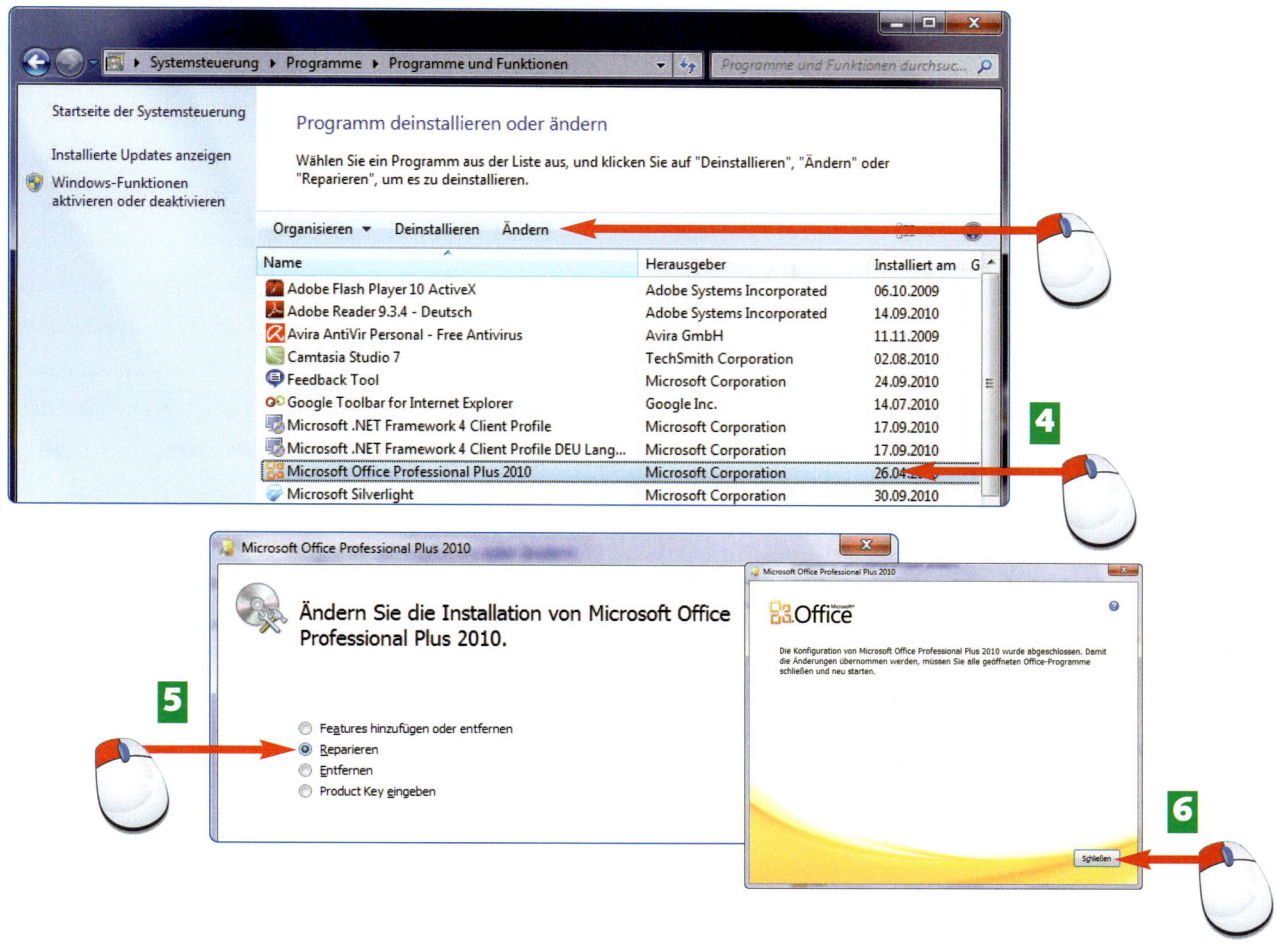

4 Markieren Sie *Microsoft Office* und klicken Sie auf *Ändern*.

5 Aktivieren Sie die Option *Reparieren* und bestätigen Sie mit *Weiter.*

6 Sollte die Diagnose auf Probleme stoßen, werden sie automatisch bereinigt. *Schließen* Sie das Fenster.

Ende

Sollte die Office-Reparatur nicht ausreichen, reparieren Sie mit dem kostenlosen Programm *Olfix* Ihr defektes Outlook-Profil. Unter folgender Internetadresse finden Sie nähere Informationen dazu und einen Download-Link: www.olfolders.de.

Outlook Reparatur
OLfix
CopyPST

HINWEIS

Setup.exe
Setup | Uninstall
Heiko Schröder Softwareent...

1 2x

2

3

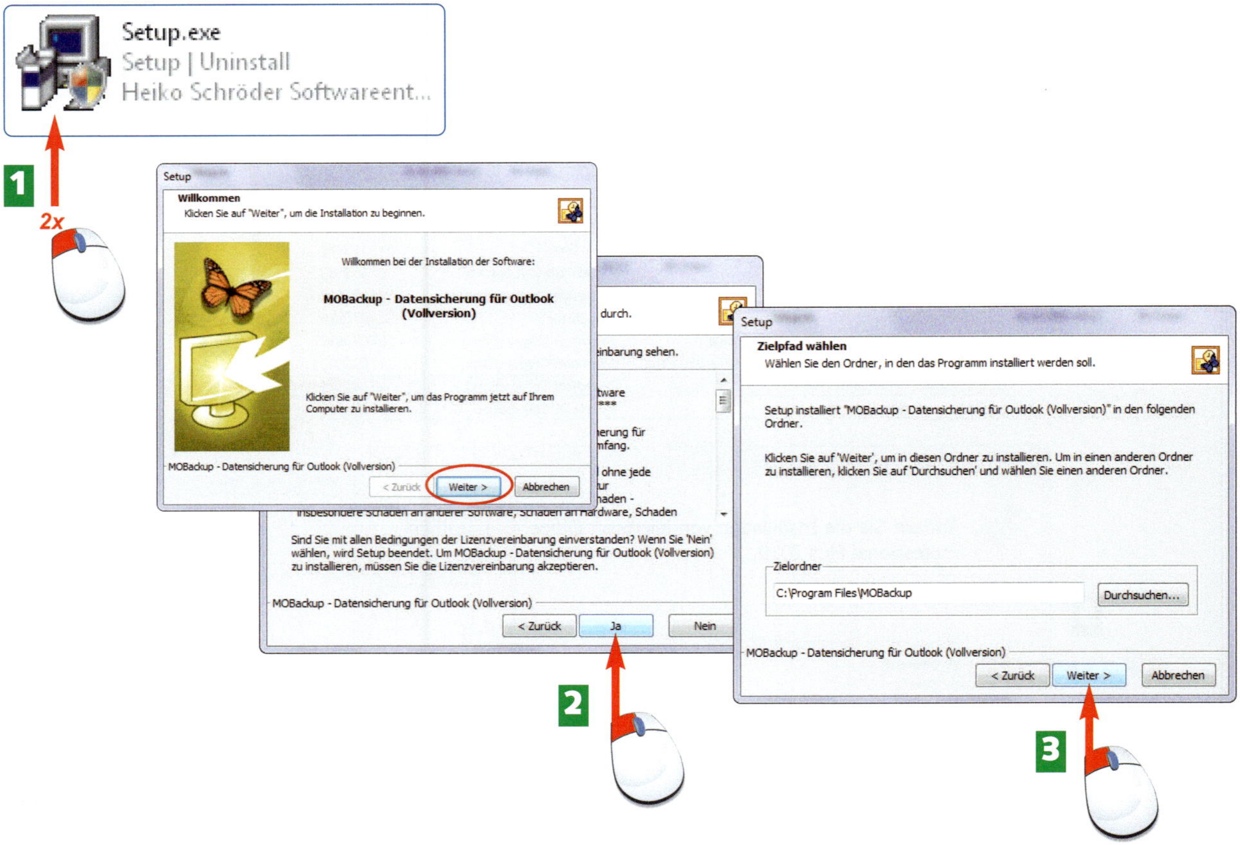

1 Nachdem Sie die Software über die Internetseite *www.mobackup.de* bezogen und auf Ihren Computer kopiert haben, rufen Sie das *Setup* mit Doppelklick auf.

2 Klicken Sie im ersten Fenster des Setups auf *Weiter* und bestätigen Sie die Lizenzbestimmungen mit *Ja*.

3 MOBackup legt einen Ordner an, in dem das Programm gespeichert wird. Klicken Sie auf *Weiter*.

Wer seine Outlook-Dateien vollständig sichern möchte, sollte auf die Software MOBackup zurückgreifen. Sie sichert komfortabel und zuverlässig Ihre E-Mails, Ihren Kalender, Kontakte, Aufgaben, Notizen, Regeln, E-Mail-Konten und sogar die Favoriten Ihres Internet-Browsers.

WISSEN

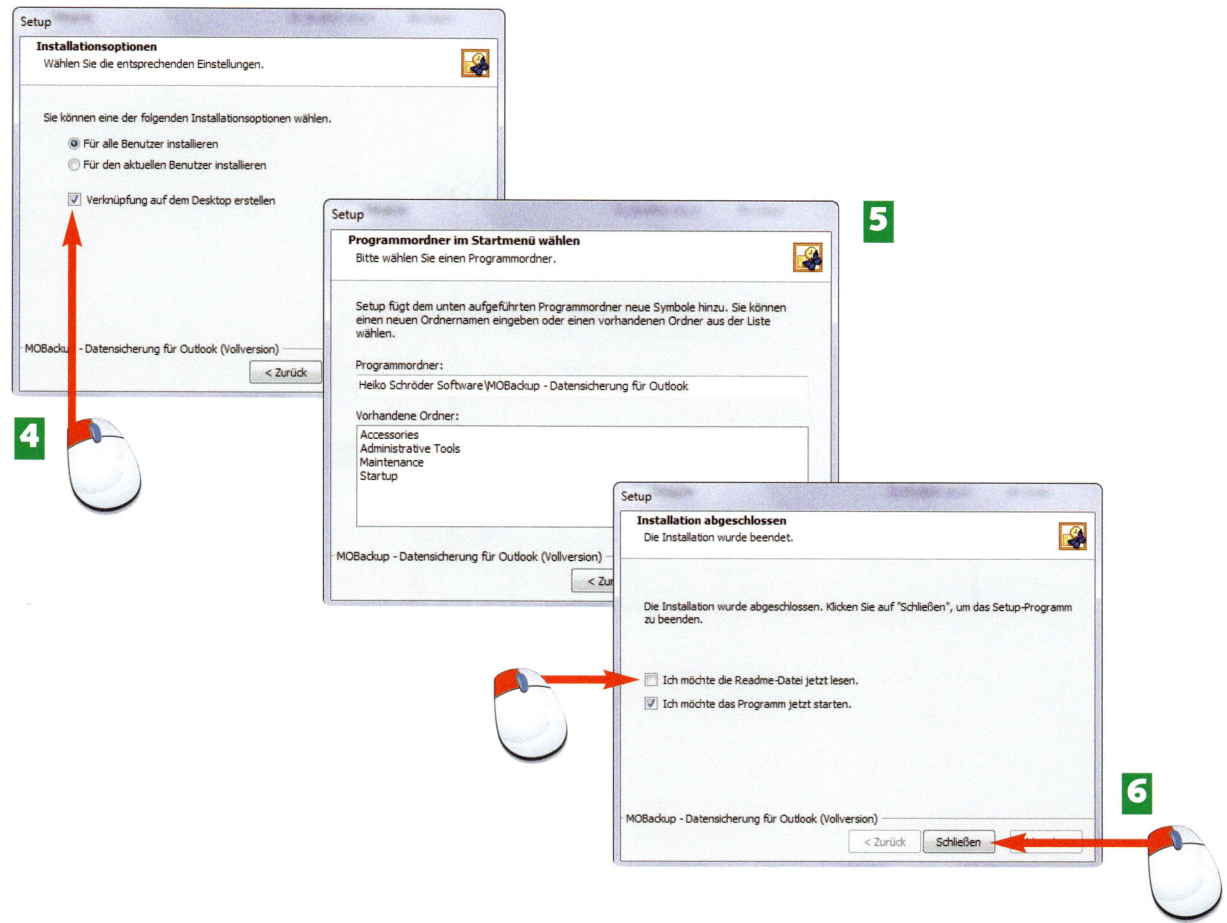

4 Möchten Sie das Symbol zukünftig auf dem Desktop sehen, lassen Sie die Standardeinstellung *Verknüpfung auf dem Desktop erstellen* aktiv. Klicken Sie auf *Weiter*.

5 Das Programm wird ab sofort unter dem Namen im Startmenü erscheinen, den Sie hier unter *Programmordner* eingeben. Bestätigen Sie mit *Weiter*.

6 Deaktivieren Sie *Ich möchte die Readme-Datei jetzt lesen* und klicken Sie auf *Schließen*, um die Installation zu beenden und das Programm zu starten. **Ende**

Über die Internetseite *www.mobackup.de* können Sie die aktuelle Version von MOBackup herunterladen.

MOBackup beziehen Sie über folgende Website:
www.mobackup.de
– 15 Euro (Privatpersonen)
– 25 Euro (Firmen, Vereine, Schulen)

HINWEIS   **HINWEIS**

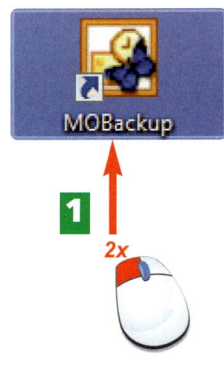

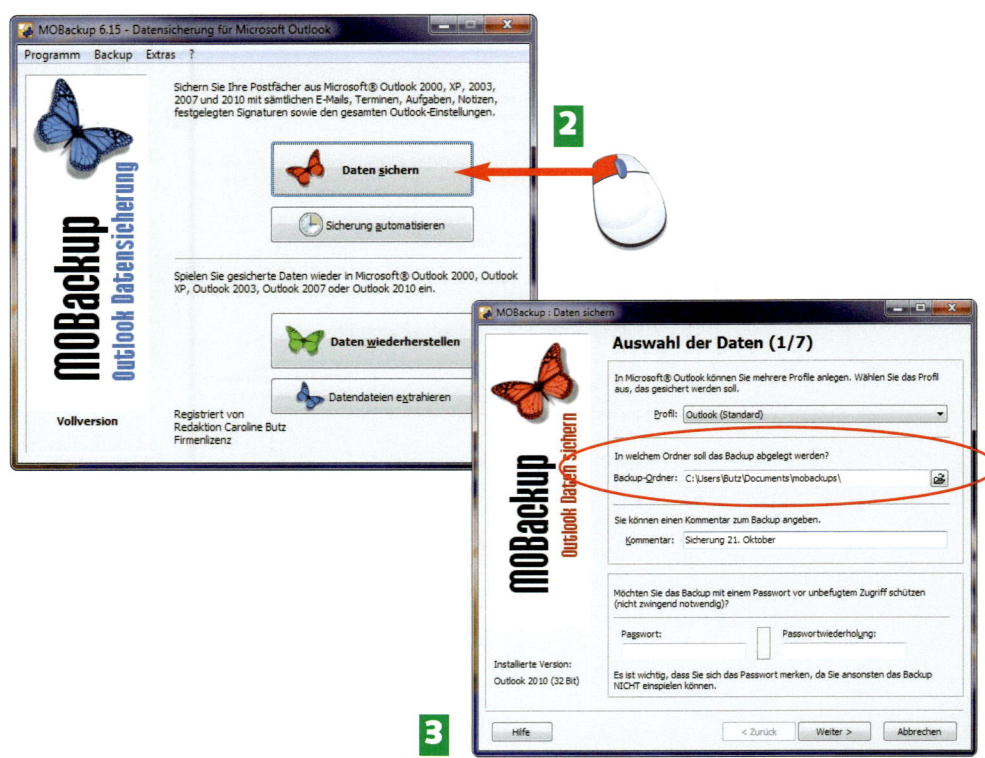

1 Nach der Installation von MOBackup startet das Programm. Oder Sie rufen es über einen Doppelklick auf das Symbol *MOBackup* auf, das auf dem Desktop liegt.

2 Um eine komplette Sicherung Ihrer Outlook-Dateien und -Einstellung anzufertigen, klicken Sie auf *Daten sichern.*

3 Im folgenden Fenster wählen Sie den Ordner aus, in dem die Sicherungsdatei abgelegt wird. Bestätigen Sie mit *Weiter*.

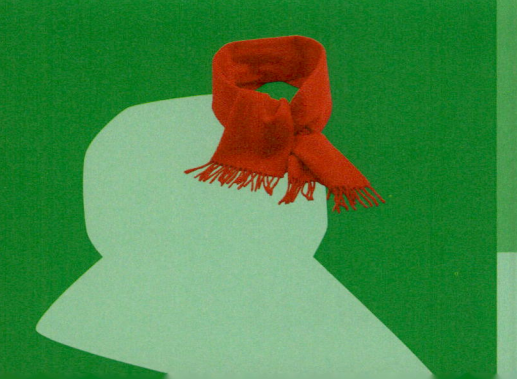

Sollte Ihr Computer einmal völlig versagen, sind Sie froh, wenn eine Sicherung von Outlook vorliegt. Am besten speichern Sie die Sicherungsdatei auf einem externen Datenträger, wie z.B. einer externen Festplatte, einem USB-Stick oder einer CD bzw. DVD. Von dort lässt sich die Sicherungsdatei jederzeit wieder abholen.

WISSEN

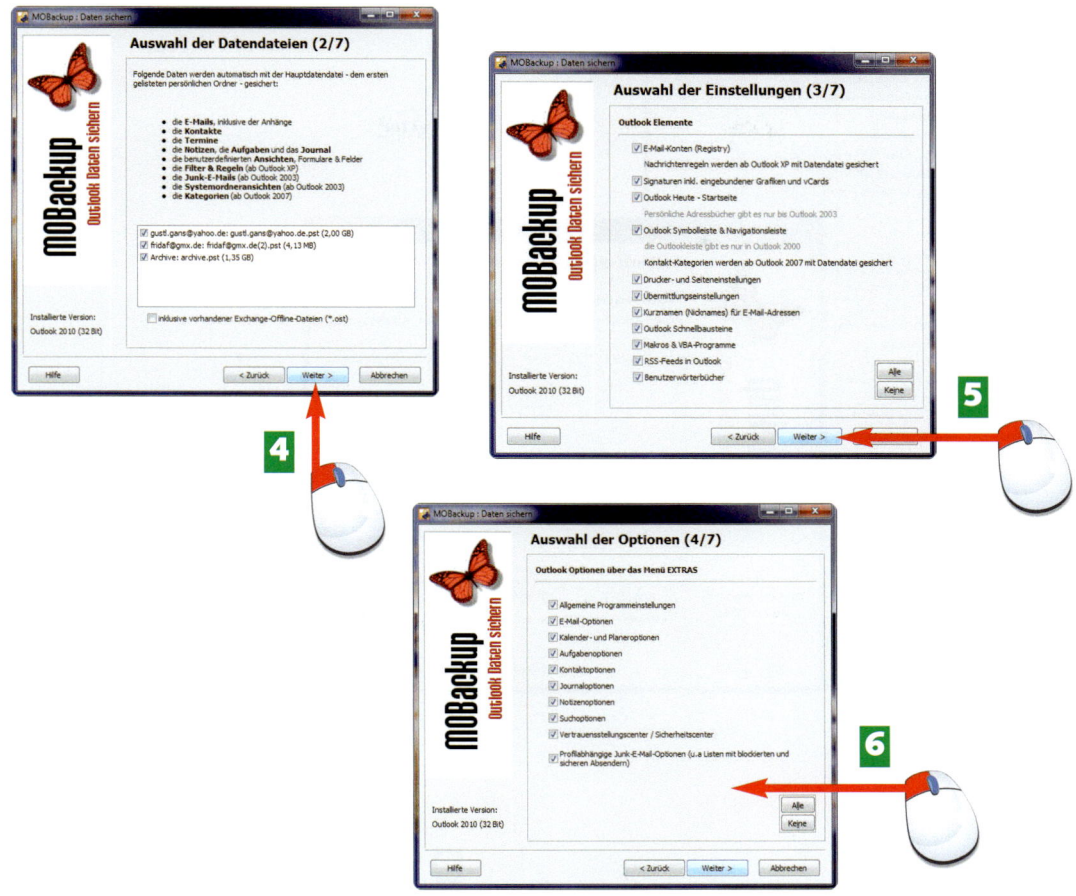

4 Die angelegten Konten und Archivdateien werden aufgelistet. In der Standardeinstellung sichern Sie alle Konten. Bestätigen Sie mit *Weiter*.

5 Auch hier kann die Standardeinstellung übernommen werden, wenn Sie die gesamten Einstellungen von Outlook sichern möchten. Klicken Sie auf *Weiter*.

6 Bestätigen Sie das folgende Fenster ebenfalls mit *Weiter*.

Notieren Sie sich unbedingt die Kennwörter für Ihre E-Mail-Konten. MOBackup kann sie nicht sichern.

Mit einem Klick auf dieses Symbol (siehe Bild 3), öffnen Sie ein Fenster. Geben Sie darin den Ordner an, in dem die Sicherungsdatei gespeichert werden soll. Oder Sie verwenden die Standardeinstellung.

Der **Desktop** (deutsch = Schreibtisch) ist die grafische Oberfläche, die Sie nach dem Start Ihres Computers sehen.

TIPP　　　　　**HINWEIS**　　　　　**FACHWORT**

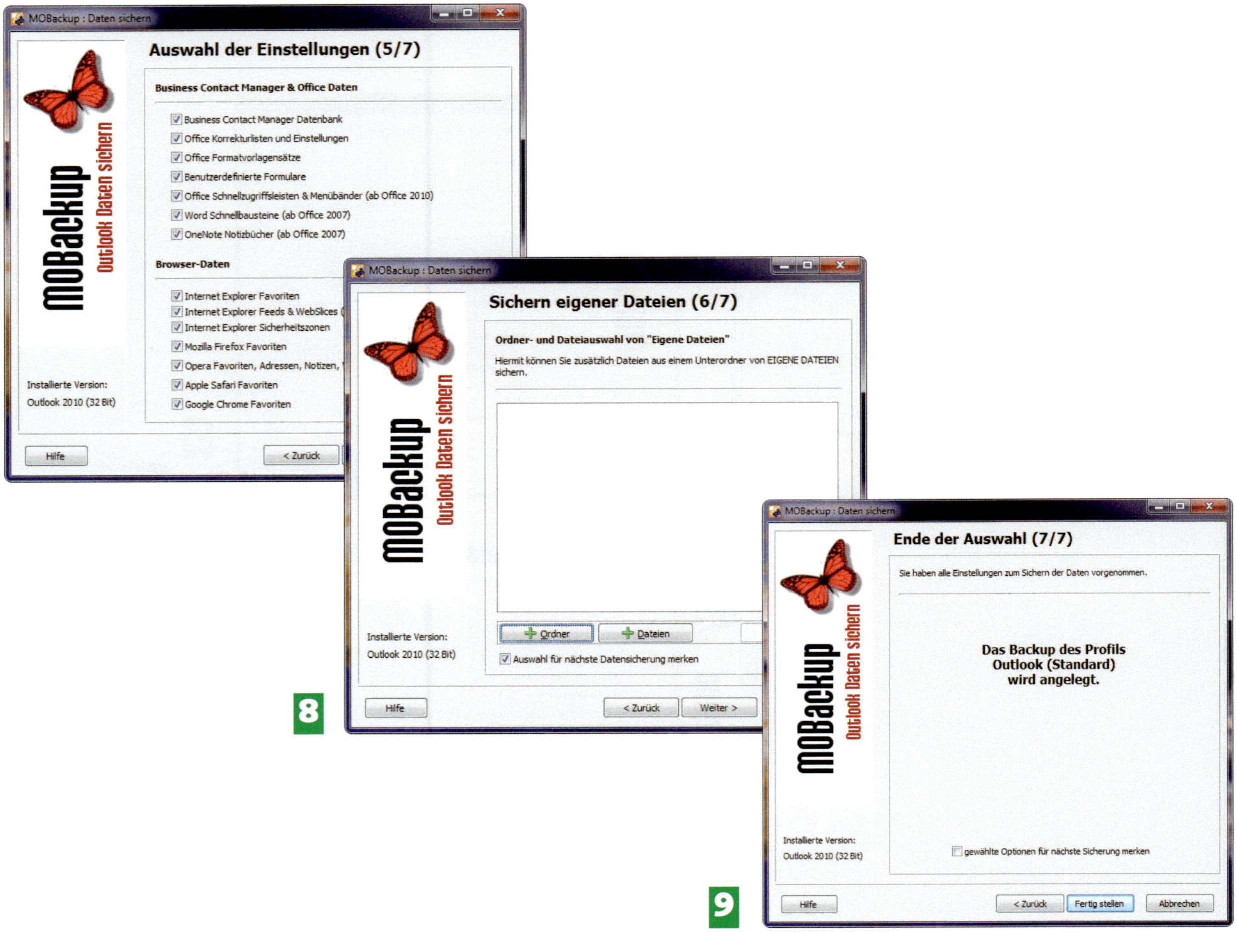

7 In Schritt 5 sichert MOBackup Add-Ins, Word-Schnellbausteine, OneNote-Notizbücher und Browser-Einstellungen. Klicken Sie auf *Weiter.*

8 In Schritt 6 können Sie zusätzlich noch Dateien aus dem Ordner *Dokumente* bzw. *Eigene Dateien* sichern. Dazu muss auf *Ordner* oder *Dateien* geklickt werden. Möchten Sie das nicht, bestätigen Sie mit *Weiter.*

9 Beenden Sie Ihre Einstellungen mit *Fertig stellen.*

Alle Einstellungen, die Sie während der Installation oder dem Erstellen einer Sicherung (Backup) gemacht haben, können Sie jederzeit modifizieren. Wenn Sie beispielsweise den Sicherungsort für die Backupdatei ändern möchten, starten Sie MOBackup und wählen dort *Programm/Einstellungen.*

WISSEN

10 Die Sicherung wird durchgeführt. Das kann einige Zeit in Anspruch nehmen. Nachdem MOBackup die Sicherung durchgeführt hat, klicken Sie auf *Beenden*.

11 *Schließen* Sie das Programm.

Ende

Ein **Backup** kopiert Daten und Einstellungen, um bei Datenverlust die verloren gegangenen Systemeinstellungen und Daten wieder herzustellen.

Sollte beim Start von MO-Backup eine Sicherheitswarnung erscheinen: Deaktivieren Sie *Vor dem Öffnen dieser Datei immer bestätigen* und klicken Sie auf *Ausführen*.

FACHWORT   **HINWEIS**

Start

1

Daten wiederherstellen

Art der Wiederherstellung

Möchten Sie die einzuspielenden Daten einzeln auswählen, sowie die Browser Favoriten und die eigenen Dateien wiederherstellen oder haben Sie die Outlook-Version gewechselt, dann müssen Sie diese Schaltfläche verwenden.

Outlook-Daten auswählen und wiederherstellen

Hiermit werden alle Einstellungen des gesicherten Outlook-Profils komplett wiederhergestellt, so z.B. auch die Einstellungen für den Einsatz mit einem Exchange Server.

Voraussetzung hierfür ist, dass es sich um die gleiche Outlook-Version handeln muss und alle benötigten Laufwerke vorhanden sein müssen.

2

Outlook-Profil 1:1 wiederherstellen

Installierte Version: Outlook 2010 (32 Bit)

Auswahl des Backups (1/7)

In der nachfolgenden Liste werden Ihre bisherigen Backups aufgelistet. Wählen Sie das Backup, welches auf diesem Computer eingespielt werden soll.

Backup-Ordner: C:\Users\Butz\Documents\mobackups
Backup: Outlook_2010-10-22_11-04-41

Erstellungsdatum: 22.10.2010, 11:04:41
Größe: 2,61 GB
Outlook Version: Outlook 2010
Kommentar: Sicherung 21. Oktober

Überprüfung, ob die Backupdatei für das Einspielen eines 1:1 Abbilds geeignet ist:

Einzuspielendes Profil: Outlook
✓ Stimmt die Outlook Version?
✓ Befinden sich Datendateien im Backup?
✓ Sind alle Laufwerke vorhanden?
(C:)

Installierte Version: Outlook 2010 (32 Bit)

3

Hilfe   < Zurück   Weiter >   Abbrechen

Auswahl des Profils (2/7)

In Microsoft® Outlook können verschiedene Nutzer als Profile angelegt werden. Wählen Sie aus, in welches bereits vorhandene Profil das gewählte Backup eingespielt werden soll.

Profil: Outlook

Beachten Sie bitte, dass bereits bestehende Daten des Profils "Outlook" durch das Einspielen des Backups überschrieben werden!

ACHTUNG: Es findet keine Zusammenführung gesicherter und bestehender Daten statt!

Nähere Informationen finden Sie in der FAQ der Programm-Hilfe.

Installierte Version: Outlook 2010 (32 Bit)

4

Hilfe   < Zurück   Weiter >   Abbrechen

1 Nach dem Start von MOBackup klicken Sie auf *Daten wiederherstellen.*

2 Klicken Sie auf *Outlook-Profil 1:1 wiederherstellen.*

3 In Schritt 1 wählen Sie gegebenenfalls den Ordner aus, in dem Ihre Sicherungsdatei gespeichert wurde. Bestätigen Sie mit *Weiter.*

4 Sie werden darauf hingewiesen, dass bereits eingegebene Daten überschrieben werden. Bestätigen Sie mit *Weiter.*

Gehen Sie folgendermaßen vor, wenn Sie Ihre Outlook-Sicherung beispielsweise auf einem neuen Computer einlesen möchten:
1. Office bzw. Outlook installieren
2. MOBackup installieren
3. MOBackup starten und die Datensicherung einspielen

WISSEN

5 MOBackup zeigt Ihnen an, welche Zusatzdaten gesichert werden können. Klicken Sie auf *Weiter.*

6 Wurden keine eigenen Dateien aus dem Ordner *Dokumente* bzw. *Eigene Dateien* gesichert, bleibt die Liste leer. Klicken Sie auf *Weiter.*

7 MOBackup macht Sie darauf aufmerksam, dass bereits vorhandene Daten überschrieben werden. Bestätigen Sie mit *Fertig stellen.*

8 Nach dem Einspielen der Daten werden Sie benachrichtigt und sehen, welche Daten zurückgesichert wurden. Klicken Sie auf *Beenden.*

Alle Kontoeinstellungen werden ebenfalls zurückgesichert. Sie müssen lediglich das Passwort für Ihr E-Mail-Postfach eingeben.

Nach dem Einspielen der Daten öffnet MOBackup eine „Bitte lesen"-Datei, in der die Speicherorte Ihrer Outlook-Dateien angegeben werden.

Bevor Sie eine Sicherung erstellen oder einspielen, müssen Sie Outlook schließen, sonst kann MOBackup nicht arbeiten.

HINWEIS   **HINWEIS**   **HINWEIS**

1 Checkliste

Welche Regeln müssen Sie einhalten, um sich gegen E-Mail-Müll zu wehren?

☑ Löschen Sie E-Mails, die Sie als Junk-E-Mails erkennen, sofort und ohne sie zu öffnen.

☑ Beantworten Sie auf keinen Fall Spam-E-Mails.

☑ Hüten Sie sich vor Tricks: Antworten Sie nicht auf E-Mails, die angeblich von Ihrer Bank stammen und Passwort, Kontoverbindung usw. erfragen.

☑ Antworten Sie auf gar keinen Fall mit Lesebestätigung auf E-Mails, die von einem unbekannten Absender gefordert werden.

☑ Legen Sie sich z.B. für die Bestellung von Newslettern eine zweite kostenlose E-Mail-Adresse zu.

☑ Geben Sie in Foren und Newsgroups nicht Ihre echte E-Mail-Adresse bekannt.

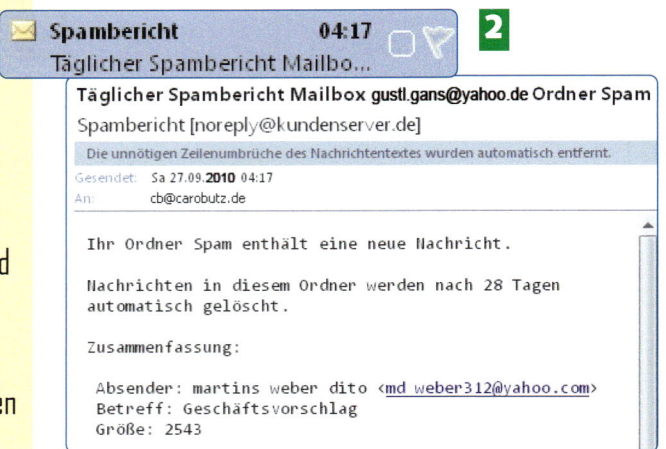

1 Spam-E-Mails (Werbe-E-Mails) sind lästig, können gefährlich sein und verstopfen ihr E-Mail-Postfach. In der Checkliste lesen Sie nach, mit welchen Regeln Sie sich gegen die Flut von Spams wehren können.

2 Viele Provider bieten folgenden Dienst an: Sie filtern Spam heraus und senden Ihnen per E-Mail eine Nachricht, in der sie die gefilterten E-Mails auflisten. So können Sie kontrollieren, ob fälschlicherweise eine „normale" E-Mail als Spam gefiltert wurde.

Schauen Sie sich bei empfangenen E-Mails immer ganz genau den Kopf an. Beurteilen Sie kritisch, ob Sie die Absenderadresse kennen oder ob sie fragwürdig ist. Vielleicht ist auch die Empfängeradresse völlig falsch, wie in Bild 3. Dann verbannen Sie sie gleich zu den Junk-E-Mails. Öffnen und beantworten Sie sie auf keinen Fall!

WISSEN

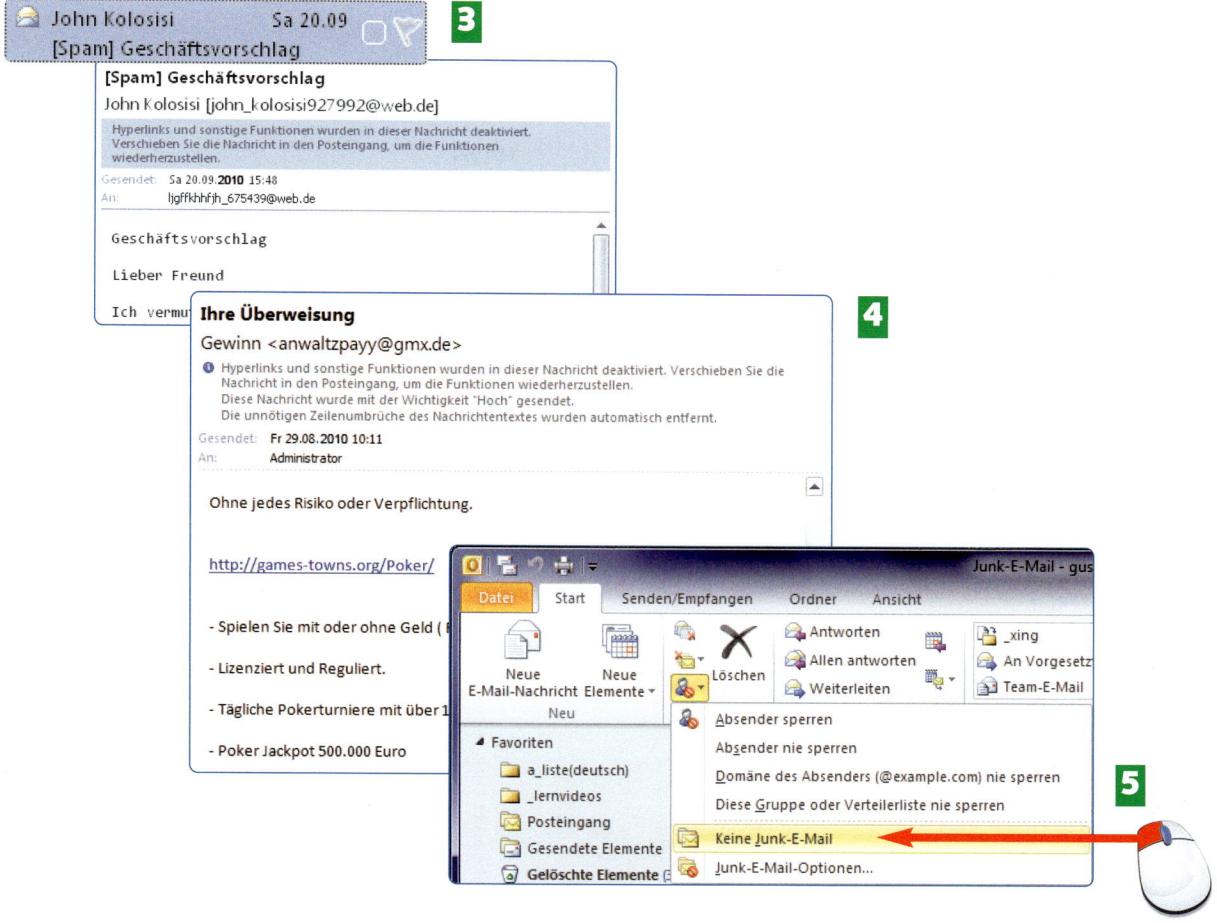

3 Diese E-Mail wurde von Outlook als Spam erkannt. Im Kopf der E-Mail kennzeichnet Outlook die E-Mail mit *[Spam]*.

4 Folgen Sie in einer solchen E-Mail niemals dem blau unterstrichenen Link. Sensible Daten, wie zum Beispiel Ihre E-Mail-Adresse in Kombination mit Ihrem Passwort, werden übermittelt.

5 Ist eine E-Mail fälschlicherweise bei den Junk-E-Mails gelandet, markieren Sie sie und klicken unter dem Register *Start* auf *Junk-E-Mail/Keine Junk-E-Mail*.

Eine lästige Angelegenheit sind **Spam-** oder **Junk-** Mails (Abfall). In der Regel handelt es sich hierbei um unverlangt zugesandte Werbe-E-Mails.

Eine „normale" E-Mail, die im Junk-E-Mail-Ordner von Outlook landet, können Sie jederzeit in den Posteingang verschieben.

FACHWORT   **HINWEIS**

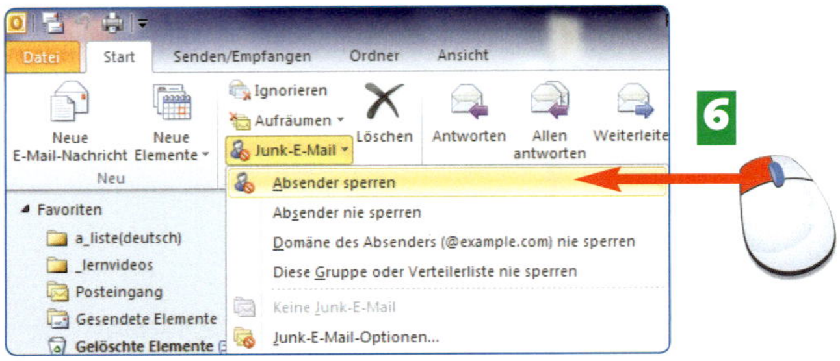

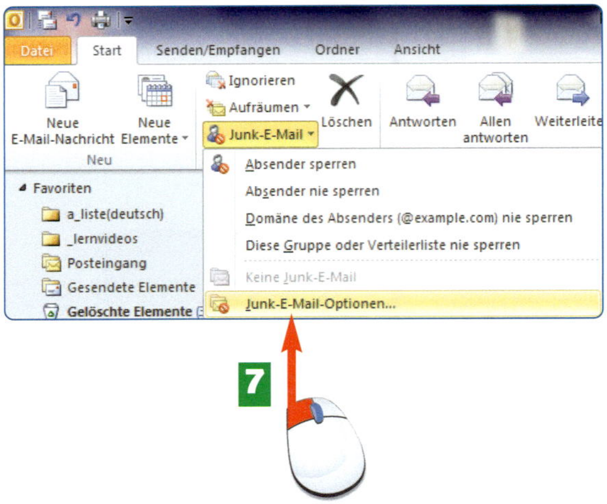

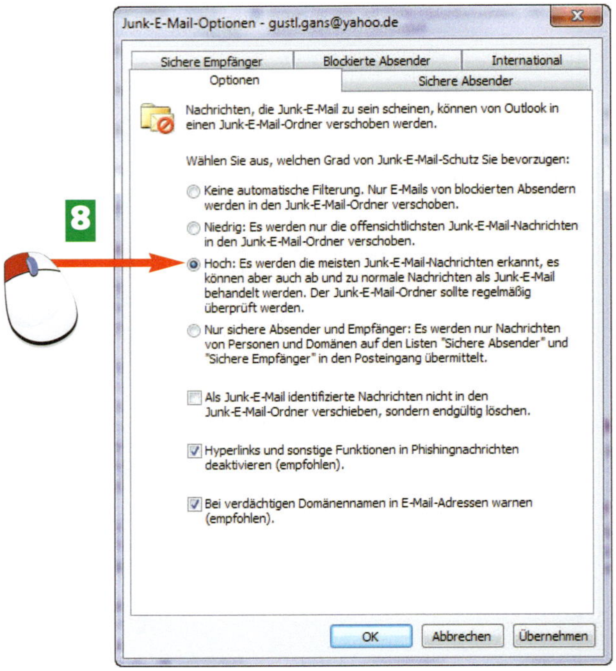

6 Ist eine Junk-E-Mail in Ihrem Posteingang gelandet, markieren Sie sie und klicken unter dem Register *Start* auf *Junk-E-Mail/Absender sperren*.

7 Möchten Sie die Einstellungen zum Thema Junk-E-Mails ändern, wählen Sie unter dem Register *Start* die Schaltfläche *Junk-E-Mail/Junk-E-Mail-Optionen*.

8 Stellen Sie beispielsweise einen hohen Schutz vor Junk-E-Mails mit einem Klick auf *Hoch* ein und bestätigen Sie Ihre Einstellungen mit *OK*.

Wer auf Nummer sicher gehen möchte, kann die Sicherheitsstufe mit der Option *Nur sichere Absender und Empfänger* (siehe Bild 8) heraufschrauben. Allerdings müssen Sie anschließend bei jeder E-Mail kennzeichnen, ob sie zu den sicheren Absendern gehört oder nicht.

WISSEN

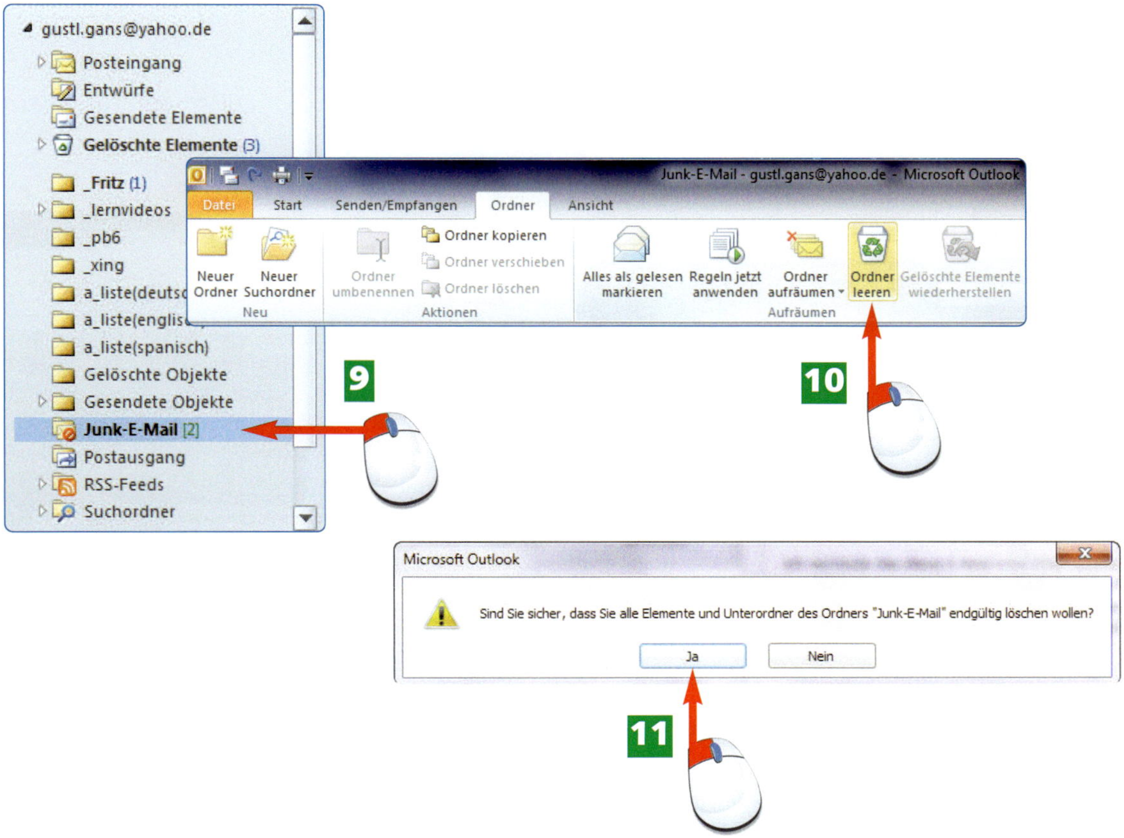

9 Möchten Sie die Junk-E-Mails löschen, markieren Sie im Programmbereich *E-Mail* die *Junk-E-Mail*.

10 Wechseln Sie auf das Register *Ordner* und klicken Sie auf *Ordner leeren*.

11 Bestätigen Sie den Löschvorgang mit *Ja*.

Ende

Auch mit einem rechten Mausklick auf die E-Mail können Sie bestimmen, ob sie zu den Junk-E-Mails gehört oder nicht.

Bevor Sie Ihren Junk-E-Mail-Ordner löschen, sollten Sie einen Blick hineinwerfen, ob nicht versehentlich eine reguläre E-Mail dort gelandet ist.

HINWEIS   **HINWEIS**

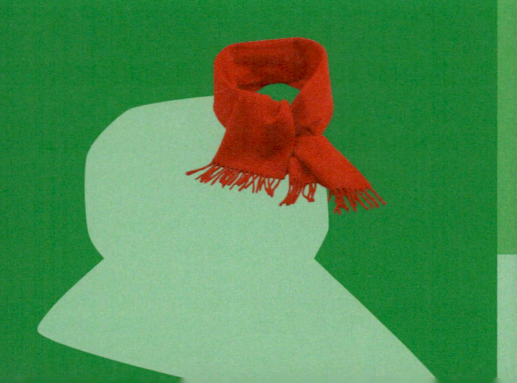

1 Ein sehr bekanntes und verbreitetes Antivirenprogramm namens *Norton AntiVirus* von Symantec finden Sie unter www.norton.de.

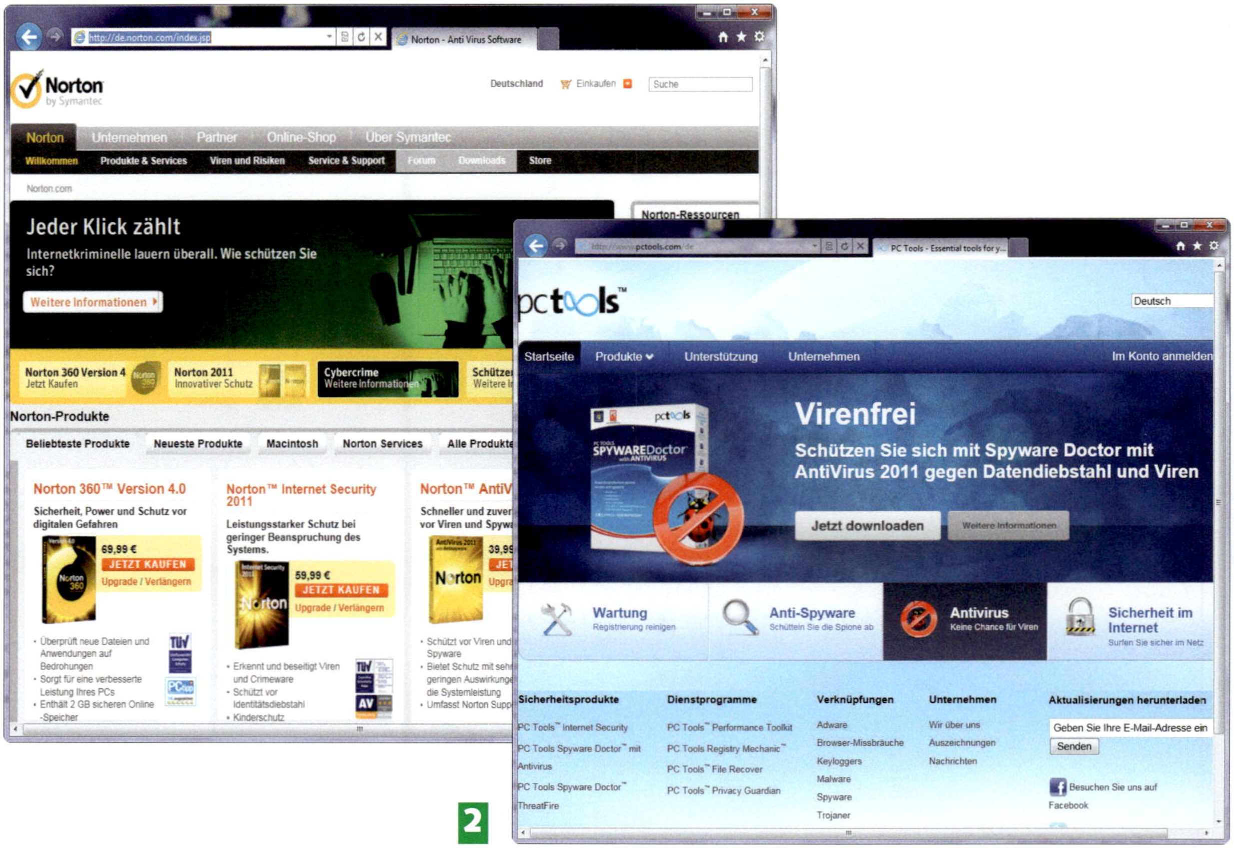

2 In den Tests immer wieder gut abgeschnitten hat das Programm *PC Tools AntiVirus* von PC Tools Software: www.pctools.com/de. Die Testversion blockiert Spyware, entfernt aber die bereits vorhandene Spyware und gefundene Viren nicht.

Firmen, die ihre Websites pflegen, sind bestrebt, sie ständig zu verbessern. Deshalb sehen die Websites nach einem halben Jahr unter Umständen schon wieder ganz anders aus und die Bilder im Buch stimmen nicht mehr mit Ihrem Ergebnis nach Aufruf der Website überein. Lassen Sie sich davon nicht irritieren!

WISSEN

3 Die Software *Avira Antivir Personal – Free Antivirus* von Avira erhalten Sie als Privatanwender auch kostenlos: www.avira.de.

4 Ebenfalls ein Renner bei Antivirensoftware ist Kaspersky Anti-Virus. Allerdings erhalten Sie die Software nicht kostenlos: www.kaspersky.com/de.

Ein **Computervirus** hängt sich an andere Computerprogramme an, verbreitet sich und kann enormen Schaden auf dem infizierten Computer anrichten.

Installieren Sie so schnell wie möglich einen Virenschutz, bevor Sie mit Ihrem neuen Computer Verbindung zum Internet aufnehmen, damit Sie sich nicht gleich einen Virus einfangen!

FACHWORT

HINWEIS

1 Rufen Sie Ihren Browser auf und geben Sie die Internetadresse von Avira ein: *www.avira.de.*

2 Suchen Sie nach der kostenlosen Version von AntiVir Personal. Klicken Sie dazu auf *Free.*

3 Starten Sie den *Download.*

4 Klicken Sie in der folgenden Meldung auf *Ausführen*, um AntiVir Personal zu downloaden und die Installation zu starten.

Das Internet wimmelt immer mehr von Viren, Würmern, Spyware, Trojanern und anderem „Ungeziefer". Deshalb lohnt sich der Einsatz eines Antivirenprogramms auf jeden Fall. In den einschlägigen Computerzeitschriften lesen Sie nach, welches Antivirenprogramm momentan am effektivsten arbeitet.

WISSEN

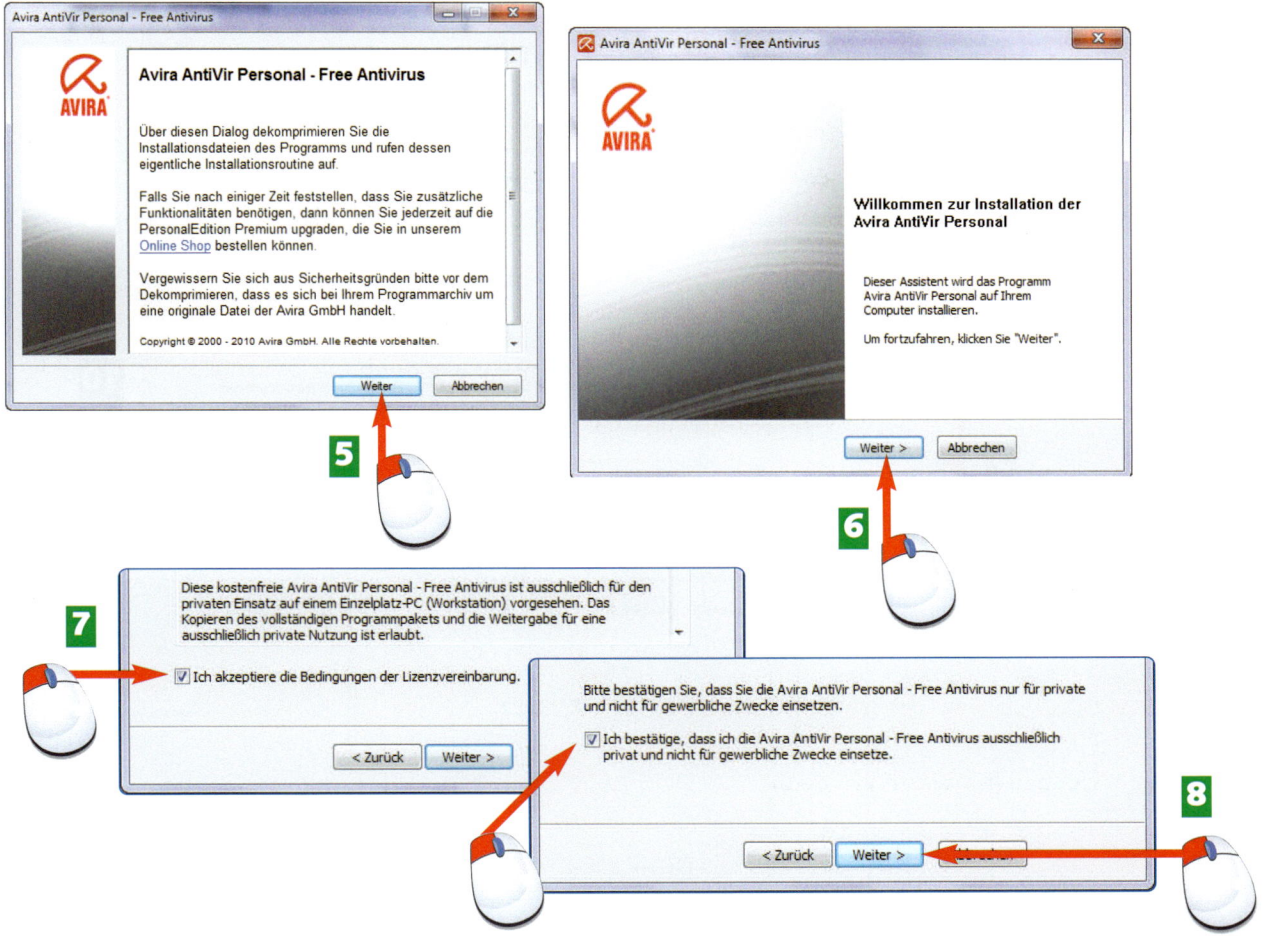

5 Klicken Sie auf *Weiter*, um die Installation endgültig aufzurufen.

6 Der Installations-Assistent fordert Sie auf, die Installation mit *Weiter* fortzusetzen.

7 Im folgenden Fenster macht Avira Sie darauf aufmerksam, dass Sie mit der kostenlosen Version lediglich einen Basisschutz auf Ihrem Computer installieren. Aktivieren Sie die Lizenzvereinbarungen und bestätigen Sie mit *Weiter*.

8 Bestätigen Sie den privaten Einsatz von AntiVir Personal mit *Weiter.*

Malware ist ein Sammelbegriff für schädliche Computerprogramme. Er setzt sich aus malicious (englisch = bösartig) und Software zusammen.

Spyware ist Software, die sich ohne Zustimmung des Anwenders selbst installiert und verschlüsselte Daten an den Hersteller sendet.

Würmer verbreiten sich über Netzwerke, z.B. über E-Mails. Würmer richten nicht zwingend Schaden an, belasten aber die Ressourcen und können sich dadurch äußerst negativ auswirken.

FACHWORT   **FACHWORT**   **FACHWORT**

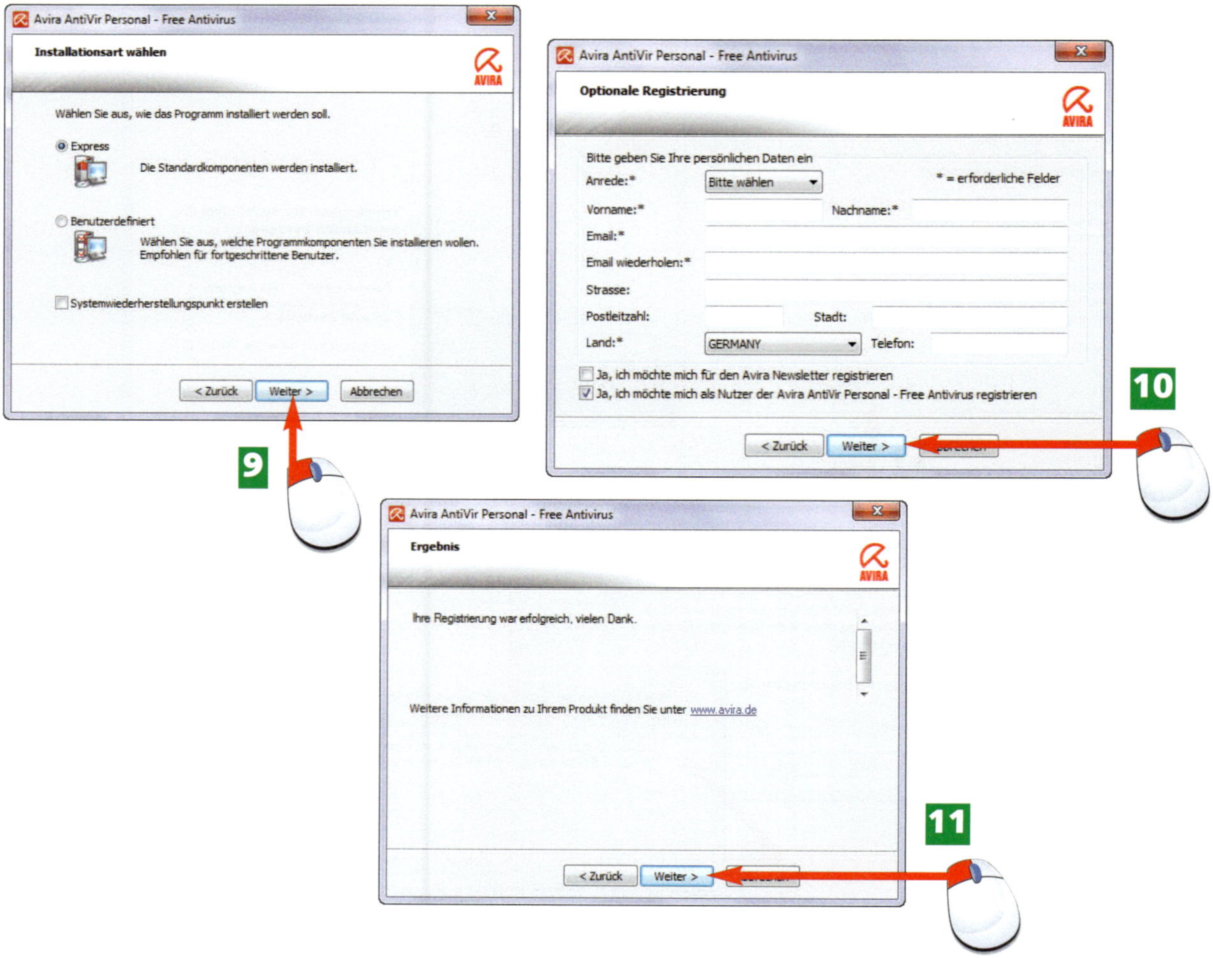

9 Aktivieren Sie *Express,* um alle Programmkomponenten zu installieren.

10 Füllen Sie die Registrierung mit Ihrem Namen, Ihrer Anschrift und Ihrer E-Mail-Adresse aus. Klicken Sie auf *Weiter*.

11 Ist die Registrierung erfolgreich beendet, bestätigen Sie mit *Weiter.*

Nehmen Sie sich Zeit, um die Installation von Avira AntiVir Personal durchzuführen, denn Sie müssen sich durch sehr viele Fenster klicken, bevor das Programm einsatzbereit ist. Ein Installationsassistent führt Sie Schritt für Schritt durch die notwendigen Grundeinstellungen.

WISSEN

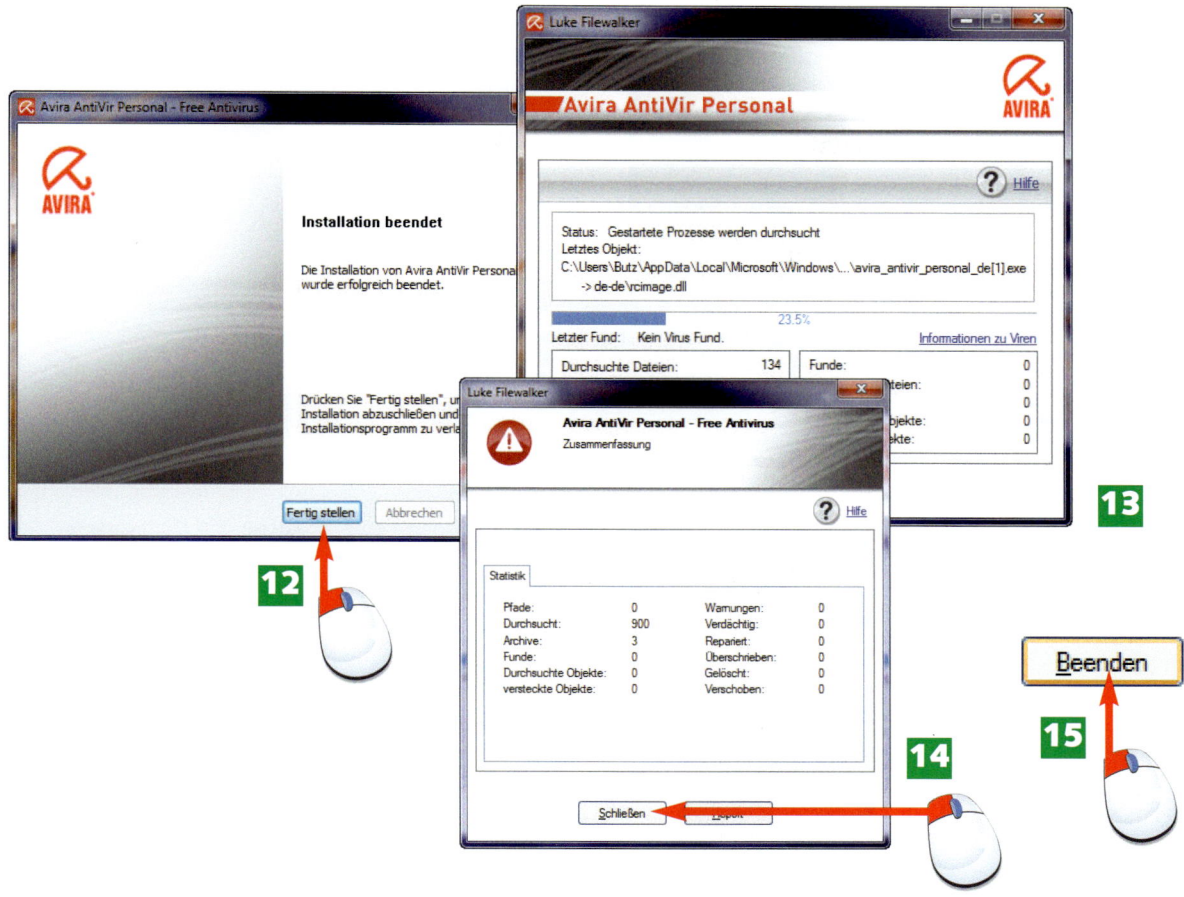

12 Bestätigen Sie die Installation mit *Fertig stellen.*

13 AntiVir Personal startet sofort mit der Suche nach Schädlingen.

14 Nach der Suche erhalten Sie einen Überblick über die durchsuchten Dateien.
Bestätigen Sie mit *Schließen*

15 *Beenden* Sie AntiVir Personal.

Ein **Trojaner** ist als normales Programm getarnt, spioniert aber Zugangsdaten, Passwörter und Seriennummern aus.

Kriminelle geben sich im Internet als vertrauenswürdige Personen aus und versuchen mit gefälschten Websites an Ihre Passwörter, Benutzernamen, Kreditkarteninformationen usw. zu gelangen. Der Vorgang wird als **Phishing** bezeichnet.

FACHWORT   FACHWORT

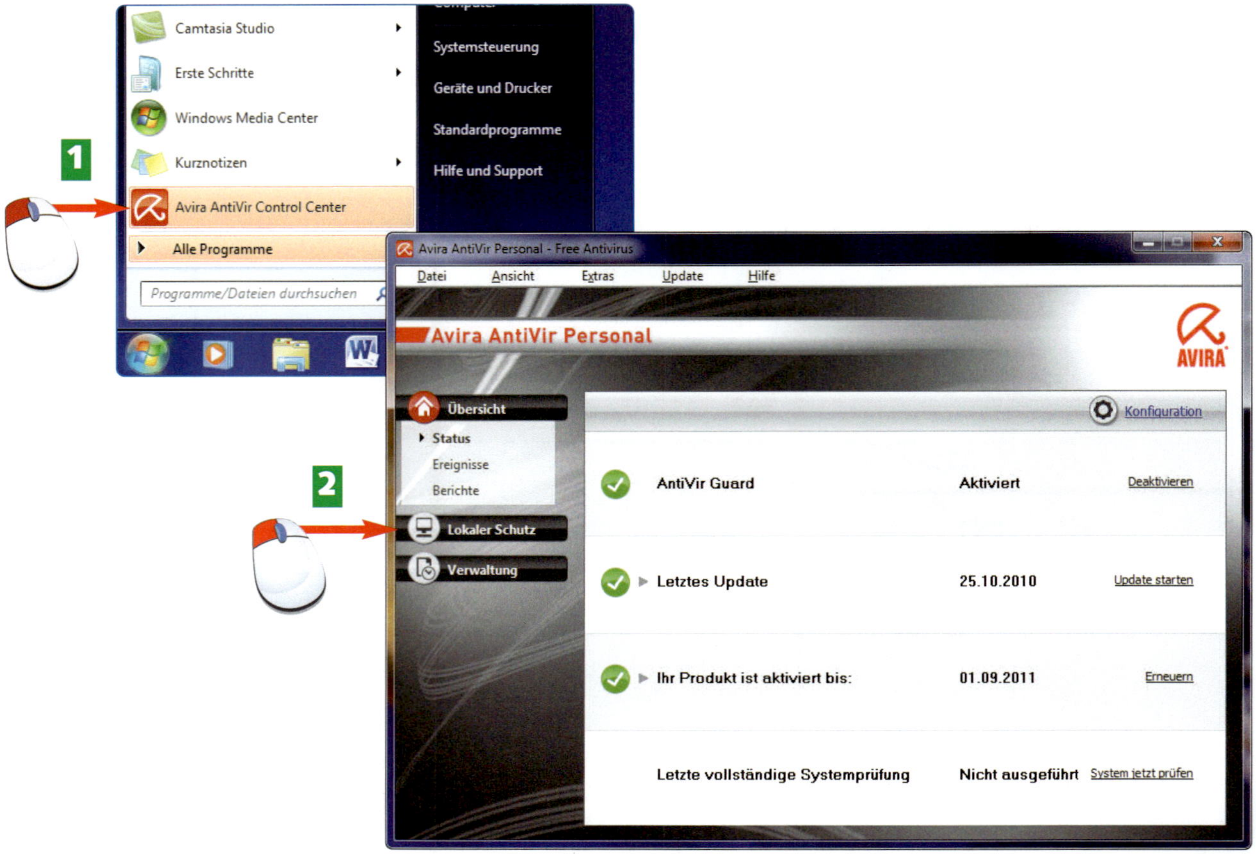

1 Nach der Installation von AntiVir erscheint das Programm nach dem Klick auf die Start-Schaltfläche sofort im Start-Menü. Rufen Sie es auf oder wählen Sie *Alle Programme/Avira/AntiVir Desktop/AntiVir starten.*

2 Bevor Sie Ihren Computer auf Viren, Würmer und andere Malware durchsuchen, sollten Sie ein *Update starten*, denn alte Virensoftware kann neue Viren nicht finden. Steht kein Update zur Verfügung, klicken Sie auf *Lokaler Schutz.*

Im Internet tauchen immer wieder neue Viren, Würmer, Trojaner usw. auf. Die Hersteller der Antivirenprogramme versuchen, auf die akuten Gefahren sofort zu reagieren, indem sie schnellstmöglich Updates für die Kunden zur Verfügung stellen. Nach Installation des Updates werden in der Regel die neuen Plagegeister gefunden und eliminiert.

WISSEN

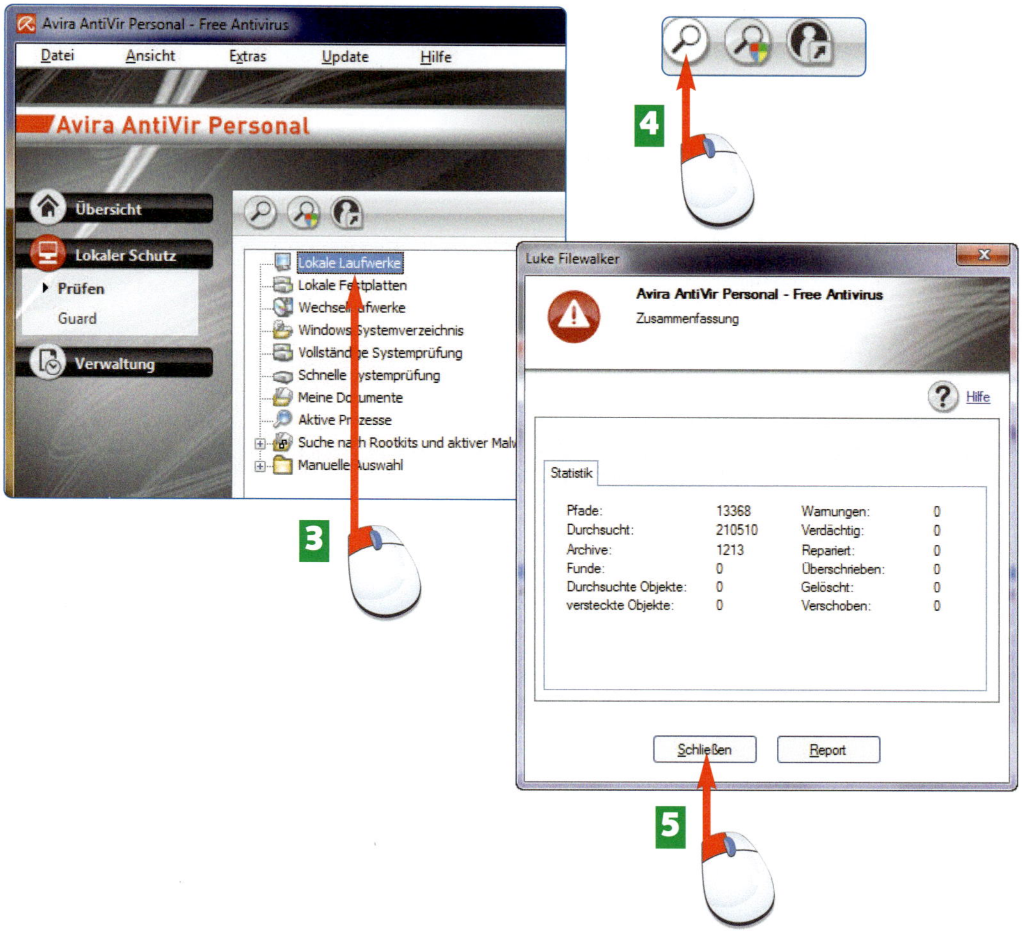

3 Wählen Sie mit einem Klick aus, mit welchem Profil AntiVir Ihren Computer durchsuchen soll (hier: *Lokale Laufwerke*).

4 Klicken Sie auf die Lupe, um den Suchlauf zu starten. Haben Sie etwas Geduld, wenn das Antivirenprogramm Ihren Computer durchsucht. Das beansprucht Zeit.

5 Wurde ein unerwünschtes Programm gefunden, zeigt AntiVir die Datei an. Klicken Sie auf *Alles reparieren,* um die Datei unschädlich zu machen. Andernfalls beenden Sie den Suchlauf mit *Schließen*.

Ende

HINWEIS	FACHWORT	HINWEIS
Das Profil *Wechsellaufwerke* 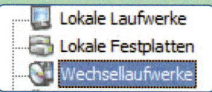 durchsucht USB-Sticks, CDs, DVDs und externe Laufwerke.	Mit einem **Update** verbessert ein Hersteller immer wieder seine Software. Der Anwender hat die Möglichkeit, sich die Updates kostenlos zu holen.	Nach der Installation von AntiVir wird ein Symbol auf dem Desktop abgelegt. Mit Doppelklick starten Sie Avira AntiVir.

Lexikon

Account

Ein Account ist eine durch Name und Kennwort (Passwort) gesicherte Zugangsberechtigung, in diesem Fall Ihr E-Mail-Konto.

Add-In

Ein Add-In ist eine Programmerweiterung, zum Beispiel für Outlook. Nach der Installation des Add-Ins stehen weitere Menübefehle zur Verfügung.

Backup

Ein Backup kopiert Daten und Einstellungen, um bei Datenverlust die verloren gegangenen Systemeinstellungen und Daten wieder herzustellen.

Besprechung

Im Gegensatz zum Termin sind bei einer Besprechung mehrere Personen beteiligt. Sie laden eine oder mehrere Personen zu diesem Termin ein.

Cc

Cc kommt aus dem Englischen und bedeutet Carbon Copy (Kohlepapierdurchschlag). Der Empfänger einer E-Mail erhält einen Durchschlag, also eine Kopie der E-Mail.

Computervirus

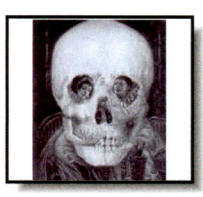

Ein Computervirus hängt sich an andere Computerprogramme an, verbreitet sich und kann enormen Schaden auf dem infizierten Computer anrichten.

Designs

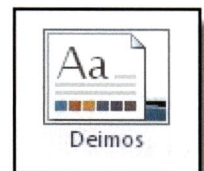

Mit Designs ist die gesamte Gestaltung Ihrer E-Mail gemeint, einschließlich der Schriftarten, Farben und Hintergründe.

Desktop

Der Desktop (deutsch = Schreibtisch) ist die grafische Oberfläche, die Sie nach dem Start Ihres Computers sehen.

E-Mail

Eine E-Mail kann auch als digitaler Brief bezeichnet werden. Über das Internet lassen sich digitale Briefe wunderbar hin- und herschicken.

Ereignis

Ein Ereignis ist ein Termin, der mindestens 24 Stunden dauert, also zum Beispiel der Geburtstag oder der Urlaub.

Exchange

Exchange oder Exchange-Server ist ein Kommunikationsserver, der die geschäftliche Zusammenarbeit unter den Mitarbeitern erleichtert.

Formatieren

Formatieren bedeutet unter Outlook nichts anderes als Gestalten. Wenn Sie also den Text gestalten, formatieren Sie ihn.

ID oder UID

Eine ID oder UID (englisch user identifier) ist eine Benutzerkennung, die den Benutzer eines Kontos mithilfe der persönlichen Zugangsdaten identifiziert.

Kompatibilität

Als Kompatibilität bezeichnet man die Verträglichkeit von Elementen untereinander, beispielsweise alter und neuer Software.

Konfiguration

Die Konfiguration ist eine Anpassung des Programms an die vorhandenen und vorgegebenen Systemeinstellungen.

Kontextmenü

Wenn Sie mit der rechten Maustaste auf ein Element klicken, erscheint das Kontextmenü. Der Inhalt des Kontextmenüs hängt vom angeklickten Element ab.

Link oder Hyperlink

Ein Link oder Hyperlink ist ein Querverweis auf eine andere Datenquelle oder Website. Mit einem Klick auf den Link landen Sie an der gewünschten Stelle.

Login

Mit Login wird der Aufbau einer Verbindung zwischen Ihrem Computer und einem Netzwerk bzw. Onlinedienst (Provider) bezeichnet.

Malware

Malware ist ein Sammelbegriff für schädliche Computerprogramme. Er setzt sich aus malicious (englisch = bösartig) und Software zusammen.

Phishing

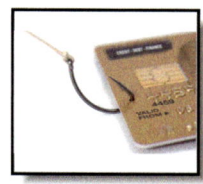

Kriminelle geben sich im Internet als vertrauenswürdige Personen aus und versuchen mit gefälschten Websites an Ihre Passwörter, Benutzernamen und Kreditkarteninformationen zu gelangen.

Postausgangs-server

Ein Postausgangsserver ist ein Server (Computer), der Ihre ausgehenden E-Mails (Briefe) sammelt und an die entsprechenden Adressen verteilt.

Posteingangs-server

Ein Posteingangsserver sammelt die eingegangenen E-Mails (Briefe). Der Empfänger kann sie dann beispielsweise über Outlook abrufen.

Provider

Der Provider ist ein Dienstleister, der den Zugang zum Internet und viele andere Dienste wie zum Beispiel E-Mail bereitstellt.

Regel

In Outlook stehen sogenannte Regeln zur Verfügung. Eine Regel führt eine Aktion zu bestimmten Bedingungen aus. Die Bedingungen legt der Anwender fest.

RSS-Feeds

RSS-Feeds (Really Simple Syndication) sind Inhaltszusammenstellungen zu aktuellen Themen. Benutzer können sie abonnieren.

Signatur

In E-Mails ist eine Signatur ein Textabschnitt unter dem Nachrichtentext, der Auskunft über Name, Adresse, Telefonnummer usw. gibt.

SMTP

SMTP steht für Simple Mail Transfer Protocol und wird in der Regel als Protokoll für den Postausgangsserver verwendet.

Spam- oder Junk-Mail

Eine lästige Angelegenheit sind Spam- oder Junk-Mails (Abfall). In der Regel handelt es sich hierbei um unverlangt zugesandte Werbe-E-Mails.

Spyware

Spyware ist Software, die sich ohne Zustimmung des Anwenders selbst installiert und verschlüsselte Daten an den Hersteller sendet.

Suchordner

Suchordner arbeiten ordnerübergreifend und listen E-Mails auf, die bestimmte Suchkriterien erfüllen.

Termin

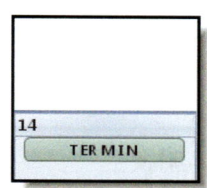

Einen Termin oder eine Terminserie planen Sie nur für sich selbst. Andere Personen sind davon nicht betroffen.

Trojaner

Ein Trojaner ist als normales Programm getarnt, spioniert aber Zugangsdaten, Passwörter und Seriennummern aus.

Update

Mit einem Update verbessert ein Hersteller immer wieder seine Software. Der Anwender hat die Möglichkeit, sich die Updates kostenlos zu downloaden.

Vorlage

Eine Vorlage enthält Text und Informationen, die in jeder E-Mail gleich bleiben. Neue, variierende Informationen können jederzeit hinzugefügt werden.

Website

Eine Website besteht aus einzelnen Seiten, die miteinander verknüpft sind und gewöhnlich als Webseiten bezeichnet werden.

Würmer

Würmer verbreiten sich über Netzwerke (z.B. E-Mails). Würmer richten nicht zwingend Schaden an, belasten aber die Ressourcen und können sich dadurch äußerst negativ auswirken.